Hoffmann/Klie
Freiheitsentziehende Maßnahmen im Betreuungs- und Kindschaftsrecht

D1729534

Freiheitsentziehende Maßnahmen im Betreuungs- und Kindschaftsrecht

Voraussetzungen, Verfahren, Praxis

von

Prof. Dr. Birgit Hoffmann
Hochschule Mannheim

und

Prof. Dr. habil. Thomas Klie
Evangelische Hochschule Freiburg i. Br.

2., völlig neu bearbeitete Auflage

C.F. Müller

Bibliografische Informationen der Deutschen Nationalbibliothek
Die Deutsche Nationalbibliothek verzeichnet diese Publikation in der Deutschen National-
bibliografie; detaillierte bibliografische Daten sind im Internet über <http://dnb.d-nb.de>
abrufbar.

Bei der Herstellung des Werkes haben wir uns zukunftsbewusst für
umweltverträgliche und wiederverwertbare Materialien entschieden.
Der Inhalt ist auf elementar chlorfreies Papier gedruckt.

ISBN 978-3-8114-3706-7

E-Mail: kundenbetreuung@hjr-verlag.de
Telefon: +49 89/2183-7928
Telefax: +49 89/2183-7620

© 2012 C.F. Müller, eine Marke der Verlagsgruppe Hüthig Jehle Rehm GmbH
Heidelberg, München, Landsberg, Frechen, Hamburg

www.cfmueller.de
www.hjr-verlag.de

Satz: TypoScript GmbH, München
Druck: Beltz Druckpartner, Hemsbach

Vorwort

Freiheitsentziehende Maßnahmen gehören zu den intensivsten Eingriffen in Menschenrechte. Seit der Aufklärung stehen sie im Fokus der rechtsstaatlichen Absicherung der Freiheitsrechte von Bürgerinnen und Bürgern. Mitten im demografischen Wandel, in einer Gesellschaft des langen Lebens und einer Zeit, in der psychische Erkrankungen deutlich zunehmen, behält der Schutz von Freiheitsrechten auch in medizinisch-pflegerischen und schließlich in pädagogischen Zusammenhängen seine besondere Relevanz. Der Gesetzgeber hat mit Einführung des Betreuungsrechtes dem Thema Unterbringung und unterbringungsähnliche Maßnahmen und damit den Freiheitsentziehungen in Medizin, Psychiatrie und Pflege besondere Aufmerksamkeit geschenkt und in weitem Umfang die Genehmigung entsprechender Maßnahmen durch die Betreuungsgerichte angeordnet. Immer noch sind Freiheitsentziehende Maßnahmen im Alltag von Krankenhäusern, der Psychiatrie und der Pflege weit verbreitet. Gleichwohl lässt sich auch eine neue Sensibilität gegenüber dem Thema feststellen: Zahlreiche Bundesländer haben Kampagnen und Schulungsmaßnahmen begonnen, stellen Informationsmaterial zur Verfügung – alles, um das Ausmaß freiheitsentziehender Maßnahmen zu minimieren.

In diesem Buch werden die betreuungs- und kindschaftsrechtlichen Fragen freiheitsentziehender Maßnahmen monografisch behandelt, ihre Voraussetzungen dargelegt, die Verfahren aufgezeigt und dabei die Rechtssprechung umfassend ausgewertet. Das Buch referiert die Zahlen, die zu freiheitsentziehenden Maßnahmen vorliegen und gibt fachliche Überlegungen wieder, die insbesondere im Bereich der Pflege angestellt werden können, wie auf freiheitsentziehende Maßnahmen verzichtet werden kann.

Das Buch ist aus der ersten Auflage grundlegend überarbeitet hervorgegangen, behandelt jetzt auch ausführlich die kindschaftsrechtlichen Fragen freiheitsentziehender Maßnahmen und wirft einen juristischen Blick auf das Dunkelfeld von freiheitsentziehenden Maßnahmen in der häuslichen Versorgung, insbesondere hochbetagter Menschen und Menschen mit Demenz.

Das Buch richtet sich sowohl an die Betreuungsgerichte, Betreuungsbehörden und die gesetzlichen Betreuer, die vielfach mit den Fragen freiheitsentziehender Maßnahmen konfrontiert sind. Es richtet sich aber auch an Jugendämter, an Einrichtungen und Dienste, die im Bereich der Psychiatrie, der Geriatrie, der Pflege oder der Jugendhilfe mit Fragen der freiheitsentziehenden Maßnahmen in ihrem Alltag konfrontiert sind. Es enthält Formulare und Materialen, die sich in der Praxis bewährt haben, wenn es um die Etablierung von Verfahren und Standards geht, die auf eine rationale Überprüfung der Notwendigkeit von Freiheitsentziehenden Maßnahmen gerichtet sind. Ein umfangreiches Schlagwortverzeichnis sowie die Bearbeitung von für die Praxis besonders wichtigen Stichworten in den jeweiligen Kapiteln sollen seine Nützlichkeit in der Praxis erhöhen und mit einer soliden rechtswissenschaftlichen Bearbeitung des Themas verbinden, hoffentlich mit einem möglichst großen Nutzen für die Praxis.

Wir danken dem Verlag für seine geduldige und zuverlässige Unterstützung und hoffen, dass das Buch durch seine „Aufklärung" mit dazu beiträgt, dass freiheitsentziehende Maßnahmen dort, wo sie nicht unbedingt geboten sind, unterlassen werden.

Freiburg/Mannheim, im November 2011

Prof. Dr. Birgit Hoffmann
Prof. Dr. habil. Thomas Klie

Inhaltsverzeichnis

1. Kapitel
Einführung

2. Kapitel
Begrifflichkeiten zivilrechtlicher Freiheitseinschränkung

3. Kapitel
Befugnisse zur zivilrechtlichen Freiheitsentziehung

4. Kapitel
Voraussetzungen zivilrechtlicher Freiheitsentziehung, § 1906 Abs. 1 BGB

5. Kapitel
Genehmigung der zivilrechtlichen Freiheitsentziehung

6. Kapitel
Durchführung freiheitsentziehender Unterbringung und Maßnahmen

10. Kapitel

Fachliche Hintergründe von freiheitseinschränkenden Maßnahmen

11. Kapitel

Rechtsprechung zur Thematik nach Stichworten

12. Kapitel
Materialien

Anhänge

Rechtsquellen

Abkürzungsverzeichnis

a.A.	anderer Ansicht
abl.	ablehnend
aaO	am angegebenen Ort
Abs.	Absatz
a.F.	alter Fassung
Abt.	Abteilung
AG	Amtsgericht
Alt.	Alternative
AnwBl.	Anwaltsblatt
Art.	Artikel
Aufl.	Auflage
Az.	Aktenzeichen
BayObLG	Bayerisches Oberstes Landesgericht
BBiG	Berufsbildungsgesetz
BdB	Berufsverband der BerufsbetreuerInnen
BGB	Bürgerliches Gesetzbuch
BGH	Bundesgerichtshof
BGHSt	Entscheidungen des Bundesgerichtshofs in Strafsachen, zitiert nach Band und Seite
BGHZ	Entscheidungen des Bundesgerichtshofs in Zivilsachen, zitiert nach Band und Seite
BRAGO	Bundesrechtsanwaltsgebührenordnung
BRAO	Bundesrechtsanwaltsordnung
BR-Drucks	Bundesratsdrucksache
BSHG	Bundessozialhilfegesetz
BtÄndG	Betreuungsrechtsänderungsgesetz
BtBG	Betreuungsbehördengesetz
BT-Drucks	Bundestagsdrucksache
BtE	Fachzeitschrift „Betreuungsrechtliche Entscheidungen"
BtG	Gesetz zur Reform der Vormundschaft und Pflegschaft für Volljährige (Betreuungsgesetz; Betreuungsgericht)
bt-info	Zeitschrift des Verbandes freiberuflicher BetreuerInnen
BTMan	Zeitschrift Betreuungsmanagement
BTPrax	Fachzeitschrift „Betreuungsrechtliche Praxis"
BVerfG	Bundesverfassungsgericht
BVerfGE	Entscheidungen des Bundesverfassungsgerichts, zitiert nach Band und Seite
BVerwG	Bundesverwaltungsgericht
BVerwGE	Entscheidungen des Bundesverwaltungsgerichts, zitiert nach Band und Seite
BVG	Bundesversorgungsgesetz
BVormVG	Berufsvormündervergütungsgesetz
bzw.	beziehungsweise
d.h.	das heißt
DIJuF	Deutsches Institut für Jugendhilfe und Familienrecht
DRiZ	Deutsche Richterzeitung
EJ	Evangelische Jugendhilfe

f.	folgende
FamFG	Gesetz über das Verfahren in Familienangelegenheiten und in den Angelegenheiten der freiwilligen Gerichtsbarkeit
ff.	fortfolgende
FGG	Gesetz über die Angelegenheiten der freiwilligen Gerichtsbarkeit
FGPrax	Fachzeitschrift „Praxis der freiwilligen Gerichtsbarkeit"
FH	Fachhochschule
GBO	Grundbuchordnung
GerontolGeriat	Zeitschrift für Gerontologie und Geriatrie
GeroPsych	The Journal of Gerontopsychologie and Geriatric Psychiatrie
GerontopsychPsychiat	Zeitschrift für Gerontopsychologie und -psychiatrie
GG	Grundgesetz
gem.	gemäß
ggf.	gegebenenfalls
GKG	Gerichtskostengesetz
GmbH	Gesellschaft mit beschränkter Haftung
HK-BUR	Heidelberger Kommentar zum Betreuungs- und Unterbringungsrecht
h.M.	herrschende Meinung
HS	Hochschule
i.d.R.	in der Regel
i.S.d.	im Sinne des
i.S.v.	im Sinne von
i.V.m.	in Verbindung mit
JAmt	Das Jugendamt
JAm GeriatrSoc	Journal of the American Geriatrics Society
Kap.	Kapitel
KDA	Kuratorium Deutsche Altenhilfe
KG	Kammergericht
KostO	Kostenordnung
KostRÄndG	Kostenrechtsänderungsgesetz vom 24.6.1994
LG	Landgericht
MK	Münchener Kommentar zum BGB
m.w.N.	mit weiteren Nachweisen
MwSt.	Mehrwertsteuer
n.F.	neuer Fassung
NJW	Neue Juristische Wochenschrift
NJW-RR	NJW-Rechtsprechungs-Report Zivilrecht
Nr.	Nummer
o.Ä.	oder Ähnliches
OLG	Oberlandesgericht
PKH	Prozesskostenhilfe
PsychKG	Gesetz für psychisch Kranke

RA   Rechtsanwalt
RG   Reichsgericht
RGZ   Entscheidungen des Reichsgericht in Zivilsachen, zitiert nach Band und Seite
R&P   Recht & Psychiatrie (Zeitschrift)
Rn.   Randnummer
Rpfleger   Zeitschrift „Der deutsche Rechtspfleger"
RpflG   Rechtspflegergesetz
Rz.   Randziffer

S.   Seite
s.   siehe
SGB   Sozialgesetzbuch
SGG   Sozialgerichtsgesetz
StGB   Strafgesetzbuch
StPO   Strafprozessordnung
StV   Der Strafverteidiger (Zeitschrift)

u.a.   unter anderem
u.Ä.   und Ähnliches
UStG   Umstatzsteuergesetz

VG   Verwaltungsgericht
VGH   Verwaltungsgerichtshof
vgl.   vergleiche
VormG   Vormundschaftsgericht
VwGO   Verwaltungsgerichtsordnung
VwVfG   Verwaltungsverfahrensgesetz

ZaefQ   Zeitschrift für ärztliche Forbildung und Qualität im Gesundheitswesen
z.B.   zum Beispiel
Ziff.   Ziffer
ZPO   Zivilprozessordnung
ZSEG   Gesetz über die Entschädigung von Zeugen und Sachverständigen
ZVG   Zwangsversteigerungsgesetz
z.T.   zum Teil
zust.   zustimmend

Literaturverzeichnis

I. Monographien

Bauer, A./Klie, Th. Patientenverfügungen/Vorsorgevollmachten – richtig beraten?, 2. Aufl. 2003.

Bohnert, C. Unterbringungsrecht, 2000.

Borutta, M. Pflege zwischen Schutz und Freiheit – das Selbstbestimmungsrecht verwirrter alter Menschen, 2000.

Brill, K. E. Psychisch Kranke im Recht, 1998.

Brosey, D. Wunsch und Wille des Betreuten bei Einwilligungsvorbehalt und Aufenthaltsbestimmungsrecht, 2009.

Chauvistré, R. Vorsorgevollmacht und rechtliche Betreuung. Betreuungsverfügung und Patientenverfügung, 1999.

Coeppicus, R. Sachfragen des Betreuungs- und Unterbringungsrechts, 2000.

Deutscher Juristentag 1988, Gutachten K, S. 191 ff.; vgl. insbesondere die Diskussionsbeiträge von *Bruder* S. 198; gegen eine Genehmigungspflicht und *Klie* S. 194 für eine entsprechende betreuungsrechtliche Regelung.

Evans D./Wood J./Lambert L./FitzGerald M. Physical Restraint in Acute and Residental Care. A Systematic Review. The Journal Briggs Institute, Adelaide, Australia, 2002.

Heide, J. Medizinische Zwangsbehandlung. Rechtsgrundlagen und verfassungsrechtliche Grenzen der Heilbehandlung gegen den Willen des Betroffenen, 2001.

Hoffmann, B. Personensorge. Erläuterungen und Gestaltungsvorschläge für die rechtliche Beratung. 2009.

Honds, J. Die Zwangsbehandlung im Betreuungsrecht, 2008.

Jürgens, A./Kröger, D./Marschner, R./Winterstein, P. Betreuungsrecht kompakt. Systematische Darstellung des gesamten Betreuungsrechts, 5. Aufl., 2002.

Karliczek, E. Wille, Wohl und Wunsch des Betreuten und des Einwilligungsunfähigen in der Gesundheitsfürsorge, Diss. 2001.

Klie, Thomas Rechtskunde. Das Recht der Pflege alter Menschen. 9. Aufl. 2009.

Klie, T./Pfundstein, T. Freiheitsentziehende Maßnahmen in Münchener Pflegeheimen. Kontaktstelle für praxisorientierte Forschung an der Evang. Fachhochschule Freiburg, 2002.

Klie, T./Lörcher, U. Gefährdete Freiheit, Fixierungspraxis in Pflegeheimen und Heimaufsicht, 1994.

Lipp, V. (Hrsg.) Handbuch der Vorsorgeverfügungen, 2009.

Marschner, R. Rechtliche Grundlagen für die Arbeit in psychiatrischen Einrichtungen, 2009.

Marschner, R./Lesting, W. Freiheitsentziehung und Unterbringung. Materielles Recht und Verfahrensrecht, 2010.

Olzen, D. Die Auswirkungen des Betreuungsrechtsänderungsgesetzes (Patientenverfügungsgesetzes) auf die medizinische Versorgung psychisch Kranker, 2009.

Siegert, D. Die Zwangsbefugnisse des Betreuers, 2007.

Pardey, K.-D. Betreuungs- und Unterbringungsrecht in der Praxis. Ein Studienbuch, 2000.

Schumacher, Ch. Freiheitsentziehende Maßnahmen mit mechanischen Mitteln bei der Betreuung gebrechlicher Menschen. Recht und Praxis der Fixierung, 1997.

Schaeffer, D. Ambulant vor stationär. Perspektiven für eine integrierte ambulante Pflege Schwerkranker, 2002.

Tietze, A. Ambulante Zwangsbehandlung im Betreuungsrecht, 2005.

Von Eicken, B./Ernst, E./Zenz, G. Fürsorglicher Zwang – Freiheitsbeschränkung und Heilbehandlung in Einrichtungen für psychisch kranke, für geistig behinderte und alte Menschen, 1990.

Walter, U. Vorsorgevollmacht, 1996.

Winzen, R. Zwang. Was tun bei Betreuung und Unterbringung? Wie Vorsorge treffen, 2. Aufl. 1999.

II. Kommentare

NomosKommentar BGB. Familienrecht. Bd. 4., 2. Aufl., 2010.

Bamberger, H.J., Roth, H. Kommentar zum Bürgerlichen Gesetzbuch. Bd. 3, §§ 1297–2385. 2. Aufl., 2008.

Bassenge, P./Roth, H. FamFG/RPflG, 12. Aufl., 2009.

Bauer, A./Klie, Th./Lütgens, K. Heidelberger Kommentar zum Betreuungs- und Unterbringungsrecht, 80. AL., 2011.

Bienwald, W./Sonnenfeld, S./Hoffmann, B. Betreuungsrecht, 5. Aufl., 2011.

Bumiller, U./Harders, D. FamFG. Freiwillige Gerichtsbarkeit, 10. Aufl., 2011.

Damrau, J./Zimmermann, W. Betreuungsrecht, 4. Aufl., 2010.

Diemer, H./Schatz, H.-R./Sonnen, B.-R. Jugendgerichtsgesetz mit Jugendstrafvollzugsgesetzen, 6. Aufl., 2011.

Eisenberg U. Jugendgerichtsgesetz. 14. Aufl., 2010.

Jansen P./Schuckmann v. H.-J., Gesetz über die Angelegenheiten der freiwilligen Gerichtsbarkeit, Bd. 2, §§ 35–70n FGG. 3. Aufl., 2005.

Jarass, H.D./Pieroth, B. GG Grundgesetz für die Bundesrepublik Deutschland. 10. Aufl., 2010.

Jürgens, A. (Hrsg.) Betreuungsrecht, 4. Aufl., 2010.

Keidel, T. FamFG. Kommentar zum Gesetz über das Verfahren in Familiensachen und die Angelegenheiten der freiwilligen Gerichtsbarkeit, 17. Aufl., 2011.

Kindhäuser, U./Neumann, U./ Paeffgen, H.U. Strafgesetzbuch. NomosKommentar. 3. Aufl., 2010.

Kunkel, P.Ch. Sozialgesetzbuch VIII. Kinder und Jugendhilfe. 4. Aufl., 2011.

Lilie, H./Hirsch, H.J./ Gribbohm, G./ Träger, E. et al. (Hrsg.) StGB. Leipziger Kommentar §§ 223–263a. 11. Aufl., 2005.

Mangoldt, H. von/ Klein, F./Strack, Ch. Kommentar zum Grundgesetz: GG Band 3: Art 83 bis 146. 6. Aufl., 2010.

Münchener Kommentar zum Bürgerlichen Gesetzbuch (2008) Bd. 8, Familienrecht II, §§ 1589–1921, SGB VIII. 5. Aufl., 2008.

Münch, I. v./ Kunig, P. (Hrsg.) Grundgesetz-Kommentar. Bd. 3. 5. Aufl., 2000.

Münder, J./Meysen, Th./Trenczek, Th. Frankfurter Kommentar zum SGB VIII – Kinder- und Jugendhilferecht. 6. Aufl., 2009.

Oberloskamp, H. (Hrsg.) Vormundschaft, Pflegschaft und Beistandschaft für Minderjährige. 3. Aufl., 2010.

Palandt Bürgerliches Gesetzbuch, 70. Aufl., 2010.

Sachs, M. Grundgesetz: GG. Kommentar. 5. Aufl., 2009.

Schönke, A./Lenckner, T. Strafgesetzbuch, 28. Aufl., 2010.

Staudinger Kommentar zum Bürgerlichen Gesetzbuch. Buch 4. §§ 1626–1633, RKEG, 2007.

Staudinger Kommentar zum Bürgerlichen Gesetzbuch. Buch 4. §§ 1896–1921, 2006.

Fischer, T. Strafgesetzbuch, 58. Aufl., 2010.

III. Aufsätze

Aderholdt, V./Crefeld, W. Neuroleptika zwischen Nutzen und Schaden, BtPrax 2010, 58–62.

Alperstedt, R. Gefahr und Gefährlichkeitsfeststellung im Unterbringungsrecht, FamRZ 2001, 467–473.

ders. Willensfreiheit und Unterbringung, Rpfleger 2000, 481–485.

ders. Die Unterbringungsvoraussetzungen und ihre Anwendung in der Praxis, BtPrax 2000, 95-99, BtPrax 2000, 149–155.

Amelung, K. Probleme der Einwilligungsfähigkeit, R&P 1995, 20–28.

Bauer A. Neue Gesichtspunkte zum Thema Freiheitsentzug und geschlossene Unterbringung in der Jugendhilfe, EJ 2001, 80–90.

Bauer, A./Hasselbeck, W. Fürsorglicher Zwang zum Wohle des Betreuten. Ein Gespräch zwischen Vormundschaftsrichter Axel Bauer und Dr. Wolfgang Hasselbeck, medizinisch-psychiatrischer Sachverständiger, FuR 1994, 293–300.

Baufeld, St. Zur Vereinbarkeit von Zwangseinweisungen und -behandlung psychisch Kranker mit der UN-Behindertenrechtskonvention, R&P 2009, 167–173.

Beaucamp, G. Ist § 1631b S. 1 BGB verfassungswidrig? RdJB 2007, 98–106.

Becker C./Eichner B./Lindemann B. et al. Fähigkeiten und Einschränkungen von Heimbewohnern, GerontolGeriat 2003; 36(4), 260–265.

Bienwald, W. Zur Rechtsnatur der Beziehungen zwischen Patient und Einrichtung bei nicht öffentlich-rechtlich fundiertem Aufenthalt, R&P 2008, 212–215.

ders., Gesetzliche Vertretung von Partnern und nahen Angehörigen zur Vermeidung Rechtlicher Betreuung?, FamRZ 2002, 1453–1454.

ders., Die Vorsorgevollmacht – ein gleichwertiger Ersatz der Betreuerbestellung, BtPrax 1998, 164–167.

Böhm, H. Zwangsbehandlung bei strafrechtlichen Unterbringungen. Ein nach wie vor ungelöstes Problem?, BtPrax 2009, 218–220.

Bredthauer, D. Freiheitseinschränkende Maßnahmen: rechtlich legitimiert, aber fachlich begründbar? – Handlungsempfehlungen aus den Redufix-Projekten. In: Stoppe, G. (Hrsg.) Die Versorgung psychisch kranker alter Menschen. Bestandsaufnahme und Herausforderung für die Versorgungsforschung. Köln 2011, 263–274.

Bredthauer, D. Können Fixierungen bei dementen Altenheimbewohnern vermieden werden?, BtMan 2006, 184–190.

Bredthauer, D./Klie, Th./Viol, M. Entscheidungsfindung zwischen Sicherheit und Mobiltätsförderung, BtPRax 2009, 18–23.

Bredthauer D./Becker C./Eciner B, Koczy P./Nikolaus T. Factors relating to the use of physical restraints in psychogeriatric care: A paradigm for elder abusem. Gerontol Geriat 2005, 10–19.

Brosey, D. Psychiatrische Patientenverfügungen nach dem 3. Betreuungsrechtsänderungsgesetz, BtPrax 2010, 161–167.

dies., Zur Zulässigkeit einer stationären Zwangsbehandlung des Betreuten, BtPrax 2008, 108–111.

Bühler, M. Vollmachtserteilung zur Vermeidung einer Betreuerbestellung – Möglichkeiten und Grenzen der Vorsorgevollmacht, FamRZ 2001, 1585–97.

ders. Zum Betreuungsrechtsänderungsgesetz und zur Vorsorgevollmacht, BWNotZ 1999, 25–41.

Coeppicus, R. Die Selbstgefährdung im öffentlich-rechtlichen Unterbringungsrecht, FamRZ 2001, 801–805.

ders. Vorschläge für ein sachgerechtes Verfahren in Betreuungs- und Unterbringungssachen, ZRP 2000, 91–94.

ders. Durchführung und Inhalt der Anhörung in Betreuungs- und Unterbringungssachen, FamRZ 1991, 892–898.

Crefeld, W. Denn sie wissen nicht, was sie tun, BtPrax 1998, 47–50.

ders. Der Sachverständige in Betreuungsverfahren, FuR 1990, 272–281.

Czerner, F. Die elterlich initiierte Unterbringung gemäß § 1631b BGB – ein familienrechtliches Fragment im vormundschafts- und verfassungsrechtlichen Spannungsfeld, AcP 202 (2002): 72–136.

Diekmann, A. Die Aufgaben des Betreuers im Aufgabenkreis Gesundheitssorge – ein Überblick, BtPrax 2010, 53–57.

dies. Die Unterbringung. Wer sind die Akteure und welches ihre Anliegen?, BtPrax 2009, 49–52.

Dodegge, G. Zwangsbehandlung und Betreuung, NJW 2006, 167–1629.

ders., Die Gestaltung der Einweisungspraxis aus der Perspektive eines Unterbringungsrichters, BtPrax 1998, 43–49.

ders. Freiheitsentziehende Maßnahmen nach § 1906 IV BGB, MDR 1992, 437–441.

Dornis, Ch. Die Fixierung von nach PsychKG-SH untergebrachten Patienten. Genehmigungspflicht und rechtliche Details, SchlHA 2011, 156–158.

Dröge, M. Patientenverfügung und Erforderlichkeit einer Betreuungsmaßnahme, BtPrax 1998, 199–203.

ders. Die Betreuungsanordnung gegen den Willen des Betroffenen, FamRZ 1998, 1209–1214.

Elsbernd, A./Stolz, K. Zwangsbehandlung und Zwangsernährung in der stationären Altenhilfe?, BtPrax 2008, 57–63.

Evans LK./Strumpf NE./Allen-Taylor SL./Capezuti E./ Maislin G./ Jacobsen B., A clinical trial to reduce restraints in nursing home residents. JAm GeriatrSoc 1999, 1202–1207.

Fieseler, G. Geschlossene Unterbringung – Perspektiven und Handlungsmister der Familiengerichte, Unsere Jugend 2010, 175–185.

Fröschle, T. Beteiligte und Beteiligung am Betreuungs- und Unterbringungsverfahren nach dem FamFG, BtPrax 2009, 155–159.

Garlipp, P. Zwangsbehandlung und Betreuungsrecht aus psychiatrischer Sicht, BtPrax 2009, 55–58.

Gaßner, M./Schottky, E. Freiheit vor Sicherheit oder umgekehrt? Analyse und Kritik der zivilrechtlichen Rechtsprechung zu Stürzen in Alten- und Pflegeheimen, MedR 2006, 391–399.

Graber-Dünow, M. Zwischen Selbstbestimmung und „fürsorglicher Bevormundung", BtMan 2005, 126–128.

Grauer, T. Freiheitsentziehung in der eigenen Wohnung oder in einer offenen Einrichtung, BtPrax 1999, 20–22.

Greve, N. Therapeutische Alternativen und Ergänzungen zur psychopharmakologischen Behandlung, BtPrax 2010, 62–65.

Günter, R. Aktuelle Rechtsprechung des Bundesgerichtshofs zur Haftung des Trägers eines Pflegewohnheims für Sturzverletzungen von Heimbewohnern, PatR 2005, 123–130.

Habermeyer, E. Der „freie Wille" aus medizinischer Sicht, BtPrax 2010, 69–71.

Hamers JP./Huizing AR. Why do we use physical restraints in the elderly?. Review, GerontolGeriatr 2005, 19–25.

Hartmann, T. Patientenverfügung und psychiatrische Verfügung – Verbindlichkeit für den Arzt?, NStZ 2000, 113–120.

Helle, J. Patienteneinwilligung und Zwang bei der Heilbehandlung untergebrachter psychisch Kranker, MedR 1993, 134–139.

Hirsch R.D./Wörthmüller M./Schneider H.K. Fixierungen: Zu viel, zu häufig und Im Grunde genommen vermeidbar, Gerontopsych Psychiat 1992, 127–135.

Höfger, E. Die Inszenierung von Unterbringungen nach dem Betreuungsgesetz aus Sicht eines Sozialpsychiatrischen Dienstes, BtPrax 1998, 53–58.

Hoffmann, B. Strafrechtliche Verantwortung für das Unterlassen des Schutzes einwilligungsunfähiger Erwachsener, BtPrax 2010, 151–156.

dies. Freiheitsentziehende Unterbringung und Maßnahmen auf Grundlage einer einstweiligen Maßregel des Betreuungsgerichts, R&P 2010, 24–29.

dies. Voraussetzungen und Verfahren der freiheitsentziehenden Unterbringung von Kindern und Jugendlichen – Neufassung des § 1631b BGB und Inkrafttreten des FamFG JAmt 2009, 473-480.

dies. Freiheitsentziehende Unterbringung von Kindern und Jugendlichen – Rechtslage nach Neufassung des § 1631b BGB und Inkrafttreten des FamFG, R&P 2009, 121–129.

dies. Anmerkungen zur Entscheidung des OLG Karlsruhe vom 7.2.2008, BtMan 2008, 98.

dies. Aufklärung einwilligungsunfähiger Patienten. Pflicht von Arzt und Betreuer, BtPrax 2007, 143–148.

dies. Freiheitsentziehende Unterbringung und Zwangsbehandlung in psychiatrischen Einrichtungen, Kerbe, Forum für Sozialpsychiatrie 2007, 26–29.

dies. Anmerkungen zur Entscheidung des BVerfG vom 14. Juni 2007, R&P 2007, 193–194.

dies. Rechtliche Aspekte psychiatrischer bzw. psychologischer Behandlung Minderjähriger, R&P 2007, 173–179.

dies. Zwangsbehandlung im Betreuungsrecht, BtMan 2006, 179–184.

dies. Anmerkungen zum Beschluss des BGH vom 1.2.2006, R&P 2006, 144.

Hoffmann, B./Trenczek, Th. Freiheitsentziehende Unterbringung „minderjähriger" Menschen in Einrichtungen der Kinder- und Jugendhilfe, JAmt 2011, 177–180.

Hoffmann, M./Schumacher, B. Vorsorgevollmachten und Betreuungsverfügungen: Handhabung in der Praxis, BtPrax 2002, 191–196.

Holzhauer, H. Der Umfang der gerichtlichen Kontrolle privatrechtlicher Unterbringung nach § 1906 BGB i.d.F. des Betreuungsgesetzes, FuR 1992, 249–261.

ders. Für ein enges Verständnis des § 1906 Abs. 4, BtPrax 1992, 54–56.

Hoops, S., Permien, H. Kinder und Jugendliche und Freiheitsentziehende Maßnahmen in der Jugendhilfe, ZJJ 2005, 41–49.

Jaquemar, S. Die Bewohnervertretung – der österreichische Weg: über den Umgang mit Freiheitsbeschränkungen in Einrichtungen, BtPrax 2010, 105–109.

Kindler, H., et al. Geschlossene Formen der Heimunterbringung als Maßnahme der Kinder- und Jugendhilfe, ZJJ 2007, 40–48.

Kirsch, S. Der Werdenfelser Weg – Ein verfahrensrechtlicher Ansatz zur Reduzierung von Fixierungsmaßnahmen, DRiZ 2009, 253–255.

Klie, Th. Hinter verschlossenen Türen. ReduFix-Ambulant beleuchtet freiheitsentziehende Maßnahmen in der Häuslichkeit, Häusliche Pflege, 2011, 28–31.

ders. Freiheitsentziehende Maßnahmen vor Gericht: Regel oder Ausnahme?, BtPrax 2010, 109–122.

ders. Eingesperrt in der eigenen Wohnung. Freiheitsentziehende Maßnahmen in der eigenen Häuslichkeit, BTMan 2009, 200–201.

ders. Mobilität und Sicherheit für Menschen mit Demenz, BtMan 2007, 13–16.

ders. Gesetzliches Vertretungsrecht für Angehörige, BtPrax 2002, 91–96.

ders. Zur Verbreitung unterbringungsähnlicher Maßnahmen im Sinne des § 1906 Abs. 4 BGB in bundesdeutschen Pflegeheimen, BtPrax 1998, 50–53.

Klie Th./Pfundstein Th. Münchner Studie: Freiheitsentziehende Maßnahmen in Münchner Pflegeheimen. In: Hoffmann B./Klie Th. (Hrsg.): Freiheitsentziehende Maßnahmen. Unterbringung und unterbringungsähnliche Maßnahmen in Betreuungsrecht und Praxis Heidelberg: Müller 2004, 75–130.

Klüsener, B. Die Anwaltsbeiordnung im Unterbringungsverfahren, FamRZ 1994, 487–489.

Klüsener, B./Rausch, H. Praktische Probleme der Umsetzung des neuen Betreuungsrechts, NJW 1993, 617–624.

König, R. Vereinbarkeit der Zwangsunterbringung nach § 1906 BGB mit der UN-Behindertenrechtskonvention?, BtPrax 2009, 105–108.

Koritz, N. Der Verfahrenspfleger im Unterbringungsverfahren nach § 1631b BGB – das Spannungsfeld zwischen einer Bestellung nach § 50 und § 70b FGG, FPR 2006, 42–44.

Kretz, J. Einstweilige Anordnungen in Betreuungs- und zivilrechtlichen Unterbringungssachen nach dem FamFG, BtPrax 2009, 160–166.

Krüger, C./Meyer, G./Hamers, J. Mechanische freiheitsentziehende Maßnahmen im Krankenhaus ZGerontolGeriat 2010, 1–6.

Kunkel P.C. Geschlossene Unterbringung nach § 42 SGB VIII zum Schutz des Kindes, FPR 2003, 277–279.

Lachwitz, K. Menschen mit geistiger Behinderung im Spannungsfeld zwischen Selbst- und Fremdbestimmung, BtPrax 1995, 114–121.

Lang, H. Der Sturz im Pflegeheim – eine juristische Betrachtung, NZV 2005, 124–129.

Lang, H./Herkenhoff, M. Persönlichkeitsrechte und Menschenwürde im Alten- oder Pflegeheim, NJW 2005, 1905–1907.

Leichthammer, M. Zur Frage der Einwilligung eines Bevollmächtigten in eine unterbringungsähnliche Maßnahme nach der derzeitigen Rechtslage und Stellungnahme zu dem § 1906 V BGB-BtÄndG, BtPrax 1997, 181–185.

Lesting, W. Vollzug ohne Vollzugsrecht – Zur fehlenden gesetzlichen Grundlage des Vollzugs der zivilrechtlichen Unterbringung, R&P 2010, 137–141.

Lipp, V. Die Zwangsbehandlung eines Betreuten nach der aktuellen Rechtsprechung, BtPrax 2009, 53–54.

ders. Rechtliche Betreuung und das Recht auf Freiheit, BtPrax 2008, 51–56.

ders. Unterbringung und Zwangsbehandlung – Zum Vorlagebeschluss des OLG Celle, BtPrax 2006, 62–65.

ders. Betreuung und Zwangsbehandlung, JZ 2006. 661–665.

Looz, C. v. Die Lebensdecke ist nicht kochfest! – Plädoyer für eine Betreuungsverfügung, BtPrax 2002, 179–184.

Ludyga, H. Die zivilrechtliche Haftung des Heimträgers nach einem Sturz im Heim, BtPrax 2009, 64–67.

ders. Rechtmäßigkeit von medizinischen Zwangsmaßnahmen bei einer Unterbringung gemäß § 1906 BGB, FPR 2007, 104–107.

Marschner, R. UN-Konvention über die Rechte von Menschen mit Behinderungen – Auswirkungen auf das Betreuungs- und Unterbringungsrecht, R&P 2009, 135–137.

ders. Zivilrechtliche und öffentlich-rechtliche Unterbringung – aktuelle Probleme, BtPrax 2006, 125–130.

ders. Verbindlichkeit und notwendiger Inhalt von Vorsorgevollmachten und Patientenverfügungen in der Psychiatrie, R&P 2000, 161–163.

May, A.T./Kettner, M. Gesetzliche Vertretungsmacht für Angehörige, BtPrax 2003, 96–97.

Meier, S.M. Demenz und rechtliche Betreuung – Aufgabenkreise bei dementen Betreuten, BtPrax 2006, 159–163.

Melchinger, H. Zivilrechtliche Unterbringungen. Wird die Praxis Qualitätsansprüchen gerecht?, BtPrax 2009, 59–63.

Meyer, K. Zur zwangsweisen Heilbehandlung im Rahmen der Unterbringung nach § 1906 Abs. 1 Nr. 2 BGB, BtPrax 2002, 252–255.

Meyer, G./Köpke, S. Freiheitseinschränkende Maßnahmen in Alten- und Pflegeheimen: eine multizentrische Beobachtungsstudie, in: Schaeffer, D./Behrens, J./Görres, S. (Hrsg.), Optimierung und Evidenzbasierung pflegerischen Handelns. Reihe Gesundheitsforschung. München: Juventa Weinheim 2008, 333–349.

Mohsenian, C./Heinemann, A./Verhoff, M.A./Riße, M./Karger, B./Püschel, K. Todesfälle nach Fixierungsmaßnahmen. In: Saternus KS./Kernbach-Wighton G (Hrsg): Fixierung erregter Personen. Lübeck 2003, 37–46.

Müller, S. Freiheitsberaubung durch unterbringungsähnliche Maßnahmen bei Minderjährigen im Krankenhaus, MedR 2011, 339–345.

Müther, P.-H. Das Sachverständigengutachten im Betreuungs- und Unterbringungsverfahren, FamRZ 2010, 857–860.

Narr, W. D./Saschenbrecker, T. Unterbringung und Zwangsbehandlung – Eine Nachfrage bei den Vormundschaftsgerichten, FamRZ 2006, 1079–1083.

Nedopil, N. Die medikamentöse Versorgung als Heilbehandlung gemäß § 1904 BGB – Erwiderung auf den Beitrag von Schreiber FamRZ 1993, 24–27.

Olzen, D./Sanden van der, M. Zulässigkeit stationärer Zwangsbehandlungsmaßnahmen im Falle der Unterbringung, JR 2007, 248–250.

Pardey, K.-D. Rechtsgrundlagen ärztlichen Handelns bei der Unterbringung Erwachsener (§ 70 FGG), BtPrax 1999, 83-86 und BtPrax 1999, 126–130.

ders, Zur Zulässigkeit drittschützender freiheitsentziehender Maßnahmen nach § 1906 BGB, FamRZ 1995, 713–717.

ders. Alltagsprobleme im Betreuungsrecht insbes. zu §§ 1904 und 1906 IV BGB, BtPrax 1995, 81–86.

Pawlowski, H.-M. Rechtsfähigkeit im Alter, JZ 2004, 13–18.

Permien, H. Indikationen für geschlossene Unterbringung in der Praxis von Jugendhilfe und Jugendpsychiatrie, R&P 2006, 111–118.

Probst, M. Gesetzliche Vertretung durch Angehörige?, BtPrax Heft 5/2004. S. 163–168.

Riedel, D. Freiheitsentziehende Maßnahmen gegenüber nicht betreuten Personen wegen Selbstgefährdung, BtPrax 2010, 99–104.

Riedel, A./Stolz, K. „Altenwohlgefährdung". Pflegewissenshaftliche und betreuungsrechtliche Überlegungen zu Gefährdungen in der häuslichen Pflege, BtPrax 2008, 233–239.

Rink, J. Die Unterbringung Erwachsener durch Maßregel nach § 1846 BGB, FamRZ 1993, 512–516.

ders. Die Wirksamkeit von Entscheidungen in Betreuungs- und Unterbringungssachen, FamRZ 1992, 1011–1013.

Rohmann, J.A. In Fragen der Heimerziehung ausgewiesener Psychologe als Sachverständiger bei Unterbringung von Kindern und Jugendlichen (§ 70e FGG n. F.), FPR 2009, 30–34.

Rohlfing, B. Zur Haftung des Pflegeheimträgers bei sturzbedingten Verletzungen von Heimbewohnern, BtPrax 2006, 94–97.

Rüth, U. Die geschlossene Unterbringung nach § 1631b BGB neu. Einige kritische Anmerkungen aus der Sicht der Kinder- und Jugendpsychiatrie, ZKJ 2011, 48–52.

Rüth, U. et al. Rechtliche Aspekte im Verfahren der geschlossenen Unterbringung Minderjähriger in der Jugendhilfe gemäß § 1631b BGB – Untersuchung anhand 101 jugendpsychiatrischer Gutachten, Gesundheitswesen 2004, 739–747.

dies. Das jugendpsychiatrische Gutachten zur geschlossenen Unterbringung Minderjähriger in der Psychiatrie und in der Jugendhilfe – Statusermittlung versus Prozessdiagnostik, ZfJ 2001, 372–379.

Rzepka, D. Fixierung: „Wohl"-wollende Fürsorge kontra Selbstbestimmung, BtMan 2009, 13–20.

Schmidt, G. Betreuung und Unterbringung bei Süchtigen, BtPrax 2001, 188–191.

Schmidt-Recla, A./Diener, J. Zwangsmittel im Betreuungs- und Unterbringungsverfahrensrecht, FamRZ 2010, 696–702.

Schreiber L.H. Die medikamentöse Versorgung als Heilbehandlung gemäß § 1904 BGB n. F. im zukünftigen Betreuungsgesetz, FamRZ 1991, 1014–1022.

Schröder, St./Straub, R./Stolz, K./Frick, E. Der Sozialarbeiter im Unterbringungsverfahren, Psychiat. Prax 1993, 188–190.

Schumacher U. Rechtsstaatliche Defizite im neuen Betreuungsrecht, FamRZ 1991, 280–284.

Sonnenfeld, S. Rechtsmittel in Betreuungs- und Unterbringungsverfahren, BtPrax 2009, 167–171.

ders. Selbstbestimmung im Alter – Möglichkeiten und Grenzen, ZfRV 2008, 33–41.

Sonnentag, M. Erforderlichkeit der Genehmigung unterbringungsähnlicher Maßnahmen bei untergebrachten Betreuten durch das Betreuungsgericht. Zugleich Anmerkung zu LG Freiburg, Beschluss v.
20.7.2010 – 4 T 133/10 –, FamRZ 2010, 1846 –, FamRZ 2011, 1635–1638.

Stalinski, D. Die einvernehmliche Zwangsbehandlung, BtPrax 2000, 59–63.

Steinle, H. Zwangsbehandlung in der Psychiatrie und mögliche Rechtsbehelfe am Beispiel Baden-Württemberg, BtPrax 1996, 139–142.

Stoffregen, R. Zwangseinweisung in die Psychiatrie, BtPrax 2009, 172–174.

Stolz, K., Menschen mit Demenz im Krankenhaus, BtPrax 2010, 24–25.

ders. Handreichungen für (Gesundheits-)Bevollmächtigte, BtPrax 2002, 66–68.

ders. Umsetzungsdefizite im Bereich Heilbehandlung und freiheitsentziehende Maßnahmen bei Heimbewohnern, FamRZ 1993, 642–645.

Stolz, K./Elsbernd, A. Zwangsbehandlung und Zwangsernährung in der stationären Altenhilfe, BtPrax
2009, 57–63

Sträßner, H. Haftung eines Altenheimes für den Unfall eines unter Betreuung stehenden geistig verwirrten
und gehbehinderten Heimbewohners wegen unterlassener Fixierung im Rollstuhl, PKR 2002, 80–81.

Strätling, M./Scharf, V.E./Wedel, C./Oehmichen, F./Eisenbart, B. Möglichkeiten zur Verminderung rechtlicher und ethischer Probleme bei der Behandlung nicht einwilligungsfähiger oder von Entscheidungs-
unfähigkeit bedrohter Patienten. Vorschläge für eine konzertierte Gesetzgebungsinitiative zur Refor-
mierung des deutschen Betreuungsrechts bezüglich antizipierender Behandlungsanweisungen und
Stellvertreterentscheidungen in Gesundheitsfragen, MedR 2001, 385–395.

Strätling, M./Eisenbart, B./Scharf, V.E. Stellvertreterentscheidungen in Gesundheitsfragen unter epidemio-
logisch-demographischen Gesichtspunkten: Wie realistisch sind die Vorgaben des deutschen Betreuungsrechts? Zur medizinrechtlichen Problematik der Behandlung nicht einwilligungsfähiger Patienten,
MedR 2000, 251–255.

Tauchau, B. Die strafrechtliche Garantenstellung des Betreuers, BtPrax 2008, 195–198.

Tietze, A. Zwangsbehandlungen in der Unterbringung – Zur rechtlichen Zulässigkeit der Zwangsbehandlung im Betreuungsrecht, BtPrax 2006, 131–135.

Trenczek, Th. Inobhutnahme und geschlossene Unterbringung, ZfJ 2000, 121–134.

Vennemann, U. Freiheitsentziehende Maßnahmen – Ein Praxisbericht, BtPrax 1998, 59.

Walter U. Das Betreuungsrechtsänderungsgesetz und das Rechtsinstitut der Vorsorgevollmacht, FamRZ
1999, 685–695.

Walther, G. Aufgaben und Rechtsstellung des Jugendamts in Verfahren der freiheitentziehenden Unterbringung von Kindern und Jugendlichen nach dem FamFG, JAmt 2009, 480–489.

ders. Vor- und Zuführungen in Betreuungs- und Unterbringungsverfahren, R&P 2007, 167–172.

ders. Freiheitsentziehende Maßnahmen nach § 1906 Abs. 4 BGB – Verfahren, Handlungskonzepte und
Alternativen, Teil 2: Pflichten des Betreuers, BtPrax 2006, 8–12.

ders. Freiheitsentziehende Maßnahmen nach § 1906 Abs. 4 BGB – Verfahren, Handlungskonzepte und
Alternativen, Teil 1, BtPrax 2005, 214–219.

ders. Ambulante Zwangsbehandlung und Fürsorglicher Zwang, BtPrax 2001, 96–101.

Wiebach, K./Kreußig, M./Peters, H./Wächter, C./Winterstein, P. Was ist „gefährlich"? – Ärztliche und juristische Aspekte bei der Anwendung des § 1904 BGB, BtPrax 1997, 48–52.

Wiegand, E. § 1846 BGB als allgemeine Ermächtigungsgrundlage des Vormundschaftsrichters für eine
zivilrechtliche geschlossene Unterbringung hilfloser Erwachsener; NJW 1991, 1022–1024.

Wigge, P. Arztrechtliche Fragen des Unterbringungsrechts, MedR 1996, 291–299.

Wille, J. § 1631b BGB in der amtsgerichtlichen Praxis, ZfJ 2002, 85–95.

Wolf, Ch. E. Göttinger Workshop zur UN-Behindertenrechtskonvention 2010, 117–118.

Wojnar, J. Der Einsatz von Psychopharmaka in der Betreuung demenzkranker Menschen, BtPrax 1999,
11–14.

ders. Freiheitsentziehende Maßnahmen und ihre Auswirkungen auf die Persönlichkeit behinderter Menschen, BtPrax 1997, 92–97.

ders. Freiheitsentziehende Maßnahmen und Demenz, BtPrax 1995, 12–15.

Wolter-Henseler D. Gefährliche medizinische Maßnahmen? BtPrax 1995, 168–171.

ders. Betreuungsrecht und Arzneimittel – wann ist eine medikamentöse Behandlung genehmigungs-bedürftig i. S. des § 1904 BGB, BtPrax 1994, 183–190.

Zimmermann, W. Das Unterbringungsverfahren im FamFG, BtMan 2009, 67–73.

ders. Das neue Verfahren in Betreuungssachen, FamRZ 1991, 270–279.

ders. Das neue Verfahren in Unterbringungssachen, FamRZ 1990, 1308–1318.

IV. Weitere Quellen

Bundesamt für Justiz Sondererhebung Verfahren nach dem Betreuungsgesetz 1992–2007; Grafik: Deinert; online verfügbar: http://www.bt-portal.de/wissen/downloads/betreuungszahlen.html (zuletzt eingesehen: 12.8.2011)

Demenz-Leitlinie 2011 online verfügbar: http://www.demenz-leitlinie.de/pflegende/Diagnostik/herausfordVerhalten.html (zuletzt eingesehen: 12.8.2011)

1. Kapitel
Einführung

I. Intention der Darstellung

Ziel des Gesetzgebers bei der Einführung des Betreuungsrechts war es, durch das Betreuungs- **1**
recht die durch Art. 2 Abs. 2 GG geschützten Freiheitsrechte auch derjenigen Menschen zu
stärken und zu sichern, die nicht mehr selbst für sich entscheiden können. Dabei hat der
Gesetzgeber auf Menschen mit Behinderungen und psychischen Krankheiten ein besonderes
Augenmerk gelegt. Dies hat nicht nur mit der verfassungsrechtlichen Bedeutung der Freiheitsrechte von Bürgern in einem liberalen Staat und der besonderen Verpflichtung des Sozialstaa-
tes, Grundrechte von hilfeabhängigen Menschen wirksam zu schützen, zu tun. Die jüngere
Geschichte der Menschen mit Behinderungen und psychischen Krankheiten, die in ihren Frei-
heits- aber auch Lebensrechten essentiell in Frage gestellt wurden, die Realität psychiatrischer
Einrichtungen bis in die 60er Jahre hinein gab dem Gesetzgeber begründeten Anlass, die Eingriffe in Freiheitsrechte besonders zu regeln. Bis heute ist die Freiheit psychisch kranker, geistig
behinderter und insbesondere auch pflegebedürftiger Menschen, und dort vor allen Dingen
dementiell erkrankter Menschen gefährdet. Wir wissen um den Verbreitungsgrad freiheitsentziehender Maßnahmen in der Pflege. Uns ist bewusst, dass die Zunahme an Genehmigungsverfahren für freiheitsentziehende Maßnahmen nach § 1906 Abs. 4 BGB die Betreuungsgerichte in hohem Maße belastet und dass daher heute bereits wieder über die Notwendigkeit
einer betreuungsgerichtlichen Genehmigung dieser Maßnahmen diskutiert wird. Uns ist
bekannt, dass das geltende deutsche Recht bei rechtsvergleichender Betrachtung weitgehend
einmalig dasteht. Uns steht aber auch vor Augen, dass psychisch kranke, geistig behinderte
oder dementiell erkrankte Menschen nicht dadurch mehr Lebensqualität erfahren, dass sie
„mit Recht fixiert" werden. In diesem Werk sprechen wir daher bewusst von freiheitsentziehenden Unterbringungen und freiheitsentziehenden bzw. freiheitsbeschränkenden Maßnahmen, um den grundrechtsrelevanten Freiheitseingriff auch durch „wohlmeinende", fürsorglich
motivierte Maßnahmen herauszuarbeiten.

Vor Inkrafttreten des Betreuungsrechts war insbesondere bezüglich der sogenannten „unter- **2**
bringungsähnlichen Maßnahmen" viel Unsicherheit in der Praxis und nur wenig orientie-
rungsschaffendes Richterrecht vorhanden. Die Regelung in § 1906 BGB, insbesondere die
durch § 1906 Abs. 4 BGB erfolgte Klarstellung, dass auch im Zivilrecht freiheitseinschränkende
Maßnahmen an besondere Voraussetzungen geknüpft sind und als freiheitsentziehende Maßnahme einer betreuungsgerichtlichen Genehmigung bedürfen, war ein wichtiger Schritt zur
Sicherung der Rechte und Rechtsstellung von Menschen, die nicht mehr für sich selbst entscheiden können. Im Vergleich zu den detaillierten Regelungen für die öffentlich-rechtliche
Unterbringung blieben und bleiben allerdings auch nach Inkrafttreten des Betreuungsrechts
zahlreiche Details offen.

Zudem stellen sich etwa durch die Ratifizierung der UN-Behindertenrechtskonvention oder **3**
das Inkrafttreten der Regelungen zur Patientenverfügung in den §§ 1901a f. BGB sowie die
Rechtsprechung stetig neue Fragen. Das 3. BtÄndG hat auf den ersten Blick zwar keine Veränderungen der materiell-rechtlichen Regelungen zu den Voraussetzungen einer freiheitsentziehenden Unterbringung und freiheitsentziehender Maßnahmen mit sich gebracht. Die Regelungen zum Patientenwillen in den §§ 1901a, 1901b BGB haben jedoch auch Bedeutung für

1

die Möglichkeiten einer stationäre Zwangsbehandlung einwilligungsunfähiger Menschen nach § 1906 Abs. 1 Nr. 2 BGB. Auch insoweit ist der Vorrang einer Patientenverfügung bzw. von Behandlungswünschen eines Betroffenen, die dieser im Zustand der Einwilligungsfähigkeit geäußert hat, zu beachten. Zudem ist von langfristigen Veränderungen als Folge des Inkrafttretens der UN-Behindertenrechtskonvention auszugehen, obgleich nach wohl überwiegender Auffassung im Schrifttum die derzeitigen Regelungen zur zivil- und öffentlich-rechtlichen Unterbringung als konventionskonform bewertet werden.[1]

Auch wenn sich die im Verhältnis zur öffentlich-rechtlichen Unterbringung geringere Regelungsdichte im Bereich zivilrechtlicher Freiheitseinschränkung teilweise damit begründen lässt, dass sich öffentlich-rechtliche und zivilrechtliche Unterbringung in ihrem Wesen – einerseits staatlicher Zwang, andererseits Wahrnehmung und Vertretung in der Selbstbestimmung – unterscheiden, ist Rechtssicherheit und einheitliche Rechtsanwendung auch für den Bereich der zivilrechtlichen Freiheitsentziehung zu fordern: Aus der Perspektive Betroffener, die gegen ihren Willen – möglicherweise unter Anwendung von körperlicher Gewalt oder anderer Zwangsmaßnahmen – untergebracht oder fixiert werden, ist es unerheblich, ob die Unterbringung oder Fixierung auf der Entscheidung eines Betreuers bzw. Bevollmächtigten oder auf einer betreuungsgerichtlichen Anordnung beruht. Entscheidend ist für Betroffene die Gewalterfahrung und nicht die Rechtsgrundlage der Gewalt.

4 Vor diesem Hintergrund werden in der 2. Auflage dieser Monographie erneut die Grundlagen der zivilrechtlichen Freiheitseinschränkung durch Betreuer und Bevollmächtigte dargelegt. Die umfangreiche Rechtsprechung und die neueren Tendenzen in der wissenschaftlichen Diskussion in Folge des Inkrafttretens der UN-Behindertenrechtskonvention und der Regelungen zur Patientenverfügung, §§ 1901a f. BGB, wurden aufgegriffen. Ergänzend wird in der 2. Auflage erstmals auf Fragen der zivilrechtlichen Freiheitseinschränkung Minderjähriger und gesondert auf freiheitseinschränkende Maßnahmen in der eigenen Häuslichkeit eingegangen. Auf Probleme der öffentlich-rechtlichen Unterbringung wird erneut nur im Hinblick auf eine Abgrenzung zur zivilrechtlichen Freiheitseinschränkungen eingegangen.

5 Die Abhandlung soll Sicherheit im Umgang mit einer freiheitsentziehenden Unterbringung bzw. freiheitseinschränkenden Maßnahmen schaffen. Aus diesem Grunde ist die Darstellung weiterhin weniger am wissenschaftlichen Diskurs als vielmehr an der Rechtsprechung und überwiegenden Meinung in der Literatur orientiert. Die Monographie will zu einer Auseinandersetzung mit der zivilrechtlichen freiheitsentziehenden Unterbringung und freiheitseinschränkenden Maßnahmen einladen und hier Orientierung für diejenigen geben, die Verantwortung in der Führung von Betreuungen, in Heimen und Krankenhäusern, in Betreuungsvereinen und in der Rechtsberatung tragen. Der Abdruck der rechtlichen Grundlagen in BGB und FamFG und der wichtigsten Judikatur zu einschlägigen Problemkreisen sowie ein Anhang mit Materialien für Betreuer/Bevollmächtigte, Fachkräfte in Einrichtungen ebenso wie Betreuungsrichter und Mitarbeiter von Betreuungsbehörden soll aus dem Buch ein abgerundetes Handbuch für die Praxis machen.

---

1 So *König* BtPrax 2009, 105; zweifelnd, insbesondere im Hinblick auf die Praxis *Marschner* R&P 2009, 135 und *Baufeld* R&P 2009, 167.

II. Zivilrechtliche und öffentlich-rechtliche Freiheitseinschränkung

Im deutschen Recht, aber auch in den Rechtsordnungen vieler anderer europäischer Staaten wird die Zulässigkeit von und die Entscheidung über freiheitseinschränkende Maßnahmen je nach Hintergrund und Intention des Eingreifens in unterschiedlichen Rechtsgebieten geregelt: Im öffentlichen Recht, zumeist im Polizeirecht, dort wo ein öffentlicher Schutzauftrag zu Gunsten des Betroffenen, aber auch einer zu Gunsten Dritter im Vordergrund steht, und zivilrechtlich, zumeist im Familienrecht, wenn Maßnahmen „fürsorgerisch", im Sinne und zum Wohl des Betroffenen ergriffen werden sollen. Der Gesetzgeber des Betreuungsrechts hat bewusst an der Zweigleisigkeit von zivilrechtlicher und öffentlich-rechtlicher Freiheitseinschränkung nach Landesrecht festgehalten. Dabei gilt es nur die Anwendungsbereiche der freiheitsentziehenden Unterbringung nach Zivilrecht bzw. öffentlichem Recht voneinander anzugrenzen, denn das öffentliche Recht kennt keine isolierte Anordnung freiheitsentziehender Maßnahmen. 6

Die Anwendungsbereiche der zivilrechtlichen bzw. der öffentlich-rechtlichen freiheitsentziehenden Unterbringung gilt es einleitend gegeneinander abzugrenzen. Nach Vorstellung des Gesetzgebers des Betreuungsrechts sollte sich das Verhältnis von zivilrechtlicher und öffentlich-rechtlicher freiheitsentziehender Unterbringung zukünftig allein nach sachlichen Gesichtspunkten bestimmen. Die Differenzierung allein nach sachlichen Gesichtspunkten sollte zudem durch ein einheitliches Verfahrensrecht, (seit 1.9.2009) §§ 312 ff. FamFG, und die Konzentration der richterlichen Entscheidung beim (seit 1.9.2009) Betreuungsgericht unterstützt werden, um eine Präferenz für das weniger aufwendige Verfahren zu vermeiden[2]. Soweit sich die Anwendungsbereiche der zivilrechtlichen bzw. öffentlich-rechtlichen freiheitsentziehender Unterbringung überschneiden, ist die öffentlich-rechtliche freiheitsentziehende Unterbringung als staatlich angeordnete Anwendung von Zwang zur zivilrechtlichen subsidiär. 7

Die nachfolgende Abbildung fasst Unterschiede und Überschneidungen zwischen zivilrechtlicher freiheitsentziehender Unterbringung nach § 1906 BGB und öffentlich-rechtlicher freiheitsentziehender Unterbringung nach den PsychischKrankenGesetzen der Länder zusammen. 8

	Zivilrechtliche Freiheitsentziehung	Öffentlich-rechtliche Freiheitsentziehung
Grund der Unterbringung	Erhebliche Selbstgefährdung oder Behandlungsnotwendigkeit	Fremdgefährdung oder akute Selbstgefährdung
Legitimation	Einwilligung des Betreuers oder Einwilligung des Bevollmächtigten	Anordnung des Betreuungsrichters
Dauer der Unterbringung	Längerfristiger Unterbringungsbedarf	Krisenintervention
Ort der Unterbringung	Keine Festlegung eines Ortes	Bestimmte Einrichtungen
Freiheitsentziehende Maßnahmen	Kein Bestandteil der Befugnis zur Unterbringung (h.M.)	Bestandteil der Anordnung der Unterbringung

Abbildung 1: Zivilrechtliche und öffentlich-rechtliche Freiheitsentziehung im Vergleich

---

2 BT-Drucks. 11/4528, 92.

9 Aus der Übersicht ergibt sich, dass sich die Anwendungsbereiche der zivilrechtlichen und der öffentlich-rechtlichen freiheitsentziehenden Unterbringung primär im Bereich akuter Selbstgefährdungen überschneiden. In diesen Fällen ist zwischen zivilrechtlicher und öffentlich-rechtlicher freiheitsentziehender Unterbringung anhand der voraussichtlichen Dauer des Betreuungs- und Behandlungsbedürfnisses zu differenzieren. Letztlich kommt eine öffentlich-rechtliche freiheitsentziehende Unterbringung eher im Bereich der Akutspsychiatrie, eine zivilrechtliche freiheitsentziehende Unterbringung eher im Bereich chronifizierter psychischer Erkrankungen sowie im Hinblick auf behinderte und Menschen mit schwerer Demenz in Pflegeheimen in Betracht. Abgrenzungsprobleme entstehen dort, wo sich ein fürsorgerisches Bedürfnis mit Aspekten des Schutzes Dritter und der Aufrechterhaltung der öffentlichen Sicherheit und Ordnung überschneiden. Werden etwa Personen mit herausforderndem Verhalten in Einrichtungen für geistig behinderte Menschen oder in Pflegeheimen betreut, legitimiert eine zivilrechtliche freiheitsentziehende Unterbringung nur Maßnahmen, die dem Wohl des Betroffenen dienen, nicht aber solche, die maßgeblich darauf ausgerichtet sind, andere Personen, etwa Mitbewohnerinnen und Mitbewohner, vor Belästigungen oder Übergriffen zu schützen. Schwierig gestaltet sich die Abgrenzung zwischen zivilrechtlicher und öffentlich-rechtlicher freiheitsentziehender Unterbringung zudem in den Fällen, in denen wegen Eilbedürftigkeit eine unmittelbare Unterbringung des Betroffenen notwendig ist und (noch) kein Betreuer bestellt ist.

10 In der Praxis gestaltet sich das zahlenmäßige Verhältnis von zivilrechtlicher zu öffentlich-rechtlicher freiheitsentziehender Unterbringung auch nach dem Inkrafttreten des Betreuungsrechts regional unterschiedlich, so dass fraglich scheint, ob in der Praxis wie vom Gesetzgeber erhofft eine Abgrenzung allein nach sachlichen Gesichtspunkten erfolgt.

III. Zahlen und andere Fakten

1. Gerichtliche Verfahren nach § 1906 BGB

11 Eine Betrachtung der Anzahl an gerichtlichen Verfahren zur Genehmigung zivilrechtlicher freiheitsentziehender Unterbringungen und freiheitsentziehender Maßnahmen (Abb. 2) seit Inkrafttreten des Betreuungsrechts ergibt Folgendes: Die Anzahl an Verfahren zur Genehmigung einer freiheitsentziehenden Unterbringung gemäß § 1906 Abs. 1 BGB ist seit 1992 moderat gestiegen. Hingegen hat die Anzahl an Verfahren zur Genehmigungen von freiheitsentziehenden Maßnahmen gemäß § 1906 Abs. 4 BGB sich im Zeitraum von 1992 bis zum Jahre 2008 verzehnfacht.

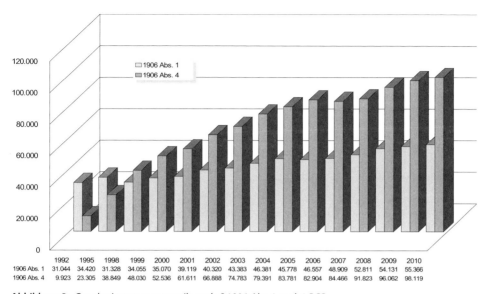

Abbildung 2: Genehmigungen unterteilt nach § 1906 Abs. 1 und 4 BGB

Quelle: Bundesamt für Justiz: Sondererhebung Verfahren nach dem Betreuungsgesetz 1992–2007; (Zahlen ab 2000 ohne Hamburg); Grafik: *Deinert*

Ob das Ziel des Gesetzgebers verfehlt wurde, durch die Einführung einer Genehmigungspflicht von freiheitsentziehenden Maßnahmen deren Zahl abzusenken und den verantwortlichen Verzicht auf diese Maßnahmen zu bewirken kann, lässt sich trotz der Zunahme an Genehmigungsverfahren nicht abschließend bewerten. Die Zunahme der Verfahren kann auch auf die steigende Anzahl von Menschen mit Pflegebedarf in Pflegeheimen, insbesondere von dementiell erkrankten Menschen, zurückgeführt werden. Zudem ist offen, in welchem Umfang in der Vergangenheit freiheitsentziehende Maßnahmen ohne eine an sich erforderliche Genehmigung durchgeführt wurden. Insoweit könnte die wachsende Anzahl an Verfahren ein gestiegenes Problembewusstsein bei in der Realität parallel abnehmender Anzahl an freiheitsentziehenden Maßnahmen spiegeln, denn letztlich ist weiterhin offen, ob und in welchem Umfang freiheitsentziehende Maßnahmen in der Praxis tatsächlich einer betreuungsgerichtlichen Überprüfung unterliegen[3] bzw. in welchem Umfang die betreuungsrechtlichen Regelungen im Vergleich zu anderen Maßnahmen – beispielsweise im Rahmen der Heimaufsicht zu einem effektiveren Schutz der Betroffenen führt.[4]   **12**

Große Unterschiede zeigen die nach Ländern aufgegliederten Zahlen der Verfahren (siehe Abb. 3). Sie illustrieren eine unterschiedliche Entscheidungspraxis und eine unterschiedliche Qualifizierung von freiheitsentziehenden Maßnahmen als zivilrechtlich bzw. öffentlich-rechtlich. So halten sich in Hessen die öffentlich-rechtlichen und zivilrechtlichen Verfahren fast die Waage, während etwa in Baden-Württemberg und Bayern die Zahl der öffentlich-rechtlichen freiheitsentziehenden Unterbringungen gegenüber den zivilrechtlichen Genehmigungsverfahren deutlich niedriger ausfällt. Bezogen auf Bayern fällt auf, dass die Betreuungsgerichte deut-   **13**

---

3   *Walther* BtPrax 2005, 214.
4   *Jaquemar* BtPrax 2010, 105; *Klie* BtPrax 2010, 109.

lich häufiger als in anderen Ländern Entscheidungen nach § 1846 BGB treffen, also selbst eine zivilrechtliche freiheitsentziehende Maßnahmen bzw. Unterbringung als einstweilige Maßnahme anordnen.

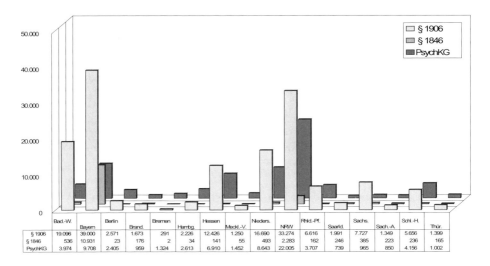

	Bad.-W.	Bayern	Berlin	Brand.	Bremen	Hambg.	Hessen	Meckl.-V.	Nieders.	NRW	Rhld.-Pf.	Saarld.	Sachs.	Sach.-A.	Schl.-H.	Thür.
§ 1906	19.096	39.000	2.571	1.673	291	2.226	12.426	1.250	16.690	33.274	6.616	1.991	7.727	1.349	5.656	1.399
§ 1846	536	10.931	23	176	2	34	141	55	493	2.283	162	246	385	223	236	165
PsychKG	3.974	9.708	2.405	959	1.324	2.613	6.910	1.452	8.643	22.005	3.707	739	965	850	4.156	1.002

Abbildung 3: Gesamtzahlen Unterbringungsverfahren nach Ländern 2010
Quelle: Bundesamt für Justiz, Justizstatistik GÜ 2, Auswertung und Gestaltung: *Deinert*

14 Aufschlussreich ist es ferner, die Anzahl der Genehmigungsverfahren in Beziehung zur Einwohnerzahl der Länder zu setzen (siehe Abb. 4). Wiederum werden deutliche Differenzen sichtbar: Während in Bayern auf 1.000 Einwohner 2,95 Genehmigungsverfahren entfallen, sind dies in Brandenburg nur 0,56 Verfahren. Epidemiologische Hintergründe oder unterschiedliche Prävalenzraten für bestimmte Erkrankungsformen lassen sich nicht als Ursache für die unterschiedliche Häufigkeit von Genehmigungsverfahren ausmachen. Mögliche Gründe sind eher in verschiedenen Routinen zu suchen. So ergibt sich die hohe Prozentzahl an Genehmigungsverfahren pro Einwohner in Bayern wohl auch daraus, dass in Bayern vergleichsweise häufig Verfahren zur Genehmigung freiheitsentziehender Maßnahmen gemäß § 1906 Abs. 4 BGB durchgeführt werden.

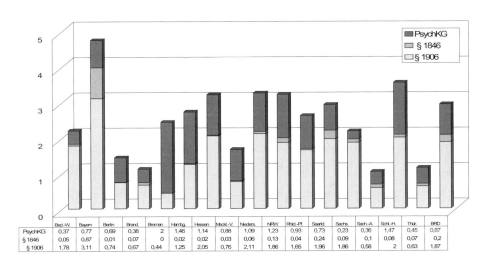

	Bad.-W.	Bayern	Berlin	Brand.	Bremen	Hambg.	Hessen	Mckl.-V.	Nieders.	NRW	Rhld.-Pf.	Saarld.	Sachs.	Sach.-A	Schl.-H.	Thür.	BRD
PsychKG	0,37	0,77	0,69	0,38	2	1,46	1,14	0,88	1,09	1,23	0,93	0,73	0,23	0,36	1,47	0,45	0,87
§ 1846	0,05	0,87	0,01	0,07	0	0,02	0,02	0,03	0,06	0,13	0,04	0,24	0,09	0,1	0,08	0,07	0,2
§ 1906	1,78	3,11	0,74	0,67	0,44	1,25	2,05	0,76	2,11	1,86	1,65	1,96	1,86	0,58	2	0,63	1,87

Abbildung 4: Anzahl der Unterbringungsverfahren je 1000 Einwohner 2010
Quelle: Bundesamt für Justiz, Justizstatistik GÜ2, Stat. Bundesamt; Zusammenstellung und Auswertung: *Deinert*

Die gerichtliche Überprüfung freiheitsentziehender Maßnahmen im Genehmigungsverfahren soll sicherstellen, dass freiheitsentziehende Maßnahmen auf das unbedingt notwendige Maß reduziert bleiben. Insoweit ist auffällig, dass die Genehmigungsquoten in den Ländern sich deutlich unterscheiden. Während in Bremen im Jahre 2007 und 2008 alle beantragten freiheitsentziehenden Maßnahmen genehmigt wurden, sind dies in Sachsen-Anhalt „lediglich" 80,12%. In diesem Zusammenhang stellen sich Fragen nach der Qualität der Genehmigungsverfahren in den jeweiligen Ländern (siehe Abb. 5 und 6).

15

7

Genehmigungen nach § 1906 Abs. 4 BGB (unterbringungsähnl. Maßnahmen)

Bundesland	Einwohner 31.12.2009	Betreuungen 31.12.2009	Genehmigungen nach § 1906 Abs. 4 BGB 2009	Genehmigungen je 10.000 Einwohner 2009	Genehmigungen je 100 Betreute 2009	Einwohner 31.12.2010	Betreuungen 31.12.2010	Genehmigungen nach § 1906 Abs. 4 BGB 2010	Genehmigungen je 10.000 Einwohner 2010	Genehmigungen je 100 Betreute 2010
Baden-Württ.	10.744.921	108.114	12.452	11,59	11,52	10.753.880	108.124	12.465	11,59	11,53
Bayern	12.510.331	187.181	25.765	20,59	13,76	12.538.696	189.258	24.662	19,67	13,03
Berlin	3.442.675	58.375	329	0,96	0,56	3.460.725	58.245	399	1,15	0,69
Brandenburg	2.511.525	45.474	872	3,47	1,92	2.503.273	46.966	1.080	4,31	2,30
Bremen	661.716	10.070	108	1,63	1,07	660.706	10.232	105	1,59	1,03
Hamburg	1.774.224	23.590	1.141	6,43	4,84	1.786.448	23.836	894	5,00	3,75
Hessen	6.061.951	89.827	6.955	11,47	7,74	6.067.021	90.897	6.492	10,70	7,14
Mecklenb.-V.	1.651.216	33.099	1.123	6,80	3,39	1.642.327	34.068	1.070	6,52	3,14
Niedersachsen	7.928.815	134.533	10.985	13,85	8,17	7.918.293	138.646	10.928	13,80	7,88
NRW	17.872.763	302.483	20.267	11,34	6,70	17.845.154	305.803	23.730	13,30	7,76
Rheinland-Pf.	4.012.675	69.322	4.980	12,41	7,18	4.003.745	71.882	4.925	12,30	6,85
Saarland	1.022.585	19.948	1.933	18,90	9,69	1.017.567	20.192	1.823	17,92	9,03
Sachsen	4.168.732	73.747	3.749	8,99	5,08	4.149.477	74.971	4.046	9,75	5,40
Sachsen-Anh.	2.356.219	47.155	835	3,54	1,77	2.335.006	47.895	715	3,06	1,49
Schl.-Holst.	2.832.027	49.782	3.648	12,88	7,33	2.834.259	52.582	3.643	12,85	6,93
Thüringen	2.249.882	38.710	920	4,09	2,38	2.235.025	40.454	1.142	5,11	2,82
Bundesweit*	81.802.257	1.291.410	96.062	11,74	7,44	81.751.602	1.314.051	98.119	12,00	7,47

Genehmigungsbeschlüsse nach § 1906 Abs. 4 BGB (Anteile von Betreuern und Bevollmächtigten)								
Bundesland	Anträge durch Betreuer 2009	Anträge durch Bevollmächtigte 2009	Anteile Betreuer-anträge 2009	Anteile Bevoll-mächtigten-anträge 2009	Anträge durch Betreuer 2010	Anträge durch Bevollmächtigte 2010	Anteile Betreuer-anträge 2010	Anteile Bevoll-mächtigten-anträge 2010
Baden-Württ.	6.752	5.700	54,22%	45,78%	7.003	7.022	49,93%	50,07%
Bayern	20.480	5.285	79,49%	20,51%	19.468	7.054	73,40%	26,60%
Berlin	295	34	89,67%	10,33%	384	67	85,14%	14,86%
Brandenburg	689	183	79,01%	20,99%	913	343	72,69%	27,31%
Bremen	101	7	93,52%	6,48%	87	24	78,38%	21,62%
Hamburg	753	388	65,99%	34,01%	768	176	81,36%	18,64%
Hessen	5.821	1.134	83,70%	16,30%	5.685	1.289	81,52%	18,48%
Mecklenb.-V.	855	268	76,14%	23,86%	839	333	71,59%	28,41%
Niedersachsen	8.532	2.453	77,67%	22,33%	9.426	2.285	80,49%	19,51%
NRW	16.266	4.001	80,26%	19,74%	19.218	4.989	79,39%	20,61%
Rheinland-Pf.	3.514	1.466	70,56%	29,44%	3.601	1.764	67,12%	32,88%
Saarland	1.643	290	85,00%	15,00%	1.634	247	86,87%	13,13%
Sachsen	2.415	1.334	64,42%	35,58%	3.154	2.273	58,12%	41,88%
Sachsen-Anh.	627	208	75,09%	24,91%	671	222	75,14%	24,86%
Schl.-Holst.	2.943	705	80,67%	19,33%	2.955	800	78,70%	21,30%
Thüringen	700	220	76,09%	23,91%	799	528	60,21%	39,79%
Bundesweit*	72.386	23.676	75,35%	24,65%	76.605	29.416	72,25%	27,75%

* 2007 ohne Hamburg

Abbildung 5: Genehmigungen nach § 1906 Abs. 4 BGB nach Ländern

Quelle: BfJ, Sondererhebung Verfahren nach dem Betreuungsgesetz, GÜ2, Stat. Bundesamt; Zusammenstellung und Auswertung: *Deinert*

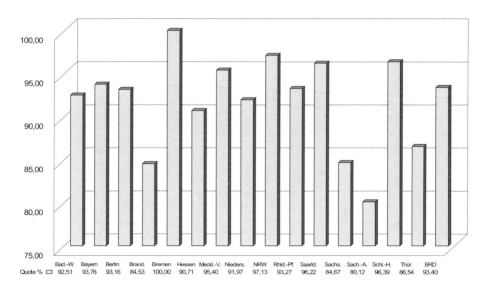

	Bad.-W.	Bayem	Berlin	Brand.	Bremen	Hessen	Meckl.-V.	Nieders.	NRW	Rhld.-Pf.	Saarld.	Sachs.	Sach.-A.	Schl.-H.	Thür.	BRD
Quote % ☐	92,51	93,76	93,16	84,53	100,00	90,71	95,40	91,97	97,13	93,27	96,22	84,67	80,12	96,39	86,54	93,40

Abbildung 6: Genehmigungsquote gestellter Anträge nach § 1906 Abs. 4 BGB
Quelle: Bundesamt für Justiz, Sondererhebung Verfahren nach dem Betreuungsgesetz, Zusammenstellung und Auswertung: *Deinert*

2. Freiheitseinschränkende Maßnahmen in Einrichtungen und der eigenen Häuslichkeit

16 Zur Anzahl freiheitsentziehender Maßnahmen im Bereich der stationären Pflege liegen inzwischen einige Untersuchungen vor. International werden für Pflegeheime Zahlen von 12% bis 49% von freiheitsentziehenden Maßnahmen Betroffenen genannt[5]. Im Akutbereich werden Zahlen von 3% bis 25%[6] und für die stationäre Geriatrie 24% angegeben. Für Deutschland differieren die Zahlen über freiheitsentziehende Maßnahmen in Pflegeheimen zwischen 26% und 42%[7]. In der stationären Gerontopsychiatrie werden 21% bis 25% der Patienten als von freiheitsentziehenden Maßnahmen Betroffene identifiziert[8]. Alle Studien weisen aus, dass das Ausmaß an freiheitsentziehenden Maßnahmen wesentlich von der Konzeption der jeweiligen Einrichtungen und von dem Vorhandensein besonders qualifizierten Fachpersonals abhängig ist.

17 Seit kurzem liegen auch Daten zum Umfang freiheitseinschränkender Maßnahmen in der eigenen Häuslichkeit vor. Die Medizinischen Dienste Bayern, Baden-Württemberg und Hessen haben in den letzten Jahren Stichtagserhebungen bei pflegebedürftigen Personen durchge-

---

5 *Evans/Wood/Lambert/FitzGerald* Physicial Restraint 2002; HHammers/Huizing Gerontol Geriat 2005; 38(1).

6 *Evans/Wood/Lambert/FitzGerald* a.a.O. 2002.

7 *Klie/Pfundstein* Münchener Studie in: *Hoffmann/Klie* Freiheitsentziehende Maßnahmen 2004, 75 ff.; *Becker/Eichner/Lindemann et al.* Gerontol Geriat 2003; *Meyer/Köpke* Freiheitsentziehende Maßnahmen in: *Schaeffer/Behrens/Görres* Optimierung und Evidenzbasierung 2008.

8 *Hirsch/Wörthmüller/Schneider* GerontopsychPsychiat 1992; *Bredthauer/Becker/Eichner/Koczy/Nikolaus* GerontolGeriat 2005; vgl. auch die „Leitlinie FeM. Evidenzbasierte Praxis Leitlinie zur Vermeidung von freiheitseinschränkenden Maßnahmen in der beruflichen Altenpflege".

führt.[9] Nach im Wesentlichen übereinstimmenden Daten der Medizinischen Dienste der Krankenversicherungen in Baden-Württemberg, Bayern und Hessen ist davon auszugehen, dass 10 % aller Pflegebedürftigen, im Sinne der §§ 14 ff. SGB XI und 30 % bis 50 % der Personen mit eingeschränkter Alterskompetenz im Sinne des § 45a SGB XI in ihrer häuslichen Versorgungssituation von Freiheitsentziehenden Maßnahmen betroffen sind.

---

9 *Klie* Häusliche Pflege 2011, 28.

2. Kapitel
Begrifflichkeiten zivilrechtlicher Freiheitseinschränkung

I. Freiheitsbeschränkung und Freiheitsentziehung

1. Begrifflichkeiten

1 Die Begrifflichkeiten, die im Kontext von Eingriffen in die Fortbewegungsfreiheit i. S. v. Art. 2 Abs. 2 GG benutzt werden, variieren zwischen den Professionen und bezogen auf die juristische Profession bereits je nach Rechtsgebiet. Zunächst zu den zivilrechtlichen Begrifflichkeiten: Zivilrechtlich ist zwischen freiheitsentziehenden Unterbringungen und freiheitsbeschränkenden und freiheitsentziehenden Maßnahmen zu unterscheiden. Als Oberbegriff für letztere lässt sich der Begriff freiheitseinschränkende Maßnahme verstehen. Sowohl eine freiheitsentziehende Unterbringung als auch freiheitsentziehende Maßnahmen liegen nur vor, wenn die Unterbringung oder Maßnahme gegen den Willen des Betroffenen erfolgt, eine gewisse Intensität und/oder Dauer erreicht und im Rahmen bestimmter räumlicher Gegebenheiten erfolgt. Fehlt eine der Voraussetzungen handelt es sich nicht um eine freiheitsentziehende Unterbringung oder freiheitsentziehende Maßnahme. Es kann jedoch eine freiheitsbeschränkende Maßnahme vorliegen. Die Abgrenzung erfolgt letztlich durch den Gesetzgeber, der bestimmt in welchem Setting, bei welcher Dauer etc. eine Maßnahme als freiheitsentziehend und nicht „nur" freiheitsbeschränkend zu bewerten ist.

2 Alle freiheitseinschränkende Maßnahmen und freiheitsentziehenden Unterbringungen bedürfen einer Legitimation. Ohne Legitimation greifen freiheitseinschränkende Maßnahmen und freiheitsentziehenden Unterbringungen rechtswidrig in die Freiheitsrechte des von den Maßnahmen Betroffenen ein. Voraussetzung für eine Legitimation freiheitsentziehender Maßnahmen und freiheitsentziehender Unterbringungen ist jedoch anders als für freiheitsbeschränkende Maßnahmen immer auch eine betreuungsgerichtliche Genehmigung. Hingegen sind freiheitsbeschränkende Maßnahmen de lege lata nicht genehmigungsbedürftig. Darüberhinausgehend fehlt es de lege lata an einer ausdrücklichen gesetzlichen Grundlage für entsprechende Maßnahmen.

3 In der strafrechtlichen Terminologie erfüllen freiheitsbeschränkende und freiheitsentziehende Maßnahmen ebenso wie freiheitsentziehende Unterbringungen den Tatbestand der Freiheitsberaubung im Sinne des § 239 StGB. Unterschiede ergeben sich erst auf der Ebene der Rechtfertigung des Eingriffs, denn zivilrechtliche freiheitsentziehende Maßnahmen stellen nur dann kann eine Freiheitsberaubung dar, wenn neben den Voraussetzungen, die auch für die Rechtmäßigkeit freiheitsbeschränkender Maßnahmen vorliegen müssen, vor dem Eingriff eine betreuungsgerichtliche Genehmigung in die Freiheitsrechte des Betroffenen vorlag.

4 Die folgende Abbildung 1 gibt die juristischen Begrifflichkeiten und Abgrenzungen wieder.

Verfassungsrecht GG

Freiheitseinschränkende Maßnahmen

= Jeder Eingriff in die Fortbewegungsfreiheit (Art. 2 II GG)

Zivilrecht BGB

Freiheitsbeschränkende Maßnahmen	Freiheitsentziehende Maßnahmen (Art. 104 GG)
= Eingriff in die Bewegungsfreiheit von geringer Intensität und /oder Dauer	= Ausschluss der körperlichen Bewegungsfreiheit

Freiheitsbeschränkende Maßnahmen

= Eingriff in die Bewegungsfreiheit von geringer Intensität und /oder Dauer

Freiheitsentziehende Maßnahmen (Art. 104 GG)
= Ausschluss der körperlichen Bewegungsfreiheit

unerheblich: Motivation, es reicht aus: potentieller Gebrauch

Unterbringungs-ähnliche Maßnahmen	Unterbringung
§1906 Abs. 4 BGB	§1906 Abs. 1 BGB

Strafrecht StGB

Freiheitsberaubung

= wenn ein Mensch eingesperrt oder auf andere Weise des Gebrauchs seiner persönlichen (Bewegungs-)Freiheit beraubt wird (§ 239 StGB)

Liegt nicht vor: Einwilligung	Liegt nicht vor: Einwilligung
Gerechtfertigt: Notstand	Gerechtfertigt: Entscheidung des Betreuers und gericht. Beschluss

Abbildung 1: Rechtliche Abgrenzung der Freiheitsbegriffe

In der pflegewissenschaftlichen Literatur findet sich vielfach der Begriff der bewegungsein- 5
schränkenden Maßnahmen: Unter diesen Begriff werden medizinische, pflegerische, soziale
und sonstige sich aus der Begleitung und Alltagsgestaltung ergebenden Einschränkung der
Mobilität subsumiert werden.[1] Der Begriff bewegungseinschränkende Maßnahmen reicht
daher von körpernahen Fixierungen bis zu einem Betreuungshandel wie Überreden, Wegfüh-
ren und dem bewussten Einsatz architektonischer Maßnahmen oder der Begrenzung oder
Lenkung körperlicher Mobilität. Bewegungseinschränkende Maßnahmen können sich aus
juristischer Perspektive als freiheitsentziehend oder freiheitsbeschränkend darstellen.

2. Legitimation freiheitsbeschränkender Maßnahmen

Auch freiheitsbeschränkende Maßnahmen bedürfen einer Legitimation. Anders als für eine 6
freiheitsentziehende Unterbringung oder freiheitsentziehende Maßnahmen fehlt es jedoch an
einer ausdrücklichen gesetzlichen Regelung, in der Vorgaben für die Entscheidung des Betreuers oder Bevollmächtigten eines Betroffenen festgehalten werden. Dies erscheint problematisch, da an sich jede Zwangsmaßnahme eine ausdrückliche, „besondere" gesetzliche Grundlage voraussetzt.[2] Zudem ist zu hinterfragen, ob de lege ferenda nicht auch freiheitsbeschränkende Maßnahme einer betreuungsgerichtlichen Kontrolle unterliegen sollten. De lege lata
haben sich Betreuer und Bevollmächtigter wie bei jeder anderen Entscheidung am Wohl des
Betroffenen zu orientieren. Letztlich gelten die gleichen Maßstäbe wie bei freiheitsentziehen-

1 In Anlehnung an *Projektgruppe ReduFix* a.a.O., 68.
2 *Lipp* Vorsorgeverfügungen 2009 § 16, Rn. 11, 89, 102; *Marschner/Lesting* Freiheitsentziehung und Unterbringung 2010., A Rn. 3.

den Maßnahmen, insbesondere das Erforderlichkeit- und das Verhältnismäßigkeitsprinzip. Von daher lassen sich die Ausführungen in dieser Monographie zu freiheitsentziehenden Maßnahmen auf freiheitsbeschränkende Maßnahmen übertragen. Eine ausführliche Darstellung der fachlichen ebenso wie der rechtlichen Probleme gerade von freiheitsbeschränkenden Maßnahmen findet sich im *7. Kapitel – Freiheitseinschränkende Maßnahmen in der eigenen Häuslichkeit.*

7   In der Vorauflage wurde die Auffassung vertreten, dass beim Vorliegen einer gegenwärtigen konkreten Gefahr für den Betroffenen kurzfristig ohne das Vorliegen einer Einwilligung des Betreuers oder Bevollmächtigten freiheitsbeschränkende Maßnahmen ergriffen werden können, da in diesen Fällen die Voraussetzungen für einen rechtfertigenden Notstand i. S. d. § 34 StGB vorliegen. Nach der Entscheidung des *BGH* zur Sterbehilfe vom 25. Juni 2010[3] steht für die Strafgerichtsbarkeit fest, dass sich auch zeitlich begrenzt freiheitsentziehende Maßnahmen nicht mit der Begründung rechtfertigen lassen, dass die Voraussetzungen eines rechtfertigenden Notstands im Sinne des § 34 StGB vorliegen, da eine Legitimation über § 34 StGB nicht möglich ist, wenn verschiedene Rechtsgüter ein und derselben Person betroffen sind. Nach hier vertretener Ansicht ist bezogen auf die Anwendung von Zwang auch eine Rechtfertigung über eine mutmaßliche Einwilligung nicht möglich.[4] Zum einen setzt jede mutmaßliche Einwilligung voraus, dass derjenige, dessen Einwilligung gemutmaßt wird, einwilligungsfähig ist. Zum anderen scheidet eine mutmaßliche Einwilligung aus, weil auch eine antizipierende Einwilligung in die Anwendung von Zwang nicht möglich ist. Ist der Betroffene einwilligungsunfähig, hat er keine Person wirksam bevollmächtigt und besteht auch keine Betreuung, ist daher umgehend die Bestellung eines Betreuers – der in vielen Fällen dann ein Familienangehöriger des Betroffenen sein wird – beim Betreuungsgericht anzuregen. Bis zur Bestellung eines Betreuers können im Einzelfall Maßnahmen des Betreuungsgerichts nach § 1846 BGB in Betracht kommen.

II.   Freiheitsentziehende Unterbringung

1.   Wille des Betroffenen

a)   Unterbringung ohne oder gegen den Willen des Betroffenen

8   Freiheitsentziehend ist nur die Unterbringung, die ohne oder gegen den Willen des Betroffenen erfolgt. Willigt der Betroffenen in seine Unterbringung wirksam ein, verliert diese ihren freiheitsentziehenden Charakter. Rechtsgrundlage der Unterbringung ist in diesem Fall nicht eine Entscheidung des Betreuers oder Bevollmächtigten, sondern die Einwilligung des Betroffenen, seine so genannte Freiwilligkeitserklärung (*s. Rechtsprechung Stichwort XIV. Freiwilligkeitserklärung*). Die Entscheidung des Betroffenen ist durch das Betreuungsgerichts weder genehmigungsfähig noch -bedürftig.

9   Am Moment der Freiheitsentziehung fehlt es auch, wenn ein Betroffener die Fähigkeit und den natürlichen Willen zur (Fort)-bewegung vollständig verloren hat – beispielsweise bei einem komatösen Betroffenen.

---

3   FamRZ 2010, 1551.
4   So *Riedel* BtPrax 2010, 99.

b) Einwilligung des Betroffenen

In der Praxis legitimiert in vielen Fällen die Einwilligung des Betroffenen seine Unterbringung. Eine Unterbringung im Einverständnis mit dem Betroffenen ist aus medizinischer – wegen der besseren Erfolgsaussichten einer Behandlung – ebenso wie aus juristischer Sicht – unter dem Aspekt der Wahrung des Selbstbestimmungsrechts – einer freiheitsentziehenden Unterbringung durch einen Betreuer oder Bevollmächtigten vorzuziehen. Von besonderer Bedeutung ist daher, beim Vorliegen welcher Voraussetzungen von der Einwilligung des Betroffenen gesprochen werden kann, welche Maßstäbe, Kriterien und Verfahren zur Feststellung einer Einwilligungsfähigkeit des Betroffenen bestehen. **10**

Erste Voraussetzung für eine legitimierende Einwilligung des Betroffenen ist, dass der Betroffene einwilligungsfähig bezüglich der konkret geplanten Unterbringung ist. Dabei ist zunächst festzuhalten, dass sich aus der Bestellung eines Betreuers mit einem Aufgabenkreis, der zu einer freiheitsentziehenden Unterbringung berechtigt, nicht ergibt, dass der Betreute nicht mehr selbst einwilligen kann. Die Einwilligung bezieht sich auf eine in zeitlicher und räumlicher Hinsicht konkrete Unterbringung, die Bestellung eines Betreuers in der Regel nicht auf eine bestimmte Unterbringung, sondern auf ein allgemeineres Bedürfnis nach derartigen Maßnahmen. Ob, wann und für welche Dauer eine Unterbringung tatsächlich notwendig werden wird, wird erst durch den durch das Betreuungsgericht bestellten Betreuer geprüft. **11**

Nicht entscheidend ist ferner, ob der Betroffene geschäftsfähig ist. Bei Unterbringungen kommt es wie bei anderen Entscheidungen die der Personensorge zuzurechnen sind – beispielsweise ärztliche Behandlungen – allein auf das Bestehen von Einwilligungsfähigkeit an. Im Rahmen der Personensorge geht es um die Legitimation der Vornahme von Handlungen, die in Rechte des Betroffenen eingreifen, und nicht um den Abschluss von Rechtsgeschäften. Auch nicht geschäftsfähige Betroffene können daher je nach Art und Umfang einer geplanten Maßnahme die Vornahme einer bestimmten Maßnahme durch ihre Einwilligung – beim Bestehen von Einwilligungsfähigkeit – legitimieren. **12**

Einwilligungsfähig hinsichtlich einer konkreten Unterbringung ist ein Betroffener, wenn er bezüglich der geplanten Unterbringung einsichts- und urteilsfähig ist. Einsichts- und Urteilsfähigkeit liegt vor, wenn der Betroffene Wesen, Bedeutung und Tragweite der geplanten Unterbringung erfasst und in der Lage ist, seinen Willen nach dieser Erkenntnis auszurichten. Einwilligungsfähigkeit ist kein Zustand des Betroffenen, so dass aus einer Diagnose nicht der Schluss auf das Vorhandensein von Einwilligungsunfähigkeit gezogen werden kann. Ein mehrfacher Wechsel zwischen dem Erteilen und dem Widerrufen einer Einwilligung innerhalb eines kürzeren Zeitraums spricht in der Regel gegen das Bestehen von Einwilligungsfähigkeit. Die Einwilligung in eine konkrete Unterbringung setzt ferner voraus, dass der Betroffene hinreichend über die Art und Dauer der geplanten Unterbringung aufgeklärt wurde. **13**

Die Erklärung des Betroffenen muss nicht schriftlich, sondern kann ebenso mündlich erfolgen. Oft dient das Bestehen auf einer schriftlichen Erklärung primär der Beweissicherung und Dokumentation im Interesse der Einrichtungen und anderer an der Unterbringung Beteiligter. Andererseits haben gerade gerontopsychiatrische und psychiatrische Patienten Bedenken, ihre Einwilligung schriftlich zu erklären. Es ist daher im Einzelfall zu überlegen, ob das Erklären der Einwilligung nicht auch auf andere Weise – beispielsweise durch das Hinzuziehen von Zeugen – ausreichend dokumentiert werden kann. Grundsätzlich rechtfertigt auch eine konkludente Einwilligung des Betroffenen, das heißt eine Einwilligung, die nicht ausdrücklich erklärt wird, sondern bei der aus dem Verhalten des Betroffenen in Zusammenhang mit anderen Umständen auf dessen Willen geschlossen wird, eine Unterbringung. Angesichts der Eingriffs- **14** intensität der Unterbringung und der Unsicherheiten im Hinblick auf das Vorliegen der Voraussetzungen einer konkludenten Einwilligung ist jedoch als Regelfall eine ausdrückliche Einwilligung des Betroffenen in die Unterbringung zu fordern. Sie setzt zu ihrer rechtlichen Tragfähigkeit voraus, dass sie auf einem „informed consens" beruht, d. h. der Patient aufgeklärt wurde, warum ggf. die Freiheitseinschränkung zu seinem Wohle notwendig werden könnte, was an Gefahren unmittelbar droht, wenn eine solche Maßnahme nicht ergriffen wird, welche Alternativen es zu den ggf. in seine Freiheitsrechte eingreifenden Maßnahmen gäbe. Nur unter diesen Voraussetzungen wird man eine Einwilligung als wirksam erklärt gelten lassen können.

15 Eine Überprüfung oder Genehmigung der Einwilligung des Betroffen – insbesondere im Hinblick auf das Vorhandensein von Einwilligungsfähigkeit – findet nicht statt. Allenfalls kann das Betreuungsgericht im Rahmen eines so genannten Negativattestes feststellen, dass die Entscheidung des Betroffenen nicht genehmigungsfähig und -bedürftig ist.

16 Der Betroffene kann seine Einwilligung jederzeit widerrufen. Ist nach dem Widerruf keine andere Rechtsgrundlage für eine Freiheitsentziehung vorhanden, ist diese zu beenden.

c) Vorausverfügung (Antizipierende Einwilligung)

17 Nicht nur bezogen auf Entscheidungen am Lebensende, auch im Bereich psychiatrischer Behandlungen und mit diesen verbundenen Unterbringungen und freiheitsbeschränkenden und freiheitsentziehenden Maßnahmen finden sich in der Praxis Patientenverfügungen als Vorausverfügungen von Betroffen, sogenannte „psychiatrische Testamente" bzw. „Behandlungsvereinbarungen".[5] Unter einer psychiatrischen Patientenverfügung bzw. einem „psychiatrischen Testament" wird dabei eine einseitige Willensäußerung des Betroffenen verstanden, der einrichtungsunabhängig Bedeutung zukommen soll. Eine „Behandlungsvereinbarung" ist hingegen eine Vereinbarung zwischen dem Betroffenen und einer bestimmten Einrichtung, der letztlich keine andere Bedeutung zukommt als einer psychiatrischen Patientenverfügung, da durch die Behandlungsvereinbarung keine vertragliche Bindung der Einrichtung intendiert ist.

18 Ziel des Verfassers einer Patientenverfügung kann es sein, selbst zu einem Zeitpunkt, in dem er noch einwilligungsfähig ist, in die Vornahme bestimmter Maßnahmen zu einem späteren Zeitpunkt, in dem er nicht einwilligungsfähig ist, einzuwilligen oder die Vornahme bestimmter Maßnahmen zu untersagen. Absicht des Verfassers kann es andererseits sein, seinem Betreuer oder Bevollmächtigten „lediglich" inhaltliche Vorgaben für deren stellvertretende Entscheidung zu geben. Antizipierende Wirkungen hat eine psychiatrische Patientenverfügung unter den gleichen Voraussetzungen wie jede andere Patientenverfügung. Unter die Regelungen zur Patientenverfügung in den §§ 1901a, 1901b BGB fallen dabei nur diejenigen Teile einer psychiatrischen Verfügung, die sich auf eine Untersuchung des Gesundheitszustands, eine Heilbehandlung oder einen ärztlichen Eingriff beziehen.

19 Psychiatrische Patientenäußerungen werfen in Theorie und Praxis andere Fragestellungen auf als Patientenäußerungen am Lebensende: So ist die Divergenz zwischen dem Zeitpunkt der Erklärung und dem Moment, in dem die Erklärung relevant wird, gerade bei psychiatrischen Patientenäußerungen problematisch. Im Moment der Erklärung steht nicht fest, wann, für wie lange und in welcher Art von Einrichtung eine freiheitsentziehende Unterbringung des Betroffenen oder freiheitsentziehende oder –beschränkende Maßnahmen erforderlich sein werden.[6]

---

5 Vgl. insgesamt die Darstellung *Bienwald/Sonnenfeld/Hoffmann* BetreuungsR 2011 § 1906, Rn. 41 ff. und *Olzen* Auswirkungen BtRäG 2009, jeweils m. w. N.
6 Zur Auslegung psychiatrischer Patientenäußerungen *Brosey* BtPrax 2010, 161.

Psychiatrische Patientenverfügungen „verbieten" oder „erlauben" zudem vielfach Zwangs- **20** maßnahmen: Bei unterschiedlicher Begründung herrscht im Ergebnis derzeit weitgehender Konsens darüber, dass eine Patientenverfügung keine Grundlage für Zwangsmaßnahmen gegenüber dem Betroffenen sein kann. Eine Patientenverfügung kann daher eine freiheitsentziehende Unterbringung, freiheitsentziehende oder freiheitsbeschränkende Maßnahmen nach wohl überwiegender Ansicht nicht unmittelbar legitimieren. Vielmehr setzt eine freiheitsentziehende Unterbringung, freiheitsentziehende oder freiheitsbeschränkende Maßnahmen gegenüber einem zum Zeitpunkt der Unterbringung oder Maßnahme einwilligungsunfähigen Betroffenen immer das Bestellen eines Betreuers voraus – sofern der Betroffene keine Person bevollmächtigt hat und eine öffentlich-rechtliche freiheitsentziehende Unterbringung nicht in Betracht kommt. Betreuer oder Bevollmächtigter haben jedoch die in der psychiatrischen Patientenäußerung und in Behandlungsvereinbarungen niedergelegten Wünsche und Vorstellungen des Betroffenen – ebenso wie die Fachkräfte der Einrichtung – zu beachten. In der Praxis sind gestattende psychiatrische Verfügungen ohnehin wenig verbreitet.

„Negative" psychiatrische Verfügungen, also Verfügungen, durch die bestimmte Maßnahmen **21** abgelehnt werden, sind wesentlich verbreiteter. „Passt" eine bestimmte (Zwangs-)Maßnahmen verbietende psychiatrische Verfügung auf die konkrete (Behandlungs-)Situation, scheidet nach hier vertretener Ansicht eine (Zwangs-)Behandlung auf zivilrechtlicher Grundlage aus, auch wenn der Betroffene aktuell einwilligungsunfähig ist und kommt allein eine öffentlich-rechtliche Zwangsbehandlung nach dem einschlägigen PsychKG bzw. Unterbringungsgesetz in Betracht – sofern die Voraussetzungen für eine Zwangsbehandlung und die Voraussetzungen für eine öffentlich-rechtliche freiheitsentziehende Unterbringung vorliegen. Sofern eine Zwangsbehandlung nach dem betreffenden PsychKG bzw. Unterbringungsgesetz eine Entscheidung des Vertreters des Betroffenen voraussetzt, ist dieser wiederum im Innenverhältnis an die Vorgaben des Betroffenen in dessen psychiatrischer Verfügung gebunden, sodass dann auch eine Zwangsbehandlung auf öffentlich-rechtlicher Grundlage regelmäßig ausscheidet. Möglich bleiben bei einer öffentlich-rechtlichen freiheitsentziehenden Unterbringung immer Maßnahmen der Gefahrenabwehr, auch wenn diese mit Zwang verbunden sind. Vielfach wird eine Auslegung der psychiatrischen Verfügung des Betroffenen in dieser Situation jedoch ergeben, dass diese auf die aktuelle Lebens- und Behandlungssituation im Sinne des § 1901a BGB zumindest dann nicht zutrifft, wenn ihre Umsetzung eins zu eins – also der Verzicht auf eine Zwangsbehandlung – zu einem längeren Freiheitsentzug für den Betroffenen führt als dies bei einer Zwangsbehandlung der Fall wäre.

2. Zeitliche Komponente

Eine freiheitsentziehende Unterbringung ist nur eine auf einen gewissen Zeitraum angelegte **22** Unterbringung. Ab welchem Zeitraum eine freiheitsentziehende Unterbringung vorliegt, wird unterschiedlich definiert. Im Interesse und zum Schutz des Betroffenen sind zumindest alle Unterbringungen, die auf mehr als 24 Stunden angelegt sind, als freiheitsentziehend zu bewerten.

Keine freiheitsentziehende Unterbringung oder freiheitsentziehende Maßnahme ist das **23** zwangsweise Zuführen zu einer ambulanten Behandlung. Mangels ausdrücklicher Rechtsgrundlage ist eine zwangsweise Zuführung zu einer ambulanten Behandlung daher nach der Rechtsprechung des BGH[7] ebenso unzulässig wie eine ambulante Zwangsbehandlung (*s. Rechtsprechung Stichwort XXVII. Zwangsbehandlung, ambulante*).

---

7 *BGHZ* 145, 297, 300 ff. = *FamRZ* 2001, 149; *OLG Zweibrücken FamRZ* 2000, 1114; a.A. *OLG Hamm FamRZ* 2000, 149.

24 Der Entwurf des 2. BtÄndG 2005 schlug eine eigenständige Regelung der ambulanten Zwangsbehandlung in § 1906a BGB-E sowie in § 70o FamFG-E[8] vor, die nicht Bestandteil des 2. BtÄndG wurde. Derzeit wird erneut die Frage aufgeworfen, ob – insbesondere nach der Entscheidung des *BGH* vom 23.1.2008[9] – § 1906 Abs. 4 BGB (analog) eine Ermächtigungsgrundlage für freiheitsentziehende Maßnahmen zur Durchführung einer Zwangsbehandlung zumindest in einer offenen Einrichtung darstellen könnte.[10]

3. Räumliche Komponente

25 Anders als in den Unterbringungs- bzw. PsychischKrankenGesetzen der Länder ist eine freiheitsentziehende Unterbringung im Zivilrecht nicht an den Aufenthalt des Betroffenen in einer bestimmten Einrichtungsart gebunden. Auch zivilrechtliche freiheitsentziehende Unterbringungen werden in einer Vielzahl von Fällen in den in den Unterbringungs- bzw. PsychischKrankenGesetzen der Länder genannten Einrichtungen – beispielsweise psychiatrische Krankenhäuser und psychiatrische Abteilungen an Allgemein- oder Fachkrankenhäusern nach § 2 SächsPsychKG – stattfinden. Freiheitsentziehende zivilrechtliche Unterbringungen sind jedoch ebenso in anderen Einrichtungen – beispielsweise in geschlossenen Abteilungen von Alten- und Pflegeheimen möglich.

26 Entscheidend ist allein, dass die Bewegungsfreiheit des Betroffenen auf einen bestimmten oder bestimmbaren Raum eingegrenzt und sein Aufenthalt überwacht wird. Daher kann eine freiheitsentziehende Unterbringung nicht nur vorliegen, wenn der Betroffenen sich in einer geschlossenen Einrichtung oder Station aufhält, sondern ebenso wenn er in einer offenen oder halboffenen Einrichtung lebt, sich diese für ihn jedoch auf Grund baulicher Maßnahmen, Anweisungen des Personals, der Drohung mit Nachteilen für den Fall des Verlassens oder ähnlichen Gründen als Freiheitsentziehung darstellt. Die Bezeichnung der Einrichtung oder Abteilung – etwa als beschützende Station – bzw. der optische Eindruck von der Einrichtung ist daher für die Bewertung der Einrichtung oder Abteilung im Hinblick auf die Frage, ob ein bestimmter Betroffener freiheitsentziehend untergebracht ist, ohne Belang. Auch der Einsatz von Trickschlössern, die für „Gesunde" ohne Weiteres zu bedienen sind, führen für die Bewohner, die dies nicht können (und sollen) zu einer Bewertung der Räumlichkeiten der Einrichtung, Wohngruppe oder Wohngemeinschaft als geschlossen.[11]

III. Freiheitsentziehende Maßnahmen

27 Mit dem Inkrafttreten des Betreuungsgesetzes im Jahr 1992 wurde erstmals ausdrücklich geregelt, unter welchen Voraussetzungen zivilrechtliche freiheitseinschränkende Maßnahmen einer betreuungsgerichtlichen Genehmigung bedürfen. In den Unterbringungs- bzw. PsychischKrankenGesetze der einzelnen Länder waren Voraussetzungen und Grenzen freiheitsentziehender Maßnahmen während einer öffentlich-rechtlichen Unterbringung in einer Einrichtung auch vorher – in unterschiedlichem Umfang – ausdrücklich geregelt. Die Regelung des § 1906

---

8 BT-Drucks. 15/2494, 7.
9 FamRZ 2008, 866.
10 *Brosey* BtPrax 2008, 108; *Spickhoff* AcP 208 (2008), 345, 393 f.; ablehnend *Marschner/Lesting* Freiheitsentziehung und Unterbringung 2010 § 1904 Rn. 36.
11 *LG Ulm* FamRZ 2010, 1764 (s. Rechtsprechung XI. Freiheitsentziehende Maßnahme) mit Anm. *Klie* Altenheim 2011, 29.

Abs. 4 BGB verstärkte so auch im Zivilrecht den Schutz Betroffener in einem Bereich, der – wie Fixierungen – vom Einzelnen vielfach als besonders eingriffsintensiv empfunden wird.

1. Mittel

Als mögliche Vorgehensweisen und Vorrichtungen, durch die dem Betroffenen die Freiheit **28** entzogen werden können, werden in § 1906 Abs. 4 BGB beispielhaft nur mechanische Vorrichtungen und Medikamente genannt.

Nach Rechtsprechung und Literatur[12] können je nach Anwendung im Einzelfall folgende Maß- **29** nahmen den Charakter einer freiheitsentziehenden Maßnahme *(s. Rechtsprechung Stichwort XI. Freiheitsentziehende Maßnahmen)* haben:

- Leibgurte und andere Fixierungsvorrichtungen an Stuhl oder Bett[13] sowie Bettgitter[14], Fixierdecken, Zwangsjacken und Therapietische an Stuhl oder Rollstuhl[15], die der Betroffene nicht mit zumutbaren Mitteln überwinden bzw. öffnen kann – auch während regelmäßiger Fahrten von der Wohnstätte zur Tagesförderstätte[16],
- Schließmechanismen an Türen und andere Vorrichtungen zum Verhindern eines Öffnens von Türen, die dazu führen, dass der Betroffene die Tür nicht öffnen kann – auch das zeitweise Abschließen der Außentür der Wohnung des Betroffenen im Rahmen professioneller häuslicher Pflege[17],
- Ausübung physischen und/oder psychischen Drucks durch das Personal wie Verbote, List, Zwang oder Drohungen,
- Gabe von Medikamenten, Schlafmitteln oder Psychopharmaka mit dem Ziel einer Ruhigstellung (Sedierung) des Betroffenen, eines Verhinderns des Verlassens der Räumlichkeit oder des Fortbewegens in der Einrichtung. Entscheidend ist die Intention der Verabreichung. Ist die Medikation therapeutisch indiziert, hat das Arzneimittel jedoch sedierende Nebenwirkungen, besteht keine Genehmigungspflicht nach § 1906 Abs. 4 BGB.[18] In der Praxis werden kaum Verfahren zur Genehmigungen für die Gabe sedierender Medikamente angeregt, wohl auch, weil die Abgrenzung zwischen medizinisch indizierter und freiheitsentziehender Medikation sich in einer Grauzone bewegt.
- Ausstatten von Betroffenen mit Signalsendern *(s. Rechtsprechung Stichwort XVIII. Personenortungsanlagen)*, sofern bei Signalauslösung umgehend freiheitsentziehende Maßnahmen ergriffen werden[19]; hingegen keine Genehmigungsbedürftigkeit bei Ausstatten von Betroffenen mit Signalsendern, wenn nicht bei Signalauslösung umgehend freiheitsentziehende Maßnahmen ergriffen werden.[20]

Die Abgrenzung zwischen einer Maßnahme mit bzw. ohne freiheitsentziehenden Charakter **30** kann im Einzelfall schwierig sein. Entscheidend ist zunächst die Wirkung auf den Betroffenen. So ist ein komplizierter Schließmechanismus dann ein Mittel zur Freiheitsentziehung, wenn er

---

12 Vgl. auch die ausführliche Aufzählung bei *Walther* BtPrax 2005, 214, *ders.* BtPrax 2006, 8 und *Bienwald/ Sonnenfeld/Hoffmann* BetreuungsR 2011 § 1906, Rn. 64 ff.
13 *BayObLG* FamRZ 1994, 721; *OLG Hamm* FamRZ 1993, 1490.
14 *AG Neuruppin* BtPrax 2004, 80; *LG Berlin* R&P 1990, 178.
15 *LG Frankfurt* FamRZ 1993, 601; *OLG Frankfurt* FamRZ 1994, 992.
16 *OLG Frankfurt* Beschluss v. 26.06.2003 – Az. 20 W 92/03.
17 *LG Ulm* FamRZ 2010, 1764; *AG Garmisch-Partenkirchen* Beschluss v. 6.6.2008 – Az. XVII 0231/08, XVII 231/08; *AG Tempelhof-Kreuzberg* BtPrax 1998, 194; *LG Hamburg* BtPrax 1995, 31.
18 Ebenso *Rzepka* BtMan 2009, 13; *Walther* BtPrax 2005, 214.
19 *LG Ulm* FamRZ 2009, 544; *AG Hildesheim* Beschluss v. 22.9.2008 – Az. 42 XVII W 1285.
20 *AG Coesfeld* FamRZ 2008, 304; *AG Meißen* BtPrax 2007, 187; *OLG Brandenburg* FamRZ 2006, 1481.

sich für einen Betroffenen als unüberwindbare Schranke darstellt. Ein Therapietisch am Stuhl hat freiheitsentziehenden Charakter, wenn der Betroffene in nicht eigenständig entfernen kann.

31   Zugleich ergibt sich aus der Aufzählung, dass unter den Begriff der freiheitsentziehenden Maßnahme i. S. v. § 1906 Abs. 4 BGB nach der Rechtsprechung nicht nur Mittel fallen, die den Betroffenen in einer einzelnen Bewegung einschränken – beispielsweise beim Aufstehen –, sondern auch solche, die ihn auf einem Raum beschränken, innerhalb dessen er sich frei bewegen kann. Neben der bereits genannten Schließanlage wird daher beispielsweise auch das nächtliche Einsperren in der eigenen Wohnung bei Betreuung durch einen professionellen Pflegedienst als genehmigungsbedürftig nach § 1906 Abs. 4 BGB bewertet *(s. Rechtsprechung Stichwort XVI. Häusliche Pflege).*

2.   Wille des Betroffenen

32   Ebenso wie eine freiheitsentziehende Unterbringung können auch freiheitsentziehende Maßnahmen durch eine Einwilligung des Betroffenen, seine Freiwilligkeitserklärung, legitimiert sein. Willigt ein hinsichtlich der geplanten Maßnahme einwilligungsfähiger Betroffener in die Maßnahme – beispielsweise das Anbringen eines Bettgitters in der Nacht – ein, weil er sich dann sicherer fühlt, ist seine Einwilligung Legitimation der Maßnahme. Eine Zustimmung seines Betreuers oder Bevollmächtigten oder eine Genehmigung des Betreuungsgerichts ist nicht erforderlich.

33   Gerade im Bereich freiheitseinschränkender Maßnahmen an dementiell erkrankten Betroffenen bestehen in der Praxis erhebliche Unsicherheiten in der Bewertung eines Betroffenen als noch oder bereits nicht mehr selbst einwilligungsfähig. So ergab eine Studie[21] zu freiheitsentziehenden Maßnahmen in Münchener Pflegeheimen erhebliche Unterschiede zwischen der Einschätzung der kognitiven Fähigkeiten der Bewohner und der Einschätzung von deren Einwilligungsfähigkeit. Vielfach wurde trotz nach eigener Einschätzung bestehenden erheblichen Defiziten im kognitiven Bereich von einer Einwilligungsfähigkeit der Betroffenen ausgegangen.

34   Der Betroffene ist vor dem Erteilen seiner Einwilligung über Intensität und Dauer der geplanten Maßnahmen aufzuklären. Eine pauschale Einwilligung in jegliche Art von freiheitsbeschränkenden Maßnahmen rechtfertigt die Vornahme einer einzelnen freiheitsentziehenden Maßnahme nicht. Formularmäßige Erklärungen Betroffener – beispielsweise als Bestandteil eines Heimvertrages – legitimieren freiheitsentziehende Maßnahmen daher in der Regel nicht. Für die Aufklärung des Betroffenen sind diejenigen Personen zuständig, die die Maßnahmen vornehmen bzw. anordnen wollen. Sind Maßnahmen Bestandteil einer ärztlichen Behandlung, ist daher der Arzt für die Aufklärung zuständig. Dienen die Vorhaben der Sicherung der Pflege, fällt die Aufklärung in die Verantwortung der Pflegefachkraft. Die Aufklärung muss in der Regel in einem persönlichen Gespräch erfolgen, um Raum für Nachfragen des Betroffenen zu schaffen. Das Erteilen der Einwilligung ist auch mündlich möglich. Zu Beweiszwecken empfiehlt es sich, Inhalt und Zeitpunkt der Aufklärung und der Einwilligung in der Pflegedokumentation zu vermerken.

35   Auch im Bereich freiheitsentziehender Maßnahmen ist eine Legitimation der Maßnahme durch die Annahme einer konkludenten Einwilligung des Betroffenen äußerst problematisch und dies selbst bei Betroffenen, die den freiheitsentziehenden Charakter der Maßnahme genau

---

21   *Klie/Pfundstein* Münchener Studie in: *Hoffmann/Klie* Freiheitsentziehende Maßnahmen 2004, 75 ff.

kennen. Die konkludenten Einwilligung kann Missverständnisse im Sinne angeblich erzwungener Einwilligungen hervorrufen und lädt dazu ein, eine Einwilligung zu unterstellen, auch dann, wenn die fachliche Erforderlichkeit einer Maßnahme objektiv nicht besteht, in der Interaktion zwischen Pflegendem und Gepflegtem jedoch behauptet wird.

Der Betroffene kann seine Einwilligung in die Vornahme bestimmter Maßnahmen jederzeit **36** widerrufen. Andererseits ist es nach Erteilen einer Einwilligung nach entsprechender Aufklärung nicht notwendig, täglich erneut eine ausdrückliche Einwilligung des Betroffenen einzuholen. So deckt eine Einwilligung in das Anbringen eines Bettgitters in der Nacht nicht lediglich das einmalige Anbringen des Bettgitters, sondern das regelmäßige Anbringen des Bettgitters. Eine erneute Einwilligung wird dann notwendig, wenn sich der Inhalt der Maßnahme verändert und es daher für die Maßnahme in ihrer veränderten Form an einer Legitimation fehlt.

Verliert der Betroffene im Verlauf seiner Erkrankung – beispielsweise im Rahmen einer fort- **37** schreitenden demenziellen Erkrankung – seine Fähigkeit zur Einwilligung, ist fraglich, ob die noch während des Bestehens von Einwilligungsfähigkeit erklärte Einwilligung auch freiheitsentziehende Maßnahmen zum Zeitpunkt des Fehlens einer Einwilligungsfähigkeit legitimieren kann. Für Träger von Einrichtungen empfiehlt es sich zur Absicherung eines Haftungsrisikos angesichts der breiten und kontroversen Diskussion in der juristischen Literatur über Möglichkeiten und Grenzen einer Vorausverfügung, eine Einwilligung des Betreuers oder Bevollmächtigten für die Fortführung der Maßnahmen einzuholen.

Maßnahmen, die ausschließlich der Sicherung eines sich nicht willentlich fortbewegungsfähi- **38** gen Betroffenen gelten – beispielsweise das Bettgitter bei einem komatösen Betroffenen, sind keine freiheitsentziehenden Maßnahmen i. S. d. § 1906 Abs. 4 BGB. Fehlt es an willentlicher Fortbewegungsmöglichkeit in einem Bereich, so sind Maßnahmen, die sich auf reflexhafte oder unwillkürliche Bewegungen beziehen dann nicht als freiheitsentziehende Maßnahmen zu werten, wenn sie eine ansonsten bestehende willentliche Fortbewegung und allgemeine Bewegungsfreiheit nicht einschränken *(s. Rechtsprechung Stichwort XI. Freiheitsentziehende Maßnahme)*.

3. Zeitliche Komponente

Die Freiheitsentziehung durch die geschilderten Mittel ist nur dann genehmigungsbedürftig, **39** wenn sie über einen längeren Zeitraum oder regelmäßig erfolgt.

Der Begriff des längeren Zeitraums ist vom Gesetzgeber bewusst nicht näher definiert worden. **40** Ob die Dauer einer Maßnahme über einen längeren Zeitraum angelegt ist, bestimmt sich zudem in Relation zum Charakter der Maßnahme. Da freiheitsentziehende Maßnahmen anders als eine freiheitsentziehende Unterbringung auch Maßnahmen umfassen, die jede Bewegung des Betroffenen unmöglich machen, scheidet eine Anlehnung an den bei einer freiheitsentziehenden Unterbringung teilweise genannten Zeitraum von bis zu 2 Tagen aus. Gerade freiheitsentziehende Fixierungen sind auch dann genehmigungsbedürftig, wenn sie für weniger als 24 Stunden vorgenommen werden sollen.

Regelmäßig findet eine freiheitsentziehende Maßnahme statt, wenn die Maßnahme entweder **41** stets zur selben Zeit – beispielsweise nachts oder mittags – oder aus wiederkehrendem Anlass – beispielsweise beim Bestehen der Gefahr eines Sturzes aus dem Bett – erfolgt. Auch jeweils nur kurzfristige, aber regelmäßige freiheitsentziehende Maßnahmen sind genehmigungsbedürftig. Ein Anlass ist nur dann ein geeigneter Anknüpfungspunkt, wenn der Anlass hinreichend bestimmbar ist und feststeht, wer und wie das Vorliegen des Anlasses festgestellt wird.

42 Das zwangsweise Zuführen zu einer ambulanten Behandlung ist nach Ansicht des Bundesgerichtshofs[22] *(s. Rechtsprechung Stichwort XXVII. Zwangsbehandlung, ambulante)* keine freiheitsentziehende Maßnahme i. S. d. § 1906 Abs. 4 BGB. Nach Ansicht des Bundesgerichtshofes gibt es im BGB keine Rechtsgrundlage für die zwangsweise Zuführung zu einer ambulanten Behandlung. Die zwangsweise Zuführung zu einer ambulanten Behandlung ist daher nach Auffassung des BGH unzulässig.

4. Räumliche Komponente

43 § 1906 Abs. 4 BGB umfasst ausschließlich freiheitsentziehende Maßnahmen in Einrichtungen. Freiheitsentziehende Maßnahmen außerhalb von Einrichtungen, insbesondere Maßnahmen im Rahmen der Familie, sind vom Gesetzgeber bewusst nicht in den Anwendungsbereich des § 1906 Abs. 4 einbezogen worden. Dies bedeutet letztlich jedoch nur das Fehlen einer Genehmigungspflicht. Wegen der besonderen Bedeutung freiheitseinschränkender Maßnahmen in der eigenen Häuslichkeit wird deren Voraussetzungen in dieser Auflage ein eigenes *(s. 7. Kapitel – Freiheitseinschränkende Maßnahmen in der eigenen Häuslichkeit)* gewidmet.

44 Der Einrichtungsbegriff in § 1906 Abs. 4 BGB ist vom Schutzzweck der Vorschrift her weit auszulegen. Er umfasst daher alle stationären Einrichtungen der Langzeitpflege, der Behindertenhilfe oder der Psychiatrie. Einer Einrichtung gleichgestellt ist die eigene Wohnung des Betroffenen, wenn er in dieser von professionellen ambulanten Diensten betreut und gepflegt wird *(s. Rechtsprechung Stichwort XVI. Häusliche Pflege).* Hingegen fallen freiheitsentziehende Maßnahmen durch Angehörige des Betroffenen, die den Betroffenen in seiner eigenen oder in ihrer Wohnung pflegen, nicht in den Anwendungsbereich des § 1906 Abs. 4 BGB *(s. Rechtsprechung Stichwort VIII. Familienpflege)*

45 Betreffen freiheitsentziehende Maßnahmen i. S. v. § 1906 Abs. 4 BGB eine Person, die mit richterlicher Genehmigung nach § 1906 Abs. 1 BGB freiheitsentziehend untergebracht ist, so bedarf nach hier vertretener Ansicht gleichwohl jede einzelne freiheitsentziehende Maßnahme während der freiheitsentziehenden Unterbringung einer eigenen betreuungsgerichtlichen Genehmigung. In der neusten Rechtsprechung[23] *(s. Rechtsprechung Stichwort XXI. Unterbringung und freiheitsentziehende Maßnahmen)* wird hingegen teilweise die Auffassung vertreten, dass eine gesonderte Genehmigung nicht erforderlich ist.

---

22 *BGHZ* 145, 297, 300 ff. = FamRZ 2001, 149; *OLG Zweibrücken* FamRZ 2000, 1114; **a.A.** *OLG Hamm* FamRZ 2000, 149.

23 *AG Kiel* SchlHA 2011, 167; *LG Baden-Baden* FamRZ 2010, 1471; *LG Freiburg* FamRZ 2010, 1846; a.A. *Sonnentag* FamRZ 2011, 1635; kritisch zur fehlenden ausdrücklichen gesetzlichen Regelung *Lesting* R&P 2010, 137.

3. Kapitel
Befugnisse zur zivilrechtlichen Freiheitsentziehung

I. Befugnisse des Betreuers

Ein Betreuer ist grundsätzlich zu Unterbringungsmaßnahmen gegenüber dem von ihm **1** betreuten Menschen nur befugt, wenn er vom Betreuungsgericht mit einem Aufgabenkreis bestellt wurde, der die entsprechenden Unterbringungsmaßnahmen beinhaltet, im Hinblick auf die konkret geplante Unterbringungsmaßnahme die materiellrechtlichen Voraussetzungen einer freiheitsentziehenden Unterbringung nach § 1906 Abs. 1 Nr. 1, Nr. 2 BGB bzw. freiheitsentziehender Maßnahmen nach § 1906 Abs. 4 BGB vorliegen und das Betreuungsgericht die Unterbringungsmaßnahme vor deren Beginn genehmigt hat.

Zunächst wird im Folgenden auf mögliche Aufgabenkreise, die einem Betreuer die Befugnis zu **2** den genannten Maßnahmen verschaffen eingegangen.

1. Freiheitsentziehende Unterbringung

Eine freiheitsentziehende Unterbringung durch einen Betreuer setzt voraus, dass freiheitsent- **3** ziehende Unterbringungen Bestandteil des Aufgabenkreises des Betreuers sind. Bestandteil des Aufgabenkreises des Betreuers sind freiheitsentziehende Unterbringungen, wenn der Betreuer entweder ausdrücklich für den Aufgabenkreis freiheitsentziehende Unterbringungen, für den Aufgabenkreis Aufenthaltsbestimmung[1] aber auch mit dem Aufgabenkreis Personensorge bestellt wurde.[2]

Ist absehbar, dass im Rahmen einer freiheitsentziehenden Unterbringung weitere Maßnahmen **4** wie ärztliche Behandlungen des Betroffenen, Fixierungen bzw. andere freiheitsentziehende Maßnahmen oder eine Post- und Fernmeldekontrolle erforderlich sein wird, ist der Betreuer ausdrücklich auch für diese Aufgabenkreise zu bestellen, da ein Aufgabenkreis Aufenthaltsbestimmung oder freiheitsentziehenden Unterbringung eine Befugnis zur Vornahme der genannten Maßnahmen nach hier vertretener Ansicht entgegen Auffassungen in der neueren Rechtsprechung[3] nicht beinhaltet (*s. Rechtsprechung Stichwort XXI. Unterbringung und freiheitsentziehende Maßnahmen*). Für freiheitsentziehende Maßnahmen, § 1906 Abs. 4 BGB, ärztliche Behandlungen bzw. andere Maßnahmen der Gesundheitssorge oder eine Post- und Fernmeldekontrollen, § 1896 Abs. 4 BGB, muss vielmehr eine ausdrückliche Bestellung als Betreuer erfolgen. Dabei ist darauf zu achten, dass in vielen Fällen ein allgemeiner Aufgabenkreis Gesundheitsangelegenheiten unverhältnismäßig sein wird, da ein Betreuungsbedürfnis i. S. d. § 1896 BGB nur hinsichtlich psychiatrischer Behandlungen vorliegt. Der Aufgabenkreis ist dann auf psychiatrische Behandlungen zu beschränken.

Nach überwiegender Ansicht in der Literatur und in der Rechtsprechung setzt das Bestellen **5** eines Betreuers mit dem Aufgabenkreis freiheitsentziehende Unterbringung bzw. Aufenthalts-

---

1 *OLG Stuttgart* FPR 2004, 711.
2 Anders noch in der Vorauflage, vgl. auch *Bienwald/Sonnenfeld/Hoffmann* BetreuungsR § 1906, Rn. 83 m. w. N. auch zu **a.A.**
3 *AG Kiel* SchlHA 2011, 167; *LG Baden-Baden* FamRZ 2010, 1471; *LG Freiburg* FamRZ 2010, 1846; kritisch zur fehlenden ausdrücklichen gesetzlichen Regelung *Lesting* R&P 2010, 137.

bestimmung gegen den Willen des Betroffenen voraus, dass bei der Bestellung feststeht, dass der Betroffene aufgrund seiner Krankheit oder Behinderung seinen Willen hinsichtlich der freiheitsentziehenden Unterbringung nicht frei bestimmen kann. Daher scheidet die Bestellung eines Betreuers mit entsprechenden Aufgabenkreisen gegen den Willen eines einwilligungsfähigen Betroffener aus.

6   Die Zuführung Betroffener unter Anwendung von Gewalt ist nicht Bestandteil eines Aufgabenkreises freiheitsentziehende Unterbringung bzw. Aufenthaltsbestimmung. Gewalt bei der Zuführung darf allein die zuständige Behörde (Betreuungsbehörde) anwenden, sofern die Anwendung von Gewalt – und zwar durch die zuständige Behörde und nicht durch den Betreuer – durch eine entsprechende vorherige betreuungsgerichtliche Entscheidung legitimiert ist, § 326 Abs. 2 FamFG.

2.   Freiheitsentziehende Maßnahmen, § 1906 Abs. 4 BGB

7   Ein Betreuer ist nur dann zur Vornahme freiheitsentziehender Maßnahmen i. S. v. § 1906 Abs. 4 BGB befugt, wenn er ausdrücklich für derartige Maßnahmen bestellt wurde. Eine Befugnis zu freiheitsentziehenden Maßnahmen i. S. v. § 1906 Abs. 4 BGB besteht nicht, wenn ein Betreuer nur allgemein mit dem Aufgabenkreis Personensorge oder den Aufgabenkreisen Aufenthaltsbestimmung oder freiheitsentziehenden Unterbringungen bestellt wurde (s. *Rechtsprechung Stichwort XXI. Unterbringung und freiheitsentziehende Maßnahmen* auch zu teilweise abweichenden Auffassungen in der neusten Rechtsprechung[4]).

8   Wie bei der Bestellung mit dem Aufgabenkreis freiheitsentziehende Unterbringung setzt eine Bestellung gegen den Willen des Betroffenen voraus, dass dieser aufgrund seiner Krankheit oder Behinderung seinen Willen hinsichtlich der freiheitsentziehenden Maßnahmen nicht frei bestimmen kann.

9   Nach überwiegender Ansicht ist anders als bei einer freiheitsentziehenden Unterbringung die Anwendung von Gewalt zur Durchführung der freiheitsentziehenden Maßnahmen Bestandteil des Aufgabenkreises des Betreuers. Der Betreuer kann daher das Personal einer Einrichtung beispielsweise zu einer Fixierung des Betroffenen unter Anwendung von körperlichem Zwang ermächtigen. Diese Befugnis zur Anwendung von Zwang ist auf die Durchführung betreuungsgerichtlich genehmigter freiheitsentziehender Maßnahmen i. S. d. § 1906 Abs. 4 BGB beschränkt.

II.   Befugnisse des Bevollmächtigten

1.   Rückblick

10   Nach § 1906 Abs. 5 BGB in der Fassung des Betreuungsrechtsänderungsgesetzes von 1998 setzt eine freiheitsentziehende Unterbringung nach § 1906 Abs. 1 BGB oder freiheitsentziehende Maßnahmen nach § 1906 Abs. 4 BGB durch einen Bevollmächtigten voraus, dass der Betroffene eine schriftliche Vollmacht erteilt hat, die die genannten Maßnahmen ausdrücklich umfasst.

---

4   *AG Kiel* SchlHA 2011, 167; *LG Baden-Baden* FamRZ 2010, 1471; *LG Freiburg* FamRZ 2010, 1846; kritisch zur fehlenden ausdrücklichen gesetzlichen Regelung *Lesting* R&P 2010, 137.

Der Gesetzgeber hat mit dieser Regelung – und der entsprechenden Regelung in § 1904 Abs. 2 **11**
BGB für ärztliche Maßnahmen – die bis zum Inkrafttreten des Betreuungsrechtsänderungsgesetzes am 1.1.1999 umstrittene Frage klargestellt, dass eine Vollmacht nicht nur für Bereiche der Vermögenssorge, sondern ebenso für Bereiche der Personensorge erteilt werden kann. Nach überwiegender Ansicht scheidet das Erteilen einer Vollmacht nur für die Angelegenheiten aus, bei denen kraft Gesetzes eine Stellvertretung nicht möglich ist – beispielsweise bei der Eheschließung, § 1311 S. 1 BGB – oder in einigen wenigen andere Angelegenheiten wie der elterlichen Sorge. Das Institut der Vorsorgevollmacht wurde durch diese Gesetzesänderung erheblich gestärkt.

Im Folgenden werden zunächst allgemeine Anforderungen für das wirksame Erteilen einer **12**
Vollmacht erörtert, um vor diesem Hintergrund auf Fragen der Bevollmächtigung für eine freiheitsentziehende Unterbringung und freiheitsentziehende Maßnahmen einzugehen.[5]

2. Allgemeine Anforderungen an eine Vollmacht

Das Handeln eines Bevollmächtigten mit Wirkungen für den Vollmachtgeber ermöglicht eine **13**
Vollmacht nach überwiegender Ansicht nur dann, wenn der Verfasser der Vollmacht zum Zeitpunkt der Errichtung der Vollmacht geschäftsfähig war.

Formvorschriften für eine Vollmacht bestehen grundsätzlich nicht. Die Vollmacht kann viel- **14**
mehr formlos – auch mündlich – erteilt werden. Lediglich für bestimmte Angelegenheiten – beispielsweise für Grundstücksgeschäfte – bestehen Formvorschriften. Aus Beweisgründen werden Vollmachten in der Regel schriftlich abgefasst sein.

In der Praxis verbreitet ist das Verknüpfen des Wirksamwerdens der Vollmacht, deren Ziel eine **15**
Betreuungsvermeidung ist, mit dem Eintritt der Geschäftsunfähigkeit beim Vollmachtgeber. Eine derartig bedingte Vollmacht ist zulässig. Bei einer Verknüpfung der Wirksamkeit der Vollmacht mit dem Eintritt der Geschäftsunfähigkeit entsteht das Problem, den Zeitpunkt des Wirksamwerdens der Vollmacht, den Bedingungseintritt, zu bestimmen. Daher geht die Tendenz dahin zu fordern, dass auch Vollmachten zur Betreuungsvermeidung nicht mit einer derartigen Bedingung verknüpft, sondern unmittelbar wirksam werden (Direktvollmacht).

Grundsätzlich ist auch das Erteilen einer Generalvollmacht möglich. Für bestimmte Berei- **16**
che – wie eine freiheitsentziehende Unterbringung oder freiheitsentziehende Maßnahmen – ist jedoch eine ausdrückliche Bevollmächtigung notwendig, deren Formulierung nicht auslegungsbedürftig, sondern eindeutig zu sein hat.

Nach Erfahrungen mit missbräuchlichen Bevollmächtigungen besteht der in § 1896 Abs. 2 S. 2 **17**
BGB festgelegte Vorrang der Vollmacht vor der Betreuung seit Inkrafttreten des Betreuungsrechtsänderungsgesetzes nur noch in den Fällen, in denen der Bevollmächtigte nicht zu den in § 1897 Abs. 3 BGB bezeichneten Personen gehört, also nicht in einem Abhängigkeitsverhältnis zu einer Einrichtung, in der der Betroffene untergebracht ist oder wohnt, steht. Besteht ein Abhängigkeitsverhältnis führt dies nicht zu einer Unwirksamkeit der Bevollmächtigung, sondern zu einer Verpflichtung des Betreuungsgerichts im Einzelfall zu prüfen, ob wegen des Abhängigkeitsverhältnis trotz des Bestehens einer Vollmacht eine Betreuerbestellung erforderlich ist, § 1896 Abs. 2 S. 1 BGB.

---

5 Vgl. insgesamt die *Bienwald/Sonnenfeld/Hoffmann* BetreuungsR § 1906, Rn. 91 ff.

3. Vollmacht zur Einwilligung in eine Freiheitsentziehung

18 Da erst durch die Gesetzesänderungen im Rahmen des Betreuungsrechtsänderungsgesetzes von 1998 klargestellt wurde, dass eine Bevollmächtigung auch für die Bereiche ärztliche Behandlung, freiheitsentziehende Unterbringung und freiheitsentziehende Maßnahmen möglich ist, befindet sich die Diskussion über Inhalte und Voraussetzungen einer derartigen Vollmacht noch im Fluss.

Für das Bevollmächtigen zur Vornahme einer freiheitsentziehenden Unterbringung oder freiheitsentziehender Maßnahmen gegenüber dem Vollmachtgeber nicht dessen Geschäftsfähigkeit sondern dessen Einwilligungsfähigkeit hinsichtlich einer freiheitsentziehenden Unterbringung oder freiheitsentziehenden Maßnahmen erforderlich. Weil in der Regel eine Vollmacht für derartigen Maßnahmen mit einer Bevollmächtigung auch für andere Angelegenheiten – beispielsweise Gesundheits- oder Wohnungsangelegenheiten – verknüpft sein wird, bei denen das Erteilen einer wirksamen Vollmacht (teilweise) die Geschäftsfähigkeit des Vollmachtgebers voraussetzt, wird hinsichtlich der Wirksamkeit der Vollmacht als Ganzes die Geschäftsfähigkeit des Vollmachtgebers erforderlich sein. Auch für das der Vollmacht zu Grunde liegende Auftragsverhältnis zwischen Betroffenem und Bevollmächtigten ist für die Erklärung des Betroffenen dessen Geschäftsfähigkeit erforderlich.

19 Die Vollmacht für eine freiheitsentziehende Unterbringung und freiheitsentziehende Maßnahmen muss schriftlich erteilt sein, § 1906 Abs. 5 BGB. Schriftlich erteilt i. S. v. § 126 Abs. 1 BGB ist die Vollmacht, wenn die Vollmacht eigenhändig durch Namensunterschrift oder mittels notariell beglaubigten Handzeichens unterzeichnet ist. Hingegen muss die Vollmacht nicht insgesamt handschriftlich sein.

20 Von einer Generalvollmacht werden freiheitsentziehende Unterbringungen und Maßnahmen nicht umfasst. Die (schriftliche) Vollmacht muss freiheitsentziehende Unterbringungen und Maßnahmen vielmehr ausdrücklich einschließen. Daraus ergibt sich, dass freiheitsentziehende Unterbringungen und freiheitsentziehende Maßnahmen jeweils gesondert in der Vollmacht genannt werden müssen. Wird lediglich zur freiheitsentziehenden Unterbringung ermächtigt, besteht keine Befugnis zu freiheitsentziehenden Maßnahmen nach § 1906 Abs. 4 BGB. Ebenso sind während einer freiheitsentziehenden Unterbringung notwendige ärztliche Maßnahmen nicht von einer Bevollmächtigung zu freiheitsentziehenden Unterbringungen umfasst. In der bisher publizierten Rechtsprechung werden hohe Anforderungen an die Ausdrücklichkeit der Bevollmächtigung gestellt (*s. Rechtsprechung Stichwort XXIV. Vollmacht*). Nach hier vertretener Ansicht entspricht eine textliche Gestaltung, in der im Wesentlichen der Gesetzeswortlaut wiedergegeben wird – anders als in der Vorauflage vertreten – dem Kriterium der Ausdrücklichkeit.

21 Für Vollmachten, die vor dem Inkrafttreten des Betreuungsrechtsänderungsgesetzes am 1.1.1999 ausgestellt worden sind, gelten die gleichen Anforderungen wie für Vollmachten, die nach dem 1.1.1999 ausgestellt worden sind, d. h. auch in diesen Fällen besteht eine Befugnis des Bevollmächtigten zu freiheitsentziehenden Unterbringungen und Maßnahmen nur, wenn diese in der Vollmacht ausdrücklich genannt wurden. Fehlt es an einer ausdrücklichen Benennung ist die Vollmacht (insoweit) unwirksam. In diesen Fällen ist zu prüfen, ob die Bestellung des Bevollmächtigten zum Betreuer mit einem entsprechenden Aufgabenkreis in Betracht kommt.

22 Neben den gegenüber dem Vollmachtgeber bestehenden Verpflichtungen aus dem der Vollmacht zugrunde liegenden Rechtsgeschäft gelten durch die Verweisung in § 1906 Abs. 5 S. 2 BGB auf § 1906 Abs. 1–4 BGB im Rahmen freiheitsentziehender Unterbringungen und Maßnahmen für den Bevollmächtigten die gleichen Pflichten wie für einen Betreuer mit entspre-

chendem Aufgabenkreis. Aus dem Zusammenspiel dieser Normen ergibt sich auch die gesetzliche Ermächtigungsgrundlage für die Anwendung von Zwang gegenüber einem Betroffenen, sofern die Voraussetzungen dieser Normen im Einzelfall vorliegen.[6]

Im Einzelfall kann gerade bezogen auf eine im Hinblick auf freiheitsentziehende Unterbringungen und stationäre Zwangsbehandlungen erteilte Vollmacht zu prüfen sein, ob gleichwohl die Bestellung eines Betreuers erforderlich ist, da das Handeln des Bevollmächtigten nicht dem Wohl des Betroffenen entspricht.[7]   **23**

III. Befugnisse des Betreuungsgerichts, § 1846 BGB

Im Regelfall genehmigt das Betreuungsgericht bei der zivilrechtlichen Freiheitseinschränkung die vom Betreuer oder Bevollmächtigten beabsichtigten Maßnahmen, also eine freiheitsentziehende Unterbringung oder freiheitsentziehende Maßnahmen. Die Unterbringung wird anders als bei einer öffentlich-rechtlichen freiheitsentziehenden Unterbringung nicht durch das Betreuungsgericht angeordnet. Grundlage der freiheitsentziehenden Unterbringung oder der freiheitsentziehenden Maßnahme ist allein die Entscheidung des Betreuers oder Bevollmächtigten.   **24**

Dieser Grundsatz erfährt in § 1846 BGB eine Ausnahme.[8] Nach 1846 BGB, der durch die Verweisung in § 1908i BGB für Betreuungen gilt, kann das Betreuungsgericht eine freiheitsentziehende zivilrechtliche Unterbringung anordnen, wenn ein Betreuer noch nicht bestellt ist oder ein Betreuer zwar vorhanden ist, dieser jedoch an der Erfüllung seiner Pflichten verhindert ist. Ist ein handlungsfähiger Betreuer vorhanden, scheidet eine betreuungsgerichtliche Anordnung nach § 1846 BGB aus *(s. Rechtsprechung Stichwort III. Anordnung durch das Betreuungsgericht im Eilfall).*   **25**

Erfolgt eine Entscheidung nach § 1846 BGB, da für den Betroffenen noch kein Betreuer bestellt ist, ist dem Betroffenen unverzüglich – aber nicht zwingend zugleich mit der Anordnung nach § 1846 BGB – ein (vorläufiger) Betreuer zu bestellen.[9] Unverzüglichkeit liegt nur vor, wenn direkt nach der Anordnung des Betreuungsgerichts das Bestellungsverfahren eingeleitet wird. Keinesfalls darf sich die Dauer an dem in § 333 FamFG genannten Zeitraum von sechs Wochen für einstweilige Anordnungen orientieren. Ab dem Moment seiner Bestellung ist der Betreuer verpflichtet, die auf § 1846 BGB beruhende freiheitsentziehende Unterbringung zu bestätigen bzw. zu beenden. Die Legitimationsgrundlage der freiheitsentziehenden Unterbringung wechselt daher auch dann, wenn sie fortgesetzt wird.   **26**

Die Anwendung von § 1846 BGB kommt letztlich nur in den seltenen Krisensituationen in Betracht, in denen beispielsweise wegen des vorliegenden Krankheitsbildes – wie bei chronifizierten Erkrankungen oder Alterskrankheiten – ein längerfristiges Betreuungsbedürfnis zu erwarten ist und bereits das Abwarten der Bestellung eines vorläufigen Betreuers zu einer Gefahr für den Betroffenen führen würde. Besteht perspektivisch kein längerfristiges Betreuungsbedürfnis ist in einer akuten Krise nach der Intention des Gesetzgebers das öffentlich-rechtliche Unterbringungsverfahren vorrangig. Im Bereich der Akutpsychiatrie besteht daher in der Regel kein Raum für die Anwendung des § 1846 BGB.   **27**

---

6   Vgl. *Bienwald/Sonnenfeld/Hoffmann* BetreuungsR § 1906, Rn. 97 m. w. N.
7   *KG* BtPrax 2006, 117; *KG* FamRZ 2006, 1481.
8   Vgl. insgesamt *Hoffmann* R&P 2010, 24.
9   *BGH* Urteil v. 13.2.2002 – Az. XII ZB 191/00.

28 Das betreuungsgerichtliche Verfahren bei der Anordnung einer freiheitsentziehenden Unterbringung nach § 1846 BGB entspricht dem der vorläufigen Genehmigung einer freiheitsentziehenden Unterbringung durch einen Betreuer oder Bevollmächtigten, §§ 331, 334 FamFG.

29 Die Möglichkeit einer betreuungsgerichtlichen Anordnung nach § 1846 BGB besteht auch hinsichtlich freiheitsentziehender Maßnahmen nach § 1906 Abs. 4 BGB. Denkbar sind derartige Anordnungen jedoch allenfalls in direktem zeitlichem und sachlichem Zusammenhang mit der Anordnung einer freiheitsentziehenden Unterbringung nach § 1846 BGB.

IV. Befugnisse des Heimes und des Krankenhauses

30 In der Praxis sehen sich Heime, Krankenhäuser und Pflegedienste oft veranlasst und als berechtigt an, beim zuständigen Betreuungsgericht das Genehmigen einer freiheitsentziehenden Unterbringung oder freiheitsentziehende Maßnahme zu „beantragen". Derartige „Anträge" sind bloße Anregungen an das Betreuungsgericht, denn Unterbringungssachen im Sinne des § 312 FamFG sind Amtsverfahren.

31 Liegt keine Vollmacht vor und wurde ein Betreuer bislang nicht bestellt, ist der „Antrag" der Einrichtung als Anregung an das Betreuungsgericht zu verstehen zu prüfen, ob das Bestellen eines Betreuers oder der Erlass einer einstweiligen Maßregel nach § 1846 BGB erforderlich ist.

32 Besteht bereits eine Betreuung mit entsprechendem Aufgabenkreis kann der „Antrag" Anlass für das Betreuungsgericht sein, seinen Beratungs- und Aufsichtspflichten nach § 1837 BGB gegenüber dem Betreuer des Betroffenen nachzukommen oder die Erforderlichkeit der Bestellung eines Betreuers bei Vertretung des Betroffenen durch einen Bevollmächtigten nach § 1896 BGB zu prüfen.

33 In der Vorauflage wurde die Auffassung vertreten, dass beim Vorliegen einer gegenwärtigen konkreten Gefahr für den Betroffenen kurzfristig ohne das Vorliegen einer Einwilligung des Betreuers oder Bevollmächtigten freiheitsbeschränkende Maßnahmen ergriffen werden können, da in diesen Fällen die Voraussetzungen für einen rechtfertigenden Notstand i. S. d. § 34 StGB vorliegen. Nach der Entscheidung des *BGH* zur Sterbehilfe vom 25. Juni 2010[10] steht für die Strafgerichtsbarkeit fest, dass sich auch zeitlich begrenzt freiheitsentziehende Maßnahmen nicht mit der Begründung rechtfertigen lassen, dass die Voraussetzungen eines rechtfertigenden Notstands im Sinne des § 34 StGB vorliegen, da eine Legitimation über § 34 StGB nicht möglich ist, wenn verschiedene Rechtsgüter ein und derselben Person betroffen sind. Nach hier vertretener Ansicht scheidet bezogen auf die Anwendung von Zwang auch eine Rechtfertigung über eine mutmaßliche Einwilligung aus.[11]

---

10 FamRZ 2010, 1551.
11 So *Riedel/Stolz* BtPrax 2010, 99.

4. Kapitel
Voraussetzungen zivilrechtlicher Freiheitsentziehung, § 1906 Abs. 1 BGB

I. Erforderlichkeit zum Wohl des Betroffenen

Voraussetzung jeder zivilrechtlichen Freiheitsentziehung ist, dass die freiheitsentziehende **1** Unterbringung oder die freiheitsentziehenden Maßnahmen im Interesse des Betroffenen liegen und zu seinem Wohl erforderlich sind.

Durch die Regelungen in § 1906 BGB wurde der unbestimmte Rechtsbegriff des Wohls des **2** Betroffenen, das nach § 1901 Abs. 2 BGB Leitschnur des Handelns eines Betreuers zu sein hat, für den Bereich der freiheitsentziehenden Unterbringung und freiheitsentziehender Maßnahmen konkretisiert. Eine freiheitsentziehende Unterbringung oder freiheitsentziehende Maßnahmen sind nur unter den in § 1906 Abs. 1 BGB genannten Voraussetzungen zum Wohl eines Betroffenen erforderlich und damit zulässig. Liegen die dort genannten Voraussetzungen im konkreten Fall nicht vor, sind eine zivilrechtliche freiheitsentziehende Unterbringung oder freiheitsentziehende Maßnahmen unzulässig, gleichwohl vorgenommene Maßnahmen rechtswidrig.

Normadressat der Regelung in § 1906 Abs. 1 BGB sind zum einen der Betreuer oder Bevoll- **3** mächtigte des Betroffenen. Erwägen Betreuer oder Bevollmächtigter eine freiheitsentziehende Unterbringung oder freiheitsentziehende Maßnahmen des Betroffenen, haben sie das Vorliegen der Voraussetzungen des § 1906 Abs. 1 BGB zu prüfen. Bejahen Betreuer oder Bevollmächtigter das Vorliegen der Voraussetzungen des § 1906 Abs. 1 BGB – gegebenenfalls unter Übernahme von Wertungen aus einem Sachverständigengutachten –, ist eine Entscheidung für eine freiheitsentziehende Unterbringung oder freiheitsentziehende Maßnahmen möglich. Auch das Vorliegen der Voraussetzungen des § 1906 Abs. 1 BGB verpflichtet Betreuer oder Bevollmächtigte jedoch nicht zu einer freiheitsentziehenden Unterbringung oder freiheitsentziehenden Maßnahmen.

§ 1906 Abs. 1 BGB ist alleiniger Maßstab im betreuungsgerichtlichen Genehmigungsverfahren. **4** Der Betreuungsrichter darf eine durch den Betreuer oder Bevollmächtigten geplante freiheitsentziehende Unterbringung oder freiheitsentziehende Maßnahmen nur genehmigen, wenn die Voraussetzungen des § 1906 Abs. 1 BGB im Zeitpunkt der gerichtlichen Entscheidung vorliegen. Liegen die Voraussetzung des § 1906 Abs. 1 BGB vor, hat er die Entscheidung des Betreuers oder Bevollmächtigter zu genehmigen, das heißt, anders als ein Betreuer oder Bevollmächtigter besitzt der Betreuungsrichter keinen Entscheidungsspielraum.

§ 1906 Abs. 1 BGB kennt zwei Tatbestände, bei deren Vorliegen eine freiheitsentziehende **5** Unterbringung oder freiheitsentziehende Maßnahmen zulässig ist, nämlich das Bestehen einer Selbstgefährdung bzw. einer Behandlungsnotwendigkeit, denen nicht anders als durch eine freiheitsentziehende Unterbringung begegnet werden kann. Beide Varianten werden im Folgenden erörtert.

1. Bestehen einer Selbstgefährdung, § 1906 Abs. 1 Nr. 1 BGB

a) Einführung

6 Nach § 1906 Abs. 1 Nr. 1 BGB kann zum Wohl des Betreuten oder Vollmachtgebers eine freiheitsentziehende Unterbringung oder freiheitsentziehende Maßnahmen erforderlich sein, weil auf Grund einer psychischen Krankheit oder geistigen oder seelischen Behinderung die Gefahr besteht, dass der Betroffene sich selbst tötet oder erheblichen gesundheitlichen Schaden zufügt.

7 Nach überwiegender Ansicht setzt eine freiheitsentziehende Unterbringung oder freiheitsentziehende Maßnahmen nach § 1906 Abs. 1 Nr. 1 BGB zudem als ungeschriebenes Tatbestandsmerkmal voraus, dass der Betroffene auf Grund seiner psychischen Krankheit oder geistigen oder seelischen Behinderung seinen Willen nicht frei bestimmen kann. Trotz Betreuung entscheidet der einwilligungsfähige Betroffene selbst, ob er untergebracht, fixiert oder behandelt werden will. Eine freiheitsentziehende Unterbringung oder freiheitsentziehende Maßnahmen gegenüber einwilligungsfähigen Betroffenen scheiden auch dann aus, wenn die Gefahr einer Selbsttötung oder eines erheblichen gesundheitlichen Schadens für den Betroffenen besteht.

8 Im Gegensatz zur öffentlich-rechtlichen Unterbringung, die nur beim Bestehen einer akuten Gefährdung möglich ist, ist eine zivilrechtliche Unterbringung bereits möglich, wenn eine ernstliche und konkrete Gefahr für den Betroffenen besteht *(s. Rechtsprechung Stichwort XIII. Freiheitsentziehende Unterbringung Volljähriger und Verwahrlosung)*. Der notwendige Grad der Gefahr bestimmt sich dabei auch in Relation zum möglichen Schaden ohne eine freiheitsentziehende Unterbringung oder freiheitsentziehende Maßnahmen. So reicht bei der Gefahr des Todes ein geringerer Grad an Wahrscheinlichkeit aus als bei Gesundheitsgefahren.

b) Freiheitsentziehende Maßnahmen

9 Von besonderer Bedeutung ist die erste Variante des § 1906 Abs. 1 Nr. 1 BGB für die Frage der Zulässigkeit freiheitsentziehender Maßnahmen. Freiheitsentziehende Maßnahmen kommen in der Regel allein wegen der Gefahr einer Selbstgefährdung des Betroffenen – beispielsweise eines Sturzes bei einem Menschen mit Demenz – in Betracht. Auch freiheitsentziehende Maßnahmen i. S. v. § 1906 Abs. 4 BGB sind nur zulässig, wenn die Gefahr eines erheblichen gesundheitlichen Schaden besteht *(s. Rechtsprechung Stichwort XI. Freiheitsentziehende Maßnahme)*. Zudem sind die Gefahren, die ohne freiheitsentziehende Maßnahmen bestehen, mit den von den freiheitsentziehenden Maßnahmen selbst ausgehenden Gefahren und Nachteilen abzuwägen. Nachteile mechanischer freiheitsentziehender Maßnahmen sind beispielsweise die fehlende Bewegung, das fehlende Training oder eine erhöhte Verletzungsgefahr beim Versuch der Überwindung eines Bettgitters oder des Abstreifens einer Fixierung. Nachteile sedierender Medikamente können depressive Stimmungen, Dyskinesen, Opstipation oder Thrombosen sein. Vielfach bestehen zu freiheitsentziehende Maßnahmen auch andere Alternativen wie technische Veränderungen (geteilte Bettgitter), alternative Konzeptionen im Umgang mit dem Schutzbedürfnis der Betroffenen und Qualitätssicherungsmaßnahmen bei der Medikamentenvergabe, die freiheitsentziehende Maßnahmen unverhältnismäßig werden lassen.

10 Umstritten ist, ob sich die Notwendigkeit freiheitsentziehender Maßnahmen an den bestehenden Verhältnissen in der Einrichtung, in der der Betroffene lebt, oder an möglichen Alternativen zu diesen Gegebenheiten orientieren hat *(s. Rechtsprechung Stichwort XI. Freiheitsentziehende Maßnahme)*. Empirische Untersuchungen zeigen, dass es keinen unmittelbaren Zusammenhang

zwischen dem Ausmaß freiheitsentziehender Maßnahmen und der Personalausstattung gibt.[1] Vielmehr ergibt sich, dass bei identischem Personaleinsatz Einrichtungen in höchst unterschiedlichem Umfang auf freiheitsentziehende Maßnahmen zurückgreifen.[2] Dabei scheinen Ängste vor Verletzungen des Betroffenen – und damit vor einer zivilrechtlichen Haftung und einer strafrechtlichen Verantwortung – ebenso wie ein das Unterlassen von Maßnahmen zur Sturzprophylaxe zentrale Rollen zu spielen. Den Einsatz von modernen Hilfsmitteln zur Vermeidung von Sturzfolgen, insbesondere von Frakturen, kann gefordert werden, hingegen nicht generell eine bessere Personalausstattung. Das Betreuungsgericht hat nach hier vertretener Ansicht die zur Verfügung stehenden Ressourcen der Pflegeeinrichtung bei seiner Entscheidung mit zu berücksichtigen. Andererseits ist zu betonen, dass im Einzelfall eine intensivere Einzelbetreuung des Betroffenen erforderlich sein kann, insbesondere, wenn freiheitsentziehende Maßnahmen selbst Leben und Gesundheit des Betroffenen gefährden könnten, und dass sich die Erforderlichkeit freiheitsentziehende Maßnahmen nicht allein mit einer schlechten Personalausstattung begründen lässt. Nicht begründen lässt sich die Notwendigkeit freiheitsentziehender Maßnahmen wie einer Fixierung oder der Gabe sedierender Medikamente allein zur Erleichterung der Pflege. Ebenso besteht kein Anlass für freiheitsentziehende Maßnahmen, zu denen es Alternativen gibt – beispielsweise ein höhenverstellbares Bett und eine niedrigere Bettung zur Vermeidung der Gefahren eines Sturzes statt eines Bettgitters, geteilte Seitenteile, Sturzprophylaxe etc.

2. Notwendigkeit einer Behandlung, § 1906 Abs. 1 Nr. 2 BGB

Gemäß § 1906 Abs. 1 Nr. 2 BGB ist eine freiheitsentziehende Unterbringung oder freiheitsentziehende Maßnahmen möglich, wenn eine Untersuchung des Gesundheitszustandes, eine Heilbehandlung oder ein ärztlicher Eingriff notwendig ist, da ohne Durchführung der Maßnahme die Gefahr einer gesundheitlichen Schädigung des Betroffenen besteht, sofern die Maßnahme nicht ohne die Unterbringung des Betroffenen durchgeführt werden kann und der Betroffene auf Grund einer psychischen Krankheit oder geistigen oder seelischen Behinderung die Notwendigkeit der Unterbringung nicht erkennen oder nicht nach dieser Einsicht handeln kann, § 1906 Abs. 1 Nr. 2 BGB. **11**

In der Praxis liegt der Hauptanwendungsbereich von § 1906 Abs. 1 Nr. 2 BGB im Bereich der freiheitsentziehenden Unterbringung und nicht im Rahmen freiheitsentziehender Maßnahmen. Freiheitsentziehende Maßnahmen, die wegen einer Behandlung notwendig werden können, sind beispielsweise nicht lediglich kurzfristige Fixierungen oder Sedierungen des Betroffenen. **12**

Nach überwiegender Ansicht sind wegen des Verhältnismäßigkeitsprinzips auch gemäß § 1906 Abs. 1 Nr. 2 BGB nur freiheitsentziehende Maßnahmen und Unterbringungen zur Durchführung solcher Behandlungen zulässig, deren Unterbleiben zu einem erheblichen Schaden für den Betroffenen führen. Nach der Gesetzesbegründung bedeutet dies jedoch nicht, dass ohne Durchführung der Behandlung ein Schaden drohen muss, der dem in § 1906 Abs. 1 Nr. 1 BGB entspricht. Eine freiheitsentziehende Unterbringung bzw. freiheitsentziehende Maßnahmen sind auch zur Vermeidung weniger schwerer Schäden möglich. Wird eine freiheitsentziehende Unterbringung zur Abwendung weniger schwerer Schäden erwogen, muss besonders sorgfältig geprüft werden, ob das Verhältnismäßigkeitsprinzip gewahrt ist. Nicht jede zweckmäßige Behandlung rechtfertigt eine freiheitsentziehende Unterbringung oder freiheitsentziehende **13**

---

1 Vgl. *Klie/Pfundstein* Münchener Studie in: *Klie*/Hoffmann Freiheitsentziehende Maßnahmen 2004, 75 ff.
2 *Meyer/Köpke* Freiheitsentziehende Maßnahmen in: Schaeffer/Behrens/Görres Optimierung und Evidenzbasierung 2008, 333.

Maßnahmen. Das Verhältnismäßigkeitsprinzip ist vielmehr nur gewahrt, wenn die geplante Behandlung geeignet ist, den gewünschten Behandlungserfolg herbeizuführen und die Nachteile, die ohne Unterbringung und Behandlung entstehen würden, die Nachteile der Freiheitsentziehung überwiegen. Letztlich ist eine Güterabwägung im Einzelfall notwendig *(s. Rechtsprechung Stichwort V. Behandlungsunterbringung)*.

14   Eine freiheitsentziehende Unterbringung oder freiheitsentziehende Maßnahmen wegen des Bestehens einer Behandlungsnotwendigkeit setzen weiter voraus, dass eine Behandlung des Betroffenen rechtlich möglich ist. Nicht möglich ist eine freiheitsentziehende Unterbringung oder sind freiheitsentziehende Maßnahmen gegenüber einem hinsichtlich der geplanten Behandlung selbst einwilligungsfähigen Betroffenen, wenn dieser die geplante Behandlung ablehnt. Bei hinsichtlich der beabsichtigten Behandlung nicht einwilligungsfähigen Betroffenen muss der Betreuer oder Bevollmächtigte, der das Genehmigen der freiheitsentziehende Unterbringung begehrt, auch zur stellvertretenden Einwilligung in die Behandlung befugt sein. Maßnahmen der Gesundheitssorge müssen daher Bestandteil seines Aufgabenkreises bzw. seiner Vollmacht sein.

15   Nach überwiegender, aber nicht unumstrittener Meinung erlaubt § 1906 Abs. 1 Nr. 2 BGB in den Grenzen des Verhältnismäßigkeitsprinzips auch eine Zwangsbehandlung nicht einwilligungsfähiger Betroffener gegen deren natürlichen Willen *(s. Rechtsprechung Stichwort XXVIII. Zwangsbehandlung, stationär)*. Verhältnismäßig kann eine Zwangsbehandlung insbesondere dann sein, wenn ohne Behandlung eine unmittelbare und erhebliche Gefahr für die Gesundheit des Betroffenen bestände – beispielsweise wenn er krankheitsbedingt die Einnahme lebenswichtiger Medikamente oder von Nahrung verweigert bzw. wenn ohne die Einnahme von Medikamenten die Gefahr einer Chronifizierung der Krankheit besteht.

16   § 1906 Abs. 1 Nr. 2 BGB ermöglicht keine Zwangsbehandlung eines nach §§ 63, 64 StGB untergebrachten Betreuten. Ob eine Zwangsbehandlung während der Unterbringung zulässig ist, ergibt sich aus den einschlägigen öffentlich-rechtlichen Regelungen.[3] Dabei ist fraglich, ob die Regelungen in den Ländern jeweils den verfassungsrechtlichen Vorgaben genügen.[4]

II.   Problemfelder in Stichworten[5]

1.   Alkoholismus

17   Alkoholismus ist grundsätzliche keine psychische Erkrankung i. S. d. § 1896 BGB, so dass eine freiheitsentziehende Unterbringung oder freiheitsentziehende Maßnahmen in der Regel bereits deswegen ausscheidet, weil die Voraussetzungen für die Bestellung eines Betreuers nicht vorliegen. Erst wenn ein andauernder Alkoholmissbrauch bereits zu einem hirnorganischen Psychosyndrom oder vergleichbaren Auswirkungen geführt hat,[6] kann eine psychische Erkrankung i. S. d. § 1896 BGB vorliegen, die das Bestellen eines Betreuers erforderlich machen kann *(s. Rechtsprechung Stichwort I. Alkoholismus)*.

---

3   *OLG München* FamRZ 2009, 1350 mit kritischen Anm. *Böhme* BtPrax 2009, 218.
4   *BVerfG* FamRZ 2009, 1475.
5   Vgl. auch *Bienwald/Sonnenfeld/Hoffmann* BetreuungsR 2011 § 1906, Rn. 125 ff.
6   *BGH* MDR 2011, 1176; *OLG Rostock* BtPrax 2010, 134.

Eine freiheitsentziehende Unterbringung kann dann beispielsweise in Betracht kommen:
- wenn während einer akuten Alkoholintoxikation oder im Delirium die Gefahr besteht, dass sich der Betroffene schwere Verletzungen zufügen wird, § 1906 Abs. 1 Nr. 1 BGB *(s. Rechtsprechung Stichwort XXIV. Verwahrungsunterbringung)*, dabei ist eine Aussicht auf Therapieerfolg bei einer Unterbringung § 1906 Abs. 1 Nr. 1 BGB nicht erforderlich,[7] oder
  - um eine Entgiftungsbehandlung durchzuführen, § 1906 Abs. 1 Nr. 2 BGB.

Hingegen ist eine freiheitsentziehende Unterbringung zum Zweck einer Alkoholentwöhnungs- **18** behandlung als Heilbehandlung nicht zulässig. Voraussetzung für das Bestehen von eine freiheitsentziehenden Unterbringung rechtfertigenden Erfolgsaussichten ist die Motivation des Betroffenen zur Alkoholentwöhnung. Fehlt diese Motivation und entspricht eine Alkoholentwöhnung nicht dem Willen des Betroffenen scheidet eine freiheitsentziehende Unterbringung nach § 1906 Abs. 1 Nr. 2 BGB daher aus.

2. Anlasserkrankung

Eine Unterbringung wegen des Bestehens einer Behandlungsnotwendigkeit nach § 1906 Abs. 1 **19** Nr. 2 BGB kommt nach überwiegender Ansicht sowohl hinsichtlich der psychischen Krankheit bzw. geistigen oder seelischen Behinderung, die Anlass der Bestellung eines Betreuers war (sog. Anlasskrankheit), als auch wegen anderer Krankheiten und Behinderungen in Betracht.

Wird überlegt, den Betroffenen wegen der Anlasserkrankung freiheitsentziehend unterzubringen, ist besonders sorgfältig zu prüfen, ob eine freiheitsentziehende Unterbringung dem Verhältnismäßigkeitsgrundsatz entspricht. Da eine psychotherapeutische Behandlung nur bei einer Mitarbeit des Betroffenen Erfolg verspricht, ist im psychiatrischen Bereich gegen den Willen eines Betroffenen letztlich allenfalls eine pharmakologische Behandlung der Anlasserkrankung denkbar. Auch beim Bestehen einer therapeutischen Indikation für eine pharmakologische Behandlung muss dann sorgfältig zwischen dem erwarteten therapeutischen Nutzen, den zu erwarteten Gesundheitsschäden ohne eine Behandlung sowie Nachteilen und Auswirkungen der Freiheitsentziehung abgewogen werden. Dabei kommen Patientenverfügungen und Behandlungsvereinbarungen für die Ermittlung der Wünsche des Betroffenen – als Bestandteil seines Wohls – besondere Bedeutung zu. So ist zu respektieren, dass ein Patient eine Behandlung mit einem bestimmten Medikament wegen dessen Nebenwirkungen ablehnt und er stattdessen das Durchleben einer psychischen Krise in Kauf nehmen will.

Bei der Prüfung einer freiheitsentziehenden Unterbringung zum Zwecke der Behandlung der **21** Anlasserkrankung kommt dem Verhältnismäßigkeitsgrundsatz besondere Bedeutung zu. Gerade psychische Erkrankungen sind oft nicht lebensbedrohend oder mit der Gefahr schwerer gesundheitlicher Schäden für den Betroffenen verknüpft, sondern primär für die Mitwelt des Betroffenen anstrengend und lästig. Diese Wirkungen auf die Umwelt begründen auch mittelbar keine Behandlungsnotwendigkeit i. S. d. § 1906 Abs. 1 Nr. 2 BGB.

Hinsichtlich der Erfolgsaussichten und Wirkungen der Behandlung der Anlasserkrankung ist zudem sorgfältig zu prüfen, ob bereits eine Chronifizierung der Erkrankung eingetreten ist.

---

7 *BGH* MDR 2011, 1176; *OLG Rostock* BtPrax 2010, 134.

3. Aussperren

22 Freiheitsentziehend ist das Verhindern einer Fortbewegung des Betroffenen. Das Verhindern des Zugangs zu bestimmten Räumlichkeiten ist keine Freiheitsentziehung i. S. d. § 1906 Abs. 1 BGB. Das Versperren des Zugangs zu Räumlichkeiten, die der Betroffene aufzusuchen wünscht, ist daher keine Freiheitsentziehung und bedarf keiner betreuungsgerichtlichen Genehmigung.

4. Chronifizierung

23 Wird eine freiheitsentziehende Unterbringung wegen des Bestehens einer Behandlungsnotwendigkeit nach § 1906 Abs. 1 Nr. 2 BGB erwogen, ist im Rahmen der Prognose des erwarteten Behandlungserfolgs zu berücksichtigen, ob die Erkrankung bereits chronifiziert ist oder nicht. Insbesondere eine (zwangsweise) Behandlung gegen den Willen des Betroffenen im Rahmen einer freiheitsentziehenden Unterbringung wird in der Regel nur in Betracht kommen, um eine Chronifizierung der Erkrankung zu verhindern. Ist die Erkrankung bereits chronifiziert, wird eine zwangsweise Behandlung in der Regel unverhältnismäßig sein, es sei denn, die Erkrankung kann durch die Behandlung trotz bestehender Chronifizierung auf dem bestehenden Maß stabil gehalten werden.[8]

5. Drittgefährdung

24 Eine Freiheitsentziehung wegen der Gefahr von Schäden für Dritte oder die Allgemeinheit ist grundsätzlich ausschließlich als öffentlich-rechtliche Unterbringung und nicht als zivilrechtliche Unterbringung durch Betreuer oder Bevollmächtigte möglich. Auch eine so genannte mittelbare Selbstgefährdung, d. h. eine Gefährdung des Betroffenen durch Reaktionen Dritter auf ein Handeln des Betroffenen, ist grundsätzlich keine Selbstgefährdung i. S. v. § 1906 Abs. 1 Nr. 1 BGB. Selbstgefährdung i. S. d. § 1906 Abs. 1 Nr. 1 BGB ist grundsätzlich allein eine unmittelbare und direkte Gefährdung des Betroffenen durch sein eigenes Verhalten.

25 Fraglich ist, ob auch freiheitsentziehende Maßnahmen i. S. v. § 1906 Abs. 4 BGB grundsätzlich unzulässig sind, wenn der Betroffene durch sein Verhalten primär Dritte und allenfalls mittelbar sich selbst schädigt – so beispielsweise wenn ein Betroffener bei seinen nächtlichen Gängen durch eine Einrichtung Gegenstände anderer beschädigt oder zerstört. In derartigen Fällen ist sorgfältig abzuwägen, ob beispielsweise ein durch ein zeitweises Einschließen des Betroffenen möglicher Verbleib in der Einrichtung im Verhältnis zu einem notwendigen Auszug aus der Einrichtung nicht eher den Interessen und dem Wohl des Betroffenen entspricht. Umfasst werden in jedem Fall nur Situationen, in denen ein Betroffener andere Personen regelmäßig körperlich angreift und mit entsprechender direkter Gegenwehr gerechnet werden muss.[9] Letztlich ist die Abwägung im Einzelfall entscheidend.

26 Eine zivilrechtliche Unterbringung ist nicht als Schutzmaßnahme zugunsten eines noch nicht geborenen Kindes bei Drogenmissbrauch einer Schwangeren möglich.[10]

---

8 *OLG Schleswig* FamRZ 2005, 834.

9 *OLG Karlsruhe* BtPrax 2009, 38 für das zeitweise Einschließen eines Betroffenen in seinem Zimmer bei Aggressionsdurchbrüchen; *BayObLG* FamRZ 2004, 1403 für einen seit langem eskalierenden Nachbarschaftskonflikt.

10 *DIJuF-Gutachten* v. 13.11.2000 JAmt 2001, 34.

6. Entmüllung

Eine freiheitsentziehende Unterbringung des Betroffenen nach § 1906 Abs. 1 Nr. 1 BGB ist **27** grundsätzlich nicht zulässig, um eine Entmüllung der Wohnung des Betroffenen zu ermöglichen, da in der Regel durch das Sammeln von Müll keine erhebliche Gefahr für die Gesundheit des Betroffenen entstehen wird. Eine freiheitsentziehende Unterbringung zur Entmüllung kann nicht allein mit der Gefahr einer Kündigung der Wohnung durch den Vermieter wegen mietwidrigen Verhaltens begründet werden *(s. Rechtsprechung Stichwort XXIV. Verwahrungsunterbringung)*.

7. Entwöhnungsbehandlung

Entwöhnungsbehandlungen – sei es zur Alkoholentwöhnung oder zur Entwöhnung von anderen **28** ren Suchtmitteln – begründen in der Regel nicht das Vorliegen der Voraussetzungen für eine freiheitsentziehende Unterbringung wegen des Bestehens einer Behandlungsnotwendigkeit i. S. d. § 1906 Abs. 1 Nr. 2 BGB, da bei einer Entwöhnungsbehandlungen gegen den Willen eines Betroffenen keine hinreichende Aussicht auf einen Behandlungserfolg besteht.

8. Fixierung

Eine Legitimation von Fixierungen durch einen Betreuer oder Bevollmächtigten wird in der **29** Regel nur zur Abwendung von erheblichen Gesundheitsgefahren durch Selbstverletzungen des Betroffenen i. S. v. § 1906 Abs. 1 Nr. 1 BGB in Betracht kommen. Fixierungen, die notwendig sind, weil der Betroffene Dritte erheblich gefährdet, sind nur im Rahmen der Regelungen des öffentlichen Unterbringungsrechts möglich. Im Einzelfall sind auch Fixierungen denkbar, die zur Durchführung einer notwendigen Behandlung des Betroffenen erfolgen – allerdings wird es hier in der Regel am Kriterium des längeren Zeitraums oder der Regelmäßigkeit fehlen.

In der Praxis findet die Mehrzahl von freiheitsentziehenden Fixierungen im Rahmen der **30** Pflege alter Menschen – insbesondere zur Verhinderung von Stürzen – statt. Bei seiner Entscheidung über das Vorliegen der Voraussetzungen für eine freiheitsentziehende Fixierung hat der Betreuer oder Bevollmächtigte ebenso wie das Betreuungsgericht sorgfältig zu prüfen, in welchem Umfang durch die Fixierung selbst Gefahren für den Betroffenen entstehen – beispielsweise beim Versuch die Fixierungen zu überwinden. Zudem ist das gesundheitliche Risiko für den Betroffenen mit der Beschneidung seiner Bewegungsfreiheit und dem Zwangscharakter der Maßnahmen für den Betroffenen.

Fixierungsrichtlinien oder Regelungen in Hausordnungen legitimieren Fixierungen nicht. Eine **31** Legitimation kann ausschließlich durch den Betreuer oder Bevollmächtigte erfolgen.

9. Freiheit zur Krankheit/Selbstschädigung

Grundsätzlich hat jeder das Recht zur Ablehnung ärztlicher Behandlungsmaßnahmen, auch **32** wenn das Nichtdurchführen der Behandlung gesundheitliche Schäden zur Folge haben kann und aus der Perspektive anderer unvernünftig erscheint. Der Staat hat kein Recht seine erwachsenen und zu freier Willensbestimmung fähigen Bürger zu erziehen, zu bessern oder zu hindern, sich selbst gesundheitlich zu schädigen.

Nur wenn das Ablehnen einer Behandlung seine Ursache in einer psychischen Krankheit oder **33** geistigen oder seelischen Behinderung hat und der Betroffene auf Grund der Erkrankung seinen Willen nicht frei bestimmen kann, kommt eine Behandlung auch gegen den Willen des Betroffenen in Betracht und bestehen entsprechende Schutzpflichten des Staates.

34 Auch in diesen Fällen ist eine freiheitsentziehende Unterbringung nur in den Grenzen des Verhältnismäßigkeitsprinzips zulässig. Eine freiheitsentziehende Unterbringung ist daher in der Regel nur zulässig, um eine drohende gewichtige gesundheitliche Schädigung des Betroffenen zu verhindern – beispielsweise weil er die Einnahme lebensnotwendiger Medikamente verweigert. In weniger gewichtigen Fällen behält auch ein psychisch kranker Mensch die „Freiheit zur Krankheit".

10. Heimverbringung

35 Das Verbringen eines Betroffenen gegen seinen Willen in ein Altenheim unterfällt nicht dem Genehmigungstatbestand des § 1906 Abs. 1 BGB, sofern nicht der Aufenthalt im Heim selbst als Freiheitsentziehung zu werten ist. Allerdings bedarf die Kündigung der Wohnung des Betroffenen gemäß § 1907 BGB in der Regel einer betreuungsgerichtlichen Genehmigung.

11. Herausforderndes Verhalten

36 „Herausforderndes Verhalten" ist bei dementiell erkrankten Menschen sehr häufig. **80-90 % aller** dementiell erkrankten Menschen sind im Verlauf ihrer Erkrankung davon betroffen. Die häufigsten Symptome dieser Art sind:

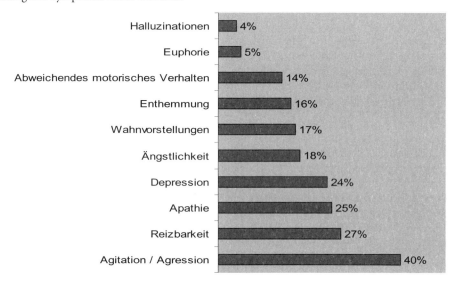

Abbildung 1: Herausforderndes Verhalten
Quelle: Demenz-Leitlinie 2011

37 **Herausforderndes Verhalten** kann in verschiedenen Stadien der demenziellen Erkrankung in unterschiedlicher Ausprägung und Kombination auftreten. Es belastet Erkrankte, Angehörige und Pflegende oft stärker als die kognitiven Einbußen und begünstigt eine frühe Entscheidung für eine Heimunterbringung. Eine freiheitsentziehende Unterbringung kann allein mit herausforderndem Verhalten nicht begründet werden.

12. Krankheits- und Behandlungseinsicht

Die Unterbringung eines einwilligungsfähigen, aber behandlungsunwilligen Betreuten mit   38
dem Ziel eines Erzwingens seiner Krankheits- und Behandlungseinsicht ist unzulässig
(s. Rechtsprechung Stichwort X. Freiheit zur Krankheit). Fehlt eine Krankheitseinsicht oder ein
Behandlungswunsch beim Betroffenen, so ist sich von seinem Umfeld stets in Erinnerung zu
rufen, dass die Weigerung, sich einer Behandlung zu unterziehen, für sich genommen nicht
den Schluss auf das Fehlen von Einwilligungsfähigkeit zulässt, sondern auch psychisch kranke
Menschen die Freiheit zur Krankheit besitzen.

13. Prognose

Sowohl die Annahme des Bestehens der Gefahr einer Selbstgefährdung als auch des Bestehens   39
einer Behandlungsnotwendigkeit erfordern eine Prognose der weiteren Entwicklung mit bzw.
ohne freiheitsentziehender Unterbringung oder freiheitsentziehenden Maßnahmen durch den
Betreuer, Bevollmächtigten, Betreuungsrichter, Sachverständigengutachten und andere an
einer Entscheidungsfindung beteiligten Personen.

Hierfür haben die genannten Personen eine individuelle, auf den einzelnen Betroffenen bezo-   40
gene Prognose auf der Basis allgemeiner Erfahrungssätze zu treffen, die an in der Vergangenheit des einzelnen liegenden Tatsachen und Erfahrungen anknüpfen. Eine valide Prognose
liegt nicht vor, wenn ohne Bezug gerade zu den Lebensumständen des einzelnen Betroffenen
Aussagen über zukünftige Entwicklungen allein auf allgemeinen Erfahrungssätzen beruhen.
Für die Nachvollziehbarkeit und Transparenz von Entscheidungen ist es zudem notwendig, die
der Entscheidung zu Grunde liegenden Tatsachen und allgemeinen Erfahrungssätze ausdrücklich zu benennen *(s. Rechtsprechung Stichwort XIX. Sachverständigengutachten)*.

14. Sturz

Als Argument für die Anwendung mechanischer freiheitseinschränkender Maßnahmen stehen   41
Sturzgefahr und Gehunsicherheit im Vordergrund. Bei Überlegungen zur Anwendung freiheitseinschränkender Maßnahmen wegen der Gefahr eines Sturzes sind die Risiken eines Sturzes
mit den Risiken für die Gesundheit durch die freiheitsentziehenden Maßnahme – beispielsweise Strangulierungsgefahr durch Fixierung, mögliche Alternativen – wie ein geteiltes Bettgitter und dem Eingriff in die Freiheitsrechte des Betroffenen sorgfältig gegeneinander abzuwägen. Besondere Bedeutung kommt Maßnahmen der Sturzprophylaxe zu.

15. Sucht

Sucht ist nur dann eine psychische Krankheit, wenn sie entweder Folge einer psychischen   42
Krankheit ist oder der durch die Sucht erreichte Persönlichkeitsabbau bereits den Grad einer
psychischen Krankheit erreicht hat. In der Regel führt Sucht daher – insbesondere am Beginn
einer Suchterkrankung – nicht zum Bestehen eines Betreuungsbedürfnisses i. S. d. § 1896 BGB.
Dies gilt für Fälle von Alkoholmissbrauch ebenso wie für den Gebrauch von Heroin oder ähnlichen Substanzen. Eine freiheitsentziehende Unterbringung suchtkranker Menschen ist daher
in der Regel nicht möglich.

Selbst wenn im Einzelfall Grad und Ausmaß der Suchterkrankung bereits zu einer psychischen   43
Krankheit bzw. geistigen oder seelischen Behinderung i. S. d. § 1896 BGB geführt haben, wird
eine freiheitsentziehende Unterbringung des Betroffenen in der Regel nur für Phasen in

Betracht kommen, in denen die Gefahr besteht, dass der Betroffene sich in erheblichem Umfang selbst schädigt. Nicht möglich – da in der Regel ohne Erfolgsaussichten – ist eine freiheitsentziehende Unterbringung des Betroffenen mit dem Ziel einer Therapie gegen seinen Willen.

16. Suizid

44 Beim Bestehen einer konkreten und ernstlichen Suizidgefahr ist zunächst danach zu differenzieren, ob die Suizidgefahr Folge einer psychischen Krankheit bzw. seelischen oder geistigen Behinderung ist und daher ein Betreuungsbedürfnis i. S. d. § 1896 BGB besteht, oder ob Suizidentschluss und -gefahr auf einer freien und selbstbestimmten Entscheidung eines Menschen beruht, der bewusst – beispielsweise im Endstadium einer Erkrankung mit infauster Prognose – seinen Suizid plant. Nur wenn die Suizidgefahr Folge einer psychischen Krankheit bzw. seelischen oder geistigen Behinderung ist, kommt eine Betreuerbestellung und eine freiheitsentziehende Unterbringung des Betroffenen wegen der Gefahr einer Selbstschädigung i. S. d. § 1906 Abs. 1 BGB in Betracht.

45 Auch bei psychisch kranken Betroffenen ist deren freiheitsentziehende Unterbringung nur gerechtfertigt, wenn objektivierbare, konkrete Anhaltspunkte für eine akute Suizidgefahr vorliegen. Eine bestehende Basissuizidalität eines stationär behandelten, psychisch kranken Betroffenen ist kein Grund, ihn dauerhaft in einer geschlossenen Abteilung unterzubringen.

17. Verhältnismäßigkeit

46 Notwendig ist eine Heilbehandlung oder sonstige ärztliche Maßnahme i. S. v. § 1906 Abs. 1 Nr. 2 BGB nur, wenn die Maßnahme geeignet ist, den gewünschten Erfolg herbeizuführen, die Gefahren für die Gesundheit nicht auf weniger einschneidende Art abgewendet werden können und bei der Abwägung von den mit Maßnahmen gegen den Willen des Betroffenen verbundenen Eingriffen in dessen Rechte im Vergleich zu den Gefahren für dessen Gesundheit Maßnahmen gegen den Willen des Betroffenen auch als im engeren Sinne verhältnismäßig erscheinen.

47 Zu freiheitsentziehenden Unterbringungen oder Maßnahmen bestehen vielfach weniger eingriffsintensive Alternativen. So ist bei Überlegungen hinsichtlich einer freiheitsentziehenden Unterbringung zu prüfen, ob teilstationäre oder ambulante Behandlungsalternativen in Tag- und Nachtkliniken bestehen oder eine ambulante Betreuung durch sozialpsychiatrische Dienste möglich ist. Bei freiheitsentziehenden Maßnahmen zur Vermeidung einer Sturzgefahr kann bereits eine andere Lagerung des Betroffenen oder das Nutzen eines teilweisen Bettgitters anstelle eines Bettgitters über die ganze Längsseite des Bettes ausreichen.

48 Werden vorhandene Alternativen nicht genutzt bzw. gar nicht erst erwogen, ist die freiheitsentziehende Unterbringung oder sind freiheitsentziehende Maßnahmen unverhältnismäßig und daher rechtswidrig.

18. Vermögensschaden

49 Eine freiheitsentziehende Unterbringung des Betroffenen zur Verhinderung eines Schadens für das Vermögen des Betroffenen durch diesen selbst ist nicht zulässig. Freiheitsentziehenden Unterbringungen und Maßnahmen sind allein zur Verhinderung von gesundheitlichen Schäden des Betroffenen möglich. Zur Verhinderung einer Schädigung des Vermögens des Betrof-

fenen durch diesen selbst, besteht die Möglichkeit einer Anordnung eines Einwilligungsvorbehalts durch das Betreuungsgericht, § 1903 BGB.

Abzulehnen ist die Ansicht, dass eine freiheitsentziehende Unterbringung des Betroffenen in 50
Betracht komme, wenn er durch sein Verhalten direkt sein Vermögen und mittelbar seine Gesundheit schädigt – beispielsweise wenn das Verhalten des Betroffenen im Hinblick auf sein Vermögen negative Auswirkungen auf seine familiären Bindungen habe und diese Verschlechterung der familiären Bindungen zu einer Verschlechterung des Gesundheitszustandes des Betroffenen führten. Eine freiheitsentziehende Unterbringung oder freiheitsentziehende Maßnahmen setzten eine unmittelbare und konkrete Gefährdung des Betroffenen voraus und sind anderenfalls unverhältnismäßig.

19. Verwahrlosung

Der Zustand einer Person, der mit dem Begriff „Verwahrlosung" umschrieben wird, rechtfer- 51
tigt allein weder das Bestellen eines Betreuers noch eine freiheitsentziehende Unterbringung
(s. Rechtsprechung Stichwort XXII. Verwahrlosung). Lediglich wenn die „Verwahrlosung" Folge einer psychischen Erkrankung bzw. geistigen oder seelischen Behinderung ist und daher ein Betreuungsbedürfnis besteht, da der Betroffene (Teile) seiner Angelegenheiten nicht mehr allein regeln kann, ist ihm ein Betreuer zu bestellen.

Auch wenn für den Betroffenen ein Betreuer bestellt wurde, ist eine freiheitsentziehende 52
Unterbringung nur in den Fällen möglich, in denen die „Verwahrlosung" und die mit der Vermüllungserscheinungen etwa einhergehenden Lebensumstände zu erheblichen gesundheitlichen Gefahren für den Betroffenen führen oder eine Behandlung des Betroffenen notwendig ist, der Betroffene die erheblichen gesundheitlichen Gefahren oder die Behandlungsnotwendigkeit jedoch krankheits- oder behinderungsbedingt nicht erkennt.[11] Eine derartige Gefahr kann beispielsweise bestehen, wenn ein Wohnungsloser im Winter weiterhin im Freien übernachtet, daher die Gefahr des Erfrierens besteht und er selbst jegliche Übernachtung in einer Einrichtung ablehnt.

20. Zwangsbehandlung, ambulant

Im Rahmen der Diskussion über ambulante Zwangsbehandlungen sind zwei verschiedene Fra- 53
gestellungen zu unterscheiden, nämlich die Frage nach der zwangsweisen Behandlung und der zwangsweisen Zuführung zu einer zwangsweisen oder einverständlichen Behandlung.

Eine ambulante Zwangsbehandlung scheidet nach ganz überwiegender Ansicht grundsätzlich 54
aus, da es für die Einwilligung des Betreuers in eine derartige Maßnahme an der erforderlichen ausdrücklichen gesetzlichen Ermächtigung fehle. Zwangsbehandlungen kommen allein im Rahmen einer stationären freiheitsentziehenden Unterbringung des Betroffenen in Betracht. In welchem Umfang im Rahmen einer zivilrechtlichen freiheitsentziehenden Unterbringung Zwangsbehandlungen Betroffener möglich sind, ist eine von der Frage nach der Zulässigkeit ambulanter Zwangsbehandlungen zu unterscheidende Fragestellung.

Hinsichtlich der Frage nach der Zulässigkeit einer zwangsweisen Zuführung zu einer dann im 55
Einverständnis mit dem Betroffenen durchgeführten ambulanten Behandlung stehen sich verschiedene Meinungen kontrovers gegenüber. Nach Ansicht des Bundesgerichtshofes (s. Recht-

---

11 *BGH* FamRZ 2010, 365.

sprechung Stichwort XXVII. Zwangsbehandlung, ambulant) ist eine zwangsweise Zuführung des Betreuten zu einer ambulanten Dauermedikation mit Neuroleptika unzulässig. Die zwangsweise Zuführung zur Medikation haben einen anderen Charakter als eine freiheitsentziehende Unterbringung und sei daher nicht nach § 1906 Abs. 1 BGB oder § 1906 Abs. 4 BGB durch das Betreuungsgericht genehmigungsfähig. Aus dem Aufgabenkreis psychiatrische Behandlung folge zudem nicht die Befugnis des Betreuers, den körperlichen Widerstand des Betreuten mit Gewalt zu brechen. Wie in anderen grundrechtsrelevanten Bereichen – beispielsweise im Hinblick auf das Betreten der Wohnung des Betroffenen, das heute teilweise in § 326 Abs. 3 FamFG geregelt ist – habe das Betreuungsrecht bewusst auf Regelungen verzichtet. Die Vornahme von Zwangshandlungen gegen den Willen eines Betroffenen bedürfe nach heutigem Verständnis jedoch grundsätzlich der Legitimation durch eine Rechtsgrundlage in einem formellen Gesetz.

56 Der Bundesgerichtshof hat sich damit den Meinungen in der Literatur angeschlossen, die die Anwendung von Zwang durch den Betreuer außerhalb des Unterbringungsrechts und der dort geregelten Grundlagen in § 1906 BGB und § 326 Abs. 2 FamFG ablehnen, und die Meinungen verworfen, die es für zulässig erachten, dass Betreuer im Rahmen ihres Aufgabenbereiches zur Durchsetzung des Wohls des Betreuten notfalls auch Zwang anwenden könnten.

57 Nach derzeitiger Rechtsprechung ist daher im Ergebnis sowohl eine ambulante Zwangsbehandlung als auch eine zwangsweise Zuführung zu einer ambulanten Behandlung unzulässig.

21. Zwangsbehandlung, stationär

58 Ist der Betroffene freiheitsentziehend untergebracht, da eine Behandlungsnotwendigkeit besteht, stellt sich das Problem, ob ein Betreuer oder Bevollmächtigter im Rahmen einer freiheitsentziehenden Unterbringung in eine Behandlung des Betroffenen gegen dessen Willen – eine stationäre Zwangsbehandlung – einwilligen kann.

59 Nach der Rechtsprechung *(s. Rechtsprechung Stichwort XXVIII. Zwangsbehandlung, stationär)* scheidet eine Zwangsbehandlung einwilligungsunfähiger Betroffenen im Rahmen einer freiheitsentziehenden Unterbringung wegen des Bestehens einer Behandlungsnotwendigkeit, § 1906 Abs. 1 Nr. 2 BGB, nicht grundsätzlich aus. Entscheidend ist, ob die Zwangsbehandlung im Hinblick auf die drohenden gesundheitlichen Schädigungen des Betroffenen als verhältnismäßig zu bewerten ist oder nicht. Dabei gilt, dass die beim Unterbleiben einer Zwangsbehandlung drohende Schädigung des Betroffenen schwerwiegender sein muss als in Fällen, in denen der Betroffene mit der Behandlung einverstanden ist. Daher wird eine Zwangsbehandlung in der Regel auf Fälle lebensnotwendiger Behandlungen beschränkt sein – beispielsweise eine Zwangsernährung ab einem bestimmten Stadium von Magersucht.

5. Kapitel
Genehmigung der zivilrechtlichen Freiheitsentziehung

I. Betreuungsgerichtliche Genehmigung, § 1906 Abs. 2 S. 1 BGB[1]

1. Charakter der Genehmigung

Die Entscheidung für oder gegen eine zivilrechtliche freiheitsentziehende Unterbringung oder freiheitsentziehende Maßnahmen trifft grundsätzlich der Betreuer oder Bevollmächtigte, der eigenständig prüft, ob die materiell-rechtlichen Voraussetzungen für eine freiheitsentziehende Unterbringung bzw. freiheitseinschränkende Maßnahmen vorliegen. Nur ausnahmsweise, beim Vorliegen der Voraussetzungen des § 1846 BGB ordnet das Betreuungsgericht selbst die freiheitsentziehende Unterbringung des oder freiheitseinschränkende Maßnahmen gegenüber dem Betroffenen an. **1**

Auch beim Vorliegen der materiell-rechtlichen Voraussetzungen des § 1906 Abs. 1 bzw. Abs. 4 BGB ist eine freiheitsentziehende Unterbringung oder eine freiheitsentziehende Maßnahme jedoch nur dann zulässig, wenn die Unterbringung oder Maßnahme vom Betreuungsgericht zuvor genehmigt wurde, § 1906 Abs. 2 S. 1 BGB. Das Vorliegen einer betreuungsgerichtlichen Genehmigung vor Beginn der freiheitsentziehenden Unterbringung bzw. der freiheitsentziehenden Maßnahmen ist ebenso wie die in § 1906 Abs. 1 bzw. Abs. 4 BGB genannten Voraussetzungen materiell-rechtliche Bedingung für die Rechtmäßigkeit einer freiheitsentziehenden Unterbringung des oder freiheitsentziehenden Maßnahmen gegenüber dem Betroffenen durch den Betreuer oder Bevollmächtigten. Die betreuungsgerichtliche Genehmigung hat demnach den Charakter einer Außengenehmigung. **2**

Sind die in § 1906 Abs. 1 bzw. Abs. 4 BGB genannten materiell-rechtlichen Voraussetzungen gegeben und liegt eine betreuungsgerichtlichen Genehmigung nach § 1906 Abs. 2 S. 1 BGB vor, verbleibt die Entscheidung darüber, ob eine freiheitsentziehende Unterbringung oder Maßnahmen durchgeführt wird, allein beim Betreuer oder Bevollmächtigten, der sich auch gegen diese entscheiden kann. Entspricht das Verhalten des Betreuers nicht dem Wohl des Betroffenen, kommen betreuungsgerichtliche Aufsichtsmaßnahmen nach §§ 1837, 1908i BGB in Betracht. Scheint das Verhalten des Bevollmächtigten dem Wohl des Vollmachtgebers nicht zu entsprechen, ist zu prüfen, ob das Bestellen eines Betreuers erforderlich ist, § 1896 Abs. 2, Abs. 3 BGB. **3**

Im Verbleib der Letztentscheidungsbefugnis beim Betreuer oder Bevollmächtigten liegt einer der wesentlichen Unterschiede zur öffentlich-rechtlichen Unterbringung, bei der die Unterbringung des Betroffenen unmittelbar durch das Betreuungsgericht angeordnet wird. Bei der zivilrechtlichen freiheitsentziehenden Unterbringung und freiheitsentziehenden Maßnahmen kommt dem Betreuungsgericht primär die Funktion einer Kontroll- und Qualitätssicherungsinstanz zu. Bei einer freiheitsentziehenden Unterbringung verwirklicht die betreuungsgerichtliche Genehmigung zudem Art. 104 GG, nachdem die Freiheit der Person nur auf Grund eines förmlichen Gesetzes und unter Beachtung der darin vorgeschriebenen Formen beschränkt werden darf und über die Zulässigkeit und Fortdauer einer Freiheitsentziehung allein der Richter zu entscheiden hat. **4**

---

1 Vgl. insgesamt *Bienwald/Sonnenfeld/Hoffmann* BetreuungsR 2011 § 1906, Rn. 164 ff. m. w. N.

2. Zeitpunkt der Genehmigung

5 Grundsätzlich setzt eine freiheitsentziehende Unterbringung oder freiheitsentziehende Maßnahme durch einen Betreuer oder Bevollmächtigten voraus, dass die freiheitsentziehende Unterbringung oder freiheitsentziehende Maßnahme vor ihrem Beginn durch das Betreuungsgericht genehmigt wurde, § 1906 Abs. 2 S. 1 BGB.

6 Ohne vorherige gerichtliche Genehmigung ist eine freiheitsentziehende Unterbringung oder freiheitsentziehende Maßnahme ausnahmsweise zulässig, wenn die mit dem Einholen der Genehmigung verbundene zeitliche Verzögerung zu einer Gefahr für den Betroffenen führt. Auch dann setzt sie jedoch eine Entscheidung des Betreuers oder Bevollmächtigten voraus. Eine derartige Situation ist angesichts der Notdienste der Betreuungsgerichte und der Möglichkeit durch eine einstweilige Anordnung eine vorläufige Genehmigung zu erhalten nur in Konstellationen denkbar, in denen plötzlich eine akute Krise entsteht. In diesen seltenen Fallkonstellationen ist die Genehmigung unverzüglich nachzuholen, § 1906 Abs. 2 S. 2 BGB. Unverzüglichkeit fordert das Gesetz sowohl vom Betreuer bzw. Bevollmächtigten als auch vom Betreuungsgericht. Betreuer bzw. Bevollmächtigter haben unverzüglich eine Genehmigung anzuregen, das Betreuungsgericht hat unverzüglich über die Genehmigung zu entscheiden. Dies wird in der Regel für das Gericht bedeuten, über das Vorliegen der besonderen Voraussetzungen einer vorläufigen Genehmigung durch einstweilige Anordnung nach §§ 331, 332 FamFG zu befinden. In der Praxis sind erstmalige freiheitsentziehende Unterbringungen ohne (vorläufige) vorherige Genehmigungen durch das Betreuungsgericht selten, da die Einrichtungen in der Regel das Vorliegen einer gerichtlichen Entscheidung verlangen, bevor sie einen Betroffenen aufnehmen.

7 Vorrangig vor der Durchführung einer freiheitsentziehenden Unterbringung oder Maßnahme in Eil- und Krisenfällen ohne vorherige Genehmigung ist deren Durchführung mit einer vorläufigen Genehmigung durch einstweilige Anordnung gemäß §§ 331, 332 FamFG. Eine vorläufige Genehmigung freiheitsentziehender Maßnahmen ist möglich, wenn dringende Gründe für die Annahme bestehen, dass die Voraussetzungen für eine Genehmigung gegeben sind und ein dringendes Bedürfnis für ein sofortiges Tätigwerden besteht, § 331 S. 1 Nr. 1 FamFG. Vor der Entscheidung muss ein ärztliches Zeugnis über den Zustand des Betroffenen vorliegen und der Betroffene persönlich angehört worden sein, § 331 S. 1 Nr. 2, 4 FamFG. Zudem ist ein Verfahrenspfleger zu bestellen, wenn dies zur Wahrnehmung der Interessen des Betroffenen erforderlich ist, §§ 331 S. 1 Nr. 4, 317 FamFG. Die persönliche Anhörung kann auch durch einen ersuchten Richter erfolgen, § 331 S. 2 FamFG. Bei Gefahr im Verzug ist das Gericht befugt, eine einstweilige Anordnung ausnahmsweise bereits vor einer persönlichen Anhörung oder einer erforderlichen Verfahrenspflegerbestellung erlassen, § 332 S. 1 FamFG (einstweilige Anordnung bei gesteigerter Dringlichkeit). Ein ärztliches Zeugnis ist in jedem Fall erforderlich. Persönliche Anhörung des Betroffenen, Bestellung des Verfahrenspflegers und dessen Anhörung sind unverzüglich nachzuholen, § 332 S. 2 FamFG.

3. Inhalt der Genehmigung

8 Das Betreuungsgericht genehmigt eine bestimmte geplante freiheitsentziehende Unterbringung oder Maßnahmen des Betreuers oder Bevollmächtigten. Es prüft daher das Bestehen der Befugnis des Betreuers zur Vornahme einer Maßnahme aufgrund der Bestellung für einen entsprechenden Aufgabenkreis bzw. das Bestehen einer den Anforderungen des § 1906 Abs. 5 BGB genügenden Vollmacht und das Vorliegen der materiell-rechtlichen Voraussetzungen der geplanten Maßnahme anhand der in § 1906 Abs. 1 bzw. Abs. 4 BGB aufgestellten Kriterien.

Stellt das Gericht fest, dass keine wirksame Vollmacht besteht – beispielsweise, weil die Vollmacht den § 1906 Abs. 5 BGB aufgestellten Anforderungen an die ausdrückliche Benennung freiheitsentziehender Maßnahmen nicht genügt – kann das Gericht die geplanten Maßnahmen des Bevollmächtigten nicht genehmigen. Es ist dann zu prüfen, ob der Bevollmächtigte zum Betreuer für den Betroffenen mit entsprechenden Aufgabenkreisen bestellt werden kann.

Planen Betreuer oder Bevollmächtigter eine freiheitsentziehende Unterbringung wegen des **9** Bestehens einer Behandlungsnotwendigkeit nach § 1906 Abs. 1 Nr. 2 BGB setzt eine Genehmigung durch das Betreuungsgericht nicht nur voraus, dass zum Aufgabenkreis des Betreuers bzw. zum Gegenstand der Vollmacht die Aufenthaltsbestimmung oder eine freiheitsentziehende Unterbringung des Betroffenen gehört. Sofern nicht ausnahmsweise ein Einverständnis des Betroffenen mit der notwendigen Behandlung zu vermuten ist, muss zudem eine Bestellung auch für Aufgaben der Gesundheitssorge oder eine entsprechende Vollmacht vorliegen, damit das Betreuungsgericht die freiheitsentziehende Unterbringung genehmigen kann. Gegebenfalls muss der Aufgabenkreis des Betreuers zusammen mit der Genehmigungsentscheidung erweitert werden bzw. bei einer unzureichenden Vollmacht ein Betreuer bestellt werden.

Da sich die Genehmigung auf eine bestimmte Unterbringungsmaßnahme und deren Dauer **10** bezieht, ist bei einer freiheitsentziehenden Unterbringungen die Unterbringung in einer bestimmten Einrichtungsart – beispielsweise in der geschlossenen Abteilung einer Suchtklinik oder der geschlossenen Abteilung eines Altenheims – für einen bestimmten Zeitraum Gegenstand der Genehmigung. Die Auswahl der konkreten Einrichtung obliegt allein dem Betreuer oder Bevollmächtigten.

Die Genehmigung freiheitsentziehender Maßnahmen muss sich auf eine hinsichtlich Art und **11** Dauer konkretisierte Maßnahmen zu beziehen – beispielsweise Genehmigung eines Bettgitters in der Zeit 22.00 – 7.00 Uhr. Die Angabe eines Anlasses setzt voraus, dass der Anlass konkret bestimmt ist und nicht im Belieben des Betreuers oder Bevollmächtigten liegt. Wegen des besonderen Charakters von Fesselungen empfiehlt sich auch bei derartigen Maßnahmen eine Verknüpfung mit einer ärztlichen Anordnung im Einzelfall. Derartige Auflagen führen nicht dazu, dass die Entscheidung nicht mehr beim Betreuer oder Bevollmächtigten liegt, sondern binden lediglich dessen Entscheidung im Einzelfall an bestimmte Voraussetzungen.

II. Genehmigungsverfahren

1. Einheitliches Verfahren

§§ 312 ff. FamFG regeln das gerichtliche Verfahren der Genehmigung von Unterbringungs- **12** maßnahmen. Unterbringungsmaßnahmen im Sinne der §§ 312 ff. FamFG sind die Verfahren zur Genehmigung einer zivilrechtlichen Unterbringung eines Erwachsenen durch einen Betreuer oder Bevollmächtigten nach § 1906 BGB bzw. eines Minderjährigen nach § 1631b BGB, Verfahren zur Genehmigung freiheitsentziehender Maßnahmen durch einen Betreuer oder Bevollmächtigten sowie Verfahren zur Anordnung einer freiheitsentziehenden Unterbringung nach den landesrechtlichen Regelungen über die Unterbringung psychisch Kranker, § 312 Nrn. 1–3 FamFG.

Öffentlich-rechtliche und zivilrechtliche freiheitsentziehende Unterbringungen sind bereits seit **13** Inkrafttreten des Betreuungsrechts 1992 in einem einheitlichen Verfahren geregelt. Mit Inkrafttreten des FamFG gelten nun auch für Unterbringungsmaßnahmen von Betreuern und Bevollmächtigten ausdrücklich die gleichen Verfahrensregeln. Bei der erst durch das 1. Betreuungsänderungsgesetz zum 1. Januar 1999 eingeführten Regelung in § 1906 Abs. 5 BGB über zivilrechtliche Unterbringungsmaßnahmen durch Bevollmächtigte wurde auf eine ausdrückliche Umsetzung des Verfahrens zur Genehmigung von Unterbringungsmaßnahmen des Bevollmächtigten im Rahmen des FGG noch verzichtet.

14 Gegenstand des gerichtlichen Verfahrens ist bei einer zivilrechtlichen freiheitsentziehenden Unterbringung und freiheitsentziehenden Maßnahmen Erwachsener allein das Erteilen bzw. Nichterteilen einer betreuungsgerichtlichen Genehmigung der von einem Betreuer oder Bevollmächtigten beabsichtigten Maßnahme. Anders als bei öffentlich-rechtlichen Unterbringungen ordnet der Betreuungsrichter die freiheitsentziehende Unterbringung oder Maßnahmen grundsätzlich nicht selbst an. Nur unter den Voraussetzungen des § 1846 BGB, d. h. in Eilfällen, in denen der vorhandene Betreuer oder Bevollmächtigte verhindert ist bzw. in Konstellationen, in denen ein Betreuer noch nicht bestellt ist, kommt eine Anordnung durch das Betreuungsgericht in Betracht.

15 Die richterliche Genehmigung muss grundsätzlich vor Beginn der freiheitsentziehenden Unterbringung oder dem Beginn der freiheitsentziehenden Maßnahmen vorliegen. Ohne Vorliegen einer betreuungsgerichtlichen Genehmigung ist eine freiheitsentziehende Unterbringung bzw. sind freiheitsentziehende Maßnahmen nur zulässig, wenn mit deren Aufschub Gefahr verbunden wäre. In diesem Fall ist die Genehmigung unverzüglich nachzuholen, § 1906 Abs. 2 S. 2 BGB.

2. Zuständigkeit

16 Sachlich zuständig für die Genehmigung einer freiheitsentziehenden Unterbringung oder freiheitsentziehender Maßnahmen gegenüber Erwachsenen durch einen Betreuer oder Bevollmächtigten ist das Betreuungsgericht als Abteilung des AG, §§ 23a Abs. 1 Nr. 2, Abs. 2 Nr. 1, 23c Abs. 1 GVG. Funktionell zuständig ist der Betreuungsrichter, Art. 104 Abs. 2 GG. Ein Richter auf Probe darf im ersten Jahr nach seiner Ernennung Geschäfte des Betreuungsrichters nicht wahrnehmen, § 23c Abs. 2 S. 2 GVG. Für die Genehmigung der zivilrechtlichen freiheitsentziehenden Unterbringung eines Minderjährigen sind ebenso wie für dessen freiheitsentziehende Unterbringung auf öffentlich-rechtlicher Grundlage seit Inkrafttreten des FamFG ausschließlich die Familiengerichte sachlich zuständig, §§ 151 Nr. 6, Nr. 7, 167 FamFG.

17 Örtlich zuständig ist das Betreuungsgericht, bei dem ein Verfahren zur Bestellung eines Betreuers eingeleitet oder das Betreuungsverfahren anhängig ist, § 313 Abs. 1 Nr. 1 FamFG. Ist eine Betreuungsverfahren noch nicht eingeleitet oder anhängig oder bei Maßnahmen eines Bevollmächtigten, ist grundsätzlich das Betreuungsgericht örtlich zuständig, in dessen Bezirk der Betroffene zu der Zeit, zu der das Gericht sich mit der Angelegenheit befasst, seinen gewöhnlichen Aufenthalt hat, § 313 Abs. 1 Nr. 2 FamFG. Erst nach diesem Gericht zuständig, ist das Gericht, in dessen Bezirk das Bedürfnis für die Unterbringungsmaßnahme hervortritt, § 313 Abs. 1 Nr. 3 FamFG. Für einstweilige Anordnungen oder einstweilige Maßnahmen ist auch das Gericht zuständig, in dessen Bezirk, das Bedürfnis für die Unterbringungsmaßnahme bekannt wird, § 313 Abs. 2 S. 1 FamFG. In diesen Konstellationen ist es nicht nachrangig zuständig und hat den Erlass einer einstweiligen Anordnung oder einer einstweiligen Maßregel dem nach § 313 Abs. 1 Nr. 1 oder Nr. 2 FamFG zuständigen Gericht mitzuteilen. Für die Zuständigkeit im Hinblick auf eine freiheitsentziehende Unterbringung auf öffentlich-rechtlicher Grundlage gelten Sonderregelungen, § 313 Abs. 3 FamFG. Ein Gericht kann die Unterbringungssache abgeben, wenn der Betroffene sich im Bezirk des anderen Gerichts aufhält und die Unterbringungsmaßnahme dort vollzogen werden soll, sofern sich dieses zur Übernahme des Verfahrens bereit erklärt hat, § 314 FamFG.

3. Einleitung des Verfahrens

Verfahren zur Genehmigung einer freiheitsentziehenden Unterbringung oder freiheitsentziehender Maßnahmen erfolgen in der Regel auf Anregung des Betreuers oder Bevollmächtigten, setzen jedoch einen entsprechenden Antrag des Betreuers oder Bevollmächtigten nicht voraus. Das Betreuungsgericht kann auch von Amts wegen ein entsprechendes Verfahren einleiten, sofern ersichtlich ist, dass der Betreuer oder Bevollmächtigte überhaupt Unterbringungsmaßnahmen gegenüber dem Betroffenen treffen will.

4. Rechtsstellung des Betreuten/Vollmachtgebers

Im Genehmigungsverfahren ist der Betreute oder Vollmachtgeber unabhängig davon, ob er geschäftsfähig ist, verfahrensfähig, § 316 FamFG. Er ist vor der gerichtlichen Entscheidung persönlich anzuhören, § 319 Abs. 1 S. 1 FamFG (*s. Rechtsprechung Stichwort II. Anhörung des Betroffenen*). Zudem hat sich das Gericht einen unmittelbaren Eindruck von ihm zu verschaffen. Soweit möglich und erforderlich, hat sich das Gericht den persönlichen Eindruck in der üblichen Umgebung des Betroffenen zu verschaffen, § 319 Abs. 1 S. 1 FamFG. Persönliche Anhörung und Verschaffen eines unmittelbaren Eindrucks sollen nicht durch einen ersuchten Richter erfolgen, § 319 Abs. 4 FamFG. Der Betroffene kann mit Beiständen erscheinen, § 12 FamFG.

Soll eine persönliche Anhörung nach § 34 Abs. 2 FamFG unterbleiben, weil hiervon erhebliche Nachteile für die Gesundheit des Betroffenen zu besorgen sind, darf diese Entscheidung nur auf Grundlage eines ärztlichen Zeugnisses getroffen werden, § 319 Abs. 3 FamFG. Dieses Gutachten wird im Freibeweis erholt, §§ 29, 30 Abs. 2 FamFG. Zudem hat das Gericht den Betroffenen über den möglichen Verlauf des Verfahrens zu unterrichten, § 319 Abs. 2 FamFG.

Das Gericht hat die Möglichkeit den Betroffenen durch die Betreuungsbehörde vorführen zu lassen, wenn er seine persönliche Anhörung oder die Möglichkeit zum Verschaffen eines unmittelbaren Eindrucks verweigert, § 319 Abs. 5 FamFG. Die Vorführungsanordnung ist anfechtbar, § 33 Abs. 3 FamFG.

5. Verfahrenspfleger

Nach § 317 Abs. 1 S. 1 FamFG bestellt das Betreuungsgericht dem Betroffenen einen Verfahrenspfleger, wenn dies zur Wahrnehmung seiner Interessen erforderlich ist. Die Bestellung eines Verfahrenspflegers ist insbesondere erforderlich, wenn von der persönlichen Anhörung des Betroffenen abgesehen werden soll, § 317 Abs. 1 S. 2 FamFG. Bestellt das Gericht dem Betroffenen keinen Verfahrenspfleger, ist dies in der Entscheidung, durch die die Unterbringung genehmigt wird, zu begründen, § 317 Abs. 2 FamFG. Wer Verfahrenspflegschaften im Rahmen seiner Berufsausübung führt, soll nur dann zum Verfahrenspfleger bestellt werden, wenn keine andere geeignete Person zur Verfügung steht, die zur ehrenamtlichen Führung der Verfahrenspflegschaft bereit ist, § 317 Abs. 3 FamFG. Die Bestellung eines Verfahrenspflegers soll unterbleiben oder aufgehoben werden, wenn die Interessen des Betroffenen von einem Rechtsanwalt oder einem anderen geeigneten Verfahrensbevollmächtigten vertreten werden, § 317 Abs. 4 FamFG. Die Bestellung eines Verfahrenspflegers oder deren Aufhebung sowie die Ablehnung einer derartigen Maßnahme sind nicht selbstständig anfechtbar, § 317 Abs. 6 FamFG.

6. Beteiligte des Verfahrens

23 Vor Inkrafttreten des FamFG war nicht ausdrücklich geregelt, wer in Verfahren in Unterbringungssachen zu beteiligen ist oder beteiligt werden kann. Nach der Regelung im FamFG sind in Verfahren in Unterbringungssachen Muss-Beteiligte der Betroffene, sein Betreuer oder der Bevollmächtigte, § 315 Abs. 1 Nrn. 1–3 FamFG. Zu beteiligen ist nur ein Betreuer mit einschlägigem Aufgabenkreis[2]. Zudem wird der Verfahrenspfleger durch seine Bestellung als Beteiligter zu dem Verfahren hinzugezogen, § 315 Abs. 2 FamFG. Die zuständige Behörde (Betreuungsbehörde) ist vom Verfahren zu unterrichten, § 7 Abs. 5 FamFG, und auf ihren Antrag hinzuzuziehen, §§ 8 Abs. 3, 315 Abs. 3 FamFG. Landesrecht kann vorsehen, dass weitere Personen oder Stellen – etwa der sozialpsychiatrische Dienst – zu beteiligen können, § 315 Abs. 4 S. 2 FamFG.

24 Das Gericht kann ferner im Interesse des Betroffenen dessen Ehegatte oder Lebenspartner, wenn die Ehegatten oder Lebenspartner nicht dauernd getrennt leben, sowie dessen Eltern und Kinder, wenn der Betroffene bei diesen lebt oder bei Einleitung des Verfahrens gelebt hat, sowie die Pflegeeltern, eine vom Betroffenen benannte Vertrauensperson und ferner den Leiter der Einrichtung, in der der Betroffene lebt, § 315 Abs. 4 S. 1 FamFG, beteiligen. Diese Kann-Beteiligten sind von der Einleitung des Verfahrens zu verständigen, wenn sie dem Gericht bekannt sind, § 7 Abs. 4 S. 1 FamFG. Hingegen muss das Gericht grundsätzlich weder das Vorhandensein von Personen an sich noch deren Anschriften ermitteln. Kann-Beteiligte sind auf ihr Antragsrecht hinzuweisen. Ihrem Hinzuziehungsantrag muss das Betreuungsgericht nicht entsprechen. Ein eine Beteiligung ablehnender Beschluss ist zu begründen und mit einer Rechtsbehelfsbelehrung zu versehen, § 39 FamFG. Rechtsbehelf ist die sofortige Beschwerde innerhalb von zwei Wochen zum LG nach §§ 567 ff. ZPO, vgl. § 7 Abs. 5 FamFG.

25 Das Gericht hat die sonstigen Beteiligten anzuhören, § 320 S. 1 FamFG. Es soll die zuständige Behörde (Betreuungsbehörde) – unabhängig von deren Stellung als Beteiligter des Verfahrens – anhören, § 320 S. 2 FamFG.

7. Sachverständigengutachten

26 Die Genehmigung einer freiheitsentziehenden Unterbringung setzt nach § 321 Abs. 1 S. 1 FamFG das Einholen eines Sachverständigengutachtens durch Strengbeweis, § 30 FamFG, voraus. Dabei hat der Sachverständige den Betroffenen persönlich zu untersuchen oder zu befragen § 321 Abs. 1 S. 2 FamFG. Zum Termin kann der Betroffene einen Beistand mitbringen, § 12 FamFG.

27 Soll der behandelnde Arzt zum Sachverständigen bestellt werden, ist dessen Entbindung von der ärztlichen Schweigepflicht – § 203 StGB – erforderlich. Kann der Betroffene den behandelnden Arzt nicht selbst von der Schweigepflicht entbinden, da er diesbezüglich nicht einwilligungsfähig ist, muss eine Schweigepflichtentbindungserklärung durch den Betreuer oder Bevollmächtigten erfolgen, die voraussetzt, dass derartige Erklärungen zum Aufgabenkreis des Betreuers gehören bzw. Gegenstand der Vollmacht sein. Der Betroffene muss bei der Befunderhebung wissen, dass der ansonsten behandelnde Arzt ihm als Sachverständiger gegenübertritt. Der Bruch der Schweigepflicht durch den Arzt steht einer Verwertung des Gutachtens jedoch nicht entgegen (*s. Rechtsprechung Stichwort XIX. Sachverständigengutachten*).[3]

---

2 **A.A.** *Zimmermann* BtMan 2009, 67.
3 *BGH* FamRZ 2010, 1726.

Das Gutachten soll sich auch auf die Dauer der Unterbringung erstreckt, § 321 Abs. 1 S. 3 FamFG. Weitere ausdrückliche inhaltliche Vorgaben macht das FamFG nicht. Das Gutachten muss jedoch eine nachvollziehbare Grundlage für die gerichtliche Entscheidung schaffen. Es darf sich daher auch im Falle eines wiederholt untergebrachten Betroffenen nicht auf formelhafte Wendungen beschränken, sondern muss die Voraussetzungen durch die Angabe von Tatsachen konkret nachvollziehbar machen.[4]

28

Inhalt eines Gutachtens bezogen auf eine Unterbringung nach § 1906 Abs. 1 Nr. 1 muss neben den allgemeinen Voraussetzungen insbesondere sein:

29

- Darstellung der durchgeführten Untersuchungen und Befragungen, der sonstigen Erkenntnisse sowie ihre sachverständige Erörterung,
- Darlegung von Art und Ausmaß der psychischen Krankheit oder geistigen oder seelischen Behinderung,
- Stellungnahme zu der Frage, ob und inwieweit der Betroffene hierdurch gehindert ist, seinen Willen bezüglich der freiheitsentziehenden Unterbringung frei zu bestimmen,
- Darlegung der konkreten Gefahren eines erheblichen Gesundheitsschadens ohne die Unterbringung,[5]
- Stellungnahme zur voraussichtlichen Dauer der freiheitsentziehenden Unterbringung und
- Erörterung von Alternativen zur freiheitsentziehenden Unterbringung sein.[6]

Inhalt eines Gutachtens bezogen auf eine Unterbringung nach § 1906 Abs. 1 Nr. 2 muss unter anderem sein:

30

- Schwere des konkreten Krankheitsbildes zum Zeitpunkt der zu treffenden Entscheidung und gegebenenfalls zum Zeitpunkt der Aufnahme,[7]
- Prognose der bei Durchführung der konkreten Behandlung zu erwartenden Besserung und der ohne die konkrete Behandlung zu erwartenden Verschlechterung des Krankheitsbildes,
- Prognose der durch die konkrete Behandlung zu erwartenden Nebenwirkungen und ihrer Folgen,[8]
- Prognose der Folgen der für die Durchführung der konkreten Behandlung erforderlichen Zwangsmaßnahmen wie Fixierungen etc. für den Betroffenen,[9]
- Grund der akuten Gefährdung,
- Prognose der ohne die konkrete Behandlung zu erwartenden akuten Gefährdung des Betreuten bei einer Entlassung bzw. bei einem weiteren Verbleib in der Einrichtung,
- Feststellungen zu Möglichkeiten und Grenzen von Alternativen zu der konkreten Behandlung.[10]

Der Sachverständige soll Arzt für Psychiatrie sein, er muss zumindest Arzt mit Erfahrungen auf dem Gebiet der Psychiatrie sein, § 321 Abs. 1 S. 4 FamFG. Für Verfahren in Unterbringungssachen normiert das FamFG anders als in Verfahren zur Genehmigung von ärztlichen Maßnahmen in § 298 Abs. 4 FamFG nicht, dass der Sachverständige nicht auch der behandelnde Arzt sein soll. Nach Ansicht des *OLG Celle*[11] ist bei einer Unterbringung nach § 1906

31

---

4 *OLG München* BtPrax 2006, 36.
5 *BGH* FamRZ 2010, 365; *OLG Schleswig* FamRZ 2008, 1376.
6 *BayObLG* FamRZ 1995, 695; *OLG Düsseldorf* FamRZ 1995, 118.
7 *OLG Hamm* FamRZ 2007, 763.
8 *OLG Celle* BtPrax 2007, 263.
9 *OLG Celle* BtPrax 2007, 263.
10 *OLG Hamm* FamRZ 2007, 763.
11 BtPrax 2007, 263.

Abs. 1 Nr. 2 angesichts der Bedeutung und Intensität des mit einer Zwangsbehandlung verbundenen Eingriffs das Gutachten jedoch durch einen externen und nicht einen in der gleichen Einrichtung behandelnden Arzt zu erstellen. Nach Ansicht des *OLG Rostock*[12] ist bei der Unterbringung eines Alkoholkranken ohne Heilungsaussichten nach § 1906 Abs. 1 Nr. 1 ebenfalls ein externes Gutachten erforderlich, da der Betroffene eventuell auf Dauer untergebracht wird. Nach Ansicht des *BGH*[13] kann der behandelnde Arzt bestellt werden, wenn es sich nicht um eine Unterbringung mit einer Gesamtdauer von mehr als vier Jahren handelt, § 329 Abs. 2 S. 2 FamFG, zumindest, sofern dieser Arzt die Unterbringung nicht anregte.

32 Eine Begutachtung durch den Sachverständigen kann im Einzelfall nur möglich sein, wenn der Betroffene für einen bestimmten Zeitraum zur Beobachtung und Begutachtung freiheitsentziehend untergebracht wird. Daher besteht die Möglichkeit einer kurzfristigen freiheitsentziehenden Unterbringung des Betroffenen, §§ 322, 283 f. FamFG. In der Regel wird dabei für die Begutachtung eine Befristung der Unterbringung zur Begutachtung im gerichtlichen Beschluss auf eine Woche ausreichen.

33 Dem Sachverständigengutachten kommt im Rahmen des betreuungsgerichtlichen Verfahrens eine zentrale Bedeutung zu. Das Gutachten muss eine nachprüfbare und nachvollziehbare Grundlage für die gerichtliche Entscheidung schaffen. Inhalt des Gutachtens muss daher eine (*s. Rechtsprechung Stichwort XIX. Sachverständigengutachten*)
- Darstellung der durchgeführten Untersuchungen und Befragungen, der sonstigen Erkenntnisse sowie ihre sachverständige Erörterung,
- Darlegung von Art und Ausmaß der psychischen Krankheit oder geistigen oder seelischen Behinderung und eine Stellungnahme zu der Frage, ob und inwieweit der Betroffene hierdurch gehindert ist, seinen Willen bezüglich der geschlossenen Unterbringung frei zu bestimmen,
- Stellungnahme zur voraussichtlichen Dauer der Unterbringung und
- Erörterung von Alternativen zur geschlossenen Unterbringung sein.

34 Für die Genehmigung einer freiheitsentziehenden Maßnahme ist das Einholen eines Sachverständigengutachtens nach § 321 Abs. 2 FamFG nicht notwendig. Es ist ausreichend, wenn das Gericht vor seiner Entscheidung ein ärztliches Zeugnis, d. h. ein Attest, das nur das Ergebnis der Begutachtung durch den Sachverständigen festhält, einholt. Aus diesem müssen sich unter anderem ergeben:
- konkrete Anhaltspunkte für eine bestimmte Gefährdung des Betroffenen ohne Vornahme freiheitsentziehender Maßnahmen
- konkrete Anhaltspunkte dafür, dass gerade durch die geplante freiheitsentziehende Maßnahme den Gefahren begegnet wird
- eine Darstellung der Alternativen zur geplanten freiheitsentziehenden Maßnahme
- eine Darstellung der mit der geplanten Maßnahme verbundenen Gefahren *Walther* BtPrax 2006, 8) für den Betroffenen

35 Das Gutachten ist im Strengbeweisverfahren einzuholen, §§ 30 Abs. 2, 321 Abs. 1 FamFG.[14]

---

12 BtPrax 2010, 134.
13 FamRZ 2010, 1726.
14 *Müther* FamRZ 2010, 857.

Als typische Fehler in Sachverständigengutachten listet *Lesting*[15] auf:

- Verwertung von Anknüpfungstatsachen zum Nachteil des Betroffenen, die nicht sicher festzustellen sind, sondern die nur wahrscheinlich sind (Verdachtsurteil),
- Verwertung anderer ärztlicher Unterlagen ohne Vorliegen einer Entbindung von der Schweigepflicht durch den Betroffenen oder seinen gesetzlichen Vertreter,
- Nichtverwertung anderer ärztlicher Unterlagen, obwohl der Betroffene oder sein gesetzlicher Vertreter von der ärztlichen Verschwiegenheit entbunden hat oder dies auf Befragen getan hätte,
- Verstöße gegen gesetzliche Beweisverbote,
- Fehlen einer Auseinandersetzung mit früheren Gutachten,
- Unkommentierte Lücken in der Vorgeschichte,
- Fehlen einer körperlichen Untersuchung,
- Bestimmung des für die Begutachtung wesentlich erscheinenden Intelligenzniveaus lediglich auf Grund des Eindrucks, wenn ein Test möglich gewesen wäre,
- Anwendung nicht anerkannter Untersuchungsverfahren,
- Fehlen einer wissenschaftlich anerkannten Diagnose oder einer Diskussion der differentialdiagnostischen Schwierigkeiten,
- Keine Erläuterung der im Gutachten referierten Befunde,
- Mangelhafte Diskussion derjenigen Befunde, die nicht zu den gezogenen Schlussfolgerungen passen,
- Ungeklärte Widersprüche zwischen dem Lebenslauf und den gefundenen Ergebnissen,
- Berufung auf „Erfahrung" statt wissenschaftlicher Belege,
- Unzureichende Begründung der gezogenen Schlüsse,
- Fehlen prognostischer Erörterungen und therapeutischer Empfehlungen.

8. Entscheidungsinhalt

Eine Entscheidung in Unterbringungssachen (*s. Rechtsprechung Stichwort XXI. Tenorierung*) **36** enthält wie alle Entscheidungen nach dem FamFG die Bezeichnung der Beteiligten, ihrer gesetzlichen Vertreter und Bevollmächtigten, § 38 Abs. 2 Nr. 1 FamFG. Der Beschluss ist zu begründen, § 38 Abs. 3 FamFG und mit einer Rechtsbehelfsbelehrung zu versehen, § 39 FamFG. Die Entscheidung muss zudem die Unterbringungsmaßnahme näher bezeichnen, § 323 FamFG. Dies bedeutet, dass in der gerichtliche Entscheidung nicht eine freiheitsentziehende Unterbringung als solche genehmigt werden kann, sondern lediglich die freiheitsentziehende Unterbringung in einer bestimmten Einrichtungsart – beispielsweise in der geschlossenen Abteilung einer Suchtklinik oder der geschlossenen Abteilung eines Altenheims. Die Auswahl einer konkreten Einrichtung obliegt allein dem Betreuer.

Die Entscheidung muss ferner den Zeitpunkt benennen, § 323 FamFG, zu dem die Unterbringungsmaßnahme spätestens endet, § 323 FamFG. Dabei gilt nach § 329 Abs. 1 FamFG, dass die **37** Höchstdauer der Unterbringungsmaßnahme regelmäßig ein Jahr beträgt. Nur bei offensichtlich langer Unterbringungsbedürftigkeit erhöht sich der Zeitraum auf höchstens zwei Jahre nach Erlass der Entscheidung. Das Ausschöpfen der gesetzlichen Höchstdauer ist gesondert zu begründen. Um den Zeitraum der Genehmigung genau zu bezeichnen, ist die Angabe eines Kalendertages notwendig. Der Beschluss ist zu begründen, § 38 Abs. 3 S. 1 FamFG und mit einer Rechtsmittelbelehrung zu versehen, § 39 FamFG.

---

15 *Marschner/Lesting* Freiheitsentziehung und Unterbringung 2010 § 321, Rn. 16.

Der Beschluss kann ferner enthalten[16]:

- Kostenentscheidung, §§ 81 ff. FamFG, bzw. Kostenerstattungsanordnung, § 337 FamFG
- Anordnung der sofortigen Wirksamkeit, § 324 Abs. 2 S. 1 FamFG
- Entscheidungen über Mitteilungen und Unterrichtungen, §§ 338, 339 FamFG
- Anordnung, nach der dem Betroffenen die Gründe nicht mitgeteilt werden müssen, § 325 FamFG

38 Die Genehmigung einer freiheitsentziehenden Unterbringung umfasst nur die regelmäßig mit einer freiheitsentziehenden Unterbringung verbundenen Beschränkungen. Weitere freiheitsentziehende Maßnahmen werden von der Genehmigung einer freiheitsentziehenden Unterbringung entgegen der Ansicht in der neusten Rechtsprechung[17] nicht mit erfasst und bedürfen gegebenenfalls einer gesonderten Genehmigung (*s. Rechtsprechung Stichwort XXII. Unterbringung und freiheitsentziehende Maßnahmen*).

39 Auch bei freiheitsentziehenden Maßnahmen müssen Art und Dauer der Maßnahme bzw. Maßnahmen, die genehmigt werden, in der gerichtlichen Entscheidung so festgehalten werden, dass diese eindeutig bestimmbar sind – beispielsweise Bauchgurt am Rollstuhl von 9.00 – 12.00 Uhr und von 15.00 – 18.00 Uhr. Das Betreuungsgericht kann eine ausdrückliche ärztliche Anordnung für jeden Einzelfall zur weiteren Voraussetzung machen.

9. Bekanntgabe, Wirksamkeit, Benachrichtigung

40 Die Genehmigung von Unterbringungsmaßnahmen ist den Beteiligten bekanntzugeben, § 41 Abs. 1 S. 1 FamFG. Denjenigen Beteiligten, deren erklärtem Willen die Genehmigung nicht entspricht, ist der Beschluss zuzustellen, § 41 Abs. 1 S. 2 FamFG. Von der Bekanntgabe der Entscheidungsgründe an den Betroffenen kann bei erheblichen Nachteilen für die Gesundheit des Betroffenen nach ärztlichem Zeugnis abgesehen werden, § 325 Abs. 1 FamFG. Das Zeugnis wird im Freibeiweis eingeholt, § 29 FamFG. Die eine Unterbringungsmaßnahme genehmigende Entscheidung ist zudem dem Leiter der Einrichtung, in der der Betroffene untergebracht werden soll, bekanntzugeben, § 325 Abs. 2 S. 1 FamFG. Der zuständigen Behörde sind Entscheidungen, durch die eine Unterbringungsmaßnahme genehmigt oder aufgehoben wird bekanntzugeben, § 325 Abs. 2 S. 2 FamFG.

41 Grundsätzlich werden Entscheidungen, in der Unterbringungsmaßnahmen genehmigt oder nicht genehmigt werden, erst mit Rechtskraft wirksam, § 324 Abs. 1 FamFG. In Eilfällen kann das Gericht die sofortige Wirksamkeit der Entscheidung anordnen, § 324 Abs. 2 S. 1 FamFG. Dies kommt vor allem bei einstweiligen Anordnungen nach §§ 331, 332 FamFG in Betracht. In diesen Fällen wird die Entscheidung wirksam, wenn der Beschluss und die Anordnung seiner sofortigen Wirksamkeit dem Betroffenen, dem Verfahrenspfleger, dem Betreuer oder dem Bevollmächtigten bekannt gegeben werden oder der Geschäftsstelle des Gerichts zum Zweck der Bekanntgabe übergeben werden. Der Zeitpunkt der sofortigen Wirksamkeit ist auf dem Beschluss zu vermerken.

42 Von der Genehmigung einer freiheitsentziehenden Unterbringung und deren Verlängerung hat das Gericht einen Angehörigen des Betroffenen oder eine Person seines Vertrauens unverzüglich zu benachrichtigen, § 339 FamFG.

---

16 *Zimmermann* BtMan 2009, 67.
17 *AG Kiel* SchlHA 2011, 167; *LG Baden-Baden* FamRZ 2010, 1471; *LG Freiburg* FamRZ 2010, 1846; kritisch zur fehlenden ausdrücklichen gesetzlichen Regelung *Lesting* R&P 2010, 137.

10. Rechtsbehelfe in Unterbringungssachen

Seit Inkrafttreten des FamFG gilt für alle Verfahren nach dem FamFG die befristete **43** Beschwerde. In den Regelungen des FamFG zu Unterbringungsverfahren sind daher nur Abweichungen und Besonderheiten gegenüber den allgemeinen Regelungen für Beschwerden nach dem FamFG, §§ 58 ff. FamFG zu normieren.

Die Beschwerde findet in allen Endentscheidungen in Unterbringungssachen statt, § 58 Abs. 1 **44** FamFG. Dabei unterliegen der Beurteilung des Beschwerdegerichts auch die nicht selbstständig anfechtbaren Entscheidungen, die der Endentscheidung vorausgegangen sind, wie die Nichtbekanntgabe der Entscheidungsgründe an den Betroffenen, § 58 Abs. 2 FamFG. Der Betroffene ist nach § 59 Abs. 1 FamFG zur Beschwerde berechtigt, wenn eine Unterbringungsmaßnahme genehmigt wird. Der Betreuer oder Bevollmächtigte kann gegen eine Entscheidung, die seinen Aufgabenkreis betrifft bzw. Gegenstand seiner Vollmacht ist, im eigenen Namen, § 59 Abs. 1 FamFG, und im Namen des Betroffenen Beschwerde einlegen, § 335 Abs. 3 FamFG. Nach § 335 Abs. 1 steht das Recht der Beschwerde ferner im Interesse des Betroffenen dessen Ehegatten oder Lebenspartner zu, wenn die Ehegatten oder Lebenspartner nicht dauernd getrennt leben, sowie dessen Eltern und Kindern, wenn der Betroffene bei diesen lebt oder bei Einleitung des Verfahrens gelebt hat sowie den Pflegeeltern, sofern die Genannten in der ersten Instanz beteiligt worden sind, § 335 Abs. 1 Nr. 1 FamFG. Daneben ist zur Beschwerde im Interesse des Betroffenen eine vom Betroffenen benannte Person seines Vertrauens sowie der Leiter der Einrichtung in der der Betroffene lebt, befugt, wenn sie im ersten Rechtszug beteiligt worden sind, § 335 Abs. 1 Nr. 2, Nr. 3 FamFG. Zudem ist der Verfahrenspfleger, § 335 Abs. 2 FamFG, und die zuständige Behörde (Betreuungsbehörde), §§ 59 Abs. 3, 335 Abs. 4 FamFG, zur Beschwerde berechtigt.

Das FamFG regelt jetzt ausdrücklich die Statthaftigkeit der Beschwerde nach Erledigung der **45** Hauptsache. Nach § 62 Abs. 1 FamFG spricht das Beschwerdegericht, wenn sich die angefochtene Entscheidung in der Hauptsache erledigt hat, auf Antrag aus, dass die Entscheidung des Gerichts des ersten Rechtszugs den Beschwerdeführer in seinen Rechten verletzt hat, wenn der Beschwerdeführer ein berechtigtes Interesse an der Feststellung hat. Ein berechtigtes Interesse liegt nach § 62 Abs. 2 FamFG in der Regel vor, wenn schwerwiegende Grundrechtseingriffe vorliegen oder eine Wiederholung zu erwarten ist. Diese ausdrückliche Regelung entspricht in etwa der vorherigen Rechtsprechung.[18] Die Regelung ist von besonderer Bedeutung bei einer freiheitsentziehenden Unterbringung oder freiheitsentziehenden Maßnahmen, denen eine Genehmigung aufgrund einstweiliger Anordnung (wegen gesteigerter Dringlichkeit), §§ 331, 332 FamFG, oder eine einstweiligen Maßregel nach §§ 1908i, 1846 BGB, § 334 FamFG, zugrunde lag.

Die Beschwerdefrist beträgt grundsätzlich einen Monat, § 63 Abs. 1 FamFG, zwei Wochen, **46** wenn sie sich gegen eine einstweilige Anordnung – oder einstweilige Maßregeln – richtet, § 63 Abs. 2 FamFG. Die Frist beginnt jeweils mit der schriftlichen Bekanntgabe des Beschlusses an die Beteiligten, § 63 Abs. 3 S. 1 FamFG. Kann die schriftliche Bekanntgabe an einen Beteiligten nicht bewirkt werden, beginnt die Frist spätestens mit Ablauf von fünf Monaten nach Erlass des Beschlusses, § 63 Abs. 3 S. 2 FamFG.

Die Beschwerde ist grundsätzlich bei dem Gericht einzulegen, dessen Beschluss angefochten **47** wird, § 64 Abs. 1 FamFG. Der Betroffene kann seine Beschwerde auch bei dem Amtsgericht einlegen, in dessen Bezirk er untergebracht ist, § 336 FamFG. Es besteht kein Anwaltszwang.

---

18 *BVerfG* NJW 1998, 2432.

Das Beschwerdegericht kann vor der Entscheidung eine einstweilige Anordnung erlassen, insbesondere anordnen, dass die Vollziehung des angefochtenen Beschlusses auszusetzen ist, § 64 Abs. 3 FamFG. Zuständig zur Entscheidung über Beschwerden ist das LG, §§ 72 Abs. 1, 119 Abs. 1 Nr. 1b GVG, nicht das OLG.

48   Das FamFG hat die weitere Beschwerde zum OLG beseitigt. Gegen den Beschwerdebeschluss des LG kann jetzt ohne Zulassung durch LG bzw. BGH durch einen beim BGH zugelassenen Anwalt Rechtsbeschwerde zum BGH eingelegt werden, § 70 Abs. 3 Nr. 2 FamFG. Die Frist beträgt einen Monat ab schriftlicher Bekanntgabe des Beschwerdebeschlusses, § 71 Abs. 1 FamFG.

11. Kosten

49   Wird eine Unterbringungsmaßnahme genehmigt, hat der Betroffene die Kosten grundsätzlich selbst zu tragen. Gerichtsgebühren werden nicht erhoben, § 128b KostO. Hingegen werden die gerichtlichen Auslagen – etwa für Sachverständigengutachten oder Reisekosten des Richters – dem Betroffenen in Rechnung gestellt, §§ 137 Abs. 1 Nr. 16, 93a Abs. 2 KostO.

50   Das Gericht kann die Auslagen des Betroffenen, soweit sie zur zweckentsprechenden Rechtsverfolgung notwendig waren, ganz oder teilweise der Staatskasse auferlegen, wenn eine freiheitsentziehende zivilrechtliche Unterbringung oder freiheitsentziehende Maßnahme, § 1906 Abs. 1, Abs. 4 BGB abgelehnt, als ungerechtfertigt aufgehoben, eingeschränkt oder das Verfahren ohne Entscheidung über eine Maßnahme beendet wird, § 337 FamFG. Dies gilt auch für eventuelle Anwaltskosten des Betroffenen.

51   Kostenentscheidungen sind isoliert anfechtbar, wenn der Beschwerdewert von 600 € überschritten ist, § 61 FamFG.

III. Einstweilige Anordnung (bei gesteigerter Dringlichkeit), §§ 331 f. FamFG

52   Nach § 331 FamFG kann das Betreuungsgericht eine Unterbringungsmaßnahme durch einstweilige Anordnung vorläufig genehmigen. Das Verfahren ist anders als nach den Regelungen im FGG selbstständiges Verfahren, § 51 Abs. 3 FamFG. Eine vorläufige Genehmigung ist möglich, wenn dringende Gründe für die Annahme bestehen, dass die Voraussetzungen für eine Genehmigung gegeben sind, ein dringendes Bedürfnis für ein sofortiges Tätigwerden besteht, § 331 S. 1 Nr. 1 FamFG, ein ärztliches Zeugnis über den Zustand des Betroffenen vorliegt, § 331 S. 1 Nr. 2 FamFG, bei Erforderlichkeit ein Verfahrenspfleger bestellt und angehört worden ist, §§ 331 S. 1 Nr. 3, 317 FamFG, und auch der Betroffene persönlich angehört wurde, § 331 S. 1 Nr. 4 FamFG. Abweichend von der allgemeinen Regelung ist eine Anhörung durch den ersuchten Richter zulässig, § 331 S. 2 FamFG.

53   Eine Genehmigung durch einstweilige Anordnung erfordert demnach anders als eine Genehmigung im Regelverfahren nicht nur das Feststellen einer Selbstgefährdung oder der Notwendigkeit einer Behandlung i. S. v. § 1906 Abs. 1 Nr. 1, Nr. 2 BGB, sondern darüber hinausgehend die Feststellung, dass wegen der Art der Selbstgefährdung oder der Notwendigkeit einer Behandlung die mit dem üblichen Verfahren verbundene zeitliche Verzögerung eine Gefahr für den Betroffenen bedeutet. Allein das Bestehen einer Selbstgefährdung oder Behandlungsnotwendigkeit ermöglicht eine einstweilige Anordnung nicht.

Bei Gefahr im Verzug als einem Fall von gesteigerter Dringlichkeit, kann eine einstweilige **54** Anordnung auch vor der persönliche Anhörung des Betroffenen und der Bestellung und Anhörung eines Verfahrenspflegers erfolgen, § 332 S. 1 FamFG. Da zur Sicherstellung der Anhörung Bereitschaftsdienste vorzusehen sind, kann Gefahr im Verzug nur mit einer vom Betroffenen selbst ausgehenden Gefahr begründet werden. Erfolgt eine einstweilige Anordnung ohne vorherige persönliche Anhörung und eine erforderliche Verfahrenspflegerbestellung, sind persönliche Anhörung des Betroffen, Bestellung des Verfahrenspflegers und dessen Anhörung unverzüglich nachzuholen, § 332 S. 2 FamFG. Unverzüglich bedeutet ohne jede vermeidbare Verzögerung. Der zuständige Richter kann daher mit der persönlichen Anhörung nicht bis zu seinem routinemäßigen Anhörungstag in der entsprechenden Einrichtung warten. Das ärztliche Zeugnis muss in jedem Fall vor der gerichtlichen Entscheidung vorliegen.

Die einstweilige Anordnung darf die Dauer von sechs Wochen nicht überschreiten, § 333 S. 1 **55** FamFG. Reicht dieser Zeitraum nicht aus, um eine Entscheidung im Regelverfahren zu treffen, so kann die Dauer nach Anhörung eines Sachverständigen durch weitere einstweilige Anordnungen bis zu einer Gesamtdauer von drei Monaten verlängert werden, § 333 S. 2–4 FamFG. Hat eine Unterbringung zur Vorbereitung eines Gutachtens stattgefunden, so ist deren Dauer in die Gesamtdauer von drei Monaten einzubeziehen, § 333 S. 5 FamFG.

IV. Andere Aufgaben des Betreuungsgerichts

1. Betreuungsgerichtliche Beratung

Beratung und Unterstützung von Betreuern und Bevollmächtigten ist zunächst Aufgabe der **56** Betreuungsbehörde, § 4 BtBG. Nach §§ 1908i Abs. 1 S. 1, 1837 Abs. 1 BGB haben Betreuer jedoch auch gegenüber dem Betreuungsgericht einen subjektiv-öffentlich rechtlichen Anspruch auf Beratung. Nach hier vertretener Ansicht besitzen Bevollmächtigte als gewillkürte Vertreter Betroffener ebenfalls einen subjektiv-öffentlich rechtlichen Anspruch auf Beratung – bereits um sicherzustellen, dass die Angelegenheiten des Betroffenen ebenso gut wie durch einen Betreuer erledigt werden können, § 1896 Abs. 2 S. 2 BGB.

Es besteht kein Anspruch darauf, sich in allen Fragen einer Betreuung oder Wahrnehmung **57** einer Vollmacht durch eine Auskunft beim Betreuungsgericht abzusichern. Es muss vielmehr ein Bezug zu den Aufgaben gerade des Betreuungsgerichts bestehen – wie bei der Beratung eines ehrenamtlichen Betreuers über Grundfragen der Amtsführung im Rahmen des Einführungsgesprächs, § 289 Abs. 2 FamFG oder bezogen auf besonders schwierige Einzelentscheidungen. Gegebenenfalls kann sich das Betreuungsgericht auch dazu äußern, ob eine geplante Maßnahme bei ihrer Durchführung eine Pflichtverletzung darstellen würde. Der Betreute selbst hat keinen Anspruch auf einen Beratung durch das Betreuungsgericht.

Für die Beratung ist grundsätzlich der Rechtspfleger funktional zuständig. Fällt der konkrete **58** Gegenstand eine Beratung jedoch in die funktionale Zuständigkeit des Richters wie die Genehmigung einer freiheitsentziehenden Unterbringung oder von freiheitsentziehenden Maßnahmen, ist der Richter dann auch für die Beratung nach § 1837 Abs. 1 BGB zuständig. Bezogen auf die Beratung im Hinblick auf eine konkrete Unterbringungsmaßnahme ist daher von einer Zuständigkeit des Richters zur Beratung auszugehen. Hingegen verbleibt die allgemeine Beratung über Voraussetzungen von freiheitsentziehenden Unterbringungen oder Maßnahmen in der Zuständigkeit des Rechtspflegers.

59 Das Betreuungsgericht hat zudem die Aufgabe bei Konflikten zwischen dem Betreuer bzw. Bevollmächtigtem und dem Betreuten bzw. Vollmachtgeber zu vermitteln. Anlass wird in der Regel sein, dass der Betroffene das Wahrnehmen der betreuungsgerichtlichen Aufsicht einfordert – etwa gegen Maßnahmen im Vollzug einer freiheitsentziehenden Unterbringung oder gegen einzelne freiheitsbeschränkende Maßnahmen.

2. Betreuungsgerichtliche Aufsicht

60 Betreuer unterliegen grundsätzlich keinen Weisungen des Betreuungsgerichts, sondern führen ihr Amt selbstständig. Daher ist es auch unzulässig, bereits die Bestellung eines Betreuers mit Auflagen bzw. Weisungen im Hinblick auf seine spätere Amtsführung zu verbinden. Derartige gerichtliche Verfügungen sind mangels Rechtsgrundlage nicht nur rechtswidrig, sondern nichtig. Im Übrigen ist die gerichtliche Entscheidung wirksam, so dass der Betreuer den Betroffenen in den benannten Aufgabenbereichen vertreten kann.

61 Die Amtsführung eines Betreuers unterliegt jedoch der betreuungsgerichtlichen Aufsicht: Nach §§ 1908i Abs. 1 S. 1, 1837 Abs. 2 S 1 BGB hat das Betreuungsgericht über die gesamte Tätigkeit des Betreuers und des Gegenbetreuers die Aufsicht zu führen und gegen pflichtwidriges Verhalten durch geeignete Gebote und Verbote einzuschreiten. Ein objektiv pflichtwidriges Verhalten ist hinreichend, Verschulden keine Voraussetzung.

62 Bezogen auf eine freiheitsentziehende Unterbringung und freiheitsentziehende Maßnahmen kann sich ein pflichtwidriges Verhalten sowohl daraus ergeben, dass ein Betreuer auf derartige Maßnahmen verzichtet, obwohl allein deren Vornahme dem Wohl des Betroffenen im Sinne des § 1901 BGB entspricht, als auch daher, dass das Durchführen einer freiheitsentziehenden Maßnahme oder Unterbringung gar nicht erforderlich oder verhältnismäßig im engeren Sinne ist. Der eigenständige Entscheidungsspielraum des Betreuers bzw. die Möglichkeit zur Orientierung seines Handelns an Zweckmäßigkeitserwägungen ist bezogen auf Unterbringungsmaßnahmen letztlich relativ gering.

63 Ob das Handeln oder Unterlassen eines Betreuers pflichtwidrig ist, ist eine Rechtsfrage. Das Betreuungsgericht besitzt allein Ermessen hinsichtlich der Auswahl der Aufsichtsmaßnahme. Präventive Aufsichtsmaßnahmen sind allenfalls denkbar, wenn die auf Tatsachen begründete Besorgnis besteht, der Betreuer werde pflichtwidrig handeln.[19]

64 Das Gericht kann einen Betreuer bzw. Gegenbetreuer zur Befolgung seiner Anordnungen durch Festsetzung von Zwangsgeld anhalten, §§ 1908i Abs. 1 S. 1, 1837 Abs. 3 S. 1 BGB. Diese Regelung zur Festsetzung von Zwangsgeld verdrängt die allgemeine Regelung in § 35 Abs. 1 FamFG. Daher ist auch eine ersatzweise oder originäre Zwangshaft nicht zulässig.[20] Bei wiederholten oder besonders offensichtlichen Verstößen kann das Betreuungsgericht den Betreuer unabhängig von einem Verschulden aus wichtigem Grund oder wegen Zweifeln an seiner Geeignetheit (teilweise) entlassen, § 1908b Abs. 1 S. 1 BGB. Gegen einen Betreuungsverein, §§ 1908i Abs. 1 S. 1, 1837 Abs. 3 S. 2 BGB, oder einen Behördenbetreuer, § 1908g Abs. 1 BGB, kann kein Zwangsgeld festgesetzt werden.

65 Hingegen kann das Betreuungsgericht bei Meinungsverschiedenheiten zwischen ihm und dem Betreuer darüber, welche Vorgehensweise beim Bestehen von Wahlmöglichkeiten dem Wohl des Betreuten am besten entspricht, nicht anstelle des Betreuers für den Betroffenen handeln.

---

19 *OLG Karlsruhe* FamRZ 2006, 507.
20 BT-Drucks. 16/6308, 192.

Das BGB kennt eine Handlungskompetenz des Gerichts nur in folgenden Konstellationen: Nach § 1846 BGB hat das Betreuungsgericht die im Interesse des Betroffenen erforderlichen Maßnahmen zu treffen, wenn ein Betreuer noch nicht bestellt ist oder dieser bzw. ein Bevollmächtigter an der Erfüllung seiner Pflichten gehindert ist. Entsprechend §§ 1908i, 1797 Abs. 1 S. 2 BGB ist es befugt, bei Meinungsverschiedenheiten zwischen mehreren Betreuern, die eine Betreuung gemeinschaftlich führen, zu entscheiden.

Aufsichtsmaßnahmen und Zwangsgeldfestsetzung fallen in die Zuständigkeit des Rechtspflegers, wenn die Maßnahme, die befolgt werden soll, zu seinem Zuständigkeitsbereich gehört, sonst in die des Richters. Das Betreuungsgericht wird von Amts wegen tätig – auch wenn sein Handeln in der Regel auf Anregung Dritter etwa der Betreuungsbehörde, von behandelnden Ärzten, dem Personal einer Pflegeeinrichtung, Vertrauenspersonen des Betroffenen etc. beruhen wird. Gegen Aufsichtsmaßnahmen ist eine Beschwerde durch Betreuer und Betreuten zulässig, § 59 Abs. 1 FamFG. **66**

Gegenüber Bevollmächtigten sind die Regelungen in §§ 1837 Abs. 2 und Abs. 3 BGB insgesamt nicht anwendbar. Bei einer nicht sachgemäßen Wahrnehmung der Befugnisse aus der Vollmacht hat das Betreuungsgericht vielmehr zu prüfen, ob ein Betreuungsbedürfnis nach § 1896 BGB besteht, da die Angelegenheiten des Betroffenen durch den Bevollmächtigten nicht ebenso gut wie durch einen Betreuer besorgt werden können, § 1896 Abs. 2 S. 2 BGB. In der Praxis kann dies beispielsweise der Fall sein, wenn die Vollmacht gerade mit dem Ziel erteilt wurde, die ärztliche Behandlung einer psychischen Erkrankung und eine eventuelle zivilrechtliche Unterbringung zu verhindern, und der Bevollmächtigte den geäußerten Willen des Betroffenen ohne Rücksicht auf dessen fehlende Einsichtsfähigkeit und eine konkrete Hilfsbedürftigkeit in jedem Fall über an seinem Wohl auszurichtende Maßnahmen stellt und dabei die Gefahr hinnimmt, dass sich die psychische Krankheit des Betroffenen weiter verstärkt.[21] **67**

---

21 *KG* FamRZ 2006, 1481; BtPrax 2006, 117.

6. Kapitel
Durchführung freiheitsentziehender Unterbringung und Maßnahmen

I. Freiheitsentziehende Unterbringung

1. Zuführung, § 326 FamFG

1 Mit Inkrafttreten des FamFG gelten für die Unterstützung bei der Zuführung zu einer Unterbringung für Betreuer und Bevollmächtigte ausdrücklich die gleichen Regelungen, § 326 Abs. 1 FamFG. Danach hat die nach § 1 S. 1 BtBG zuständige Behörde (Betreuungsbehörde) den Betreuer oder Bevollmächtigten bei der Zuführung zur Unterbringung zu unterstützen. Durch diese Regelung soll dem Betreuer oder Bevollmächtigten eine kompetente Fachbehörde an die Seite gestellt werden.[1] Über die Art und Weise der Unterstützungshandlung entscheidet die Behörde als Fachbehörde selbst. Die zuständige Behörde kann Unterstützungshandlungen, zu denen sie aufgefordert wird, grundsätzlich nicht verweigern. Die Unterstützungshandlungen beziehen sich nur auf die Zuführung. Bei Vollzugsmaßnahmen im Rahmen der Unterbringung selbst, hat eine Unterstützung durch das Personal der Einrichtung zu erfolgen.

2 Betreuer und Bevollmächtigte dürfen bei der Zuführung von Betreuten grundsätzlich keine Gewalt anwenden. Auch die Unterstützung der Zuführung durch die zuständige Behörde hat grundsätzlich ohne Gewaltanwendung gegenüber dem Betroffenen zu erfolgen. Gewalt bei der Zuführung darf nur angewandt werden, wenn eine entsprechende gerichtliche Entscheidung die Anwendung von Gewalt – und zwar durch die zuständige Behörde und nicht durch den Betreuer – legitimiert, § 326 Abs. 2 S. 1 FamFG. Die zuständige Behörde ist befugt, erforderlichenfalls die Unterstützung der polizeilichen Vollzugsorgane nachzusuchen, § 326 Abs. 2 FamFG. Es ist zu unterstreichen, dass ein Ersuchen um Unterstützung durch die polizeilichen Vollzugsorgane nicht davon abhängig ist, dass das Gericht in seiner Entscheidung Gewaltanwendung bei der Zuführung erlaubt hat, denn die Unterstützungsmöglichkeiten der polizeilichen Vollzugsorgane beschränken sich nicht auf die Anwendung von Gewalt. Auch die Wohnung des Betroffenen darf seit der ausdrücklichen Regelung im FamFG ohne dessen Einwilligung nur betreten werden, wenn das Gericht dies ausdrücklich angeordnet hat, sofern keine Gefahr im Verzug vorliegt, § 326 Abs. 3 FamFG.

3 Umstritten ist, wer die Kosten der Unterstützungsmaßnahmen trägt. Zum einen wird die Ansicht vertreten, dass die Kosten von der die Zuführung unterstützenden Behörde zu tragen sind.[2] Zum anderen wird einheitlich für Vor- und Zuführungen die Auffassung vertreten, dass die Landesjustizkassen die Kosten als Justizkosten tragen und dass das Gericht diese Kosten dann bei der Festsetzung des Zwangsmittels dem Betroffenen als Verfahrenskosten auferlegen kann[3]. Die letztere Ansicht lässt sich damit begründen, dass der Betreuer bzw. Bevollmächtigte zwar eigenständig entscheidet, ob er die gerichtliche Genehmigung nutzt. Tut er dies, setzt er dann jedoch auch eine gerichtliche Entscheidung durch.

---

1   BT-Drucks. 11/4528, 185.
2   So *Jansen/Sonnenfeld* FGG § 70g, Rn. 32; *LG Koblenz* FamRZ 2004, 566.
3   *Walther* R&P 2007, 167, *OLG Köln* OLGR 2004, 425 bezogen auf Vorführungen.

Für die durch das Betreuungsgericht nach § 1846 BGB als einstweilige Maßregel angeordnete **4** freiheitsentziehende Unterbringung fehlen Regelungen über die Zuführung zur Unterbringung. § 326 FamFG ist nicht entsprechend anwendbar, da dieser sich ausschließlich mit der Unterstützung der Unterbringung durch gesetzliche oder gewillkürte Stellvertreter des Betroffenen befasst. Letztlich kann Rechtsgrundlage einer Zuführung zu einer auf § 1846 BGB beruhenden Unterbringung nur die allgemeine Regelung in § 90 Abs. 1 FamFG sein, d. h. der Gerichtsvollzieher ist einzuschalten. Der Gerichtsvollzieher kann die Polizei um Amtshilfe ersuchen.

2. Maßnahmen während der freiheitsentziehenden Unterbringung

a) Maßnahmen durch Betreuer und Bevollmächtigte

Unter Maßnahmen im Vollzug einer freiheitsentziehenden Unterbringung werden hier diejenigen Maßnahmen verstanden werden, die während der freiheitsentziehenden Unterbringung durch den Betreuer oder Bevollmächtigten getroffen werden. Maßnahmen im Vollzug einer zivilrechtlichen freiheitsentziehenden Unterbringung sind anders als Maßnahmen im Vollzug einer öffentlich-rechtlichen Unterbringung, für die Psychisch Kranken- bzw. Unterbringungsgesetze der Länder Regelungen enthalten, nicht gesetzlich geregelt. Der Gesetzgeber hat vielmehr ausdrücklich von Vollzugsregelungen abgesehen.[4] Die Durchführung der Unterbringung ebenso wie die Entscheidung über die Unterbringung liegt nach Ansicht des Gesetzgebers in der alleinigen Verantwortung des Betreuers – mit einem entsprechenden Aufgabenkreis – oder Bevollmächtigten. Jede Maßnahme durch das Personal der Einrichtungen während einer freiheitsentziehenden Unterbringung ist durch den Betreuer oder Bevollmächtigten des Betroffenen zu legitimieren. Der Betreuer oder Bevollmächtigte bedient sich des Personals der Einrichtung bei allen Maßnahmen während einer freiheitsentziehenden Unterbringung. Anders als bei der öffentlich-rechtlichen Unterbringung ist das Personal der Einrichtung nicht aus eigenem Recht oder aufgrund der freiheitsentziehenden Unterbringung selbst zu Eingriffen in die Rechte des Betroffenen befugt.

Als Maßnahmen, die während einer zivilrechtlichen freiheitsentziehenden Unterbringung **6** erfolgen müssen, kommen ebenso wie bei einer öffentlich-rechtlichen Unterbringung beispielsweise in Betracht:

- Postkontrolle und Kontrolle anderer Kontakte des Betroffenen wie Besuche oder Telefongespräche,
- Ärztliche Behandlungen der Anlasserkrankung oder anderer Erkrankungen,
- Freiheitsentziehende Maßnahmen wie Fixierungen oder Sedierungen,
- Ausgang oder Beurlaubung

Die eigenhändige Vornahme derartiger Maßnahmen durch den Betreuer oder Bevollmächtigten **7** bzw. durch von ihm beauftragtes Personal der Einrichtung während einer freiheitsentziehenden Unterbringung setzt voraus, dass entsprechende Maßnahmen Bestandteil des Aufgabenkreises des Betreuers bzw. der Vollmacht des Bevollmächtigten sind. Insbesondere freiheitsentziehende Maßnahmen und ärztliche Behandlungen während einer freiheitsentziehenden Unterbringung müssen ausdrücklich Bestandteil des Aufgabenkreises des Betreuers bzw. Inhalt der Vollmacht des Bevollmächtigten sein. Zudem bedürfen freiheitsentziehende Maßnahmen im Sinne von § 1906 Abs. 4 BGB und Einwilligungen in ärztliche Maßnahmen, bei denen die Gefahr besteht,

---

4 BT-Drucks. 11/4528, 83, kritisch *Lesting* R&P 2010, 137.

dass der Betreute oder Vollmachtgeber auf Grund der Maßnahme einen schweren und länger dauernden Schaden erleidet, § 1904 BGB, nach allgemeinen Grundsätzen einer betreuungsgerichtlichen Genehmigung. Derartige Maßnahmen sind nicht Bestandteil der betreuungsgerichtlichen Genehmigung der freiheitsentziehenden Unterbringung nach § 1906 Abs. 1 BGB.

8   Die Befugnis des Betreuers zu Entscheidungen über die Telekommunikation und die Entgegennahme, das Öffnen und Anhalten von Post setzen nach § 1896 Abs. 4 BGB voraus, dass das Betreuungsgericht den Betreuer ausdrücklich auch für die Wahrnehmung dieser Aufgaben bestellt hat. Eine entsprechende Regelung im BGB für Bevollmächtigten fehlt anders als im Bereich freiheitsentziehender Maßnahmen, freiheitsentziehender Unterbringungen und ärztlicher Maßnahmen. Wegen der besonderen Eingriffsintensität der Fernmelde- und Postkontrolle – vgl. auch den Schutz des Brief-, Post- und Fernmeldegeheimnisses nach Art. 10 Abs. 2 S. 1 GG – ist nach hier vertretener Ansicht eine ausdrückliche und schriftliche Bevollmächtigung durch den Vollmachtgeber erforderlich. Fehlt eine ausdrückliche und schriftliche Vollmacht, kann eine Post- und Fernmeldekontrolle erst erfolgen, wenn für diesen Aufgabenkreis ein Betreuer – in der Regel der mit der freiheitsentziehenden Unterbringung Bevollmächtigte – bestellt wurde.

9   Erlaubt der Betreuer oder Bevollmächtigte einen kurzfristigen Ausgang bzw. eine kurzfristige Beurlaubung des Betroffenen – beispielsweise zum Besuch einer Familienfeier – tritt kein Verbrauch der betreuungsgerichtlichen Genehmigung ein. Eine längerfristige probeweise Entlassung des Betroffnen führt zu einem Verbrauch der betreuungsgerichtlichen Genehmigung (*s. Rechtsprechung Stichwort VII. Entlassung auf Probe*). Auch kann das Betreuungsgericht die Genehmigung einer freiheitsentziehenden Unterbringung nicht analog § 328 FamFG aussetzen. Eine längerfristige Erprobung führt daher zu einer Beendigung der zivilrechtlichen freiheitsentziehenden Unterbringung. Entsteht danach erneut ein Bedürfnis nach einer freiheitsentziehenden Unterbringung ist diese Maßnahme des Betreuers oder Bevollmächtigten in einem vom vorherigen Verfahren unabhängigen eigenständigen Verfahren zu genehmigen.

10   Im Hinblick auf die Unterbringung in geschlossenen Abteilungen psychiatrischer Krankenhäuser ist zu fragen, ob ein Betreuer oder Bevollmächtigter sich angesichts der institutionellen Rahmenbedingungen dieser Einrichtungen seiner Kompetenz zur Regelung aller Angelegenheiten während einer freiheitsentziehenden Unterbringung bzw. der fehlenden eigen Kompetenz des – insbesondere ärztlichen – Personals der Einrichtung bewusst ist und Gestaltungsräume für den Betroffenen erkennt und nutzt, die von der üblichen Routine der Einrichtung abweichen. Dies gilt insbesondere für alle ehrenamtlichen Betreuer bzw. Angehörige als Betreuer bzw. Bevollmächtigte.

b)   Maßnahmen im Vollzug einer Maßregel nach § 1846 BGB

11   Das Anordnen einer freiheitsentziehenden Unterbringung nach § 1846 BGB durch das Betreuungsgericht selbst, da ein Betreuer noch nicht bestellt oder der bestellte Betreuer bzw. ein Bevollmächtigter verhindert ist, legitimiert weder eine Zwangsbehandlung des Betroffenen noch freiheitsentziehende Maßnahmen gegenüber dem Betroffenen. Nach überwiegender Ansicht kann das Betreuungsgericht entsprechende Maßnahmen, die während einer Unterbringung nach § 1846 BGB notwendig werden, ebenfalls nach § 1846 BGB anordnen. Für diese Maßnahmen und Entscheidungen ist ebenso wie für die freiheitsentziehende Unterbringung selbst gleichzeitig mit der Anordnung nach § 1846 BGB bzw. unverzüglich nach dieser Anordnung ein (vorläufiger) Betreuer zu bestellen.

c) Rechtsschutz im Vollzug

Gegen Maßnahmen während einer freiheitsentziehenden Unterbringung kann der Betroffene ebenso wie gegenüber anderen Maßnahmen des Betreuers das Betreuungsgericht im Hinblick auf dessen Aufsichtspflicht anzurufen, §§ 1908i Abs. 1, 1837 BGB. **12**

Das Betreuungsgericht ist gegenüber Bevollmächtigten nicht aufsichtspflichtig. Allerdings haben Beschwerden gegen die Maßnahmen von Bevollmächtigten zur Folge, dass das Betreuungsgericht zu prüfen hat, ob ein Betreuungsbedürfnis nach § 1896 BGB besteht, da die Angelegenheiten des Betroffenen durch den Bevollmächtigten nicht ebenso gut wie durch einen Betreuer besorgt werden können, § 1896 Abs. 2 S. 2 BGB. **13**

Gegen die Anordnung von Maßnahmen durch das Betreuungsgericht im Rahmen von § 1846 BGB kann der Betroffene Beschwerde einlegen. **14**

3. Verlängerung der freiheitsentziehenden Unterbringung

Für die Verlängerung der Genehmigung einer freiheitsentziehenden Unterbringung durch einen Betreuer oder Bevollmächtigten gelten die Vorschriften für die erstmalige Genehmigung entsprechend, § 329 Abs. 2 S. 1 FamFG. Zudem legt § 329 Abs. 2 S. 2 FamFG fest, dass bei einer Gesamtunterbringungsdauer von mehr als vier Jahren in der Regel kein Sachverständiger bestellt werden soll, der den Betroffenen bereits bisher behandelt oder begutachtet hat oder der Einrichtung angehört, in der der Betroffene untergebracht ist. **15**

4. Beendigung der freiheitsentziehenden Unterbringung

a) Ablauf des Genehmigungszeitraums

Die Genehmigung der freiheitsentziehenden Unterbringung endet – unabhängig davon, ob die materiell-rechtlichen Voraussetzungen für eine Verlängerung der Genehmigung vorliegen oder nicht – in dem Zeitpunkt, der in der betreuungsgerichtlichen Entscheidung festgelegt wurde, § 323 Nr. 2 FamFG. Wird die freiheitsentziehende Unterbringung über diesen Zeitpunkt hinaus fortgesetzt, so ist die Unterbringung mangels Genehmigung rechtswidrig. **16**

Auch eine freiheitsentziehende Unterbringung, die durch einstweiligen Anordnung nach § 331 FamFG vorläufig genehmigt wurde, und über den in der einstweiligen Anordnung festgelegten Zeitpunkt hinaus fortgesetzt wird, ist rechtswidrig. Mit Ablauf des in der Genehmigungsentscheidung angegebenen Zeitraums ist die Unterbringung daher zu beenden. **17**

b) Beendigung vor Ablauf des Genehmigungszeitraums

Unabhängig vom Genehmigungszeitraum ist eine freiheitsentziehende Unterbringung durch den Betreuer oder Bevollmächtigten in dem Zeitpunkt zu beenden, in dem die materiell-rechtlichen Voraussetzungen für eine Unterbringung durch den Betreuer oder Bevollmächtigten nicht mehr vorliegen, § 1906 Abs. 3 S. 1 BGB. Die Voraussetzungen einer freiheitsentziehenden Unterbringung sind auch dann nicht mehr gegeben, wenn der Betroffen seinen weiteren freiwilligen Verbleib in der Einrichtung erklärt. Eine Unterbringung, die zum Zwecke einer Heilbehandlung erfolgte, ist daher zu beenden, wenn sich nach der freiheitsentziehenden Unterbringung herausstellt, dass die in der Einrichtung tätigen Ärzte – auch in Abweichung von dem der Genehmigung zugrunde liegenden ärztlichen Gutachten – eine Heilbehandlung für medizinisch nicht indiziert halten.[5] **18**

---

5 *BGH* FamRZ 2010, 202.

19   Der Betreuer bzw. der Bevollmächtigte muss die Beendigung der Unterbringung dem Betreuungsgericht anzeigen, § 1906 Abs. 3 2 BGB. Das Betreuungsgericht hat dann die Genehmigung aufheben.[6] Das Betreuungsgericht ist zudem ebenso wie die Einrichtung von sich aus verpflichtet, die Genehmigung der freiheitsentziehenden Unterbringung aufzuheben bzw. diese zu beenden, wenn die Voraussetzung einer freiheitsentziehenden Unterbringung nicht mehr vorliegen, der Betreuer bzw. Bevollmächtigte jedoch die freiheitsentziehende Unterbringung nicht beendet, § 330 S. 1 FamFG. Eine probeweise Entlassung aus der zivilrechtlichen freiheitsentziehenden Unterbringung entsprechend der Regelung für die öffentlich-rechtliche Unterbringung in § 328 FamFG ist nicht möglich (*s. Rechtsprechung Stichwort VII. Entlassung auf Probe*).

II.   Freiheitsentziehende Maßnahmen

1.   Durchführung

20   Das Gesetz regelt die Vorgehensweise im Vollzug freiheitsentziehender Maßnahmen nicht ausdrücklich. In der Regel wird der Betreuer oder Bevollmächtigte durch das Personal der Einrichtung bei der Durchführung freiheitsentziehender Maßnahmen unterstützt. Eine Verpflichtung zur Unterstützung ergibt sich aus dem Vertrag mit der Einrichtung. Die Unterstützungspflicht der Einrichtung durch ihr Personal ist unabhängig davon, ob der Betroffene zugleich freiheitsentziehend untergebracht ist oder freiheitsentziehende Maßnahmen nicht im Kontext einer freiheitsentziehenden Unterbringung stattfinden – wie in der Regel in Alten- und Pflegeheimen.

21   Das Personal der Einrichtung ist nicht aus eigenem Recht oder aufgrund der Tatsache, dass der Betroffene freiheitsentziehend untergebracht ist, zu freiheitsentziehenden Maßnahmen gegenüber dem Betroffenen befugt. Jede einzelne freiheitsentziehende Maßnahme durch das Personal bedarf einer Legitimation durch die Einwilligung des Betreuers oder Bevollmächtigten.

22   Gegen freiheitsentziehende Maßnahmen kann der Betroffene das Betreuungsgericht im Hinblick auf dessen Aufsichtspflicht anrufen, §§ 1908i Abs. 1, 1837 BGB.

2.   Verlängerung freiheitsentziehender Maßnahmen

23   Für die Verlängerung der Genehmigung freiheitsentziehender Maßnahmen gelten die Vorschriften für die erstmalige Genehmigung entsprechend, § 329 Abs. 2 S. 1 FamFG.

3.   Beendigung freiheitsentziehender Maßnahmen

24   Die Genehmigung der freiheitsentziehenden Maßnahme endet in dem Zeitpunkt, der in der betreuungsgerichtlichen Entscheidung festgelegt wurde, § 323 Nr. 2 FamFG. Freiheitsentziehende Maßnahmen nach Ablauf des in der Entscheidung festgesetzten Zeitpunkts sind mangels Genehmigung rechtswidrig. Nach Ablauf des Zeitraums dürfen freiheitsentziehende Maßnahmen daher nicht fortgesetzt werden.

---

6   *BGH* FamRZ 2010, 36.

Vor Ablauf des Genehmigungszeitraum sind freiheitsentziehende Maßnahmen zu beenden, **25** wenn die materiell-rechtlichen Voraussetzungen für freiheitsentziehende Maßnahmen durch den Betreuer oder Bevollmächtigten nicht mehr vorliegen, § 1906 Abs. 3 S. 1, Abs. 4 BGB. Das Betreuungsgericht ist mit Wegfall der materiell-rechtlichen Voraussetzungen verpflichtet, die Genehmigung der freiheitsentziehenden Maßnahmen aufzuheben, § 330 S. 1 FamFG. Der Betreuer oder Bevollmächtigte sind verpflichtet den Wegfall der materiell-rechtlichen Voraussetzungen und die daher erfolgte Beendigung der freiheitsentziehenden Maßnahmen dem Betreuungsgericht anzuzeigen, § 1906 Abs. 3 S. 2, Abs. 4 BGB.

III. Akteneinsicht

Betroffene ebenso wie Betreuer oder Bevollmächtigte haben vielfach den Wunsch nach einem **26** Einblick in Krankenunterlagen einer psychiatrischen Einrichtung oder die Dokumentation in einem Alten- oder Pflegeheim. Dieser Wunsch kann auf dem Verdacht fachlicher Fehler in der Behandlung oder Pflege ebenso wie auf dem Wunsch nach mehr Transparenz und Verstehen des Geschehens beruhen. Der Wunsch nach Kenntnis dessen, was über einen aufgezeichnet und verzeichnet wird, ist nicht grundsätzlich als Ausdruck eines Misstrauens gegenüber der Einrichtung und ihrem Personal zu interpretieren.

Im Prinzip haben der Betroffene ebenso wie sein Betreuer oder Bevollmächtigter einen **27** Anspruch auf Einsicht in die entsprechenden Unterlagen der Einrichtung. Rechtsgrundlage des Anspruchs ist der bestehende Behandlungs-, Betreuungs- oder Heimvertrag. Dabei besteht das Einsichtsrecht auch über das Ende der vertraglichen Beziehung hinaus.

Das Einsichtsrecht umfasst alle Teile der Akte, sofern durch die Einsicht nicht Rechte Drit- **28** ter – beispielsweise von Angehörigen des Betroffenen – berührt werden. Das Verweigern der Einsicht kann nicht mit Rechten vom Personal der Einrichtung – wie Rechten des behandelnden Arztes – begründet werden.[7] Der Anspruch auf Einsicht beinhaltet zudem das Recht, auf eigene Kosten Fotokopien der Krankenunterlagen zu erstellen.

Für den Bereich einer zivilrechtlichen Unterbringung in einer psychiatrischer Einrichtungen **29** bestehen nach derzeitiger Rechtsprechung der Zivilgerichte Beschränkungen des Einsichts- rechts des Betroffenen in die Unterlagen über seine ärztliche Behandlung. Eine Beschränkung der Einsicht sei zulässig, wenn eine Einsicht in die Unterlagen zu einem gesundheitlichen Schaden für den Betroffenen führen könnte. Andererseits kennen mehrere öffentlich-rechtli- che Unterbringungsgesetze der Länder ein uneingeschränktes Einsichtsrecht auch des Betroffe- nen in seine Krankenunterlagen. Bereits im Hinblick auf diese Divergenz zwischen zivilrechtli- cher und öffentlich-rechtlicher Freiheitsentziehung kommt eine Einschränkung des Rechts auf Einsicht in die Krankenunterlagen bei einer zivilrechtlichen Unterbringung nur in Fällen in Betracht, in denen ein erheblicher Schaden für den Betroffenen droht[8] – wovon in der Regel bei einer entsprechenden Begleitung der Einsicht beispielsweise im Rahmen eines Arztgesprä- ches nicht auszugehen ist.

---

7   *BVerfG* NJW 2006, 1116.
8   Vgl. für den Maßregelvollzug *OLG Karlsruhe* StV 2008, 74; *LG Landau* StV 2007, 426; *BVerfG* NJW 2006, 1116.

7. Kapitel
Freiheitseinschränkende Maßnahmen
in der eigenen Häuslichkeit

I. Freiheitseinschränkende Maßnahmen in der eigenen Häuslichkeit – Problemaufriss

1   Freiheitseinschränkende Maßnahmen in der häuslichen Pflege bedürfen ebenso wie in Krankenhäusern und Pflegeeinrichtungen einer fachlichen und rechtlichen Legitimation, denn freiheitseinschränkende Maßnahmen greifen unabhängig vom Ort, an dem sie durchgeführt werden, in die grundrechtlich geschützten Freiheitsrechte des Betroffenen ein. Es fehlt lediglich anders als im Bereich der stationären Versorgung an einer expliziten Regelungen zu den Voraussetzungen freiheitseinschränkender Maßnahmen in der häuslichen Pflege. Dies ist keineswegs selbstverständlich. So war bei der Schaffung des Betreuungsrechts eine gesetzliche Regelung auch für die eigene Häuslichkeit diskutiert worden und nahm auf dem Deutschen Juristentag 1988 in Mainz einen breiten Raum ein.[1] Letztlich wurde auf eine Regelung im Betreuungsrecht verzichtet und freiheitseinschränkende Maßnahmen in der eigenen Häuslichkeit ebenso wie solche gegenüber Minderjährigen[2] verzichtet.

2   Es ist unstreitig, dass sich anders als vom BGH noch im Jahr 1959[3] angenommen freiheitseinschränkende Maßnahmen in der eigenen Häuslichkeit nicht aus dem Gesichtspunkt der Familienfürsorge rechtfertigen lassen, sondern eine Legitimation durch eine Einwilligung des einwilligungsfähigen Betroffenen und bei dessen Einwilligungsunfähigkeit durch eine Einwilligung seines Betreuers oder Bevollmächtigten bedürfen.[4] Ebenso ist unstreitig, dass gerade in der häuslichen Pflege nicht immer hinreichend auf eine Legitimation der Maßnahme geachtet wird, freiheitseinschränkende Maßnahmen in einer rechtlichen Grauzone stattfinden.

3   Die vielfältigen Maßnahmen vom Einschließen in der eigenen Wohnung, der Verwendung von Bauchgurten, der Sedierung zum Zwecke der Ruhigstellung, abgeschlossenen Zimmertüren bis hin zu Netzen über dem Bett, gehören zum Kreis der freiheitseinschränkenden Maßnahmen. Inwieweit Art. 104 Abs. 2 GG seine Schutzwirkung in der häuslichen Pflege entfaltet, wird noch zu erörtern sein. Dass die grundrechtlich geschützten Freiheitsrechte auch in der Privatsphäre, in Familienzusammenhängen geschützt sind, ergibt sich unmittelbar aus Art. 2 Abs. 2 GG in Verbindung mit der Strafbewährung der Freiheitsberaubung gemäß § 239 StGB: Privater Freiheitsentzug gegenüber Kranken oder „alten Familienangehörigen" ist als Freiheitsberaubung zu werten[5]. Mit dem Betreuungsrecht wurde überdies die rechtsstaatliche Entscheidung getroffen, auch im Bereich des Erwachsenenschutzrechts die Rechtsfürsorge für in ihren Grund- und Menschenrechten gefährdete Personen durch die Institution der gesetzlichen Betreuung sicherzustellen – und dies unabhängig von dem Ort, an dem Menschen mit Betreuungsbedarf im Sinne des § 1896 Abs. 1 BGB leben. So darf der Staat, der die Rechtsfürsorge für

---

1   *Deutscher Juristentag* Gutachten K 1988 191 ff., vgl. insbesondere *Bruder* S. 198 (gegen eine Genehmigungspflicht) und *Klie* S. 194 (für eine Genehmigungspflicht).

2   Vgl. *Hoffmann* Personensorge 2009 119.

3   *BGH* Urt. v. 16.06.1959 – 1 StR 191/59, *BGH*St 13, 197.

4   Vgl. *Klie* Rechtskunde 2009 S. 243; *Klie* BTMan 2009, 200.

5   *Kindhäuser/Sonnen* StGB 2010 § 239, Rn. 22.

die von Freiheitseinschränkungen betroffenen vulnerablen Personengruppen garantiert, nicht zulassen, dass Menschen in der Situation der häuslichen Pflege in ihren Freiheitsrechten in einer Weise eingeschränkt werden, die nicht mehr ihrem Wohl entspricht und dies auch dann nicht, wenn er diese Rechtsfürsorge durch Privatpersonen, die *qua* Ehrenamt zu Betreuern bestellt wurden, wahrnehmen lässt. Die „Altenwohlgefährdung" in der häuslichen Pflege wird in der gegenwärtigen pflegepolitischen Diskussion weithin tabuisiert.[6] Der Staat kann Fürsorge und Hilfe auf unterschiedliche Art und Weise sicherstellen, zuvorderst durch Sozialleistungen. Er hat aber unabhängig von dem gewählten Weg das Wohl der Betroffenen und ihre Freiheitsrechte wirksam zu schützen. Dabei lassen sich Differenzierungen vornehmen, wie dies auch im Bereich der stationären Versorgung geschieht. Freiheitseinschränkende Maßnahmen, die dazu führen, dass Personen in der Familienpflege ihre Wohnung, ihr Haus nicht mehr verlassen können, wären einer Unterbringung gemäß § 1906 Abs. 1 BGB gleichzustellen. Maßnahmen, die sich auf einzelne Personen beziehen und/oder situativ eingesetzt werden, lassen sich dem gegenüber § 1906 Abs. 4 BGB gleichstellen. Werden Familienangehörige lediglich daran gehindert, bestimmte Zimmer in einem Haus zu betreten, so sind diese Maßnahmen als Freiheitsbeschränkung zu qualifizieren, die keinen hohen Intensitätsgrad als Eingriffe in die Freiheitsrechte besitzen.

Angesichts der zentralen Kategorie des Wohls des Betroffenen sind bei freiheitseinschränkenden **4** und -entziehenden Maßnahmen in der eigenen Häuslichkeit die besonderen Umstände dort, inklusive der spezifischen Gefährdungspotenziale, mit in Betracht zu ziehen. So ist regelmäßig der räumliche Bewegungsspielraum ein geringer, bestehen besondere Gefahren, wenn Personen ohne ausreichendes Orientierungsvermögen allein gelassen werden, ist eine Art Supervision oder eine Obhut durch anwesende Personen häufig nicht ohne Weiteres sicherzustellen. Das häusliche Setting kann andererseits eine besondere Vertrautheit vermitteln, nachbarschaftliche Ressourcen einbeziehen lassen. Fremdheitsgefühle und Störungen durch Mitbewohner, wie in stationären Einrichtungen verbreitet, stellen sich ggf. als geringer dar. Diese jeweiligen Umwelt- und sozialen Kontextfaktoren gilt es für die Bewertung von freiheitseinschränkenden und -entziehenden Maßnahmen in der häuslichen Pflege mit zu bedenken. Hinzu kommt die besondere Involviertheit von Familienangehörigen, die ihrerseits in ihren Handlungsspielräumen durch die Übernahme von Pflegeaufgaben deutlich eingeschränkt sind und für die sich die ständige Notwendigkeit der Anwesenheit als hoher Belastungsfaktor und faktisch auch als erhebliche Einschränkung ihrer persönlichen Handlungsfreiheit darstellt. Gerade die Unentrinnbarkeit, die sich subjektiv und bisweilen objektiv für pflegende Angehörige angesichts der Pflegeaufgaben im häuslichen Pflegearrangement stellt, zeichnet häusliche Pflegesituationen aus. Auch die fehlende fachliche Supervision und Begleitung für die Betroffenen, die nicht in jeder Situation sichergestellt ist, kennzeichnen potentiell häusliche Versorgungssettings, in denen zu freiheitseinschränkenden und -entziehenden Maßnahmen gegriffen wird.

II. Freiheitseinschränkende Maßnahmen in der eigenen Häuslichkeit aus der Perspektive von Art. 104 GG

Art. 104 GG ist für die verfassungsrechtliche Behandlung freiheitsentziehender Maßnahmen **5** im deutschen Recht prägend und determinierend: Aus ihm ergibt sich die richterliche Genehmigungsbedürftigkeit freiheitsentziehender Maßnahmen. Fraglich ist allerdings, ob Art. 104

---

6 Vgl. *Riedel/Stolz* BtPrax 2008, 233.

GG seine Wirkung auch in Familienhaushalten entfaltet. Unmittelbar gilt Art. 104 GG nicht für Freiheitsentziehung durch Private. Gestattet der Staat Freiheitsentziehung durch Privatpersonen, kommen allerdings Art. 104 Abs. 2–Abs. 4 GG zum Tragen, die bei Unterbringungen im öffentlich-rechtlichen Regime gelten, und zwar unabhängig davon, ob die entsprechenden Normen öffentlich-rechtlicher oder privatrechtlicher Natur sind[7]. Auch wenn sich Art. 104 GG nur an die öffentliche Gewalt richtet[8], strahlt er auch in Verbindung mit Art. 2 Abs. 2 S. 2 GG auf private Rechtsverhältnisse aus. Art 104 GG ist als eine objektive Wertentscheidung im Bereich freiheitsentziehender und freiheitsbeschränkender Unterbringung auch bei Unterbringungen aufgrund von zivilrechtlichen Vorschriften zu beachten.[9] Dabei blieb lange offen, ob dies auch im Bereich der elterlichen Gewalt gegenüber ihren Kindern der Fall ist. Für die Unterbringung außerhalb des Familienhaushaltes ist dies inzwischen entschieden: Kinder können durch ihre Eltern gemäß § 1631b BGB nur mit Genehmigung des Familiengerichts untergebracht werden. Art. 104 GG können demnach allgemein Schutzpflichten im Hinblick auf die Ausgestaltung privatrechtlicher Beziehungen entnommen werden, wenn die öffentliche Gewalt an deren Ausübung mitwirkt[10]. Begründet wird dies aus dem im Kontext des Art. 2 Abs. 2 GG ausdifferenzierten Schutzpflichtenkonzepts: Das soziale Machtgefälle zwischen Personensorgeberechtigten und ihren Schutzbefohlenen, sowie dem ausdrücklichen Schutzauftrag des Art. 6 Abs. 2 S. 2 GG führen dazu, dass Art. 104 GG seine Wirkung auch in Privatrechtsverhältnissen entfaltet[11]. Hier tritt das Elternrecht zugunsten des staatlichen Mitwirkungs- und Aufsichtsauftrages gegenüber Familien zurück. Bedient sich der Gesetzgeber hier wie im Erwachsenenschutzrecht Privater (gesetzlicher Betreuer), um die Rechtsfürsorge für den Schutzbedürftigen sicherzustellen, dann sind diese ebenfalls an die verfassungsrechtlichen Vorgaben des Art. 104 GG gebunden. Dies folgt zum einen aus der Ausstrahlungswirkung der Grundrechte auf privatrechtliche Beziehungen im Sinne der allgemeinen Drittwirkungslehre, zum anderen aber auch daraus, dass es sich hier der Sache nach um einen Akt öffentlicher Fürsorge handelt, für die der Staat sich einer Privatperson bedient[12]. Von dieser grundsätzlichen Klärung der Geltung von Art. 104 GG für Freiheitsentziehung durch Private ist der Problemkreis der Unterbringung in Privathaushalten nicht erfasst. Der Gesetzgeber hat sich sowohl im Minderjährigenrecht als auch im Betreuungsrecht gegen die Genehmigungspflicht von freiheitsentziehenden Maßnahmen in der eigenen Häuslichkeit ausgesprochen. Anders als im Minderjährigenrecht, in dem dies mit dem verfassungsrechtlich geschützten Elternrecht begründet werden könnte[13], können im Erwachsenenschutzbereich derartige Verfassungsgüter gleichen Ranges nicht angeführt werden. Insbesondere dort, wo Betreuungsbedürftigkeit im Sinne des § 1896 BGB gegeben ist, spricht viel für eine unmittelbare Grundrechtsgeltung, jedenfalls aber für eine staatliche Schutzpflicht für die von Freiheitsentziehung in Privathaushalten Betroffenen. Dem wird anders als in Einrichtungen durch den Gesetzgeber bisher nicht Rechnung getragen. Insofern lassen sich freiheitsentziehende Maßnahmen in der eigenen Häuslichkeit nicht aus dem Schutzbereich des Art. 104 GG herausnehmen.

---

7 *Jarass/Pieroth/Jarass* GG 2005 Art. 104, Rn. 29.
8 *BGHZ* 17, 108 (113).
9 *Münch/Kunig/Kunig* GG 2000 Art. 104, Rn. 4.
10 *BVerfGE* 10 302 (322).
11 *Mangoldt/Gusy* GG 2010 Art. 104, Rn. 16.
12 *Sachs/Degenhart* GG 2009 Art. 104, Rn. 8.
13 Vgl. *Hoffmann* Personensorge 2009.119.

III. Freiheitseinschränkende Maßnahmen in der eigenen Häuslichkeit aus der Perspektive des Betreuungsrechts

1. Legitimation von freiheitseinschränkenden Maßnahmen

Das Betreuungsrecht kennt als zentrale Orientierung für das Betreuerhandeln das Wohl des **6** Betroffenen (§ 1901 BGB), bei dessen Ermittlung seine Wünsche zu berücksichtigen sind. Diese Parteilichkeit des Betreuungsrechts, die advokatorische Grundausrichtung zeichnet das Betreuungsrecht, insbesondere im Bereich der Personensorge aus. Das deutsche Recht gibt Angehörigen als solchen keine Entscheidungsbefugnis über selbst nicht mehr einwilligungs- oder urteilsfähige Angehörige.[14] Als legitimierte Rollenträger für Entscheidungen, die die Freiheitsrechte des Betroffenen betreffen, kommt lediglich der gesetzliche Betreuer oder, soweit eine Vollmacht vorliegt, der entsprechende Bevollmächtigte in Betracht. Auch kurzfristig lässt sich eine freiheitseinschränkende oder -entziehende Maßnahme nicht unter dem Gesichtspunkt des Notstandes legitimieren. Der Gesetzgeber hat für derartige Konstellationen das Rechtsinstitut der gesetzlichen Betreuung geschaffen. So ist auf die rechtliche Betreuung und die Entscheidung eines rechtlichen Betreuers – bzw. beim Vorhandensein einer Vorsorgevollmacht auf die Entscheidung des rechtsgeschäftlich Bevollmächtigten – zur Legitimation freiheitseinschränkenden und -entziehenden Maßnahmen in der häuslichen Pflege zurückzugreifen. Gegebenenfalls, so die notwendige Schlussfolgerung, ist allein zur Entscheidung über freiheitseinschränkende Maßnahmen in der eigenen Häuslichkeit ein Betreuer zu bestellen. Auch fachlich kann das Tätigwerden eines Betreuers Entscheidungsroutinen unterbrechen und Versorgungssettings und Pflegepraktiken einer Revision unterziehen. Die Bestellung eines Betreuers für betreuungsbedürftige Personen, die im Familienhaushalt gepflegt werden, unterbleibt entgegen dieser rechtlichen Notwendigkeit und fachlichen Gebotenheit jedoch weithin.[15]

2. Freiheitseinschränkende Maßnahmen in der eigenen Häuslichkeit und betreuungsgerichtliche Kontrolle

Die Frage der Genehmigungsfähigkeit von freiheitseinschränkenden Maßnahmen in der eige- **7** nen Häuslichkeit ist seit langem umstritten. Um zu einer Anwendung des § 1906 BGB zu gelangen, müsste man den Familienhaushalt als andere Einrichtung im Sinne des § 1906 Abs. 1 und Abs. 4 BGB qualifizieren.

Der Wortlaut legt eine enge Auslegung nahe, die die Genehmigungsfähig- und -pflichtigkeit von **8** freiheitsentziehenden Maßnahmen in der eigenen Häuslichkeit ausschließt. Das Gleiche gilt für den Willen des Gesetzgebers: Er hat sich im Gesetzgebungsverfahren ausführlich mit der Problematik auseinandergesetzt. Zumindest der 57. Deutsche Juristentag hat dieses getan.[16]

In der Rechtsprechung und Kommentarliteratur lässt sich in den letzten Jahren ein Trend **9** nachzeichnen, der von einer Genehmigungspflicht respektive -fähigkeit von freiheitsentziehenden Maßnahmen in der eigenen Häuslichkeit ausgeht, wenn die freiheitsentziehenden Maßnahmen von Pflegekräften oder dem Pflegedienst ergriffen werden. Begonnen hat dieser Trend mit einer Entscheidung des LG Hamburg vom 9.9.1994[17]: Das Gericht qualifiziert unter Hin-

---

14 Vgl. *Bienwald* FamRZ 2002, 1453; *Klie* BtPrax 2002, 91; *May/Kettner* BtPrax 2003, 96; *Probst* BtPrax 2004, 163.
15 *Riedel*/Stolz BtPrax 2008, 238.
16 Vgl. *Riedel*/Stolz BtPrax 2008, 238.
17 *LG Hamburg* FamRZ 1994, 1619.

weis auf die Kommentierung von Schwab im Münchner Kommentar[18] die eigene Wohnung des Betroffenen unter Einbeziehung dritter Personen in die tatsächliche Pflege und „Beaufsichtigung" als sonstige Einrichtung im Sinne des § 1906 Abs. 4 BGB. Die Entscheidung des LG Hamburg wurde durch das OLG Hamburg *bestätigt*.[19] Ähnlich entschied das LG München in einer Entscheidung vom 7.7.1999.[20] Die eigene Wohnung des Betroffenen könne eine sonstige Einrichtung im Sinne des § 1906 Abs. 4 BGB darstellen, wenn dieser von einem Pflegedienst betreut würde. Der Einrichtungsbegriff sei vom Schutzzweck der Vorschrift her weit auszulegen, er fordere aber einen institutionellen Rahmen, der insbesondere dann gegeben sei, wenn der Betroffene ausschließlich durch fremde, professionelle ambulante Pflegedienste versorgt werde.

10 Das AG Berlin-Kreuzberg sah in einer Wohnung bei Betreuung durch Hauspflegekräfte, auch wenn diese nicht rund um die Uhr verfügbar sind, eine „sonstige Einrichtung". Es qualifiziert allerdings die eigene Wohnung nicht als Unterbringung im Sinne des § 1906 Abs. 1 BGB, da diese eine geschlossene Anstalt, ein geschlossenes Krankenhaus oder Heim voraussetze.[21] Ebenso betrachtet das AG Garmisch Partenkirchen das zeitweise Versperren einer Wohnungstür nicht als geschlossene Unterbringung, aber doch als unterbringungsähnliche Maßnahme, die am Maßstab des § 1906 Abs. 4 BGB gemessen werden müsse. Eine Genehmigung sei allerdings nur dann erforderlich, wenn der Betroffene ausschließlich durch fremde ambulante Pflegekräfte versorgt werde.[22] Die Kommentarliteratur folgt überwiegend der Rechtsprechung und sieht die Genehmigungsfähigkeit und -pflichtigkeit nur dort vor, wo der Betroffene rundum durch professionelle Pflegedienste versorgt und von diesen (gelegentlich) „eingesperrt" werde.[23] Einer Einrichtung gleichgestellt wird allerdings auch eine fremde Familie, in der der Betroffene Pflege erhält,[24] und die eigene Wohnung des Betroffenen bei Versorgung durch Pflegedienste als sonstige Einrichtungen im Sinne des § 1906 Abs. 4 BGB.[25]

11 Wird der Betroffene in einem Familienhaushalt versorgt und im Wesentlichen von Familienangehörigen betreut, wird die Genehmigungsfähigkeit und -pflichtigkeit in Rechtsprechung und Literatur überwiegend verneint.[26] Maßnahmen durch Angehörige des Betroffenen fallen auch dann nicht in den Anwendungsbereich des § 1906 Abs. 4 BGB, wenn der Betroffene in der eigenen Wohnung lebt. Weitergehend wird die Genehmigungspflicht derjenigen freiheitseinschränkenden Maßnahmen verneint, die durch Angehörige, Freunde, Nachbarn, Lebensgefährten und Pflegedienste vorgenommen werden.[27]

12 In Literatur und Rechtsprechung wird nicht thematisiert, wie es bei einem so genannten Pflegemix aussieht, an dem sowohl Angehörige als auch Pflegedienste beteiligt sind. Hier könnte die Rechtsauffassung vertreten werden, dass die von einem Pflegedienst veranlassten und durchgeführten freiheitsentziehenden Maßnahmen als genehmigungsfähige und -pflichtige qualifiziert werden, da sie von Professionellen, von Pflegediensten ergriffen werden. Die von Angehörigen selbst vollzogenen freiheitsentziehenden Maßnahmen würden der Genehmi-

---

18 MüKo/Schwab § 1906 Rn. 28.
19 *OLG Hamburg* FamRZ *1995, 1019.*
20 *LG München* NJW 1999, 3642.
21 *AG Berlin Kreuzberg* Beschluss v. 28.4.199 – Az. 50 XVII G 361.
22 *AG Garmisch-Patenkirchen* Beschluss v. 6.6.2008 – Az. XVII 0231/08.
23 *Palandt/Diederichsen* § 1906 Rn. 32.
24 MüKo/*Schwab* § 1906 Rn. 44.
25 HK-BUR/*Rink* § 1906 Rn. 45.
26 *AG Garmisch-Partenkirchen* Beschluss v. 6.6.2008 – Az. XVII 0231/08.
27 Staudinger/*Bienwald* § 1906, Rn. 45; *BayObLG* FamRZ 2003, 325.

gungspflicht nicht unterfallen. Das führt allerdings zu einer eher unübersichtlichen Situation, würde aber zumindest den Pflegediensten eine Legitimationsgrundlage außerhalb der allgemeinen Rechtfertigungsgründe eröffnen, was für ein professionelles, gewissermaßen „institutionelles" Handeln bedeutsam wäre. In der Praxis finden sich vielfältige Mischformen, ggf. veranlassen Pflegedienste Angehörige, zu freiheitsentziehenden Maßnahmen zu greifen, das heißt in Form von Bettgittern, Bauchgurten etc. pp., andererseits bitten Familienangehörige Pflegedienste entsprechende Maßnahmen, insbesondere das Abschließen der Wohnungstür zu vollziehen, ohne dass die Pflegedienste ihrerseits immer von dem Sinn oder auch von der Rechtmäßigkeit der Maßnahme überzeugt wären. Diesen Grauzonen hat sich die veröffentlichte Rechtsprechung, aber auch die Literatur bisher mit wenigen Ausnahmen nicht gewidmet.[28] Letztlich ist zu konzedieren, dass innerhalb der Familienpflege kaum eine legale Grundlage für freiheitseinschränkende Maßnahmen zu finden ist. Mit Blick auf die Bedeutung des Art. 2 Abs. 2 S. 1 GG und Art. 104 Abs. 2 GG hatte das AG Garmisch Partenkirchen aus diesen Gründen zunächst auch die Genehmigungsfähigkeit von freiheitseinschränkenden Maßnahmen in Privathaushalten bei Angehörigenpflege angenommen.[29] Es ist zu begrüßen, dass aktuell – wohl auch unter dem Eindruck der UN-Behindertenrechtskonvention – zunehmend häufiger problematisiert wird, ob nicht jede freiheitseinschränkende Maßnahme zumindest eine ausdrückliche, „besondere" gesetzliche Grundlage voraussetze.[30] Dieser Ansicht wird sich in dieser Monographie ausdrücklich angeschlossen, wobei eine ausdrückliche Rechtsgrundlage nicht mit einem Genehmigungserfordernis, also einer betreuungsgerichtlichen Kontrolle, gleichzusetzen ist.

IV. Freiheitseinschränkende Maßnahmen in der eigenen Häuslichkeit aus der Perspektive des Strafrechts

Es ist unstreitig, dass Freiheitseinschränkungen in der eigenen Häuslichkeit den Tatbestand **13** der Freiheitsberaubung i. S. d. § 239 StGB erfüllen.[31] Fraglich ist, ob ein eigenständiger Rechtfertigungsgrund für das Ergreifen freiheitseinschränkender Maßnahmen in der eigenen Häuslichkeit angeführt werden kann. Der BGH hatte seinerzeit in einer Entscheidung aus dem Jahre 1959 entschieden, dass eine im Rahmen der Familienpflege notwendig werdende zeitweilige Einschließung eines „Geisteskranken" als Selbsthilfemaßnahme ohne Anrufung des Gerichts zulässig sei.[32] Er begründete die Entscheidung damit, dass die „moderne Gesellschaft" auf familiäre Selbsthilfe „nicht verzichten" könne. Durch eine anders lautende Entscheidung würde diese jedoch der staatlichen Kontrolle und Reglementierung unterworfen und damit ihres „sittlichen Eigenwertes" beraubt werden. Es widerspräche den damals geltenden Rechtsauffassungen vom Verhältnis der Familiengemeinschaft zur staatlichen Gemeinschaft und von der Subsidiarität staatlichen Eingreifens in Angelegenheiten der Familie eine Einschaltung der Gerichte zu verlangen. Im Ergebnis führt dies zu einem rechtsfreien Raum in pflegenden Familien. Auch strafrechtlicher Sozialkontrolle will und muss nicht familiäre Solidarität verhindern sondern dient dazu, der Gefahr menschenunwürdiger Behandlung und des Miss-

---

28 Vgl. *Klie* Rechtskunde 2009, 178 ff.; *Klie* BTMan 2009, S. 200 f.

29 *AG Garmisch-Patenkirchen* BtPrax 1999, 207.

30 *Lipp* Vorsorgeverfügungen 2009 § 16, Rn. 11, 89, 102; *Marschner/Lesting* Freiheitsentziehung und Unterbringung 2010, A Rn. 3.

31 *Kindhäuser/Sonnen* StGB 2010 § 239, Rn. 22; *Riedel/Stolz* BtPrax, 2008, 238; *Klie* Rechtskunde 2009,179; *LG München I* Urteil v. 11.9.2006 – Az. 11KLS 113 JS11621/05.

32 *BGH* Urteil v. 16.06.1959 – 1 StR 191/59, *BGH*St 13, 197.

brauchs präventiv entgegenzutreten.[33] Auch heute noch wird der Begriff der „familiären Selbsthilfe" angeführt.[34] Soweit freiheitseinschränkende Maßnahmen durch den jeweiligen Krankheitszustand des Pflegebedürftigen geboten erscheinen, um ihn vor Schaden zu bewahren, sollen diese unter dem Gesichtspunkt familiärer Selbsthilfe gerechtfertigt sein. Dies setzt aber nach Träger/Schluckebier voraus, dass die Freiheitsentziehung nicht über das jeweils erforderliche Maß ausgedehnt und dem Kranken die weiterhin gebotene Sorge zuteil werde. Dass die dauernde Einsperrung eines „geisteskranken" Familienangehörigen unter Vernachlässigung der erforderlichen Versorgung nicht zu rechtfertigen ist und als Freiheitsberaubung beurteilt werden muss, ggf. in Tateinheit oder Tatmehrheit mit Körperverletzung steht auch für Träger/Schluckebier außer Frage und wurde seinerzeit bereits vom Reichsgericht entschieden.[35] Namentlich nach Verabschiedung des Betreuungsgesetzes kann nach hier vertretener Auffassung nicht mehr auf den Gesichtspunkt der familiären Selbsthilfe abgestellt werden. Ebenso scheidet, wie bereits dargestellt, eine Rechtfertigung über das Konstrukt des rechtfertigenden Notstand, § 34 StGB, aus, da dieser Rechtfertigungsgrund nicht greift, wenn Rechtsgüter ein und derselben Person gegeneinander abzuwägen sind – hier also die Freiheitsrechte des Betroffenen mit seinem Recht auf körperliche Unversehrtheit. Letztlich bleibt zu konstatieren, dass von einer erheblichen Anzahl an rechtswidrigen und schuldhaften Freiheitsberaubungen in der häuslichen Pflege auszugehen ist, die für die Täter jedoch folgenlos bleiben.

---

33 *Kindhäuser/Sonnen* StGB 2010 § 239, Rn. 22.
34 *Träger/Schluckebier* in: Lilie u. a. StGB 2005 § 239, Rn 25.
35 *RGSt* 62, 160.

8. Kapitel
Zivilrechtliche Haftung
und strafrechtliche Verantwortung

Grund für eine zivilrechtliche Haftung und/oder strafrechtliche Verantwortung der an einer **1** Entscheidung für oder gegen eine freiheitsentziehende Unterbringung oder freiheitsentziehenden Maßnahmen Beteiligten – wie dem Betreuer, dem Bevollmächtigtem, dem Personal der Einrichtung, dem Betreuungsrichter bzw. dem Sachverständigen – ist eine schuldhafte, also vorsätzliche oder fahrlässige Verletzung ihrer jeweiligen Pflichten.

Dabei variiert der Inhalt der Pflichten der Beteiligten ebenso wie das den Pflichten zu Grunde **2** liegende Verhältnis zum Betroffenen. Inhalt einer Pflichtverletzung kann sowohl die rechtswidrige Vornahme einer freiheitsentziehenden Unterbringung oder freiheitsentziehender Maßnahmen als auch das Unterlassen notwendiger freiheitsentziehender Maßnahmen oder einer freiheitsentziehenden Unterbringung sein. Im Folgenden wird der Inhalt der Pflichten der Beteiligten gegenüber dem Betroffenen und die daraus eventuell folgende zivilrechtliche Haftung bzw. strafrechtliche Verantwortung dargestellt.

I. Rechtswidrige Freiheitsentziehung

1. Grundlagen einer zivilrechtlichen Haftung

a) Deliktische Ansprüche

Die Freiheit der Person ist eines der Rechtsgüter, deren widerrechtliche und schuldhafte Ver- **3** letzung zu einer deliktischen Haftung führt. § 823 Abs. 1 BGB lautet:

„Wer vorsätzlich oder fahrlässig … die Freiheit … eines anderen widerrechtlich verletzt, ist dem anderen zum Ersatze des daraus entstehenden Schadens verpflichtet."

Gegen alle an einer Freiheitsentziehung unmittelbar beteiligten Personen – den Betreuer, den **4** Bevollmächtigten und das Personal der Einrichtung – können auf dieser Grundlage Schadensersatzansprüche bestehen.

Auch gegen die Einrichtung selbst können Ansprüche nach § 823 Abs. 1 BGB bestehen, wenn **5** die Einrichtung ein sogenanntes Organisationsverschulden trifft – insbesondere wenn die Ausstattung der Einrichtung mit Personal nicht den üblichen Erfordernissen entsprochen hat. Überdies haftet die Einrichtung nach § 831 BGB für Verschulden ihres ärztlichen, pflegerischen oder sonstigen Personals, wenn Auswahl und Überwachung des Personals nicht mit der erforderlichen Sorgfalt vorgenommen wurde.

Gegenüber dem Betreuungsrichter hat der Betroffene keine unmittelbaren Ansprüche. Anstelle **6** einer persönlichen Haftung des Betreuungsrichters für schuldhafte Pflichtverletzungen im Rahmen eines Genehmigungsverfahren tritt die Haftung des Staates für die schuldhafte Verletzung von Amtspflichten seitens des Betreuungsrichters, Art. 34 GG, § 839 Abs. 2 BGB.[1] Die

---

1 Vgl. insgesamt *Zimmermann* BtPrax 2008, 185.

Amtshaftung tritt nicht ein, wenn der Betroffene es vorsätzlich oder fahrlässig unterlassen hat, den Schaden durch den Gebrauch eines Rechtsmittels abzuwenden, § 839 Abs. 3 BGB. Der seines Erachtens zu Unrecht freiheitsentziehend Untergebrachte oder von einer freiheitsentziehenden Maßnahme Betroffene muss demnach Beschwerde gegen die gerichtliche Genehmigungsentscheidung eingelegt haben, damit überhaupt Schadensersatz- und Schmerzensgeldansprüche in Betracht kommen.

7   Ferner ist Voraussetzung für das Bestehen eines Amtshaftungsanspruchs, dass das Verweisungsprivileg des § 839 Abs. 1 S. 2 BGB nicht eingreift, nach dem bei Fahrlässigkeit des Richters eine Haftung nur in Betracht kommt, wenn der Betroffene nicht auf andere Weise Ersatz erhalten kann, da auch die Voraussetzungen einer Haftung des Betreuers, Bevollmächtigten oder Sachverständigen vorliegen und die entsprechenden Ansprüche zumutbar durchsetzbar sind. Hingegen gilt das Spruchrichterprivileg des § 839 Abs. 2 BGB, das besagt, dass ein Beamter bei einem Urteil in einer Rechtssache seine Amtspflichten nur verletzt, wenn die Pflichtverletzung in einer Straftat besteht, in Betreuungs- und Unterbringungssachen nach überwiegender Meinung nicht, da die entsprechenden Entscheidungen kein Urteil in diesem Sinne sind.[2]

8   Unabhängig vom Spruchrichterprivileg ist jedoch der Grundsatz der richterlichen Unabhängigkeit zu beachten. Ein Schuldvorwurf bei der Rechtsanwendung und Gesetzesauslegung kann einem Richter in Betreuungs- und Unterbringungssachen daher nur bei besonders groben Verstößen gemacht werden. Inhaltlich führt dies letztlich zu einer Haftung allein für Vorsatz oder grobe Fahrlässigkeit. Oder in anderen Worten: Entscheidungen in Unterbringungssachen sind im Amtshaftungsprozess nicht uneingeschränkt auf ihre sachliche Richtigkeit, sondern nur daraufhin zu überprüfen, ob sie vertretbar waren.

9   Der Sachverständige, der in Unterbringungsverfahren ein Gutachten erstattet ist Gehilfe des Betreuungsgerichts. Er steht daher an sich in keiner direkten Beziehung zum Betroffenen. Der Sachverständige haftet dem Betroffenen jedoch unmittelbar für die Folgen eines grob fahrlässig oder vorsätzlich unrichtigen Gutachtens, wenn das Gutachten mitursächlich für die gerichtliche Genehmigungsentscheidung war, § 839a BGB. Im Rahmen ihres Anwendungsbereichs ist die Haftung nach § 839a BGB abschließend. Die Haftung des Sachverständigen entfällt wie die Amtshaftung des Staates, wenn der Betroffene es vorsätzlich oder fahrlässig unterlassen hat, den Schaden durch den Gebrauch eines Rechtsmittels abzuwenden, § 839a Abs. 2 BGB.

10   Bestehen deliktische Ansprüche gegen den Betreuer, Bevollmächtigten, die Einrichtung, das Personal der Einrichtung, den gerichtlichen Sachverständigen bzw. ein Anspruch auf Schadensersatz wegen Amtspflichtverletzung, liegen dann auch die Voraussetzungen eines Anspruchs auf Schmerzensgeld vor, § 253 Abs. 2 BGB.

b)   Weitere Anspruchsgrundlagen

11   Schadensersatz- und Schmerzensgeldansprüche wegen der Verletzung von Freiheitsrechten des Betroffenen können neben einer Grundlage im Deliktsrecht auch auf anderen rechtlichen Beziehungen zwischen dem Betroffenen und den an der Freiheitsentziehung des Betroffenen Beteiligten fußen.

12   Im Verhältnis zwischen Betreuer und Betroffenem kann eine Freiheitsentziehung, für die die rechtlichen oder tatsächlichen Voraussetzungen nicht vorgelegen haben, als Verletzung der Pflichten des Betreuers im Sinne der §§ 1833, 1908i Abs. 1 S. 1 BGB zu bewerten sein. Eine

---

2   *BGHZ* 155, 306 = BtPrax 2003, 265.

rechtswidrige Unterbringung oder rechtswidrige freiheitsentziehende Maßnahmen können zudem dazuführen, dass der Betreuer für die mit diesen Maßnahmen in Zusammenhang stehenden Tätigkeiten, eventuell sogar für seine gesamte Tätigkeit, den Anspruch auf Vergütung verliert (*s. Rechtsprechung Stichwort XV. Haftung*).

Zwischen Bevollmächtigtem und Betroffenen besteht in der Regel ein Auftragsverhältnis im **13** Sinne der §§ 662 ff. BGB. Eine Freiheitsentziehung kann sich als schuldhafte Verletzung dieses Auftragsverhältnisses durch den Bevollmächtigten darstellen, wenn die Voraussetzungen für sie nicht vorgelegen haben. Zu beachten ist, dass insbesondere bei einer Bevollmächtigung von Angehörigen vielfach von der (konkludenten) Vereinbarung eines Haftungsausschlusses für einfache Fahrlässigkeit auszugehen sein wird, so dass Ansprüche gegen den Bevollmächtigten bei grob fahrlässigen oder vorsätzlichen Pflichtverletzungen bestehen.

Zwischen der Einrichtung, in der der Betroffene lebt, und dem Betroffenen bestehen vertragli- **14** che Beziehungen. Die Einrichtung bedient sich ihrem ärztlichen, pflegerischen oder sozialarbeiterischen Personal bei der Erfüllung ihrer vertraglichen Verpflichtungen gegenüber dem Betroffenen. Sie haftet daher für Pflichtverletzungen gegenüber dem Betroffenen durch ihr Personal wie für eigenes Verschulden, § 278 BGB. Dies gilt auch für Ansprüche auf Schmerzensgeld, § 253 Abs. 2 BGB.

Bei einer rechtswidrigen freiheitsentziehenden Unterbringung besteht der Schaden in den Kos- **15** ten der Unterbringung einschließlich der Kosten der im Rahmen der Unterbringung erfolgenden ärztlichen und sonstigen Maßnahmen. In der Regel kommt die Krankenversicherung des Betroffenen für diese Kosten auf, und gehen die Ansprüche des Betroffenen auf die Krankenversicherung über, § 116 SGB X. Ansprüche des Betroffenen richten sich daher meist allein auf Schmerzensgeld, § 253 BGB, und einen eventuellen Verdienstausfall durch die Unterbringung. Zudem ist ein Anspruch auf Ersatz aufgewandter Anwaltskosten denkbar.

2. Grundlagen einer strafrechtliche Verantwortung

Freiheitsentziehende Unterbringungen und freiheitsentziehende Maßnahmen erfüllen meist **16** den objektiven Tatbestand der Freiheitsberaubung im Sinne von § 239 StGB, dessen Abs. 1 lautet:

„Wer einen Menschen einsperrt oder auf andere Weise der Freiheit beraubt, wird mit Freiheitsstrafe bis zu fünf Jahren oder mit Geldstrafe bestraft."

§ 239 StGB schützt das Selbstbestimmungsrecht einer Person über ihren Aufenthaltsort. Ein **17** Eingriff in dieses Selbstbestimmungsrecht setzt ebenso wie der Begriff der Freiheitsentziehung im Zivilrecht die Fähigkeit voraus, einen natürlichen Willen zur Ortsveränderung zu bilden.[3]

Auch die übrigen Streit- und Diskussionspunkte hinsichtlich des strafrechtlichen Begriffs der **18** Freiheitsberaubung und der zivilrechtlichen Begriffe freiheitsentziehende Unterbringung bzw. Maßnahmen ähnlich sich. Aus strafrechtlicher Perspektive ist Tathandlung, dass ein Mensch ohne seinen Willen der Freiheit beraubt wird, es ihm, wenn auch nur vorübergehend, objektiv unmöglich gemacht wird, nach seinem freien Willen seinen Aufenthalt zu verändern. Beim Vorliegen eines Einverständnisses mit den Beschränkungen liegt keine Freiheitsberaubung vor. Die Art und Weise sind ebenso wie der Ort der Freiheitsberaubung weit gefasst und umfassen daher zivilrechtliche freiheitsentziehende und freiheitsbeschränkende Maßnahmen ebenso wie

---

3 Vgl. insgesamt *Hoffmann* BtPrax 2010, 151.

eine freiheitsentziehende Unterbringung. Es ist ausreichend, dass das Opfer einer Freiheitsberaubung eine Barriere oder andere Hindernisse nicht überwinden kann – beispielsweise weil es vorhandene Ausgänge nicht kennt oder den Mechanismus einer Tür nicht bedienen kann – oder dass in der Vorstellung des Opfers durch List eine Ortsveränderung unmöglich gemacht wird – beispielsweise weil eine psychische Barriere geschaffen wird. Anders als im Rahmen der zivilrechtlichen Freiheitsentziehung ist eine bestimmte Dauer für die Bewertung eines Geschehens als Freiheitsberaubung nicht notwendig, so dass kurzzeitige Maßnahmen, die keine Freiheitsentziehung im Sinne des Betreuungsrechts sind, als freiheitsbeschränkende Maßnahmen gleichwohl den Tatbestand der Freiheitsberaubung erfüllen können.

19 Strafbar ist nur die vorsätzliche Freiheitsberaubung. Fährlässige Freiheitsberaubungen sind allein im Hinblick auf zivilrechtliche Folgen von Relevanz. Freiheitsentziehende Unterbringungen oder freiheitsentziehende und freiheitsbeschränkende Maßnahmen durch Betreuer oder Bevollmächtigte erfolgen grundsätzlich vorsätzlich. Durch die Einwilligung des Betreuers bzw. Bevollmächtigten beim Vorliegen der Voraussetzungen des § 1906 Abs. 1 BGB und einer betreuungsgerichtlichen Genehmigung ist die Freiheitsberaubung des Betroffenen jedoch gerechtfertigt. Weder Betreuer noch Bevollmächtigter oder andere an einer freiheitsentziehenden Unterbringung beteiligte Personen wie das Personal der Einrichtung machen sich in dieser Konstellation wegen Freiheitsberaubung gegenüber dem Betroffenen strafbar.

20 Eine Strafbarkeit der an einer zivilrechtlichen Freiheitseinschränkung beteiligten Personen kommt in der Regel nur dann in Betracht, wenn diese verkennen, dass die tatsächlichen oder rechtlichen Voraussetzungen für eine zivilrechtliche Freiheitseinschränkung im konkreten Fall nicht vorliegen. Auch in diesen Fällen wird eine Strafbarkeit der Beteiligten allerdings in der Regel ausscheiden, sofern sie irrtümlich vom Vorliegen der materiell-rechtlichen und anderen Voraussetzungen für eine zivilrechtliche Freiheitsentziehung ausgegangen sind und sich nicht vorsätzlich über die Grenzen einer zivilrechtlichen Freiheitsentziehung hinweg gesetzt haben. Ein Richter, der in Unterbringungsverfahren vorsätzlich zwingende Verfahrensregelungen nicht beachtet, kann sich der Rechtsbeugung schuldig machen, § 339 StGB.[4]

3. Pflichtverletzung

21 Im Folgenden werden mögliche Ansatzpunkte für schuldhafte Pflichtverletzungen im Hinblick auf die verschiedenen an einer freiheitsentziehenden Unterbringung oder freiheitsentziehenden Maßnahmen beteiligten Personen betrachtet.

a) Betreuer

22 Ein Betreuer verletzt seine Pflichten, wenn er den Betroffenen freiheitsentziehend unterbringt oder freiheitsentziehende Maßnahmen legitimiert, obgleich er nicht für einen Aufgabenkreis bestellt wurde, der zur freiheitsentziehenden Unterbringung bzw. freiheitsentziehenden Maßnahmen berechtigt – beispielsweise wenn allein der Aufgabenkreis psychiatrische Behandlung besteht. Nach der Rechtsprechung liegt zumindest bei einem Rechtsanwalt als Betreuer auch dann ein Verschulden vor, wenn das Betreuungsgericht die freiheitsentziehende Unterbringung genehmigte, ohne die Betreuung zu erweitern oder auf das Fehlen der Zuständigkeit des Betreuers hinzuweisen (*s. Rechtsprechung Stichwort XV. Haftung*).

---

4 Vgl. *LG Stuttgart* Urteil v. 14.11.2008 – Az. 16 KLs 180 Js 10961/06; *BGH* FamRZ 2009, 1664 = BtPrax 2009, 236.

Eine Pflichtverletzung des Betreuers liegt ferner vor, wenn er den Betroffenen freiheitsentziehend   23
unterbringt oder freiheitsentziehende Maßnahmen vollzieht, obgleich deren materiell-rechtliche
Voraussetzungen nicht vorliegen. Maßgeblich für die Frage, ob eine freiheitsentziehende Maßnahme dem Wohl des Betroffenen entspricht, ist eine fachlich begründete Risikoeinschätzung, die
sich jeweils sowohl auf das Ergreifen wie auf das Unterlassen von freiheitsentziehenden Maßnahmen zu beziehen hat. Allein eine Sturzgefahr kann eine freiheitsentziehende Maßnahme für sich
genommen nicht rechtfertigen. Freiheitsentziehende Maßnahmen kommen immer nur als Ultima
Ratio in Betracht. So müssen alle Maßnahmen erwogen werden, die das Sturzrisiko oder aber das
Sturzfolgenrisiko (Frakturen) reduzieren *(vgl. 4. Kapitel Rn. 41)*. Auch muss stets geprüft werden,
welche Risiken und Schäden in Folge freiheitsentziehender Maßnahmen drohen (erhöhte Sturzgefahr bzw. Sturzfolgen, übersteigen eines Bettgitters, Strangulationsgefahr, Kontrakturen, Depres-
sionen, erhöhter Psychopharmakaeinsatz). Das Außerachtlassen der mit freiheitsentziehenden
Maßnahmen verbundenen Risiken und das Unterlassen der fachlichen Überprüfung der unbe-
dingten Erforderlichkeit stellt sich als Pflichtverletzung des Betreuers dar. Sind ausnahmsweise
Maßnahmen wegen ihrer Eilbedürftigkeit ohne vorherige betreuungsgerichtliche Genehmigung
zulässig, so ist die Fortsetzung der Maßnahmen ohne Vorliegen einer Genehmigung rechtswidrig,
sobald der Betreuer nicht unverzüglich eine nachträgliche Genehmigung beim Betreuungsgericht
beantragt, § 1906 Abs. 2 S. 2 BGB. Lehnt das Betreuungsgericht das nachträgliche Erteilen einer
Genehmigung ab, so ist ein Fortsetzen der freiheitsentziehenden Unterbringung oder der freiheitsentziehenden Maßnahmen rechtswidrig.

Auch das Fortführen einer freiheitsentziehenden Unterbringung oder freiheitsentziehender   24
Maßnahmen über den Genehmigungszeitraum hinaus bzw. nach Wegfall der materiell-rechtlichen Voraussetzungen ist in der Regel eine schuldhafte Pflichtverletzung.

b) Bevollmächtigter

Voraussetzung der freiheitsentziehenden Unterbringung oder von freiheitsentziehenden Maß-   25
nahmen durch Bevollmächtigte ist zunächst das Bestehen einer den Anforderungen des § 1906
Abs. 5 BGB entsprechenden ausdrücklichen Bevollmächtigung für diese Angelegenheiten.
Ohne wirksame Bevollmächtigung ist die Unterbringung durch den Bevollmächtigten rechtswidrig.

Ebenso wie ein Betreuer verletzt auch ein Bevollmächtigter seine Pflichten, wenn er den   26
Betroffenen freiheitsentziehend unterbringt oder freiheitsentziehende Maßnahmen legitimiert,
obgleich die materiell-rechtlichen Voraussetzungen des § 1906 BGB für entsprechende Maßnahmen nicht vorliegen oder eine betreuungsgerichtliche Genehmigung noch nicht erteilt
wurde. Das Gleiche gilt, wenn eine betreuungsgerichtlich genehmigte Maßnahme bei Wegfall
der Erforderlichkeit aufrechterhalten oder ergriffen wird.

Werden Maßnahmen wegen ihrer Eilbedürftigkeit ohne vorherige betreuungsgerichtliche   27
Genehmigung durchgeführt, ist wie bei einem Betreuer die Fortsetzung der Maßnahmen
rechtswidrig, wenn der Bevollmächtigte nicht unverzüglich eine nachträgliche Genehmigung
beim Betreuungsgericht beantragt, § 1906 Abs. 2 S. 2 BGB. Lehnt das Betreuungsgericht das
nachträgliche Erteilen einer Genehmigung ab, sind die Maßnahmen zu beenden und wäre
ihre Fortsetzung eine Pflichtverletzung. Das gleiche gilt für ein Fortführen von Maßnahmen
über den Genehmigungszeitraum hinaus bzw. nach Wegfall der materiell-rechtlichen Voraussetzungen.

c) Einrichtung und ihr Personal

28 Im Rahmen einer zivilrechtlichen Freiheitsentziehung hat eine Einrichtung keine eigenen, originären, nicht von einem Betreuer oder einem Bevollmächtigten abgeleiteten Befugnisse gegenüber dem Betroffenen. Eine Einrichtung verletzt daher ihre Pflichten gegenüber dem Betroffenen, wenn sie diesen ohne Einwilligung des Betreuers oder Bevollmächtigten freiheitsentziehend unterbringt – beispielsweise bei einer Verlegung auf eine geschlossene Station – oder freiheitsentziehende Maßnahmen gegenüber dem Betroffenen anwendet. Dies gilt auch in den Fällen, in denen eine Einwilligung durch Angehörige oder Lebenspartner des Betroffenen, sofern der Angehörige oder Lebenspartner nicht Betreuer oder Bevollmächtigter des Betroffenen ist, oder in denen eine ärztliche „Anordnung" [5] vorliegt (*s. Rechtsprechung Stichwort XV. Haftung*).

29 Doch auch das Bestehen einer Einwilligung seitens des Betreuers oder Bevollmächtigten legitimiert nicht jede freiheitsentziehende Unterbringung oder freiheitsentziehende Maßnahmen durch das Personal der Einrichtung. Ist die freiheitsentziehende Unterbringung oder sind die freiheitsentziehenden Maßnahmen selbst rechtswidrig, beispielsweise da keine wirksame Vollmacht besteht, die Risiken einer freiheitsentziehenden Maßnahme die des Unterlassens einer solchen übersteigen, es an der fachlichen Erforderlichkeit oder einer betreuungsgerichtlichen Genehmigung fehlt, so beteiligt sich das Personal der Einrichtung an der rechtswidrigen Durchführung und Aufrechterhaltung der entsprechenden Maßnahmen. In diesem Verhalten liegt eine schuldhafte Pflichtverletzung, wenn das Personal weiß, dass es an den Voraussetzungen einer freiheitsentziehenden Unterbringung oder freiheitsentziehenden Maßnahmen fehlt. Im Einzelfall kann auch bereits fahrlässiges Verhalten seitens des Personals einer Einrichtung eine schuldhafte Pflichtverletzung gegenüber dem Betroffenen darstellen – beispielsweise wenn die Legitimation eines Angehörigen zu entsprechenden Maßnahmen nicht hinterfragt wird.

30 Es besteht dementsprechend die Pflicht der Einrichtung, das Betreuungsgericht auf das Fehlen der Voraussetzungen für eine weitere freiheitsentziehende Unterbringung oder freiheitsentziehende Maßnahmen hinzuweisen, wenn der Betreuer bzw. Bevollmächtigte von sich aus die Maßnahmen nicht beendet, damit das Gericht die Genehmigung aufheben kann, § 330 S. 1 FamFG.

d) Richter und Sachverständiger

31 Eine Pflichtverletzung des Betreuungsrichters stellt es dar, wenn er eine freiheitsentziehende Unterbringung oder freiheitsentziehende Maßnahmen ohne vorherige persönliche Anhörung und ohne Verschaffen eines unmittelbaren Eindrucks von dem Betroffenen genehmigt oder ihn freiheitsentziehend unterbringt, ohne zuvor ein Sachverständigengutachten einzuholen, sofern nicht ausnahmsweise die Voraussetzungen für ein Absehen von den genannten Vorgaben vorgelegen haben[6]. Auch andere Verstöße gegen die Pflicht zur Amtsermittlung, § 26 FamFG, können eine Pflichtverletzung darstellen[7] – etwa das Bestellen eines nicht geeigneten Sachverständigen,[8] das Zugrundelegen eines ärztlichen Zeugnis eines nicht hinreichend quali-

---

5 **A.A.** *OLG Nürnberg* BtPrax 2011, 40.
6 Vgl. *LG Stuttgart* Urteil v. 14.11.2008, Az. 16 KLs 180 Js 10961/06; *BGH* FamRZ 2009, 1664 = BtPrax 2009, 236.
7 *BVerfG* FamRZ 1998, 895 = BtPrax 1998, 144.
8 *OLG Celle* NJW-RR 2008, 230.

fizierten Arztes[9] oder das bloße Übernehmen der Feststellungen eines Sachverständigen ohne eigene Prüfung[10]. Ob diese Pflichtverletzung vorsätzlich oder grob fahrlässig[11] ist, lässt sich nur bezogen auf den konkreten Einzelfall feststellen.

Ein Sachverständiger kann seine Pflichten verletzten, wenn er bei seinem Gutachten von einem **32** unzutreffenden Sachverhalt ausgeht oder aus den Befundtatsachen unvertretbar falsche Schlüsse zieht[12]. Es bestehen jedoch keine allgemein gültigen Anforderungen an die Art und Weise der persönlichen Untersuchung des Betroffenen durch den Sachverständigen. Ausreichend ist eine persönliche Kommunikation, die dem Sachverständigen unter medizinisch-fachlichen Gesichtspunkten nach Lage des Einzelfalls eine fundierte Aussage ermöglicht[13].

II. Unterlassen einer Freiheitsentziehung

1. Grundlagen einer zivilrechtlichen Haftung

a) Deliktische Ansprüche

Im Bereich zivilrechtlicher Freiheitsentziehung beziehen sich Verfahren – anders als im Rah- **33** men der öffentlich-rechtlichen Unterbringung – vielfach nicht auf eine Entschädigung wegen einer rechtswidrigen Freiheitsentziehung, sondern auf eine Entschädigung für die Folgen des Unterlassens einer Freiheitsentziehung. Oft ist Kläger nicht der Betroffene, sondern seine Krankenversicherung, die vermeintlich auf sie übergegangene Schadensersatzansprüche des Betroffenen wegen der Kosten einer Behandlung nach einem Unfall gegen die Einrichtung, den Betreuer oder den Bevollmächtigten geltend macht.

Das rechtswidrige Unterlassen einer Freiheitsentziehung kann ebenso wie eine rechtwidrige **34** Freiheitsentziehung zu einer deliktischen Haftung des Betreuers, des Bevollmächtigten, der Einrichtung oder ihres Personals führen. Geschützes Rechtsgut im Sinne von § 823 Abs. 1 BGB ist das Leben, der Körper oder die Gesundheit des Betroffenen, die durch das Unterlassen verletzt werden können. So kann das Unterlassen einer Fixierung des Betroffenen Ursache für dessen Sturz sein.

Voraussetzung für eine Haftung wegen Unterlassens ist zunächst der Eintritt eines Schadens. **35** Auch vorsätzliches oder grob fahrlässiges Unterlassen einer Freiheitsentziehung führt nur dann zu Schadensersatzansprüchen, wenn der Betroffene einen Schaden erlitten hat. Durch den delik-tischen Schadensersatzanspruch soll ein Schaden ausgeglichen und nicht ein Verhalten – und sei es noch so pflichtwidrig – sanktioniert werden. Vertragliche Ansprüche können sich hingegen auch ohne Eintritt eines Schadens allein wegen eines pflichtwidrigen Unterlassens ergeben wie ein Recht zur (außerordentlichen) Kündigung eines Betreuungs- oder Heimvertrages.

Für die Folgen eines Unterlassens haftet nicht jedermann, sondern nur derjenige, der eine **36** Pflicht zum Handeln hatte. In einer Einrichtung haftet daher für den Sturz eines Bewohners nur das Personal der Einrichtung, dass dafür verantwortlich ist, dass die Bewohner vor den Gefahren und Folgen eines Sturzes geschützt sind – beispielsweise die Pflegefachkraft – und

---

9 *OLG Zweibrücken* BtPrax 2003, 80.
10 *KG* R&P 1996, 86.
11 Wohl anzunehmen in dem Fall, der der Entscheidung des *BVerfG* FamRZ 2010, 1624 zugrunde lag.
12 *OLG Saarbrücken* OLGR Saarbrücken 2009, 196.
13 *OLG Hamm* BtPrax 2009, 77.

kein Personal mit anderen Aufgaben – beispielsweise eine Krankengymnastin. Die Pflicht zum Handeln kann unter anderem auf Gesetz oder Vertrag beruhen. Beim Bevollmächtigten oder der Einrichtung bzw. ihrem Personal beruhen die Pflichten auf dem Vertragsverhältnis mit dem Betroffenen. Beim Betreuer auf der Rechtsstellung als gesetzlicher Betreuer im Sinne der §§ 1896 ff. BGB. Sofern der Betreuer oder Bevollmächtigte ein naher Familienangehöriger oder ein Ehegatte oder Lebenspartner des Betroffenen ist, ergeben sich auch aus diesem Näheverhältnis Schutzpflichten gegenüber dem Betroffenen. Die Einrichtung haftet zudem nach § 831 BGB für schuldhaftes, pflichtwidriges Unterlassen ihres ärztlichen, pflegerischen oder sonstigen Personals, wenn bei der Auswahl und Überwachung des Personals die im Verkehr erforderliche Sorgfalt nicht beachtet wurde.

37 Die Einrichtung haftet in der Regel nicht gemäß § 832 BGB. Eine Aufsichtspflicht im Sinne des § 832 BGB besteht nur im Rahmen der Pflichten der Einrichtungen, die sich aus dem Bundesinfektionsschutzgesetz ergeben. Weder die Einrichtung einer Betreuung hat drittschützende Funktion noch die durch Vertrag übernommene Verpflichtung zur fachgerechten Begleitung, Unterstützung und Pflege sowie Behandlung zwischen Heimen und Betroffenen[14]

38 Das Unterlassen einer Freiheitsentziehung ist für den Schaden ursächlich, wenn die unterbliebene Handlung hinzugedacht und sodann festgestellt wird, dass der Schaden bei Vornahme der Handlung nicht eingetreten wäre. Voraussetzung ist weiterhin, dass der Schaden unter den Schutzzweck der entsprechenden Handlungsanforderungen und Pflichtenkreise aus dem Gesetz oder Vertrag fällt, die gesetzliche oder vertragliche Handlungspflicht also einen Schaden wie den eingetretenen verhindern soll. Sind Ansprüche auf Schadensersatz wegen des Unterlassens einer Freiheitsentziehung zu prüfen, sind daher zunächst die sich aus Gesetz oder Vertrag ergebenden Pflichten des Betreuers, Bevollmächtigten, der Einrichtung und ihres Personals bzw. des Betreuungsrichters herauszuarbeiten. Dabei ist darauf zu achten, nicht aus der Schädigung des Betroffenen den Schluss auf eine Pflichtverletzung durch dessen Umfeld zu ziehen.

39 Ein Schaden führt auch dann nicht zum Bestehen von Schadensersatzansprüchen, wenn er sich bei wertender Beurteilung als die Verwirklichung des allgemeinen Lebensrisikos darstellt. Es gehört in bestimmten Umfang zum allgemeinen Lebensrisiko zu stürzen. In einem Sturz kann sich überdies nicht nur das allgemeine Lebensrisiko realisieren, sondern auch ein in Kauf genommenes Risiko, das in Abwägung der freiheitsentziehenden Maßnahmen verbundenen Risiken begründet als geringer eingeschätzt wurde.

40 Bestehen deliktische Ansprüche gegen den Betreuer, Bevollmächtigten, die Einrichtung oder das Personal der Einrichtung, so umfassen diese Ansprüche einen Anspruch auf Schmerzensgeld gemäß § 253 Abs. 2 BGB.

b) Weitere Anspruchsgrundlagen

41 Neben deliktischen Ansprüchen wegen der Verletzung der körperlichen Unversehrtheit des Betroffenen durch Unterlassen kann sich das Unterlassen einer Freiheitsentziehung wiederum auch als Verletzung des zwischen dem Betroffenen und den Beteiligten bestehenden Rechtsverhältnisses darstellen. Auch in diesem Zusammenhang ist sorgfältig zu prüfen, welche Pflichten Bestandteil des Rechtsverhältnisses zwischen Betreuer und Betroffenem, dem Auftragsverhältnis zwischen Bevollmächtigten und Betroffenem oder dem Vertrag zwischen Einrichtung und

---

14 Vgl. *Klie* Förderung von Mobilität und Sicherheit und die Debatte um die Aufsichtspflicht, PflegeRecht 2008 (8), S. 366–374.

Betroffenen im Hinblick auf die Wahrung seiner körperlichen Unversehrtheit sind. Die Einrichtung haftet für Pflichtverletzungen gegenüber dem Betroffenen durch ihr Personal wie für eigenes Verschulden, § 278 BGB. Dies gilt gemäß § 253 Abs. 2 BGB auch für Ansprüche auf Schmerzensgeld.

2. Grundlagen einer strafrechtlichen Verantwortung

Das Unterlassen einer Freiheitsentziehung kann den Tatbestand einer vorsätzlichen oder fahrlässigen Körperverletzung, §§ 223, 229 StGB verwirklichen, wenn der Betroffene wegen des Unterlassens einer Freiheitsentziehung einen Schaden erleidet. Ebenso wie im Rahmen der zivilrechtlichen Haftung setzt eine Strafbarkeit wegen des Unterlassens einer Freiheitsentziehung voraus, dass derjenige, der die Freiheitsentziehung unterlassen hat, rechtlich dafür einzustehen hat, dass der Betroffene keinen Schaden erleidet, § 13 Abs. 1 StGB. Im Bereich des Strafrechts wird dieses Verhältnis gegenüber dem Betroffenen als Garantenstellung bezeichnet. **42**

Betreuer, Bevollmächtigter, die Einrichtung und ihr Personal sind verpflichtet, den Betroffenen vor einer Selbstschädigung zu bewahren, sind demnach Beschützergaranten gegenüber dem Betroffenen.[15] Die Pflichten des Beschützergaranten richten sich nach den im Einzelfall fachlich für indiziert geltenden Maßnahmen. **43**

Eine Garantenstellung des Richters ist allenfalls bezogen auf das Unterlassen einer Maßregel nach § 1846 BGB vorstellbar, eine des gerichtlichen Sachverständigen scheidet aus. Denkbar ist zudem die Strafbarkeit eines Betreuungsrichters, der in zivilrechtlichen Unterbringungsverfahren vorsätzlich zwingende Verfahrensregelungen – etwa Anhörungspflichten – nicht beachtet, wegen Rechtsbeugung, § 339 StGB.[16] **44**

3. Pflichtverletzung durch Unterlassen

a) Betreuer und Bevollmächtigter

Voraussetzung dafür, dass das Unterlassen einer Freiheitsentziehung ein pflichtwidriges Verhalten seitens des Betreuers oder Bevollmächtigten ist, ist zunächst, dass Betreuer oder Bevollmächtigter überhaupt die Möglichkeit hatten, den Betroffenen rechtmäßig freiheitsentziehend unterzubringen oder ihm gegenüber freiheitsentziehende Maßnahmen anzuordnen. Eine freiheitsentziehende Unterbringung oder freiheitsentziehende Maßnahmen müssen daher zum Aufgabenkreis des Betreuers gehören bzw. Bestandteil der Vollmacht des Bevollmächtigten sein. **45**

Ferner müssen im konkreten Fall die materiell-rechtlichen Voraussetzungen für eine freiheitsentziehende Unterbringung oder freiheitsentziehende Maßnahmen des § 1906 Abs. 1 BGB vorgelegen haben. Auch ohne dass jemals die Voraussetzungen für freiheitsentziehende Maßnahmen oder eine freiheitsentziehende Unterbringung bestanden, kann es zu einer Schädigung des Betroffenen kommen. Jeder Mensch kann stürzen – dies ist Bestandteil des allgemeinen Lebensrisikos. Der nachträgliche Schluss vom Schaden auf das vorherige Vorliegen der Voraussetzungen für eine freiheitsentziehende Unterbringung oder freiheitsentziehende Maßnahmen ist nicht zulässig. **46**

---

15 Vgl. *Tachau* BtPrax 2008, 195 – auch zur Diskussion darüber, ob die Genannten nicht nur Beschützergaranten, sondern auch Überwachergaranten sind, da eine Pflicht zur Beaufsichtigung des Betroffenen zum Schutz Dritter vor einem Schaden besteht so *OLG Celle* BtPrax 2008, 86, **a.A.** *Tachau* a.a.O.

16 *BGH* FamRZ 2009, 1664.

47   Doch selbst wenn die Voraussetzungen für eine freiheitsentziehende Unterbringung oder freiheitsentziehende Maßnahmen vorgelegen haben, ist nicht jedes Unterlassen einer freiheitsentziehenden Unterbringung oder von freiheitsentziehenden Maßnahmen ein pflichtwidriges Unterlassen. Aufgabe eines Betreuers oder Bevollmächtigten ist die Wahrung der Interessen des Betroffenen, von dessen Selbstbestimmungsrecht und Wohl – und dabei ist der Schutz des Betroffenen vor Körperschäden nur ein Aspekt unter anderen. Bei der Entscheidung über die Vor- oder Nichtvornahme einer freiheitsentziehenden Unterbringung und freiheitsentziehende Maßnahmen im Einzelfall stehen sich in der Regel verschiedene Aspekte des Wohls des Betroffenen gegenüber. Die Gegenüberstellung von körperlicher Unversehrtheit und Schutz der Freiheit erweist sich bei der Überprüfung der Erforderlichkeit einer freiheitsentziehenden Maßnahme fachlich als nicht tragfähig, da mit dem Ergreifen freiheitsentziehender Maßnahmen stets auch Eingriffe in die körperliche Unversehrtheit verbunden sind. Es gibt weltweit keine Studie, die die Nutzen freiheitsentziehender Maßnahmen belegt. Ausgesprochen gut belegt sind hingegen schädliche Folgen von freiheitsentziehenden Maßnahmen für die Betroffenen selbst *(vgl. 10. Kapitel)*. Es bestehen überdies zahlreiche Möglichkeiten, Maßnahmen zu ergreifen, die etwa ein Sturzrisiko und das mit ihm verbundene Schadensfolgerisiko (Frakturen) deutlich reduzieren *(vgl. 10. Kapitel)*. Einer den Anforderungen des § 1906 BGB und an einem Wohl des Betroffenen orientierte Entscheidungsfindung bzw. Vorbereitung setzt eine fachliche Prüfung der relevanten Risiken, ein multidisziplinären Entscheidungsprozess und die Einbeziehung von Maßnahmen, die ein Verzicht auf freiheitsentziehende Maßnahmen möglich machen voraus, die sich am allgemeinen anerkannten Stand von Medizin und Pflege zu orientieren hat. Bei einer Entscheidung ist auch das allgemeine Lebensrisiko mit einzustellen, das insbesondere bei älteren Menschen Sturzrisiken mit einschließt. Im Einzelfall ist trotz der damit verbundenen größeren Gefahr für die körperliche Unversehrtheit eine Entscheidung gegen eine freiheitsentziehende Unterbringung oder Maßnahmen und für das Eingehen von Risiken für die körperliche Unversehrtheit des Betroffenen möglich – insbesondere wenn dies dem Wunsch und Willen des Betroffenen entspricht *(s. Rechtsprechung Stichwort IV. Aufsichtspflichten)*. Vor allem darf nicht die Angst vor einer zivilrechtlichen Haftung oder einer strafrechtlichen Verantwortung zum Entscheidungsmaßstab der Betreuers oder Bevollmächtigten werden.

48   Orientieren sich Betreuer und Bevollmächtigte an dem unter J dargelegten Entscheidungsprozess und beziehen sie bei ihrer Entscheidung die Fachexpertise aus Psychiatrie und Pflege mit ein, handeln Betreuer und Bevollmächtigte pflichtgemäß.

49   Obhutspflichten im engeren Sinne bestehen zwischen dem Betreuer bzw. Bevollmächtigten und dem Betroffenen nicht, sofern die Betreuung oder Vollmacht nicht von nahen Angehörigen des Betroffenen wahrgenommen wird. Betreuer oder Bevollmächtigter haben keine ständige Pflicht zur Beobachtung, Begleitung und Unterstützung des Betroffenen in dessen Alltag. Sie haben vielmehr die Pflicht Personen auszusuchen und in angemessenem Umfang zu überwachen, die den Betroffenen im Alltag beobachten, begleiten und unterstützen.

50   In der Praxis empfiehlt es sich, zur Vermeidung einer Haftung die Entscheidungsgrundlagen zu dokumentieren, um den Entscheidungsprozess für andere nachvollziehbar und transparent zu gestalten. Bei Entscheidungen mit möglicherweise weitreichenden Konsequenzen, wie der Entscheidung gegen eine freiheitsentziehende Unterbringung oder freiheitsentziehende Maßnahmen kann eine vorherige Rücksprache mit der Betreuungsbehörde oder dem Betreuungsgericht hilfreich sein. Auch ein derartiges Vorgehen ändert jedoch nichts an der grundsätzlich alleinigen Verantwortung des Betreuers oder Bevollmächtigten für seine Entscheidung.

b) Einrichtung und ihr Personal

Anders als Betreuer oder Bevollmächtigter hat die Einrichtung und ihr Personal aufgrund des 51
bestehenden Vertrages Obhuts- und Verkehrssicherungspflichten gegenüber dem Betroffenen.
Die Einrichtung und ihre Mitarbeiterinnen und Mitarbeiter sind verpflichtet, den Betroffenen
Betreuung, Unterstützung und Pflege auf dem jeweils aktuellen fachlichen Stand anzubieten.
Dazu gehören auch die Einbeziehung von Sturzrisiken aber auch weiterer Mobilitätsrisiken
(Verlaufen). Sie haben dabei in besonderer Weise die Risiken zu berücksichtigen, die sich aus
in Betracht kommenden freiheitsentziehenden Maßnahmen ergeben können (Strangulation,
Unruhe, Immobilität). Eine Aufsichtspflicht im Sinne des § 832 BGB, die den Schutz Dritter
über die Verkehrssicherungspflicht hinaus als Pflicht von Einrichtungen und Diensten kennt
besteht nicht[17].

Allerdings bestehen diese Pflichten der Einrichtung und ihres Personals nicht unbeschränkt 52
(*s. Rechtsprechung Stichwort IV. Aufsichtspflichten*). Die Pflichten sind auf das Erforderliche
und für die Betroffenen und das Pflegepersonal Zumutbare begrenzt. Eine ständige und
lückenlose Überwachung durch die Einrichtung ist grundsätzlich weder nötig noch möglich.
In der neueren Rechtsprechung wird betont, dass die Anforderungen an die Sorgfaltspflichten
bei der Betreuung älterer Menschen in Pflegeheimen nicht soweit verschoben werden dürfen,
dass eine finanzierbare menschenwürdige Betreuung unmöglich gemacht wird. Unfälle seien
Bestandteil des allgemeinen – bei älteren Menschen durchaus erhöhten – Lebensrisikos. Etwas
anderes gelte insbesondere in den Fällen, in denen die Sturzneigung des Betroffenen – beispielsweise auf Grund vorheriger Stürze – bekannt sei. Einrichtungen haben die Pflicht, sich
konzeptionell auf den Personenkreis, der besonders von Fixierungsmaßnahmen bedroht ist
einzustellen: Das sind im Wesentlichen Menschen mit schwerer Demenz. Hier sind der Einsatz
von speziell geschulten Fachpersonal und eine Zielgruppenspezifische Konzeption maßgeblich
verantwortlich für das Ausmaß freiheitsentziehender Maßnahmen.

Weist die Einrichtung den Betreuer oder Bevollmächtigten auf das Bestehen einer Sturzgefahr 53
hin und entscheiden sich Betreuer oder Bevollmächtigter – nach entsprechender Aufklärung
durch die Einrichtung und daher in Kenntnis aller maßgeblichen Umstände – gegen eine freiheitsentziehende Unterbringung oder freiheitsentziehende Maßnahmen, hat die Einrichtung
diese Entscheidung in der Regel zu respektieren. Kommt es zu einem Schadensfall, beruht dieser daher nicht auf einer Verletzung von Pflichten durch die Einrichtung.

Einrichtungen und Dienste haben zu beachten, dass die Nachfolgegesetze der Länder zum 54
Bundesheimgesetz vielfach Aufzeichnungspflichten über freiheitsentziehende Maßnahmen
kennen, in Hamburg auch bezogen auf freiheitsentziehende Maßnahmen in der eigenen Häuslichkeit.

---

17 HK-BUR/*Bauer/Knieper* § 832 Rn. 10.

9. Kapitel
Freiheitsentziehende Unterbringung
und Maßnahmen bei Minderjährigen[1]

I. Freiheitsentziehende Unterbringung

1. Begriff, Befugnis

1 Hinsichtlich der Definition einer Unterbringung als freiheitsentziehend ergeben sich je nach vertretener Meinung Unterschiede zwischen den für Volljährige und den für Minderjährige verwendeten Begrifflichkeiten. Sofern die Auffassung vertreten wird, eine Unterbringung im Einverständnis eines Kindes oder Jugendlichen – also mit seinem natürlichen Willen – sei keine freiheitsentziehende Unterbringung[2], ergeben sich keine Unterschiede. Teilweise wird jedoch die Auffassung vertreten, dass die Unterbringung eines Minderjährigen nur dann keine freiheitsentziehende sei, wenn der Minderjährige in seine Unterbringung einwillige, er also insoweit Einsichts- und Urteilsfähigkeit sei[3] oder noch weitergehend, dass selbst beim Vorliegen einer Einwilligung des Minderjährigen eine Freiheitsentziehung vorliege, wenn der Minderjährige sich in einer geschlossenen Anstalt aufhalte[4]. Nach hier vertretener Ansicht lassen sich derartige Differenzierung letztlich nicht rechtfertigen und ist daher von einer einheitlichen Definition des Begriffs der freiheitsentziehenden Unterbringung auszugehen.

2 Befugt zur freiheitsentziehenden Unterbringung eines Minderjährigen ist der Aufenthaltsbestimmungsberechtigte – demnach insoweit zur Personensorge berechtigte Eltern, ein Vormund oder ein Pfleger mit entsprechendem Aufgabenkreis, §§ 1631b, 1800, 1915 BGB. Die ausschließliche Befugnis des oder der zur Personensorge Berechtigten zur Entscheidung für oder gegen eine freiheitsentziehende Unterbringung wurde in der Rechtsprechung in jüngster Zeit mehrfach unterstrichen[5].

3 Es ist zu beachten, dass auch beim Vorliegen eines Einverständnisses des Minderjährigen die Bestimmung des Aufenthalts weiterhin durch den gesetzlichen Vertreter erfolgt, denn nach ganz überwiegender Ansicht wird bezogen auf die Bestimmung des Aufenthalts – anders als im Hinblick auf die Einwilligung in bestimmte absolute Rechte wie das Recht auf informationelle Selbstbestimmung oder körperliche Unversehrtheit – nicht vertreten, dass eine Teilmündigkeit des Kindes oder Jugendlichen vor Vollendung des achtzehnten Lebensjahrs – bei entsprechender Einsichts- und Urteilsfähigkeit sprich Einwilligungsfähigkeit – denkbar ist[6]. Das Einverständnis lässt demnach nur den freiheitsentziehenden Charakter der Unterbringung entfallen.

4 Wie die freiheitsentziehende Unterbringung Volljähriger so ist auch die Minderjähriger grundsätzlich nur beim Vorliegen einer gerichtlichen Genehmigung der Entscheidung des Vertreters rechtmäßig, § 1631b BGB.

---

1 Vgl. insgesamt *Hoffmann* JAmt 2009, 473 und R&P 2009, 121.
2 HK-BUR/*Hoffmann* § 1631b, Rn. 5.
3 *Bauer* EJ 2001, 80, *Wille* ZfJ 2002, 85.
4 AnwK-BGB/*Rakete-Dombek* § 1631b, Rn. 2; MüKo/*Wagnitz* § 1800, Rn. 28.
5 Zuletzt *OLG Sachsen-Anhalt* ZKJ 2008, 519.
6 AnwK-BGB/*Rakete-Dombek* § 1631, Rn. 9.

2. Materiell-rechtliche Voraussetzungen

Durch das Gesetz zur Erleichterung familiengerichtlicher Maßnahmen bei Gefährdung des Kin-   5
deswohls vom 4. Juli 2008 in Kraft getreten am 12. Juli 2008[7] wurden die Voraussetzungen für
eine freiheitsentziehende Unterbringung von Kindern und Jugendlichen erstmalig näher konkretisiert: Eine freiheitsentziehende Unterbringung ist nur zulässig, wenn sie zum Wohl des Kindes oder Jugendlichen, insbesondere zur Abwendung einer erheblichen Selbst- oder Fremdgefährdung, erforderlich ist und der Gefahr nicht auf andere Weise, auch nicht durch andere
öffentliche Hilfen, begegnet werden kann. Als andere Mittel kommen insbesondere ambulante
und stationäre, aber nicht freiheitsentziehende Maßnahmen der Kinder- und Jugendhilfe und
ambulante und stationäre, aber nicht freiheitsentziehende psychiatrische Behandlungen in
Betracht. Eine geistige Behinderung oder psychische Erkrankung – bei einer freiheitsentziehenden Unterbringung Volljähriger bereits Voraussetzung der Bestellung eines Betreuers – ist keine
zwingende Voraussetzung für eine freiheitsentziehende Unterbringung Minderjähriger, auch
wenn diese oft zumindest im Hintergrund Ursache von deren Erforderlichkeit sein wird.

Anders als bei einer freiheitsentziehenden Unterbringung Volljähriger erlaubt der Gesetzes-   6
wortlaut demnach auch eine freiheitsentziehende Unterbringung wegen Fremdgefährdung
(s. *Rechtsprechung Stichwort XII. Freiheitsentziehende Unterbringung Minderjähriger*). Eine solche setzt jedoch voraus, dass sonst ein Risiko von Notwehrmaßnahmen Dritter oder von einer
(prozessualen) Geltendmachung von Ersatzansprüchen bestehe. Eigen- und Fremdgefährdung
sind insoweit eng miteinander verbunden. Eine geschlossene Unterbringung allein zu Zwecken
einer Sanktionierung ist nicht zulässig.[8] Vor der Reform wurde weitergehend die Ansicht vertreten, dass eine Unterbringung wegen Fremdgefährdung von vornherein ausscheide[9].

Letztlich kann Fremdgefährdung auch nach der Neufassung des § 1631b BGB nur angenom-   7
men werden, wenn das Kind oder der Jugendliche sich bereits fremdgefährdend verhalten hat,
anzunehmen ist, dass konkrete weitere Taten unmittelbar bevorstehen, und die Gefahr einer
erheblichen Verschuldung aufgrund der Geltendmachung von Schadensersatzansprüchen bzw.
bei Jugendlichen auch von einer strafrechtlichen Sanktionierung besteht. Da eine bloße Ver-
wahrung nicht verhältnismäßig ist[10], müssen durch die freiheitsentziehende Unterbringung
zudem weitere, im Kindesinteresse liegende Ziele erreicht werden können – insbesondere eine
dauerhafte, durch Einsicht getragene Änderung des Verhaltens. Hingegen kommt eine Unterbringung allein im Interesse Dritter oder der Allgemeinheit bei einer erheblichen Allgemeinge-
fährlichkeit eines Minderjährigen bei gleichzeitig zu prognostizierender Unmöglichkeit auf
diesen erzieherisch einzuwirken nach hier vertretener Ansicht nur nach den länderrechtlichen
Regelungen über die Unterbringung psychisch kranker Menschen, also als öffentlich-rechtliche
Unterbringung in Betracht. Eine freiheitsentziehende Unterbringung kann ausnahmslos nicht
damit begründet werden, dass der Aufsichtspflichtige eine eigene Haftung nach § 832 BGB zu
vermeiden hat.[11]

Die freiheitsentziehende Unterbringung eines Minderjährigen kann im Einzelfall auch allein   8
aus erzieherischen Gründen im Rahmen einer Hilfe zur Erziehung nach §§ 27, 34, 35
SGB VIII – dann in der Regel in einer Einrichtung der Jugendhilfe – erfolgen. Die erzieherischen Ziele, die Notwendigkeit einer freiheitsentziehenden Unterbringung zum Erreichen der

---

7 BGBl. I, 1188; BT-Drucks. 16/6815.
8 BT-Drucks. 16/6815, 13.
9 So *Bamberger-Roth/Veit* § 1631b, Rn. 7; **a.A.** MüKo/*Huber* § 1631b, Rn. 13.
10 *Bauer* EJ 2001, 80.
11 HK-BUR/*Hoffmann* § 1631b, Rn. 16.

Ziele, die Geeignetheit der Einrichtung, in der die freiheitsentziehende Unterbringung erfolgen soll, nach Konzeption, Personal etc. müssen sich aus dem Hilfeplan, § 36 SGB VIII, ergeben. Unter dem Aspekt der Verhältnismäßigkeit kommt eine freiheitsentziehende Unterbringung aus erzieherischen Gründen nur bei außergewöhnlichen Komplikationen als bewusste Notlösung bzw. als vorübergehende auch räumliche Sicherung in Betracht[12].

9   Eine freiheitsentziehende Unterbringung zur Durchführung einer Zwangsbehandlung setzt neben der Befugnis zur Aufenthaltsbestimmung und einer gerichtlichen Genehmigung der Entscheidung für die Unterbringung voraus, dass der den Minderjährigen Unterbringende auch zur Sorge für die Gesundheit befugt ist, die Voraussetzungen für eine Zwangsbehandlung im konkreten Fall – insbesondere deren Verhältnismäßigkeit – sowie eine Einwilligung des gesetzlichen Vertreters des Minderjährigen vorliegen.

II. Freiheitsentziehende Maßnahmen

10   Hinsichtlich der Begrifflichkeiten ergeben sich keine Unterschiede zwischen Voll- und Minderjährigen. Umstritten ist jedoch, ob freiheitsentziehende Maßnahmen gegenüber Minderjährigen überhaupt einer gerichtlichen Genehmigung bedürfen. Einigkeit besteht zunächst darüber, dass der Katalog genehmigungsbedürftiger Maßnahmen zumindest nicht umfangreicher sein kann, als bei Volljährigen. Als freiheitsentziehende und nicht als bloß freiheitsbeschränkende Maßnahmen sind daher nur Maßnahmen anzusehen durch die über einen längeren Zeitraum oder regelmäßig die Freiheit entzogen werden soll und die in einer Einrichtung erfolgen, vgl. § 1906 Abs. 4 BGB. Ebenso sind freiheitsentziehende Maßnahmen im häuslichen Bereich nicht genehmigungsbedürftig, jedoch nur rechtmäßig, wenn sie nicht gegen das Recht auf gewaltfreie Erziehung verstoßen, § 1631 Abs. 2 BGB, und nicht unverhältnismäßig sind.

11   Kontrovers wird im Schrifttum diskutiert, ob freiheitsentziehende Maßnahmen in Einrichtungen genehmigungsbedürftig sind. Dies wird bei ganz unterschiedlicher Begründung – ausweitende Interpretation des Begriffs der Freiheitsentziehung in § 1631b BGB[13], analoge Anwendung von § 1906 Abs. 4 BGB[14] doppelt analoge Anwendung von § 1906 Abs. 4 BGB[15] – von einer Vielzahl von Autoren angenommen.

12   Nachdem der Gesetzgeber auch bei der Neufassung des § 1631b BGB von einer ausdrücklichen Regelung abgesehen hat, kann nach hier vertretener Auffassung jedoch nicht von einer Gesetzeslücke ausgegangen werden. Freiheitsentziehende Maßnahmen in Einrichtungen oder zur Durchführung ambulanter Zwangsbehandlungen sind auch ohne familiengerichtliche Genehmigung zulässig, sofern die übrigen Voraussetzungen – Verhältnismäßig- und Erforderlichkeit der Maßnahmen zur Gefahrenabwehr, bei einer stationären Unterbringung eine Einwilligung des gesetzlichen Vertreters – vorliegen[16]. Dies gilt auch für freiheitsentziehende Maßnahmen, die Jugendliche in einer psychiatrischen Einrichtung betreffen, obwohl die Eingriffsintensität sich in diesen Fällen nicht anders darstellt als die bei jungen Erwachsenen. Es ist jedoch zu bedenken, dass durch diese Auffassung die rechtliche Schwelle für freiheitsentziehende Maßnahmen nicht gesenkt wird, sondern allein eine gerichtliche Kontrolle der Maßnahme unterbleibt[17].

---

12 *Eisenberg* JGG § 12 Rn. 42a, 42c.
13 *Wille* ZfJ 2002, 85; MüKo/*Huber* § 1631b, Fßn 23.
14 *Staudinger/Salgo* § 1631b, Rn. 14, 15; Palandt/*Diederichsen* § 1631b, Rn. 4; *ders.* § 1906, Rn. 23.
15 *Czerner* AcP 202 (2002), 72, 92.
16 *OLG Oldenburg* Beschluss v. 26.9.2011, Az. 14 UF 66/11; *AG Hamburg-Barmbek* FamRZ 2009, 792.
17 HK-BUR/*Hoffmann* § 1631b Rn. 50.

III. Genehmigungsverfahren

Nach § 1631b BGB bedarf die Entscheidung des gesetzlichen Vertreters eines Minderjährigen **13** für eine freiheitsentziehende Unterbringung einer gerichtlichen Genehmigung, damit die freiheitsentziehende Unterbringung nicht rechtswidrig ist. Ohne vorherige Genehmigung ist die freiheitsentziehende Unterbringung eines Minderjährigen wie die eines Volljährigen nur rechtmäßig, wenn gerade ein Aufschub der freiheitsentziehenden Unterbringungen mit Gefahren für den Minderjährigen verbunden ist und ist die Genehmigung ist dann unverzüglich nachträglich einzuholen, §§ 1631b S. 3, 1800, 1915 BGB.

Das Verfahren zur Genehmigung einer freiheitsentziehenden Unterbringung, § 151 Nr. 6 **14** FamFG, aber auch die Anordnung einer freiheitsentziehenden Unterbringung eines Kindes oder Jugendlichen nach dem einschlägigen Unterbringungs- bzw. PsychischKrankenGesetzen eines Landes, § 151 Nr. 7 FamFG, sind dem Familiengericht zugewiesene Kindschaftssachen. In familiengerichtlichen Unterbringungsverfahren sind grundsätzlich die Vorschriften entsprechend anzuwenden, die für zivil- und öffentlich-rechtliche betreuungsgerichtliche Verfahren in Unterbringungssachen Volljähriger gelten, § 167 Abs. 1 S. 1 FamFG.

Auch ein nicht zur Personensorge berechtigte Elternteil wird jedoch, obgleich nicht gesetzlicher **15** Vertreter des Kindes, formell Beteiligter des Genehmigungsverfahrens, wenn das Gericht ihm gegenüber – beispielsweise durch Übersenden der Antragsschrift und Bezeichnung als Beteiligtem – den Eindruck erweckt, er könne im Verfahren in Wahrheit nicht bestehende Rechte wahrnehmen.[18] Zudem kann das Gericht einen Elternteil mit Inkrafttreten des FamFG ausdrücklich unabhängig vom Bestehen sorgerechtlicher Befugnisse von Amts wegen oder auf Antrag hinzuziehen, wenn das Kind oder der Jugendliche bei diesem Elternteil lebt oder bei Einleitung des Verfahrens gelebt hat, §§ 7 Abs. 3, 167 Abs. 1 S. 1, 315 Abs. 4 Nr. 1 FamFG. Unter den gleichen Voraussetzungen können nach dieser Regelung Pflegeeltern beteiligt werden.

Das Gericht hat dem Kind oder Jugendlichen einen Verfahrensbeistand zu bestellen, wenn dies **16** zur Wahrnehmung seiner Interessen erforderlich ist, § 167 Abs. 1 S. 2 FamFG. Diese Regelung ist als Rückverweisung auf die Regelungen zur Verfahrensbeistandschaft in Kindschaftssachen zu verstehen. §§ 337 f. FamFG sind nicht anwendbar. Wegen des Bestehens der Möglichkeit eines Konflikts zwischen den Interessen des Kindes oder Jugendlichen und seinem gesetzlichen Vertreter wird grundsätzlich ein Verfahrensbeistand zu bestellen sein. Der Verfahrensbeistand ist so früh wie möglich zu bestellen.

Jugendliche gelten in Unterbringungsverfahren abweichend von den allgemeinen Regelungen **17** ausdrücklich bereits ab Vollendung des vierzehnten Lebensjahrs als verfahrensfähig, §§ 9 Abs. 1, 167 Abs. 3 FamFG. Im Verfahren ist nicht der Betreuungsbehörde, sondern dem zuständigen Jugendamt Gelegenheit zur Äußerung zu geben, §§ 167 Abs. 1 S. 1, 320 FamFG.

Vor seiner Entscheidung hat das Gericht nach allgemeinen Regelungen das Gutachten eines **18** Sachverständigen einzuholen, §§ 167 Abs. 1 S. 1, 321 Abs. 1 FamFG. Nach § 167 Abs. 6 FamFG soll der Sachverständige in der Regel Arzt für Kinder- und Jugendpsychiatrie und -psychotherapie sein. Das Gutachten kann seit dem Inkrafttreten des Gesetzes zur Erleichterung familiengerichtlicher Maßnahmen bei Gefährdung des Kindeswohls jedoch auch durch einen in Fragen der Heimerziehung ausgewiesenen Psychotherapeuten, Psychologen, Pädagogen oder

---

18 *OLG Karlsruhe* FamRZ 2007, 746.

Sozialpädagogen erstattet werden, § 167 Abs. 6 FamFG.[19] Ein Gutachter mit einer derartigen Qualifikation wird primär bei einer Unterbringung aus erzieherischen Gründen in Betracht kommen.

19 Im Tenor der gerichtlichen Entscheidung ist nach den allgemeinen Regelungen in §§ 167 Abs. 1 S. 1, 323 FamFG beim Erteilen einer Genehmigung oder beim Anordnen einer Unterbringungsmaßnahme diese näher zu bezeichnen und der Zeitpunkt zu benennen, zu dem die Genehmigung bzw. die Unterbringungsmaßnahme endet. Maximaler Genehmigungszeitraum sind nach §§ 167 Abs. 1 S. 1, 329 Abs. 1 FamFG zwei Jahre. Bei Kindern und Jugendlichen wird die unmittelbare Anordnung einer Unterbringung für die Dauer von zwei Jahren jedoch in der Regel nicht verhältnismäßig sein.

20 Vor dem Inkrafttreten des FamFG hatten Eltern, denen das Recht zur Personensorge entzogen wurde, keine Befugnis zur Beschwerde gegen eine familiengerichtliche Entscheidung, in der die Entscheidung eines Vormundes oder Pflegers für eine freiheitsentziehende Unterbringung genehmigt wurde.[20] Nach Inkrafttreten des FamFG knüpft die Beschwerdeberechtigung von Eltern nicht mehr an die Personensorge an. Eltern sind vielmehr zur Beschwerde im Interesse des Kindes oder Jugendlichen befugt, wenn das Kind oder der Jugendliche bei diesen lebt oder bei Einleitung des Verfahrens gelebt hat, §§ 167 Abs. 1 S. 1, 335 Abs. 1 Nr. 1 FamFG, sofern sie im ersten Rechtszug beteiligt worden sind, §§ 7 Abs. 3, 167 Abs. 1 S. 1, 315 Abs. 4 Nr. 1 FamFG. Die Regelungen gelten auch für Pflegeeltern. Gegen eine einstweilige Anordnung auf Genehmigung der vorläufigen Unterbringung eines Minderjährigen ist die Beschwerde nach § 58 FamFG statthaft (*s. Rechtsprechung Stichwort XII. Freiheitsentziehende Unterbringung Minderjähriger*).

21 Auch nach Erteilen einer gerichtlichen Genehmigung liegt die Entscheidung über eine freiheitsentziehende Unterbringung weiterhin bei den sorgeberechtigten Eltern, dem Vormund oder Pfleger.[21] Diese verletzen keineswegs generell ihre Aufsichtspflichten, wenn sie nach Erteilen einer familiengerichtlichen Genehmigung von einer freiheitsentziehenden Unterbringung des Kindes oder Jugendlichen absehen.[22] Sofern der Verzicht auf eine freiheitsentziehende Unterbringung das Wohl des Kindes oder Jugendlichen gefährdet, können im Einzelfall Maßnahmen nach § 1666 BGB gegenüber dem oder den Sorgeberechtigten in Betracht kommen.[23]

IV. Zuführung, § 167 Abs. 5 FamFG

22 Die Befugnis zur Entscheidung über eine zivilrechtliche freiheitsentziehende Unterbringung umfasst bei Kindern und Jugendlichen beim Vorliegen einer familiengerichtlichen Genehmigung anders als bei Volljährigen auch die Befugnis zur Zuführung zu einer Einrichtung unter Anwendung von unmittelbarem Zwang. Das Bestehen dieser Befugnis wird ebenso wie die zur Veranlassung einer Zwangsbehandlung mit dem Erziehungsrecht bzw. der Erziehungspflicht der sorgeberechtigten Eltern, des Vormundes oder des Pflegers begründet, §§ 1800, 1631, 1915 BGB.[24]

---

19 vgl. zu den durch die Erweiterung des Kreises der Gutachter aufgeworfenen Fragen, insbesondere zum Status der nicht ärztlichen Gutachter *Rohmann* FPR 2009, 30.
20 *OLG Hamm* FamRZ 2007, 1577.
21 OLG Sachsen-Anhalt ZKJ 2008, 519.
22 *OLG München* JAmt 2004, 497.
23 *OLG Sachsen-Anhalt* ZKJ 2008, 519.
24 HK-BUR/*Hoffmann* § 1631b, Rn. 51.

Nach § 167 Abs. 5 FamFG hat das Jugendamt den gesetzlichen Vertreter auf dessen Wunsch **23** hin bei der Zuführung zu unterstützen.[25] Das Jugendamt kann demnach Unterstützungshandlungen, zu denen es aufgefordert wird, nicht verweigern. Hingegen entscheidet es über Art und Weise der Unterstützung – auch über die Erforderlichkeit von Zwangsmaßnahmen – als Fachbehörde selbst. Gewalt darf das Jugendamt anders als ein gesetzlicher Vertreter nur auf Grund einer besonderen gerichtlichen Entscheidung anwenden, § 326 Abs. 2 FamFG. Auch nach einer entsprechenden gerichtlichen Entscheidung ist das Jugendamt nach überwiegender Ansicht nicht befugt, selbst Zwangsmittel anzuwenden, sondern hat die Polizei um Amtshilfe zu bitten.[26] Denkbar ist jedoch, dass der oder die gesetzliche Vertreter das Jugendamt seine bzw. ihre Befugnisse zur Anwendung von Zwang auf das Jugendamt delegieren.

---

25 Vgl. insgesamt *Walther* JAmt 2009, 480.
26 *Walther* R&P 2007, 167.

10. Kapitel
Fachliche Hintergründe
von freiheitseinschränkenden Maßnahmen

I.   Fachliche Hintergründe

1   Mit dem Betreuungsrecht und aktuell durch die UN-Behindertenrechtskonvention wurden und werden freiheitseinschränkende Maßnahmen in ihrer menschenrechtlichen Bedeutung hervorgehoben und einer speziellen Legitimationspflicht unterworfen. Ziel des Gesetzgebers war es, neben der Einlösung der Verfassungsgarantien des Art. 104 Abs. 2 GG, einen Beitrag zur Reduzierung fachlich nicht gebotener und damit rechtlich unzulässiger Freiheitsentziehung, insbesondere in der Psychiatrie und Pflege zu leisten. Noch immer gehören freiheitseinschränkende und entziehende Maßnahmen in der Versorgung, insbesondere hochbetagter und dementiell erkrankter Menschen mit Pflegebedarf zum Alltag sowohl in der stationären als auch in der häuslichen Versorgung. Die aktuelle Datenlage belegt für die deutschen Heime eine Prävalenz von 26 % bis 42 % von freiheitsentziehenden Maßnahmen betroffenen Bewohnerinnen und Bewohnern[1]. Bettgitter stellen die häufigste Maßnahme dar, gefolgt von Sedierung. Körpernahe Fixierung wie das Angurten an Bettstuhl, Tischsteckbretter, festgestellte Rollstuhlbremsen etc. werden mit 5 % bis 10 % angegeben[2]. Dabei gibt es große Unterschiede was die Häufigkeiten von freiheitseinschränkenden und -entziehenden Maßnahmen in deutschen Einrichtungen anbelangt, ohne das diese Unterschiede auf objektive Strukturmerkmale zurückgeführt werden können, wie etwa Personalausstattung oder Fachkräfteeinsatz[3]. Es kommt ganz offensichtlich auf eine spezielle Konzeption, auf eine zielgruppenspezifische Qualifikation, aber auch auf derart weiche Faktoren wie Haltungen und Einstellungen der Mitarbeiterinnen und Mitarbeiter insbesondere auf der Leitungsebene an. Je nach der konzeptionellen Ausrichtung, nicht in dem besonderen Profil der Bewohnerinnen und Bewohner liegen die Hintergründe für das Ergreifen von Freiheitsentziehenden Maßnahmen. Die Hamburger Studie von Meyer und Köpke[4] weist aus, dass die Prävalenz in den untersuchten Hamburger Heimen zwischen 58 % und 4 % liegt.

---

1   *Becker/Eichner/Lindemann et al.* GerontolGeriat 2003, 260; *Bredthauer/Becker/Eichner/Koczy/Nikolaus* GerontolGeriat 2005, 10; *Hirsch/Wörthmüller/Schneider* GerontopsychPsychiat 1992, 127.

2   *Klie/Pfundstein* a.a.O. 2004, 75 ff.

3   *Evansu. a. Physicial Restraint* 2002; *Klie/Pfundstein* a.a.O. 2004, 75 ff.; *Meyer/Köpke Freiheitseinschränkende Maßnahmen* in: *Schaeffer/Behrends/Görres* Optimierung und Evidenzbasierung 2008, 333 ff.

4   *Meyer/Köpke* a.a.O. 2008, 333.

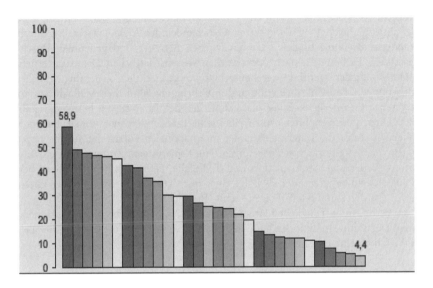

Abbildung 1: Häufigkeitsverteilung von FeM
Quelle: Köpke/Meyer Pflegezeitschrift 10/2008, S. 558.

Es wird auch fachlich nicht bestritten, dass freiheitseinschränkende und -entziehende Maß-   2
nahmen in pflegerischen, zum Teil aber auch in medizinischen Notfallsituationen mit vitaler
Bedrohung und der Gefahr schwerer Selbst- und Fremdgefährdung die einzige in Betracht zu
ziehende Maßnahme darstellt, um größeren Schaden von den Betroffenen oder Dritten abzuwenden[5]. In den meisten Fällen werden freiheitseinschränkende und entziehende Maßnahmen
jedoch nicht kurzfristig in Notfallsituationen sondern geplant und auf Dauer eingesetzt.
Begründet werden sie zumeist mit der Sturzgefahr oder auch mit sogenannten herausfordern-
den Verhalten[6]. Nach *Bredthauer* stehen die an der Entscheidung über den Einsatz von freiheitseinschränkenden und entziehenden beteiligten Akteure in einem fachlichen aber auch
einem rechtlichen Dilemma: Sie sehen sich in der Verantwortung, dass den Betroffenen kein
Schaden droht, sehen aber andererseits auch die Notwendigkeit der Garantie von Freiheitsrechten[7].

Dabei fällt auf, dass der drohende Schaden fast ausschließlich in den Stürzen und Sturzfolgen   3
oder aber in dem Verlaufen gesehen wird, nicht aber in den Folgen, die freiheitseinschränkende und entziehende Maßnahmen als solche für die Betroffenen verursachen können. Es
sind nach den Erkenntnissen aus den Studien zu freiheitsentziehenden Maßnahmen fehlendes
Wissen um Möglichkeiten der Vermeidung von freiheitsentziehenden Maßnahmen aber auch
irrationale Haftungsängste oder die Furcht vor Regressansprüchen von Krankenkassen, die
den Hintergrund für das Ergreifen freiheitseinschränkender und entziehender Maßnahmen

---

5   *Bredthauer* Freiheitsentziehende Maßnahmen in: Stoppe Versorgung psychisch kranker alter Menschen 2011,
    263 ff.
6   *Bredthauer* a.a.O.
7   *Bredthauer* a.a.O.

bilden[8]. Im Zweifel wird bei der Auflösung des Dilemmas zwischen „Fürsorge und Freiheit" die Entscheidung i. d. R. zu Gunsten einer freiheitseinschränkenden oder -entziehenden Maßnahme getroffen: zu meist angeregt durch die Pflegeverantwortlichen oder von Angehörigen und in ihrer „Erforderlichkeit" bestätigt durch die behandelnden Ärzte, entschieden durch den dafür zuständigen Bevollmächtigten oder gesetzlichen Betreuer und genehmigt durch den Betreuungsrichter[9]. Es bestehen nach der aktuellen wissenschaftlichen Datenlage erhebliche Zweifel daran, ob in der Mehrheit der heute betreuungsgerichtlich genehmigten Fälle von Freiheitsentziehungen, von Unterbringung und unterbringungsähnlichen Maßnahmen, die an sich vorausgesetzte Erforderlichkeit der Maßnahme gegeben ist. Weltweit belegt keine einzige Studie bisher einen positiven Effekt von freiheitseinschränkenden und -entziehenden Maßnahmen. Vielmehr weist die Datenlage aus der internationalen Forschung auf die negativen Auswirkungen von Bettgittern, von Fixierungen, von Sedierungen. Zu den direkten Schäden gehören: Stress, Verletzung, Strangulation und Todesfälle. Letztere treten vor allem bei den Versuchen auf, sich zu befreien oder als Folge einer nicht korrekt durchgeführten Fixierungsmaßnahme[10]. Zu den indirekten Folgen zählt Bredthauer[11] die Immobilisierung, einer Zunahme an Verhaltensauffälligkeiten, Inkontinenz und medizinische Komplikationen, wie Kontraktoren, Dekubitus, Infektionen, eine Reduzierung des Allgemeinzustandes, der Lebensqualität und letztlich eine erhöhte Mortalität[12].

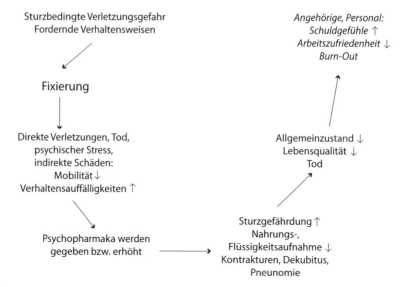

Abbildung 2: Risiken und Nebenwirkungen von FeM
© Redufix

8 *Projektgruppe ReduFix*, www.redufix.de.
9 *Klie/Pfundstein* Münchener Studie in: *Hoffmann/Klie* Freiheitsentziehende Maßnahmen 2004. 75 ff.
10 *Berzlanovich/Schöpfer/Keil* Rechtsmedizin 2007, 363; *Mohsenian/Heinemann/Verhof/Risse/Karger/Püschel* Todesfälle nach Fixierungen in: Saternus/Kernbach-Wighton, Fixierung erregter Personen 2003, 37.
11 *Bredthauer* Freiheitsentziehende Maßnahmen in: Stoppe Versorgung psychisch kranker alter Menschen 2011, 263 ff.
12 *Evans/Wood/Lambert/FitzGerald* Physical Restraint 2002.

Als Gründe für freiheitsentziehende Maßnahmen sind zu unterschieden:

4

- Patientenorientierte Gründe: Demenz, Stürze, herausforderndes Verhalten
- Behandlungsorientierte Gründe: Sicherung medizinischer und pflegerischer Maßnahmen wie etwa Schutz einer Magensonde oder eines Katheters vor manueller Manipulation oder
- Sozialorientierte Gründe: Vermeidung von Konflikten zwischen Patienten und Bewohnerinnen und Bewohnern
- Personal- und organisationsorientierte Gründe: Personalschlüssel, Einstellungen und Haltungen

Empirische Studien belegen, dass freiheitseinschränkende und entziehende Maßnahmen erfolgreich reduziert werden konnten, ohne dass es zu vermehrten sturzbedingten Verletzungen gekommen wäre.[13]

In Deutschland konnte insbesondere mit der ReduFix-Studie gezeigt werden, dass Schulungsmaßnahmen Effekte in Richtung einer Reduzierung freiheitsentziehender Maßnahmen zeitigen[14]. Auch die Implementierung der Praxisleitlinie zur Vermeidung von freiheitseinschränkenden Maßnahmen in der beruflichen Altenpflege[15] führt zur Reduzierung von freiheitsentziehenden Maßnahmen, wie die Implementierung des Qualitätsniveaus 1 der Bundeskonferenz, Qualitätssicherung im Pflege- und Gesundheitswesen QN 1: Mobilität und Sicherheit bei Menschen mit demenziellen Einschränkungen in stationären Einrichtungen[16].

5

II. ReduFix – ein Modell zur Reduzierung freiheitseinschränkender Maßnahmen

Freiheitsentziehende Maßnahmen, insbesondere in der Pflege, werden häufig noch alltagstheoretisch begründet. In den Abwägungen werden potenzielle Verletzungen der körperlichen Unversehrtheit Eingriffen in die Freiheitsrechte gegenüber gestellt. Damit offenbart sich die Entscheidungspraxis als fachlich unterkomplex. Gerade mit dem Ergreifen freiheitsentziehender Maßnahmen sind häufig vielfältige und langfristige Verletzungen der körperlichen Unversehrtheit verbunden. Längerfristiges Fixieren erhöht u. a. die Mortalität. Auch spielen Haftungsängste, fehlendes spezifisches Fachwissen bei den Beteiligten ungeeignete Betreuungskonzepte und defizitäre Bilder von den Betroffenen (Pflegefall) eine nachgewiesen hohe Bedeutung für das Ergreifen freiheitsentziehender Maßnahmen. In betreuungsgerichtlichen Verfahren zur Genehmigung freiheitsentziehender Maßnahmen ist die strenge Überprüfung der Erforderlichkeit in Anbetracht der zu Gebote stehenden Maßnahmen, die freiheitsentziehende Maßnahmen überflüssig machen könnten geboten. Der so genannte „Werdenfelser-Weg" versucht durch eine bestimmte verfahrensrechtliche Prozedur die fachliche Überprüfung der Erforderlichkeit von freiheitsentziehenden Maßnahmen sicherzustellen[17]. Auch Einrichtungen und Dienste sind ihrerseits aufgefordert im Sinne der Qualitätssicherung und –entwicklung alle Maßnahmen, die auf eine Freiheitsentziehung der Betroffenen hinauslaufen, deren fachliche Angemessenheit zu

6

---

13 *Evans/Strumpf/Allen-Taxlor/Capezuti/Maislin/Jacobsen* JAmGeriatrSoc 1997, 681; *Neufeld/Libow/Foley/Dunbar/Cohen/Breuer* JAmGeriatrSoc 1999, 1202.

14 *Koczy/Becker/Rapp/Klie et al.* JAmGeriatrSoc 2011, 333.

15 *Köpke/Meyer/Haut/Gerlach* ZaefQ 2008, 45.

16 *Bundeskonferenz zur Qualitätssicherung im Gesundheits- und Pflegewesen e. V.* (BUKO-QS) (Hrsg.) www.buko-qa.de.

17 *Kirsch* Der Werdenfelser-Weg – ein verfahrensrechtlicher Ansatz zu Reduzierung von Fixierungsmaßnahmen, DRiZ 2009, S. 253–255

überprüfen. Hier hat sich das Schulungsprogramm ReduFix (www.redufix.de) mit seinen multidisziplinären Entscheidungsprozess, der in den entsprechenden Schulungen eingeübt wird, bewährt und konnte in vielen Einrichtungen einen Beitrag dazu leisten, dass Fixierungszeiten verkürzt und Fixierungsraten reduziert wurden. Dieser multidisziplinäre Entscheidungsprozess wird im Nachfolgenden skizziert. Damit wird zugleich eine Art Standard für die Überprüfung der Erforderlichkeit freiheitsentziehender Maßnahmen formuliert, der die alltagstheoretischen Abwägungen ersetzt[18].

1. Multidisziplinärer Entscheidungsprozess in fünf Schritten

7 a) **Schritt 1: Problemanalyse und Zielsetzung**
   – Welche individuellen Probleme und Risiken und Ressourcen sind vorhanden (Beispiele: Sturzgefährdung, herausforderndes Verhalten wie Weglaufgefahr.)
   – Sind die Ursachen behebbar? (Beispiele: Reduzierung von Schmerzen, Medikamentegabe, Behandlung körperlicher Erkrankungen, Änderung der Umgebungsfaktoren.)
   – Eigene Vorstellungen und natürlicher Wille des Bewohners? (z. B. auch ausgedrückt durch Verhalten, Biographie)
   – Welche Ziele werden gesetzt (Beispiele: Mobilitätserhalt, Minimierung des Verletzungsrisikos)

b) **Schritt 2: Einschätzung der Alternativen**
   – Welche Alternativen kommen potentiell in Frage? (Beispiele: Pflegekonzeptuelle oder organisatorische Alternativen, etwa Verbesserung der Kommunikation, Arbeit am Konzept, Veränderung beziehungsweise Verbesserung der Organisation)
   – Existieren baulich-architektonische Alternativen oder lassen sie sich herstellen? (Beispiele: Einrichtung von Endlosgänge, Schaffung sinnvoller Kontraste)?
   – Existieren technische Alternativen oder können sie geschaffen werden oder zum Einsatz kommen? (Beispiele: Technische Hilfsmittel, Sensoren, Alarmsysteme)
   – Welche potentiellen Risiken bergen die Alternativen?
   – Rechtliche Bewertung der „Alternative"

c) **Schritt 3: Entwicklung eines Maßnahmenplans und Treffen der Entscheidung**
   – Arrangement einer Fallkonferenz mit allen Beteiligten (Betreuer, Bewohner, Angehörige, Pflegende, Ärzte, Therapeuten).
   – Informed decision making
   – Einholung der Genehmigung

d) **Schritt 4: Umsetzen der Maßnahme**
   – Die FeM sind korrekt durchzuführen, ihre Durchführung muss dokumentiert werden.

e) **Schritt 5: Beobachtung und Evaluation**
   – Ist die FeM noch erforderlich? Ist die Art und Dauer der Maßnahme noch angemessen?
   – War die ausgewählte Maßnahme erfolgreich?
   – Die Maßnahme ist im Sinne eines Regelkreises erneut zu überprüfen.

---

18 Weitere Arbeitshilfen: *LAG Betreuungsverein Sachsen-Anhalt* Ablaufhilfe für freiheitsentziehende Maßnahmen in Einrichtungen (www.redufix.com/html/img/pool/betreuer_handlungshilfe.pdf). *Bayrisches Staatsministerium für Arbeit und Sozialordnung, Familie und Frauen (Hrsg.)* DVD: Eure Sorge fesselt mich – Alternativen zu freiheitsentziehenden Maßnahmen in der Pflege, München 2011.

2. Interventionen zur Vermeidung von Freiheitsentziehenden Maßnahmen

In der Pflegepraxis muss bei jedem Einzelfall stets geprüft werden, ob alternative Maßnahmen [8]
zur Zielerreichung einsetzbar sind, die in die Selbstbestimmungs- und Freiheitsrechte einer
Person weniger eingreifen. Dies bedeutet konkret, dass im Einzelfall gegebenenfalls auch Maßnahmen zum Einsatz kommen müssen, deren wissenschaftlicher Nachweis bisher noch aus-
steht, die aber dem „guten Menschenverstand" entsprechen.

Interventionen zur Vermeidung Freiheitsentziehender Maßnahmen lassen sich in drei wesent- [9]
liche Hauptkategorien unterteilen, die in ihrer Auswahl spezifisch auf das Individuum mit seinen Vorlieben, Abneigungen und auf das spezifisch ermittelte Risikoprofil des Betroffenen,
zum Beispiel Sturzgefährdung, herausforderndes Verhalten und Ähnliches, abgestimmt sein
sollten:[19] pflegekonzeptuelle bzw. organisatorische Maßnahmen/Leitlinien, Standards, sowie
baulich-architektonische und technische Alternativen.

a) Pflegekonzeptuelle-/organisatorische Maßnahme, Leitlinien, Standards

Die Elemente umfassen Interventionen, die direkt an der Kompetenzerweiterung von Fach- [10]
pflegekräften ansetzen. Hierzu zählen zum Beispiel die Kenntnis und Umsetzung von Maßnahmen zur Sturzprävention nach den gültigen nationalen Pflegestandards (DNQP 2006,
BUKO-QS 2008) und ärztlichen Leitlinien (z. B. DEGAM 2004), ein veränderter Umgang mit
Menschen mit Demenz entsprechend der BMG-Rahmenempfehlungen (BMG 2006). Eine evidenzbasierte Praxisleitlinie zur Vermeidung von freiheitseinschränkenden Maßnahmen in der
beruflichen Altenpflege" wurde 2009 veröffentlicht. Außerdem geht es um organisatorische
und pflegekonzeptuelle Veränderungen, zum Beispiel Maßnahmen einer personen- und
bedürfnisorientierte Pflege oder auch nächtliche Angebote.

b) Baulich-architektonische Alternativen

Maßnahmen der Umgebungsanpassung und Milieugestaltung zur Kompensation von Behin- [11]
derungen, zur Förderung von Selbstständigkeit und zur Wahrung von Selbstbestimmtheit und
Würde sind in Betracht zu ziehen: kleine Wohneinheiten mit zentraler Wohnküche, transpa-
rente und mobilitätsfördernde Flure, eine angemessene Beleuchtung, Orientierungshilfen, Bar-
rierearmut, aber auch ein sinnvoller Einsatz von Kontrasten, etwa als optische Barrieren,
Wegeführung (Demenzsupport Stuttgart www.demenz-support.de; Dementia services deve-
lopment centre Stirling http://dementia.stir.ac.uk/). In den KDA-Empfehlungen (2004) finden
sich weitere Umsetzungsbeispiele zur Umstrukturierung stationärer Altenhilfeeinrichtungen
für Menschen mit Demenz.

c) Technische Alternativen

Hilfsmittel und technisch-elektronische Systeme haben das Ziel, Selbstbestimmtheit zu wahren [12]
und Mobilität zu fördern, aber gleichzeitig Schutz und Sicherheit zu gewährleisten. Niederflur-
betten, Positionshilfen, Antirutschauflagen, Antirutsch-Socken, Hüftprotektoren, sturzsichere
sog. „Gehfrei" – Hilfen sind Beispiele sog. „low-tec" Hilfen (Rehadat-Datenbank www.reha-
dat.de, Deutsche Alzheimer Gesellschaft Technische Hilfen www.deutsche-alzheimer.de). Auch
Signal- und Alarmsysteme wie Sensormatten, eine automatisierte Beleuchtung, aber auch
Funk- und Personenortungssysteme bis in den Bereich von „high tec" – Varianten wie kom-

---

19 *Bredthauer* Freiheitsentziehende Maßnahmen in: Stoppe Versorgung psychisch kranker alter Menschen
2011, 263 ff.

plexe Monitoring-Systeme und „Smart-home" Lösungen aus dem AAL-Bereich[20] können nach rechtlich-ethischer Abwägung individuell adäquate Alternativen darstellen und sollten daher fester Bestandteil einer qualifizierten Pflege(-beratung) sein.

13 Auch für technische Alternativen kann gegebenenfalls eine rechtliche Legitimierung erforderlich werden. Hierbei ist nicht die Art der alternativen Lösung entscheidend, sondern der Zweck beziehungsweise die Zielsetzung ihrer Anwendung in Abhängigkeit von Willen und potentiellen Fähigkeiten einer Person: Der Einsatz einer Sensormatte kann zur FeM werden, wenn die Person bei Alarmierung wieder ins Bett geschickt oder gelegt wird, obwohl diese aufstehen möchte. In diesem Beispiel wird die Pflegeintervention zur FeM, nicht aber, wenn der Alarm für eine bedürfnisorientierte Maßnahme genutzt wird, zum Beispiel die Begleitung zum Toilettengang.

---

20 Ambient Assisted living (altersgerechte Assistenzsysteme): www.aal-deutschland.de

11. Kapitel
Rechtsprechung zur Thematik nach Stichworten

Die Leitsätze (LS) und Orientierungssätze (OS) wurden jeweils aus den Publikationsorganen **1** bzw. aus Juris übernommen. Es handelt sich demnach um amtliche oder redaktionellen Leit- und Orientierungssätze. Die Rechtschreibung und Zitierung der Paragraphen wurde vereinheitlicht.

I. Alkoholismus

2   *BGH* Beschluss v. 17.8.2011, MDR 2011, 1176

LS 1: Alkoholismus ist für sich gesehen keine psychische Krankheit bzw. geistige oder seelische Behinderung im Sinne von § 1906 Abs. 1 Nr. 1 BGB; ebenso wenig vermag die bloße Rückfallgefahr eine Anordnung der zivilrechtlichen Unterbringung rechtfertigen. Etwas anderes gilt, wenn der Alkoholismus entweder im ursächlichen Zusammenhang mit einem geistigen Gebrechen steht, insbesondere einer psychischen Erkrankung, oder ein auf den Alkoholmissbrauch zurückzuführender Zustand eingetreten ist, der das Ausmaß eines geistigen Gebrechens erreicht hat.

3   *OLG Rostock* Beschluss v. 23.10.2009, BtPrax 2010, 134

LS 2: Eine Unterbringung gemäß § 1906 Abs. 1 Nr. 1 BGB kommt auch ohne Aussicht auf einen Therapieerfolg in Betracht. Es genügt die Verhinderung einer erheblichen Gesundheitsbzw. Lebensgefährdung. Unter diesen engen Voraussetzungen kann – unter Berücksichtigung der Verhältnismäßigkeit – auch ein Wegsperren des Betroffenen zu seinem Wohl zulässig sein.

LS 3: Eine Unterbringung eines Alkoholkranken ohne Heilungsaussichten gemäß § 1906 Abs. 1 Nr. 1 BGB kann zu einem Wegsperren des Betroffenen auf Dauer führen. Die Bedeutung und die Intensität des mit einer Unterbringung verbundenen Eingriffs in die Freiheitsrechte des Betroffenen macht eine richterliche Sachaufklärung durch die Beauftragung eines extern tätigen Sachverständigen notwendig.

II. Anhörung des Betroffenen

4   *BGH* Beschluss v. 24.6.2009, FamRZ 2009, 1664-1665 = BtPrax 2009, 236–237

OS 1: Rechtsbeugung gem. § 339 StGB kann auch durch den Verstoß gegen Verfahrensvorschriften begangen werden, sofern ein Verstoß gegen die Rechtspflege vorliegt, bei dem sich der Täter bewusst und in schwerer Weise zu Gunsten oder zum Nachteil einer Partei von Recht und Gesetz entfernt.

5   OS 2: Hat ein in Betreuungssachen tätiger Richter bei der Genehmigung freiheitsentziehender Maßnahmen gegenüber in Pflegeheimen befindlichen Personen systematisch gegen seine ihm bekannten Anhörungspflicht aus § 70c FGG verstoßen und dabei eine verfahrensrechtlich ordnungsgemäße Vorgehensweise vorgespielt, indem er formularmäßig vorgefertigte Anhörungsprotokolle zu den Verfahrensakten nahm, liegt ein solch elementarer Rechtsverstoß vor.

6   *LG Kleve* Beschluss v. 12.3.2009, FamRZ 2009, 1245 = R&P 2009, 159–160

LS 1: Bei der Prüfung der vormundschaftsgerichtlichen Genehmigung der geschlossenen Unterbringung, der Zwangsmedikation und der zeitweisen Beschränkung der Freiheit des Betreuten ist die Durchführung der persönlichen Anhörung des Betroffenen durch den ersuchten Richter generell als – zur Aufhebung der Anordnung führender – schwerer Verfahrensverstoß zu bewerten, wenn die zum Zwecke der Anhörung aufzusuchende psychiatrische Klinik im Bezirk des Landgerichts liegt und damit für den zuständigen Vormundschaftsrichter selbst in einer Fahrtzeit von weniger als einer Stunde erreichbar ist.

OLG Hamm Beschluss v. 10.9.2007, BtPrax 2008, 37–38   7

LS: Das verfahrensrechtliche Gebot der vorherigen persönlichen Anhörung des Betroffenen wird verletzt, wenn das Amtsgericht des Wohnsitzes des Betroffenen im schriftlichen Verfahren im Wege der einstweiligen Anordnung seine geschlossene Unterbringung genehmigt und sich darauf beschränkt, das Amtsgericht, in dessen Bezirk die Unterbringung vollzogen werden soll, um die nachträgliche Anhörung des Betroffenen zu ersuchen, die dann erst nach 9 Tagen durchgeführt wird.

OLG Rostock Beschluss v. 15.8.2006, FamRZ 2007, 1767–1768   8

LS 1: Bei der Entscheidung über die Genehmigung einer vorläufigen Unterbringung und deren Verlängerung und die anschließende Unterbringung für ein Jahr kann ausnahmsweise auf eine erneute Anhörung verzichtet werden, wenn sich die Gerichte durch mehrfache Anhörungen im Rahmen der Betreuerbestellungen und der zeitlich unmittelbar vorangegangenen vorläufigen Unterbringungen einen hinreichenden Eindruck von der Erkrankung und der fehlenden Einsichtsfähigkeit der Betroffenen verschafft haben und aus dieser Erfahrung heraus von einer weiteren Anhörung keine Erkenntnisse erwarten dürfen.

OLG Hamm Beschluss v. 11.5.2006, FamRZ 2007, 763–765   9

LS 3: Der Betroffene ist auch im Beschwerdeverfahren grundsätzlich erneut mündlich anzuhören, damit sich das Gericht einen persönlichen Eindruck von dem Betroffenen machen kann; dies gilt auch vor einer Verlängerung einer Unterbringungsmaßnahme. Von einer erneuten mündlichen Anhörung im Beschwerdeverfahren kann nur dann abgesehen werden, wenn diese zur Sachaufklärung erkennbar nichts beitragen kann.

III. Anordnung durch das Betreuungsgericht im Eilfall, § 1846 BGB

LG Kassel Beschluss v. 27.6.2011, Az. 3 T 343/11   10

LS: Die „Genehmigung" einer Unterbringungsmaßnahme erfordert, dass dem bestellten Betreuer die einschlägigen Aufgabenkreise übertragen sind. „Genehmigt" das Amtsgericht eine – in der zu entscheidenden Fallgestaltung vorläufige – Unterbringung, obwohl der Betreuer einen solchen Antrag nicht gestellt hat und mangels notwendiger Aufgabenkreise auch nicht hat stellen können, kann die Beschwerdekammer unter Abänderung der angefochtenen Entscheidung die vorläufige Unterbringung des Betroffenen nach Maßgabe von §§ 1908i, 1846 BGB „anordnen". Es ist der Beschwerdekammer im Rechtsmittelverfahren über die Unterbringung aber verwehrt, die bestehende Betreuung zu erweitern. Diese Entscheidung ist dem Amtsgericht vorbehalten.

OLG München Beschluss v. 23.1.2008, BtPrax 2008, 77–78   11

LS 1: Sorgt das Vormundschaftsgericht nach einstweiliger Anordnung einer zivilrechtlichen Unterbringung nicht unverzüglich für die Bestellung eines Betreuers, ist die Unterbringungsmaßnahme von Anfang an rechtswidrig.

AG Nidda Beschluss v. 14.3.2007, BtPrax 2007, 140   12

Durch einstweilige Anordnung wird der Aufgabenkreis der Betreuung eingeschränkt. Zum Aufgabenkreis gehört nun nicht mehr die Entscheidung über die Fixierung der Betroffenen auf dem Toilettenstuhl mit einem Bauchgurt oder mit einer Schranke. Bis zur Neuregelung der

Betreuung zu diesem Punkt wird gemäß § 1846 BGB bestimmt, dass die Betroffene auf dem Toilettenstuhl mit einem Bauchgurt oder mit einer Schranke fixiert werden darf.

13 *OLG Frankfurt* Beschluss v. 4.12.2006, FamRZ 2007, 673–675

LS 1: Die richterliche Anordnung der Fixierung einer untergebrachten Person als einstweilige Maßregel nach § 1846 BGB kommt nicht in Betracht, wenn dem Vormundschaftsrichter mangels Einholung der gebotenen Auskünfte nicht bekannt ist, dass bereits ein Betreuer mit den Aufgabenkreisen der Aufenthaltsbestimmung und Gesundheitsfürsorge bestellt ist.

14 *OLG München* Beschluss v. 28.7.2005, FamRZ 2006, 62

LS 1: Wenn das Landgericht im Beschwerdeverfahren feststellt, dass die Voraussetzungen für eine vom Amtsgericht nach Art. 1 Abs. 1 S. 1 UnterbrG, § 70h FGG angeordnete vorläufige Unterbringung nicht vorliegen, zugleich aber die Voraussetzungen für eine Anordnung nach § 1846, § 1908i Abs. 1 BGB i. V. m. § 70h Abs. 3 FGG, § 1906 BGB gegeben sind, so kann es die weitere Unterbringung auf diese andere Rechtsgrundlage stützen.

15 *BayObLG* Beschluss v. 2.4.2003, BtPrax 2003, 176–177

LS 1: Ordnet das Vormundschaftsgericht selbst die zivilrechtliche Unterbringung des Betroffenen an, ist es verpflichtet, durch geeignete Maßnahmen sicherzustellen, dass dem Betroffenen innerhalb weniger Tage ein (vorläufiger) Betreuer zur Seite gestellt wird. Eine derartige Maßnahme kann je nach Sachlage, auch in dem unverzüglichen Ersuchen an die Betreuungsstelle liegen, eine als Betreuer geeignete Person vorzuschlagen.

16 LS 2: Unterlässt das Gericht Maßnahmen dieser Art, ist die Anordnung der Unterbringung von vornherein nicht rechtmäßig ergangen. Das gilt auch dann, wenn sich die Unterbringung bereits zu einem Zeitpunkt erledigt, in dem unter gewöhnlichen Umständen die Bestellung eines vorläufigen Betreuers noch nicht zu erwarten gewesen wäre.

IV. Aufsichtspflichten

17 *OLG Koblenz* Urteil v. 21.3.2002, FamRZ 2002, 1359–1361

LS 1: Ohne konkreten Anhalt für eine Gefährdung ist ein Altenheim nicht verpflichtet, beim Vormundschaftsgericht die Fixierung eines geistig verwirrten und gehbehinderten Heimbewohners in seinem Rollstuhl zu beantragen. Maßgeblich sind insoweit die Erkenntnisse, die vor dem Schadensereignis gewonnen werden konnten.

18 LS 2: Hat der Betreuer des Altenheimbewohners in Kenntnis aller maßgeblichen Umstände einen Antrag auf Fixierung des Betreuten aus vertretbaren Gründen abgelehnt, ist die Leitung des Altenheims im Regelfall gehalten, diese Entscheidung zu respektieren. (...)

19 LS 3: Dass der zuständige Vormundschaftsrichter die Fixierung von Heimbewohnern auf entsprechenden Antrag „immer" anordnet, ist nicht entscheidungserheblich. Maßgeblich ist allein, wie er nach Auffassung des Regressgerichts im konkreten Fall über einen derartigen Antrag hätte entscheiden müssen.

20 S. 1360: Dem Träger eines Altenheims obliegt (...) eine Verkehrssicherungspflicht. (...) Diese Pflicht ist (...) beschränkt auf das Erforderliche und das für die Heimbewohner und das Pflegepersonal Zumutbare. Das Sicherheitsgebot ist abzuwägen gegen Gesichtspunkte der Einschränkung des Freiheitsrechts (Art. 2 Abs. 1 GG) und der Menschenwürde (Art. 1 Abs. 1 GG).

(…) kann nicht generell, sondern nur aufgrund einer sorgfältigen Abwägung sämtlicher Umstände des jeweiligen Einzelfalls entschieden werden. (…) bei denen häufig ein erheblicher Beurteilungsspielraum verbleibt. Wird in einer derartigen Situation eine Entscheidung im Rahmen des Vertretbaren getroffen, kann sie nicht im nach hinein mit dem Stempel der Pflichtwidrigkeit versehen werden, wenn es zu einem Unfall kommt, den jeder Heimträger und sein Pflegepersonal, erst recht jedoch Betreuer und Familienangehörige vermeiden möchten (…).

S. 1361: Nahezu jeder Unfall lässt sich durch weitergreifende Sicherungsmaßnahmen vermeiden. **21** Ein allumfassender Schutz kann jedoch in derartigen Fällen im Spannungsfeld zwischen Freiheitsrechten einerseits und dem Recht auf körperliche Unversehrtheit andererseits nicht gewährt werden. (…)

OLG Dresden Urteil v. 21.7.1999, VersR 2001, 520–521 **22**

LS: Liegt die Ursache eines Sturzes einer Pflegepatientin allein im von Heimträger beherrschten Gefahrenbereich und steht der Sturz im Zusammenhang mit dem Kernbereich der geschuldeten Pflichten, so genügt es, wenn der Anspruchsberechtigte dies vorträgt. Sache des Pflegeheimträgers ist es dann nachzuweisen, dass der Sturz nicht auf einem Fehlverhalten des mit der Pflege und Betreuung des Patienten betrauten Personals beruht. Insoweit besteht keinerlei Unterschied zwischen der Pflege während des Aufenthaltes in einem Krankenhaus und in einem Pflegeheim.

520: Da die Patientin unstreitig auch an Fallsucht litt, ging die vertragliche Nebenpflicht aus **23** dem Pflegeheimvertrag insbesondere auch gerade dahin, die Patientin P. vor unerwarteten Stürzen zu bewahren.

V. Behandlungsunterbringung

AG Lübeck Beschluss v. 15.7.2011, Az. 4 XVII H 13700 **24**

LS 1: Die Zwangsbehandlung eines chronifiziert schizophrenen Betroffen ist auch ohne Vorliegen einer unmittelbaren erheblichen Eigengefährdung im Rahmen einer geschlossenen Unterbringung zulässig, wenn eine hinreichende Wahrscheinlichkeit für eine die Lebensqualität erhöhende Entaktualisierung einer ausgeprägten Wahnsymptomatik besteht.

BGH Beschluss v. 22.9.2010, FamRZ 2010, 1976–1977 = BtPrax 2011, 38 **25**

Aus den Gründen: Die Zwangsmedikation stellt einen schweren Eingriff in die Grundrechte des Betroffenen dar. Sie gestattet die Ausübung von Gewalt gegen den Betroffenen, z.B. seine Fixierung. Die Genehmigung ist deshalb nur zulässig, wenn die Zwangsmedikation erforderlich und angemessen ist. Ob dies der Fall ist, bedarf im Hinblick auf die Schwere des Eingriffs einer besonders sorgfältigen Prüfung. Allein daraus, dass es dem Betroffenen mitunter gelungen ist, ihm stationär verabreichte Tabletten nicht zu schlucken, kann nicht geschlossen werden, dass er die Verabreichung von Medikamenten auch durch Spritzen regelmäßig verweigert. Umstände, aus denen sich eine solche Verweigerungshaltung des Betroffenen ergeben könnten, hat das Landgericht nicht festgestellt. Nur dann durfte jedoch eine Zwangsmedikation gestattet werden. Ein Vorratsbeschluss für den Fall, dass der Betroffene sich gegen die Verabreichung von Medikamenten durch Spritzen wehren wird, ist im Hinblick auf die Schwere des Eingriffs unzulässig.

26 *LG Verden* Beschluss v. 24.8.2010, Az. 1 T 122/10

OS 3: Aus der Genehmigung zur Unterbringung folgt nicht automatisch das Recht zur Zwangsmedikation, vielmehr bedarf es einer ausdrücklichen Genehmigung der Zwangsbehandlung durch das Betreuungsgericht.

27 Aus den Gründen: Enthält der Unterbringungsbeschluss – wie hier – keinerlei Ausführungen zum Inhalt, Gegenstand und Ausmaß der von dem Betreuten zu duldenden Behandlung und insbesondere nicht zur Frage einer zwangsweisen Durchführung der Behandlung, so ist der Unterbringungsbeschluss keine ausreichende Rechtsgrundlage für eine Zwangsbehandlung der Betroffenen.

28 *BGH* Beschluss v. 28.12.2009, FamRZ 2010, 202–204 = BtPrax 2010, 80–82

LS: Eine Unterbringung kann nicht gemäß § 1906 Abs. 1 Nr. 2 2. Alt BGB („... weil ... eine Heilbehandlung ... notwendig ist, ...“) genehmigt werden, wenn die angestrebte Heilbehandlung – aus welchen Gründen auch immer – nicht oder nicht mehr durchgeführt wird. Deshalb darf eine bereits erteilte Genehmigung nicht länger aufrechterhalten werden, wenn der Betreute bereits untergebracht ist, sich aber sodann herausstellt, dass die in der Unterbringungseinrichtung tätigen Ärzte – in Abweichung von dem der Genehmigung zugrunde liegenden ärztlichen Gutachten – eine Heilbehandlung für medizinisch nicht geboten erachten und eine solche Behandlung deshalb nicht durchführen.

29 *KG* Beschluss v. 19.11.2009, BtPrax 2010, 92–95

LS: Kann eine notwendige Heilbehandlung erfolgreich nur mit Zwang durchgeführt werden, genügt der Aufgabenkreis „Wahrnehmung der Rechte bei der psychiatrischen Heilbehandlung“ ohne gleichzeitige Übertragung des Aufenthaltsbestimmungsrechts hierzu nicht. Eine Betreuung ist dann im Hinblick auf diesen Aufgabenkreis nicht erforderlich und auf die Beschwerde des Betroffenen entsprechend einzuschränken.

30 *OLG Schleswig* Beschluss v. 1.9.2009, BtPrax 2009, 299–302 = R&P 2010, 35–38

LS 2: Eine Betreuung mit dem Aufgabenkreis der Gesundheitssorge kann nur eingerichtet werden, wenn der Betroffene entweder freiwillig die benötigte Hilfe des Betreuers zumindest teilweise annehmen würde oder bei vollständig fehlender Bereitschaft, sich einer Heilbehandlung zu unterziehen, eine Behandlung in einer geschlossenen Einrichtung nach § 1906 BGB in Betracht kommt.

31 *OLG Brandenburg* Beschluss v. 12.5.2009, BtPrax 2009, 182–183

OS: Eine Unterbringung eines Betroffenen zur Heilbehandlung gemäß § 1906 Abs. 1 Nr. 2 BGB ist unzulässig, wenn in der Unterbringungseinrichtung eine medizinische Behandlung tatsächlich (noch) nicht stattfindet. Allein eine Festigung des Vertrauensverhältnisses zwischen Patient und Arzt durch die Unterbringung stellt keine Heilbehandlung dar und rechtfertigt deshalb die Unterbringung nicht.

32 *OLG München* Beschluss v. 7.4.2009, FamRZ 2009, 1350–1351 =BtPrax 2009, 243–244

LS: Die Vorschrift des § 1906 Abs. 1 Nr. 2 BGB ermöglicht nicht die Zwangsbehandlung eines bereits auf anderer Rechtsgrundlage (hier: § 63 StGB) untergebrachten Betreuten. Die Zulässigkeit einer derartigen Behandlung ist allein nach den landesrechtlichen Unterbringungsvorschriften (hier: Art 13 BayUnterbrG) zu beurteilen.

OLG Celle Beschluss v. 10.7.2007, BtPrax 2007, 263–265   **33**

LS 2: Angesichts der Bedeutung und Intensität des mit einer Zwangsmedikation verbundenen Grundrechtseingriffs ist das notwendige Sachverständigengutachten (§ 70e FGG) durch einen externen, nicht im behandelnden Krankenhaus tätigen Sachverständigen zu erstellen.

OLG Schleswig Beschluss v. 19.4.2007, BtPrax 2008, 131–132   **34**

LS: Die Erweiterung der Betreuung auf die Aufgabenkreise Gesundheitsvorsorge und Aufenthaltsbestimmung mit dem Ziel der Unterbringung des Betroffenen zur Heilbehandlung ist nur erforderlich, wenn eine Heilbehandlung in einer geschlossenen Einrichtung nach § 1906 Abs. 1 Nr. 2 BGB überhaupt in Betracht kommt, das heißt diese nach einer vorläufigen Einschätzung Erfolg versprechend und nach dem Verhältnismäßigkeitsgrundsatz unumgänglich erscheint.

OLG Celle Beschluss v. 23.3.2007, FamRZ 2008, 1376   **35**

LS: Eine Unterbringungsgenehmigung nach § 1906 Abs. 1 Nr. 2 BGB setzt voraus, dass konkrete Tatsachen festgestellt werden, aus denen sich – unter Berücksichtigung des Prinzips der Verhältnismäßigkeit – die Erforderlichkeit der Heilbehandlung ergibt. Ferner bedarf es grundsätzlich der Darlegung eines konkreten Behandlungskonzeptes.

OLG Schleswig Beschluss v. 6.1.2005, FamRZ 2005, 834   **36**

LS: Bei Vorliegen der übrigen Voraussetzungen kann eine Heilbehandlung im Sinne des § 1906 Abs. 1 Nr. 2 BGB erforderlich sein, wenn nur dadurch der Gesundheitszustand des Betroffenen in Bezug auf seine Anlasskrankheit (Psychose aus dem schizophrenen Formenkreis) auf einem im Rahmen der Chronifizierung bestehenden Maß stabil gehalten und eine weitere Chronifizierung verhindert werden kann.

BSG Urteil v. 13.5.2004, BtPrax 2005, 105–108   **37**

LS 1: Die vormundschaftsgerichtliche Genehmigung der Unterbringung eines psychisch erkrankten Versicherten zur Durchführung einer stationären psychiatrischen Heilbehandlung (§ 1906 Abs. 1 Nr. 2 BGB) schließt im Streit um den Vergütungsanspruch des Krankenhausträgers den Einwand der Krankenkasse nicht aus, die Krankenhausbehandlung sei nicht erforderlich gewesen.

LS 2: Hält eine Krankenkasse den weiteren Krankenhausaufenthalt eines psychiatrisch behand-   **38**
lungsbedürftigen Versicherten wegen ambulanter Behandlungsalternativen für nicht erforderlich, hat sie die Entscheidung der Krankenhausärzte, die stationäre Behandlung fortzusetzen, als vertretbar hinzunehmen, wenn sie die Behandlungsalternativen – soweit nicht flächendeckend vorhanden – den Krankenhausärzten und dem Versicherten bzw dessen Betreuer nicht konkret und nachprüfbar aufgezeigt hat.

OLG Schleswig Beschluss v. 7.5.2003, BtPrax 2003, 223–224   **39**

OS 2: Hat die paranoide Schizophrenie des Betroffenen bereits einen chronischen Verlauf genommen, kann eine Unterbringung gerechtfertigt sein, wenn die Gefahr besteht, dass sich die Krankheit durch weitere psychotische Ausbrüche erheblich verschlimmert.

OS 3: Die geschlossene Unterbringung des Betroffenen zum Zwecke einer zu seinem Wohl für   **40**
erforderlich gehaltenen apparativen Untersuchung mittels CCT ist nicht gerechtfertigt, wenn der Betroffene derartigen Untersuchungen trotz insoweit bestehender Einsichtsfähigkeit nicht zustimmt, und diese ohne Einwilligung nicht durchgeführt werden dürfen.

41 OS 4: Die befristete Unterbringung des Betreuten zum Zwecke eines länger dauernden Behandlungsversuchs mittels Zwangsmedikation kann eine gerechtfertigte und geeignete Maßnahme sein, um die Rückbildung der Symptomatik sowie eine Stabilisierung der Einsichts- und Steuerungsfähigkeit herbeizuführen.

42 OS 5: Bei einer Behandlung mittels Zwangsmedikation ist besonders darauf zu achten, ob die Grundrechtseinschränkungen der Freiheitsentziehung und der mit einer Zwangsmedikation verbundenen Gewaltanwendung und ihre Folgen beim Betroffenen nicht außer Verhältnis stehen zu der Entwicklung ohne diese Maßnahmen, ob also nicht dem Betroffenen die „Freiheit zur Krankheit" in dem Sinne belassen werden muss, dass er das Durchleben seiner psychotischen Krisen den aus seiner Sicht unerträglichen Folgen von Unterbringung und Zwangsbehandlung vorziehen darf.

VI. Beschwerde

43 *OLG Hamm* Beschluss v. 11.5.2006, FamRZ 2007, 763–765

LS 1: Das Grundrecht aus Art. 19 Abs. 4 GG auf effektiven und möglichst lückenlosen richterlichen Rechtsschutz gegen Akte der öffentlichen Gewalt bei schwerwiegenden Eingriffen in das Freiheitsgrundrecht verlangt, dass die Rechtmäßigkeit einer zwischenzeitlich erledigten Unterbringungsmaßnahme zu prüfen und gegebenenfalls deren Rechtswidrigkeit nachträglich festzustellen ist, wobei sich ein Rechtsschutzinteresse auch auf die Feststellung der Rechtswidrigkeit der Genehmigung der Unterbringung für den Zeitraum vor Einlegung der Beschwerde bezieht.

44 LS 3: Der Betroffene ist auch im Beschwerdeverfahren grundsätzlich erneut mündlich anzuhören, damit sich das Gericht einen persönlichen Eindruck von dem Betroffenen machen kann; dies gilt auch vor einer Verlängerung einer Unterbringungsmaßnahme. Von einer erneuten mündlichen Anhörung im Beschwerdeverfahren kann nur dann abgesehen werden, wenn diese zur Sachaufklärung erkennbar nichts beitragen kann.

45 *BVerfG* Beschluss v. 10.5.1998, BtPrax 1998, 184–185

LS: Über die Beschwerde gegen die Genehmigung einer Unterbringung muss im Interesse eines effektiven Rechtsschutzes grundsätzlich auch dann in der Sache entschieden werden, wenn die Unterbringungsmaßnahme durch Zeitablauf erledigt ist.

VII. Entlassung auf Probe

46 *KG* Beschluss v. 20.12.2005, FamRZ 2006, 1481

LS: (…) Die probeweise Verlegung des Untergebrachten aus der geschlossenen auf eine offene Station führt dann nicht zur Wirkungslosigkeit der vormundschaftsgerichtlichen Genehmigung, wenn die ihr zugrunde liegenden Voraussetzungen weiter bestehen und die Verlegung in engem zeitlichen Zusammenhang mit dem Ende des genehmigten Unterbringungszeitraums steht. Das kann bei einer probeweisen Verlegung zehn Tage vor Entlassung des Untergebrachten der Fall sein

BayObLG Beschluss v. 11.3.2004, FamRZ 2004, 1323   47

LS: Eine Unterbringungsgenehmigung verliert ihre Gültigkeit, wenn der Betroffene eine nicht unerhebliche Zeit, hier mehr als zwei Monate, nicht (mehr) untergebracht ist. Ein gegen sie gerichtetes Beschwerdeverfahren ist dann in der Hauptsache erledigt.

VIII. Familienpflege

AG Garmisch-Partenkirchen Beschluss v. 6.6.2008, Az. XVII 0231/08, XVII 231/08   48

LS 1: Das zeitweise Versperren einer Wohnungstüre wird nicht als geschlossene Unterbringung beurteilt, sodass keine gerichtliche Genehmigung für den Bevollmächtigten oder Betreuer nach § 1906 Abs. 1 BGB notwendig ist.

LS 2: Das zeitweise Versperren einer Wohnungstüre wird als unterbringungsähnliche Maß-   49
nahme verstanden, die am Maßstab des § 1906 Abs. 4 BGB bemessen wird. Danach bedarf es grundsätzlich keiner Genehmigung, es sei denn der Betroffene wird ausschließlich durch fremde ambulante Pflegekräfte versorgt.

LS 3: Die Situation eines Betroffenen, der innerhalb der Familie Zuhause gepflegt wird, ist   50
nach dem Willen des Gesetzgebers nicht von der Genehmigungspflicht bei freiheitsentziehenden Maßnahmen umfasst. § 1906 BGB findet dann keine Anwendung.

BayObLG Beschluss v. 4.9.2002, FamRZ 2003, 325   51

LS 1: Die Wohnung des Betreuten, der ausschließlich von seinen Familienangehörigen betreut wird, ist keine „sonstige Einrichtung".

LS 2: Auf eine nicht vom Willen des Betreuten getragene Anregung der Betreuungsstelle darf   52
die Genehmigung einer Unterbringungsmaßnahme nicht erteilt werden.

IX. Fixierung

OLG Karlsruhe Beschluss v. 7.2.2008, BtPrax 2008, 78–81   53

LS: Die Fixierung einer Betroffenen zur zwangsweisen Verabreichung einer Depotspritze zur Verhütung einer Schwangerschaft ist nicht genehmigungsfähig.

AG Garmisch-Partenkirchen Beschluss v, 14.11.2007, Az. XVII 325/07   54

LS 1: Unter Verhältnismäßigkeitsgesichtspunkten ist bei Fixierungsentscheidungen besonderes Augenmerk darauf zu richten, ob alle Möglichkeiten unterhalb fixierender Maßnahmen ausgeschöpft sind, entsprechende Gefahrensituationen zu vermeiden.

LS 2: Freiheitsentziehende Maßnahmen sind nur unter bedingungsloser Beachtung der Würde   55
des Menschen und seiner Selbstbestimmung hinzunehmen.

LS 3: Im Interesse der Lebensqualität müssen verbleibende Restrisiken auch hingenommen   56
werden.

X. Freiheit zur Krankheit

57 *BGH* Beschluss v. 17.8.2011, MDR 2011, 1176

LS 2: Nach der Herrschaft des Grundgesetzes steht es zwar in der Regel jedermann frei, Hilfe zurückzuweisen, sofern dadurch nicht Rechtsgüter anderer oder der Allgemeinheit in Mitleidenschaft gezogen werden; das setzt jedoch die Fähigkeit des Betroffenen voraus, einen freien Willen zu bilden (im Anschluss an BVerfG, 7. Oktober 1981, 2 BvR 1194/80, BVerfGE 58, 208, 224 ff.).

58 *BVerfG* Beschluss v. 23.3.1998, NJW 1998, 1774–1775

LS 1: Auch dem psychisch Kranken muss in gewissen Grenzen die „Freiheit zur Krankheit" belassen bleiben.

S. 1775: Die Fürsorge der staatlichen Gemeinschaft schließt auch die Befugnis ein, den psychisch Kranken, der infolge seines Krankheitszustandes und der damit verbundenen fehlenden Einsichtsfähigkeit die Schwere seiner Erkrankung und die Notwendigkeit von Behandlungsmaßnahmen nicht zu beurteilen vermag oder trotz einer solchen Erkenntnis sich infolge der Krankheit nicht zu einer Behandlung entschließen kann, zwangsweise in einer geschlossenen Einrichtung unterzubringen, wenn sich dies als unumgänglich erweist, um eine drohende gewichtige gesundheitliche Schädigung von dem Kranken abzuwenden. Dabei drängt es sich auf, dass dies nicht ausnahmslos gilt, weil schon im Hinblick auf den Verhältnismäßigkeitsgrundsatz bei weniger gewichtigen Fällen eine derart einschneidende Maßnahme unterbleiben muss und somit auch dem psychisch Kranken in gewissen Grenzen die „Freiheit zur Krankheit" belassen bleibt (…).

59 *BVerfG* Beschluss v. 7.10.1981, NJW 1992, 691–694

LS 3: Das Grundrecht auf Freiheit der Person (Art. 2 Abs. 2 GG) steht der Unterbringung eines Geisteskranken, die ausschließlich den Zweck verfolgt, den psychisch Kranken vor sich selbst in Schutz zu nehmen und ihn zu seinem eigenen Wohl in einer geschlossenen Anstalt unterzubringen, dann nicht entgegen, wenn er für sich gefährlich oder ohne Anstaltspflege der Gefahr ernster Gesundheitsschädigung ausgesetzt ist.

60 S. 693: Dass dies nicht ausnahmslos gilt, weil schon im Hinblick auf den Verhältnismäßigkeitsgrundsatz bei weniger gewichtigen Fällen eine derart einschneidende Maßnahme unterblieben muss und somit auch dem psychisch Kranken in gewissen Grenzen die „Freiheit zur Krankheit" belassen bleibt, drängt sich auf.

XI. Freiheitsentziehende Maßnahme

61 *AG Kiel* Beschluss v. 2.2.2011, SchlHA 2011, 167

LS: Die Genehmigung einer Unterbringung nach § 1906 Abs. 1 BGB umfasst weitere freiheitsentziehende Maßnahmen im Rahmen der Unterbringung. Eine gesonderte Genehmigung gemäß § 1906 Abs. 4 BGB z. B. für die Anbringung eines seitlichen Schutzgitters am Bett bedarf es nicht.

62 *AG Frankfurt* Beschluss v. 11.5.2011, Az. 49 XVII HIL 3568/10

Aus den Gründen: Die Zulässigkeit einer freiheitsentziehenden Maßnahme nach § 1906 Abs. 4 i. V. m. Abs. 1 Nr. 1 BGB setzt das Bestehen einer Gefahr voraus, dass der Betroffene sich selbst tötet oder einen erheblichen gesundheitlichen Schaden zufügt. Dabei müssen konkrete

Anhaltspunkte für eine Gefährdung vorliegen. … Bestehen weniger einschneidende Alternativen, so sind diese anzuwenden, auch wenn sie teurer oder aufwendiger sind.

LG Freiburg Beschluss v. 20.7.2010, FamRZ 2010, 1846   63

LS: Bei bereits nach § 1906 Abs. 1 BGB untergebrachten Betreuten ist entsprechend des eindeutigen Gesetzeswortlauts eine weitere betreuungsgerichtliche Genehmigung freiheitsentziehender oder -beschränkender Maßnahmen nach § 1906 Abs. 4 BGB nicht erforderlich. Auch eine dahingehende verfassungskonforme Auslegung des § 1906 Abs. 4 BGB ist nicht veranlasst.

LG Ulm Beschluss v. 11.6.2010, FamRZ 1764–1765 = BtPrax 2010, 245–246   64

OS: Von § 1906 Abs. 4 BGB werden nur die individuellen, auf die Bedürfnisse des Betroffenen abgestimmte Einzelmaßnahmen, also unterbringungsähnliche oder freiheitsentziehende Maßnahmen erfasst, während Maßnahmen, welche die Freiheit aller Bewohner eines Heims oder einer Station gleichermaßen treffen, und somit anstaltsbezogen sind, eine mit einer Freiheitsentziehung verbundene Unterbringung im Sinne von § 1906 Abs. 1 BGB darstellt. Während § 1906 Abs. 4 BGB danach voraussetzt, dass sich der Betroffene in einer „offenen" Einrichtung aufhält, erfasst § 1906 Abs. 1 BGB die Unterbringung in einer geschlossenen Anstalt.

AG Hildesheim Beschluss v. 22.9.2008, Az. 42 XVII W 1285   65

LS 1: Die Anbringung eines RFID-Funkchips im Schuhwerk eines dementen und orientierungslosen Bewohners eines Altenheimes ist eine Freiheitsentziehung i. S. d. § 1906 BGB und bedarf der vormundschaftsgerichtlichen Genehmigung, wenn der Chip verhindert, dass der Betroffene die Eingangstür der Einrichtung öffnen und die Einrichtung verlassen kann.

LS 2: 2. Individuelle Maßnahmen, durch die in einer offen geführten Einrichtung einzelnen   66
Personen die Freiheit entzogen wird, sind nicht als Unterbringung i. S. d. § 1906 Abs. 1 BGB, sondern als unterbringungsähnliche Maßnahme nach § 1906 Abs. 4 BGB zu klassifizieren. Für die Abgrenzung ist nicht auf die konkreten Auswirkungen einer Maßnahme für den einzelnen Betroffenen, sondern auf den Charakter der Einrichtung abzustellen.

LS 3: Die Verwendung türblockierender RFID-Funkchips in der Dementenbetreuung bedarf   67
als unterbringungsähnliche Maßnahme nach § 1906 Abs. 4 BGB der vormundschaftsgerichtlichen Genehmigung.

OLG Karlsruhe Beschluss v. 15.7.2008, BtPrax 2009, 38–40   68

LS 1: Das zeitweise Einschließen eines Betroffenen in seinem Zimmer ist bei Aggressionsdurchbrüchen genehmigungsfähig.

LS 2: Freiheitsbeschränkende Maßnahmen sind auch dann genehmigungsfähig, wenn der Betroffene durch sein Verhalten in erster Linie Dritte gefährdet, sofern damit zugleich die Gefahr verbunden ist, dass der Betroffene selbst erheblichen gesundheitlichen Schaden erleidet. Dabei ist es nicht erforderlich, dass der Betroffene sich die gesundheitlichen Schäden eigenhändig zufügt. Welches Ausmaß der drohende gesundheitliche Schaden erreichen muss, um als erheblich angesehen werden zu können, richtet sich auch danach, wie stark die freiheitsbeschränkenden Maßnahmen konkret in die Rechte des Betroffenen eingreifen.

LG Ulm Beschluss v. 25.6.2008, FamRZ 2009, 544   69

LS 1: Die Anbringung eines Funkchips in Form eines Armbands am Handgelenk der Betroffenen sowie das Zurückhalten der Betroffenen im Altenzentrum E. wird bis längstens 23.5.2010 genehmigt.

70 *OLG München* Beschluss v. 29.7.2005, FamRZ 2006, 441–443

LS 2: Je nach den Umständen des konkreten Einzelfalls können freiheitsentziehende Maßnahmen, die zur Vermeidung von Sturzgefahren für den Betroffenen während der Nacht vorgesehen sind (z. B. Bettgitter, Bettgurt) unverhältnismäßig und damit nicht genehmigungsfähig sein, wenn der Betroffene auch in einem so genannten Bettnest (Matratze am Boden, umgeben von zusätzlichen Polstern) schlafen kann

71 *AG Neuruppin* Beschluss v. 10.10.2003, BtPrax 2004, 80

War zur Vermeidung eines unkontrollierten Sturzes des Betreuten aus dem Bett die Anbringung eines durchgehenden Bettgitters (während der Ruhezeiten im Pflegeheim) genehmigt worden, ist diese Genehmigung aufzuheben, wenn der Schutz des Betroffenen auch durch ein zweiteiliges Bettgitter erreicht werden kann, das mittig einen Freiraum zum Verlassen des Bettes lässt.

XII. Freiheitsentziehende Unterbringung Minderjähriger

72 *OLG Oldenburg* Beschluss v. 26.9.2011, Az. 14 UF 66/11

LS: Befindet sich ein minderjähriges Kind in einer offenen heilpädagogischen Einrichtung bedarf eine Fixierung in der Nachtzeit durch Bauch- oder Fußgurte (unterbringungsähnliche Maßnahme) keiner familiengerichtlichen Genehmigung. § 1906 Abs. 4 BGB ist nicht analog anzuwenden.

73 *OLG Brandenburg* Beschluss v. 31.8.2010, FamRZ 2011, 489

OS: Liegen keine hinreichenden Anhaltspunkte für eine Gefährdung oder eine erhebliche Selbstgefährdung durch einen Minderjährigen vor, ist dessen Unterbringung gemäß § 1631b BGB nicht zulässig. Die Zufügung von Verletzungen (Ritzen) und der Konsum alkoholischer Getränke in großen Mengen reicht insoweit nicht aus, wenn diesen Problemen durch öffentliche Hilfen begegnet werden kann.

74 *OLG Sachsen-Anhalt* Beschluss v. 5.8.2010, FamRZ 2011, 132

LS: Gegen eine einstweilige Anordnung auf Genehmigung der vorläufigen Unterbringung eines Minderjährigen ist die Beschwerde nach § 58 FamFG statthaft.

75 *OLG Hamm* Beschluss v. 15.6.2010, MDR 2010, 1192

OS: Eine im Wege der einstweiligen Anordnung ergangene familiengerichtliche der Genehmigung geschlossenen Unterbringung eines minderjährigen Kindes in einem psychiatrischen Krankenhaus ist auch nach neuem Recht mit der Beschwerde anfechtbar.

76 *OLG Dresden* Beschluss v. 22.4.2010, JAmt 2010, 249–250 = FamRZ 2010, 1845–1846

LS: Einstweilige Anordnungen zur Genehmigung einer freiheitsentziehenden Unterbringung eines Minderjährigen gemäß § 1631b BGB sind nach §§ 58 ff. FamFG mit der Beschwerde anfechtbar. Sie unterliegen nicht der Einschränkung der Vorschrift des § 57 FamFG, die den Ausschluss der Anfechtbarkeit einstweiliger Anordnungen in Familiensachen regelt.

OLG Saarbrücken Beschluss v. 18.3.2010, FamRZ 2010, 1920–1922   **77**

LS 1: Die Freiheitsgrundrecht des Art. 2 Abs. 2 S. 2 GG strahlt intensiv auf die Auslegung von § 1631b BGB aus und stellt um so höhere Anforderungen an die Verhältnismäßigkeit einer geschlossenen Unterbringung eines Kindes, je länger diese andauert. In die Verhältnismäßigkeitsprüfung ist auch die Frage einzubeziehen, ob zu erwarten ist, dass das Kind im Rahmen der geschlossenen Unterbringung erzieherisch erreicht werden kann.

LS 2: Ein langjährig in der Heimerziehung tätiger Psychologe ist gemäß § 167 Abs. 6 S. 2   **78**
FamFG als Sachverständiger im Verfahren nach § 1631b BGB qualifiziert, wenn in dessen Rahmen nicht die psychiatrische, sondern pädagogische Gesichtspunkte im Vordergrund stehen.

OLG Celle Beschluss v. 12.3.2010, JAmt 2010, 247–249 = FamRZ 2010, 1167–1169   **79**

OS 1: Gegen einstweilige Anordnungen über die Unterbringung Minderjähriger ist die Beschwerde nach § 58 Abs. 1 FamFG ohne weiteres statthaft, was sich aus der Verweisung auf die Vorschriften für die Unterbringung Volljähriger in § 167 Abs. 1 FamFG ergibt.

OS 2: Ist eine weit untergewichtige Minderjährige hinsichtlich ihrer Essstörungen völlig unein-   **80**
sichtig und hat sie sich nicht glaubhaft von ihrer Suizidalität distanziert, kann die vorläufige Unterbringung in einer Kinder- und Jugendpsychiatrie erforderlich sein, wenn die akute Eigengefährdung nicht durch andere, mildere Mittel abgewendet werden kann.

OLG Sachsen-Anhalt Beschluss v. 13.1.2010, Az. 3 UF 232/09   **81**

OS: Besteht bei einem minderjährigen Betroffenen die Gefahr einer erheblichen Selbst- aber auch Fremdgefährdung, ist dem bei fehlender Krankeneinsicht des Betroffenen mit (weiterer) geschlossener Unterbringung zu begegnen.

OLG Koblenz Beschluss v. 14.12.2009, JAmt 2010, 88–89 = FamRZ 2010, 908–909   **82**

OS: Entscheidungen in Verfahren der einstweiligen Anordnung in Familiensachen (hier: stationäre Unterbringung in einer Einrichtung der Kinder- und Jugendpsychiatrie) sind nicht mit einer sofortigen Beschwerde anfechtbar.

OLG Sachsen-Anhalt Beschluss v. 14.12.2009, FamRZ 2010, 1919–1920   **83**

OS: Bei einstweiligen Anordnungen über die Genehmigung der vorläufigen Unterbringung eines Minderjährigen nach dem FamFG ist vor Erlass derselben immer, auch bei Gefahr im Verzug, die persönliche, das heißt mündliche Anhörung der sorgeberechtigten Elternteile erforderlich.

OLG Köln Beschluss v. 11.3.2009, OLGR Köln 2009, 696   **84**

OS: Die Verlängerung der Unterbringung einer Jugendlichen in einer geschlossenen Einrichtung kann erforderlich sein, wenn eine bestehende Anpassungsstörung weiter gegeben ist, die sich u. a. in selbstverletzendem Verhalten, Weglauftendenzen, aggressiven Impulsdurchbrüchen sowie regressiven Verhaltensweisen zeigt.

AG Hamburg-Barnbek Beschluss v. 24.6.2008, FamRZ 2009, 792   **85**

LS: Der Begriff der Unterbringung des § 1631b BGB erfasst keine unterbringungsähnlichen Maßnahmen im Sinne des § 1906 Abs. 4 BGB.

OS: Bei nur freiheitsbeschränkenden Maßnahmen gegen einen Minderjährigen, wie das Anle-   **86**
gen eines Gurtes im Rollstuhl oder das Übernachten in einem Gitterbett, ist keine familiengerichtliche Genehmigung nach § 1631b BGB einzuholen.

87 *OLG Sachsen-Anhalt* Beschluss v. 13.5.2008, JAmt 2009, 40 = FamRZ 2009, 431

LS: Eine Verlängerung der Genehmigung zur Unterbringung ist unzulässig, wenn der Sorgeberechtigte die Unterbringung nicht mehr will.

88 *BVerfG* Beschluss v. 14.6.2007, FamRZ 2007, 1627–1630 = R&P 2007, 189–193

Aus den Gründen: Grundsätzlich darf nach § 1631b BGB nur der Aufenthaltsbestimmungsberechtigte ein Kind in eine geschlossene Einrichtung verbringen oder es dort belassen. Nur dieser kann daher einen wirksamen Antrag auf Erteilung der familienrichterlichen Genehmigung der geschlossenen Unterbringung auf der Grundlage von § 1631b BGB stellen. Inhaber des Aufenthaltsbestimmungsrechts waren – und sind bis heute – indes vorliegend die Kindeseltern und nicht das Jugendamt. Der Beschluss, der eine vom Aufenthaltsbestimmungsberechtigten beabsichtigte geschlossene Unterbringung nach § 1631b BGB genehmigt, muss zwar die konkrete Einrichtung nicht namentlich benennen, in der die geschlossene Unterbringung erfolgen soll. Er muss aber klarstellen, ob die Unterbringung in einer psychiatrischen Klinik oder in einer geschlossenen Einrichtung der Jugendhilfe genehmigt wird. Nur so wird der unterschiedlichen Ausrichtung dieser beiden alternativen Arten der geschlossenen Unterbringung – deren Erforderlichkeit aus Kindeswohlgründen der Familienrichter bei seiner Genehmigungsentscheidung zu prüfen hat (...) – Rechnung getragen.

89 *OLG Hamm* Beschluss v. 25.1.2007, FamRZ 2007, 1577–1579

OS: Eine Beschwerdeberechtigung von Eltern, deren Kind mit Genehmigung des Familiengerichts in einem Jugendhilfezentrum untergebracht wurde, liegt hinsichtlich dieser Genehmigung nicht vor, wenn den Eltern bereits vorher die elterliche Sorge entzogen war.

90 *OLG München* Beschluss v. 12.7.2006, FamRZ 2006, 1622–1623

Für die Genehmigung zur freiheitsentziehenden Unterbringung eines Kindes ist das Gericht am Ort des gewöhnlichen Aufenthalts des Kindes zuständig. Ein in einem Heim untergebrachtes Kind hat dort seinen gewöhnlichen Aufenthalt, wenn eine Rückkehr zum sorgeberechtigten Elternteil nicht beabsichtigt ist.

XIII. Freiheitsentziehende Unterbringung Volljähriger

91 *BGH* Beschluss v. 18.5.2011, MDR 2011, 788

LS: Die Genehmigung einer geschlossenen Unterbringung nach § 1906 Abs. 1 Nr. 1 BGB setzt eine ernstliche und konkrete Gefahr für Leib oder Lebens des Betreuten voraus.

92 *OLG München* Beschluss v. 1.8.2005, BtPrax 2005, 199

LS 1: Bei der Prüfung der Verhältnismäßigkeit einer Unterbringung wegen Selbstgefährdung (hier: Weglaufen eines dementen Heimbewohners) hat das Gericht die Personalsituation der Einrichtung grundsätzlich hinzunehmen. Das Gericht kann ihr weder die permanente Besetzung der Pforte zur Auflage machen noch die – im wohlverstanden Interesse des Betroffenen liegende – Genehmigung versagen, weil es hieran fehle. Dasselbe gilt grundsätzlich auch für Auflagen zu baulichen Gegebenheiten.

XIV. Freiwilligkeitserklärung

OLG München Beschluss v. 10.8.2007, BtPrax 2007, 218–219 **93**

LS 2: Eine die Unterbringungsgenehmigung erübrigende Erklärung zur Freiwilligkeit des weiteren Klinikaufenthalts muss auch die zeitliche Reichweite der Genehmigung abdecken. Erklärt die Betroffene ausdrücklich, für einen Zeitraum von etwas über drei Monaten freiwillig in der Klinik bleiben zu wollen, ersetzt das nicht eine vom Sachverständigen und Vormundschaftsgericht mit überzeugender Begründung zur Abwendung konkreter Lebensgefahr bei erneutem Alkoholmissbrauch für notwendig gehaltene Genehmigung einer geschlossenen Unterbringung bis zu weiteren 21 Monaten.

OLG München Beschluss v. 19.5.2005, FamRZ 2005, 1590 **94**

LS: Die Genehmigung der geschlossenen Unterbringung ist aufzuheben, wenn der Betroffene sich ernstlich und verlässlich bereit erklärt, freiwillig in der Einrichtung zu verbleiben und sich der erforderlichen Therapie zu unterziehen. Diese Anforderungen erfüllt nicht die Erklärung, in erster Linie nach Hause zurückkehren zu wollen und nur „unter Umständen" für einen von vornherein begrenzten Zeitraum freiwillig in der Einrichtung zu bleiben.

XV. Haftung

Siehe auch Stichwort: Aufsichtspflicht.

OLG Nürnberg Urteil v. 18.10.2010, BtPrax 2011, 40–41 **95**

LS: Ein Mitglied der Leitung eines Pflegeheims verletzt die ihm gegenüber den Bewohnern obliegende Garantenpflicht im Rahmen der Nötigung durch Unterlassen dann nicht, wenn er sich bei der Frage der Erforderlichkeit einer regelmäßigen Fixierung auf eine entsprechende ärztliche Anordnung verlässt.

OLG Hamm Urteil v. 9.1.2001, FamRZ 2001, 861–863 **96**

LS 1: Ist dem Betreuer nur der Aufgabenkreis der Gesundheitssorge, nicht jedoch das Aufenthaltsbestimmungsrecht für den Betreuten übertragen, steht ihm die Unterbringung des Betreuten i. S. v. § 1906 Abs. 1 BGB und die Beantragung der vormundschaftsgerichtlichen Genehmigung nicht zu.

LS 2: Der Betreuer, der über die freiheitsentziehende Unterbringung des Betreuten entscheidet **97** und dementsprechend die vormundschaftsgerichtliche Genehmigung beantragt, ohne dass ihm der dafür erforderliche Aufgabenkreis übertragen worden ist, handelt pflichtwidrig.

S. 863: Der Schmerzensgeldanspruch ergibt sich aus §§ 823 Abs. 1, 847 BGB. Um die nachteili- **98** gen Folgen für die seelische Verfassung des Klägers durch die Freiheitsentziehung auszugleichen, hält der Senat einen Betrag von 5.000 DM für angemessen. Dieser entspricht bei der Dauer der Unterbringung, die dem Beklagten für die Zeit vom 27.10.1996 bis zum 3.1.1997 zuzurechnen ist, einem Tagessatz zwischen 70 DM und 75 DM, also einem doppelt so hohen Betrag wie dem Kläger täglich durch seine Rente als laufender Unterhalt zur Verfügung hatte. (…) In die Bemessung ist ferner eingeflossen, dass das Verschulden des Beklagten in Form der Fahrlässigkeit nicht besonders gravierend war und er sich durch das Verhalten der beteiligten Richter und Ärzte in seinem Vorgehen bestärkt sah.

XVI. Häusliche Pflege

99   *BayObLG* Beschluss v. 4.9.2002, FamRZ 2003, 325

LS 1: Die Wohnung des Betreuten, der ausschließlich von seinen Familienangehörigen betreut wird, ist keine „sonstige Einrichtung".

100   LS 2: Auf eine nicht vom Willen des Betreuten getragene Anregung der Betreuungsstelle darf die Genehmigung einer Unterbringungsmaßnahme nicht erteilt werden.

101   *LG München I* Beschluss v. 7.7.1999, FamRZ 2000, 1123–1124

LS 1: Eine „sonstige Einrichtung" gemäß § 1906 Abs. 4 BGB kann auch die eigene Wohnung sein.

102   LS 2: Wird die Betroffene ausschließlich durch fremde ambulante Pflegekräfte versorgt, so bedarf das zeitweise Absperren ihrer Wohnungstür als beschränkte Freiheitsentziehung der vormundschaftsgerichtlichen Genehmigung.

103   S. 1123: Materiell-rechtliche Grundlage für die Entscheidung über die Freiheitsbeschränkung durch zeitweises Absperren der Wohnungstür ist § 1906 Abs. 4 BGB.

XVII. Öffentlich-rechtliche Unterbringung

104   *OLG Hamm* Beschluss v. 23.9.1999, NJWE-FER 2000, 86–87

LS: Für eine öffentlich-rechtliche Unterbringung nach Landesrecht ist dann kein Raum, wenn der für den Betroffenen bestellte Betreuer diesen mit dessen Zustimmung zivilrechtlich unterbringen will.

105   87: Neben der zivilrechtlichen Unterbringung durch den Betreuer (…) ist die öffentlich-rechtliche Unterbringung nach Landesrecht (…) nur subsidiär (…), die etwa dann eingreifen kann, wenn ein pflichtvergessener Betreuer die erforderliche Unterbringung des Betroffenen versäumt.

XVIII. Personenortungsanlagen

106   *AG Hildesheim* Beschluss v. 22.9.2008, Az. 42 XVII W 1285

LS 1: Die Anbringung eines RFID-Funkchips im Schuhwerk eines dementen und orientierungslosen Bewohners eines Altenheimes ist eine Freiheitsentziehung i. S. d. § 1906 BGB und bedarf der vormundschaftsgerichtlichen Genehmigung, wenn der Chip verhindert, dass der Betroffene die Eingangstür der Einrichtung öffnen und die Einrichtung verlassen kann.

107   *AG Hildesheim* Beschluss v. 21.1.2008, Az. 76 XVII D 553

Tenor: Die Anbringung eines Sicherheitschips (Funkortungschip) an der Kleidung bzw. im Schuhwerk eines Betroffenen bedarf keiner vormundschaftsgerichtlichen Genehmigung.

108   *AG Coesfeld* Beschluss v. 31.8.2007, FamRZ 2008, 304

OS: Die Ausstattung eines zeitweise nicht orientierten Heimbewohners mit einem an seiner Kleidung befestigten Sender, von dem aus ein Signal an die Diensthandys des Pflegepersonals gesendet wird, wenn der Betroffene versucht, das Heimgelände zu verlassen, so dass das Pflegepersonal in die Lage versetzt wird, den Betroffenen zur Umkehr zu bewegen, stellt keine genehmigungspflichtige Freiheitsbeschränkung i. S. d. § 1906 BGB dar, denn die körperliche Bewegungs- und Entschließungsfreiheit des Betroffenen wird nicht beeinträchtigt.

AG Meißen Beschluss v. 27.4.2007, BtPrax 2007, 187–188   109

Die Anbringung eines Sicherheitschips (Funkortungschip) an der Kleidung bzw. durch Umhängen bedarf nicht der vormundschaftsgerichtlichen Genehmigung.

OLG Brandenburg Beschluss v. 19.1.2006, FamRZ 2006, 1481–1482   110

OS 1: Für die Anbringung eines Sicherheitschips (Funkortungschip) an der Kleidung bzw. im Schuh eines demenzkranken Heimbewohners, der an psychomotorischer Unruhe mit Weglauftendenz leidet, bedarf es der vormundschaftsgerichtlichen Genehmigung nicht.

XIX. Sachverständigengutachten

BGH Beschluss 15.9.2010, FamRZ 2010,1726–1727 = BtPrax 2010, 291   111

LS 1: Auch der behandelnde Arzt des Betroffenen kann im Unterbringungsverfahren gemäß § 321 Abs. 1 FamFG zum Sachverständigen bestellt werden, solange es sich nicht um Unterbringungen mit einer Gesamtdauer von mehr als vier Jahren handelt, § 329 Abs. 2 S. 2 FamFG.

LS 2: Der Verwertung eines Sachverständigengutachtens des behandelnden Arztes steht nicht   112
entgegen, dass der Betroffene ihn nicht von seiner Verschwiegenheitspflicht entbunden hat.

LS 3: Ist der Sachverständige nicht Arzt für Psychiatrie, muss das Gericht prüfen und in der   113
Entscheidung darlegen, ob er als Arzt über Erfahrung auf dem Gebiet der Psychiatrie i. S. v. § 321 Abs. 1 S. 4 Hs. 2 FamFG verfügt. Ein pauschaler Verweis auf die Selbsteinschätzung des Sachverständigen genügt nicht

LS 4: Ist der Sachverständige im Sinne von § 321 Abs. 1 S. 4 FamFG nicht hinreichend qualifi-   114
ziert, kann das von ihm angefertigte Gutachten nicht verwertet werden.

LS 5: Dem Betroffenen sind vor seiner Untersuchung durch den Sachverständigen dessen   115
Ernennung und der Zweck der Untersuchung bekanntzugeben.

OLG Hamm Beschluss v. 9.12.2008, BtPrax 2009, 77–79   116

LS 1: Es bestehen keine allgemein gültigen Anforderungen an die Art und Weise der persönlichen Untersuchung des Betroffenen durch den Sachverständigen. Ausreichend ist eine persönliche Kommunikation, die dem Sachverständigen unter medizinisch-fachlichen Gesichtspunkten nach Lage des Einzelfalls insgesamt eine fundierte Aussage ermöglicht.

OLG Celle Beschluss v. 10.7.2007, BtPrax 2007, 263–265   117

LS 1: Im Rahmen der gebotenen Verhältnismäßigkeitsprüfung bei der erforderlichen gerichtlichen Genehmigung einer Zwangsbehandlung sind insbesondere auch die mit der beabsichtigten Behandlung verbundenen möglichen Gefahren und Beeinträchtigungen für den Betroffenen zu berücksichtigen. Bei der dem Gericht insoweit obliegenden Amtsermittlung sind u. a. auch die Ergebnisse etwaig bereits erfolgter Behandlungen in der Vergangenheit zu ermitteln und zu berücksichtigen.

118   LS 2: Angesichts der Bedeutung und Intensität des mit einer Zwangsmedikation verbundenen Grundrechtseingriffs ist das notwendige Sachverständigengutachten (§ 70e FGG) durch einen externen, nicht im behandelnden Krankenhaus tätigen Sachverständigen zu erstellen.

119   *KG* Beschluss v. 28.11.2006, BtPrax 2007, 137–138

LS 2: Wird der behandelnde Arzt als Sachverständiger bestellt, sind bei der Behandlung erhobene Befunde nur dann verwertbar, wenn der Betroffene den Sachverständigen von der ärztlichen Schweigepflicht entbunden hat.

120   *OLG Hamm* Beschluss v. 11.5.2006, FamRZ 2007, 763–765

LS 2: Bei Anordnung einer endgültigen Unterbringung zur Heilbehandlung nach § 1906 Abs. 1 Nr. 2 BGB ist es erforderlich, dass das ärztliche Gutachten Art und Ausmaße der Erkrankung im Einzelnen anhand der Vorgeschichte, der durchgeführten Untersuchungen und der sonstigen Erkenntnisse darstellt und wissenschaftlich begründet, sich darüber hinaus mit den gesetzlichen Voraussetzungen für die Freiheitsentziehung detailliert auseinandersetzt und auch zu der Frage Stellung nimmt, ob und welche Alternativen anstelle der Freiheitsentziehung zur Verfügung standen.

121   *OLG München* Beschluss v. 13.10.2005, BtPrax 2006, 36–37

LS 2: Auch im Falle eines wiederholt untergebrachten Betroffenen darf sich die Begründung nicht auf formelhafte Wendungen beschränken, sondern muss die Tatbestandsvoraussetzungen im jeweiligen Einzelfall durch die Angabe von Tatsachen konkret nachvollziehbar machen.

XX. Sturz

Siehe auch Stichwort: Aufsichtspflicht

Siehe auch Stichwort: Fixierung

122   *OLG Düsseldorf* Beschluss v. 13.7.2010, GesR 2010, 689–691 = PflR 2011, 25–28

OS 1: Hat sich der Sturz eines Patienten in einem Landeskrankenhauses im üblichen, alltäglichen Gefahrenbereich, der grundsätzlich in der eigenverantwortlichen Risikosphäre des Geschädigten bleibt, zugetragen, so muss der Geschädigte zunächst auf der Ebene der schadensbegründenden Kausalität den vollen Beweis führen, dass der Träger der Einrichtung Obhutspflichten verletzt hat. Hat er diesen Beweis geführt, und kommt es dann im Rahmen der schadensausfüllenden Kausalität nur noch darauf an, ob der eingetretene Schaden auf der (bewiesenen) Pflichtverletzung beruht, so kommen ihm nach allgemeinen Grundsätzen Beweiserleichterungen zugute, die bis zu einer Umkehr der Beweislast führen können.

123   OS 2: Zur Vermeidung eines Sturzes ist der Patient einer Pflegeeinrichtung (hier: geronto-psychiatrische Abteilung eines Landeskrankenhauses) im Hinblick auf den Schutz seiner Selbstständigkeit, Selbstbestimmung und Selbstverantwortung weder ständig zu fixieren noch ununterbrochen zu überwachen, es sei denn, im Einzelfall erforderten konkrete Hinweise auf eine Sturzgefährdung eine Fixierung oder eine entsprechende Maßnahme. Dies gilt erst recht, wenn die konkrete Situation, in der der Unfall sich zugetragen hat, nicht gefahrenträchtig war, weil der Patient im Tagesraum auf einem Stuhl am Frühstückstisch saß.

124   OS 3: Die vormundschaftsgerichtliche Genehmigung wiederkehrender freiheitsentziehender Maßnahmen ist kein „Befehl zum Handeln", sondern (nur) die gerichtliche Erlaubnis als Voraussetzung eines wiederkehrend für erforderlich gehaltenen Handelns in diesem Sinne.

Dies befreit den Betreuer nicht davon, in jedem Anwendungseinzelfall nach pflichtgemäßem Ermessen zu prüfen, ob die in Betracht gezogene Maßnahme nach Grund und Intensität zum Schutz des Betreuten (noch) geboten ist.

OLG Düsseldorf Urteil v. 2.3.2006, PflR 2006, 587–592 **125**

OS: Auch ein Patient, der aufgrund seiner Demenzerkrankung zum eigenständigen Gehen nicht mehr in der Lage ist (Pflegestufe III), muss nicht ständig fixiert oder durchgehend beaufsichtigt werden.

BGH Urteil v. 14.7.2005, FamRZ 2005, 1560–1562 **126**

LS : Der Grundsatz, dass die Träger von Pflegeeinrichtungen ihre Leistungen nach dem allgemein anerkannten Stand medizinisch-pflegerischer Erkenntnisse bzw. soweit Heimverträge betroffen sind, für die das zum 1. Januar 2002 in Kraft getretene Heimgesetz i.d.F. vom 5. November 2001 (BGBl. I, S. 2970) gilt – nach dem jeweils allgemein anerkannten Stand fachlicher Erkenntnisse zu erbringen haben, ist auch bei der Frage zu beachten, wie sie auf eine hervorgetretene Sturzgefährdung von Heimbewohnern zu reagieren haben.

BGH Urteil v. 28.4.2005, BGHZ 163, 53–59 = FamRZ 2005, 1074–1075 **127**

Aus den Gründen: (…) Diese Pflichten sind allerdings begrenzt auf die in Pflegeheimen üblichen Maßnahmen, die mit einem vernünftigen finanziellen und personellen Aufwand realisierbar sind (…). Maßstab müssen das Erforderliche und das für die Heimbewohner und das Pflegepersonal Zumutbare sein (…). Dabei ist insbesondere auch zu beachten, dass beim Wohnen in einem Heim die Würde sowie die Interessen und Bedürfnisse der Bewohner vor Beeinträchtigungen zu schützen und die Selbstständigkeit, die Selbstbestimmung und die Selbstverantwortung der Bewohner zu wahren und zu fördern sind (…). (…)

Allein aus dem Umstand, dass die Heimbewohnerin im Bereich des Pflegeheims der Beklagten **128** gestürzt ist und sich dabei verletzt hat, kann nicht auf eine schuldhafte Pflichtverletzung des Pflegepersonals der Beklagten geschlossen werden. Darlegungs- und beweispflichtig ist vielmehr insoweit die Klägerin als Anspruchstellerin; …

LG Frankfurt Urteil v. 12.11.2004, NJW 2005, 1952–1955 **129**

LS 1: Der Träger eines Alten- und Pflegeheims ist nicht berechtigt, die Bewegungsfreiheit der Heimbewohner im Heim und dem zugehörigen Freigelände nach eigenem Gutdünken durch technische oder administrative Vorkehrungen (Einschließen im Zimmer oder dem Wohnbereich, elektronische Sicherungsmaßnahmen, kontrolliertes Verbot, das Haus zu verlassen) zu beschränken. Er kann aber verpflichtet sein, den Betreuer zu veranlassen, einer die Freiheit des Heimbewohners einschränkenden Maßnahme zuzustimmen und die hierzu erforderliche Genehmigung des Vormundschaftsgerichts einzuholen.

LS 2: Solange ein halbseitig gelähmter Heimbewohner die ihm verbliebene Mobilität nutzen **130** möchte, um sich mit seinem Rollstuhl im Haus und auch im Freigelände des Heims frei zu bewegen, und er sich mit solchen Aktivitäten nicht auf Grund einer psychischen Krankheit oder geistigen oder seelischen Behinderung der Gefahr der Zufügung eines erheblichen gesundheitlichen Schadens aussetzt, gibt es nach dem Maßstab des § 1906 Abs. 1 Nr. 1 BGB keinen den Erfordernissen des Art. 2 Abs. 2 S. 3 GG genügenden Grund für eine in seine zentralen Grundrechte auf Freiheit und Selbstbestimmung eingreifende freiheitsbeschränkende Maßnahme.

131 *KG* Urteil v. 2.9.2004, GesR 2005, 66–68

LS: Allein aus dem Umstand, dass eine Heimbewohnerin im Bereich des Pflegeheims der Beklagten gestürzt ist und sich dabei verletzt hat, kann nicht auf eine schuldhafte Pflichtverletzung des Heimbetreibers oder dessen Mitarbeiter geschlossen werden. Eine Pflicht zur Fixierung eines Heimbewohners während der Mittagsruhe oder das Hochfahren der Bettgitter besteht nicht ohne Genehmigung des Vormundschaftsgerichts (§ 1906 Abs. 4 BGB), die nicht ohne hinreichenden Anlass eingeholt werden muss; drei Stürze vor Aufnahme in das Pflegeheim innerhalb der letzten sieben Jahre vor dem Unfall reichen dafür nicht aus.

132 *OLG Schleswig-Holstein* Urteil v. 18.6.2004, PflR 2005, 271–273

OS 1: Der Betreiber eines Alten- und Pflegeheimes ist nicht ohne weiteres verpflichtet, die Fixierung einer sturzgefährdeten (unter Altersdemenz und Desorientierung leidenden) Heimbewohnerin in ihrem Rollstuhl zu veranlassen, wenn es im wohlverstandenen Interesse der Betroffenen lag, ihren Alltag dem üblichen Heimablauf anzugleichen, um ihr einen festen Orientierungsrahmen zu bieten und ihr soziale Kontakte zu ermöglichen.

133 *KG* Urteil v. 25.5.2004, PflR 2005, 233–235

OS 1: Auch wenn eine (unter Betreuung stehende) Pflegeheimbewohnerin, deren Zustand sich durch zunehmende Mobilität verändert hatte, bereits mehrfach (in dem Monat vor dem streitgegenständlichen Sturzunfall) bei Versuchen aufzustehen bzw. aus einem Rollstuhl gestürzt war, liegt eine Pflichtverletzung des Heimbetreibers bzw. seines Personals nicht vor, wenn die Heimbewohnerin auf einem Stationsflur aus ihrem Rollstuhl stürzt, wo im Zeitpunkt des Sturzes kein Pflegepersonal anwesend war.

134 OS 2: Der Heimbetreiber schuldete keine ständige ununterbrochene Betreuung der Heimbewohnerin im Sinne einer ständigen Anwesenheit einer Pflegekraft, sondern musste nur im Rahmen seiner Möglichkeiten in regelmäßigen Abständen je nach den Bedürfnissen des Einzelfalles nach den Bewohnern sehen.

135 OS 3: Zur Vornahme einer allein zur Sicherung der sturzgefährdeten Heimbewohnerin geeigneten Fixierung der Bewohnerin an Bett oder Rollstuhl war der Heimbetreiber ohne vormundschaftsgerichtliche Genehmigung nicht berechtigt. Er war zur Zeit des streitgegenständlichen Sturzes auch noch nicht gehalten, seinerseits bei dem Vormundschaftsgericht die Genehmigung für eine Fixierung zu beantragen. Er durfte sich (wie geschehen) mit einer entsprechenden Information des Betreuers begnügen und erwarten, dass dieser das Notwendige veranlassen werde.

136 *OLG Schleswig* Urteil v. 17.12.2003, SchlHA 2004, 123

LS : Eine Heimbetreiberin braucht jedenfalls dann nicht auf die Fixierung einer sturzgefährdeten Heimbewohnerin hinzuwirken, wenn im Rahmen einer vorangegangenen Begutachtung des medizinischen Dienstes zwar die Sturzneigung festgestellt, aber eine Fixierung nicht angeregt worden ist, und auch die für den Aufgabenkreis Gesundheitssorge bestellte Betreuerin in Kenntnis aller Umstände eine Fixierung ablehnt.

XXI. Tenorierung

AG Lübeck Beschluss v. 15.7.2011, Az. 4 XVII H 13700 **137**

LS 1: Die Zwangsbehandlung eines chronifiziert schizophrenen Betroffenen ist auch ohne Vorliegen einer unmittelbaren erheblichen Eigengefährdung im Rahmen einer geschlossenen Unterbringung zulässig, wenn eine hinreichende Wahrscheinlichkeit für eine die Lebensqualität erhöhende Entaktualisierung einer ausgeprägten Wahnsymptomatik besteht.

LS 3: In der für eine Zwangsmedikation allein erforderlichen Unterbringungsgenehmigung **138**
nach § 1906 Abs. 2 i. V. m. Abs. 1 Nr. 2 BGB ist in den Beschlussgründen das grobe Behandlungskonzept durch Benennen der beabsichtigten Arzneimittel, des Wirkstoffs, der grundsätzlichen Verabreichungshäufigkeit und der Nebenwirkungen in den Grundzügen darzulegen. Die genaue Dosierung kann dem behandelnden Arzt überlassen bleiben.

LG Kleve Beschluss v. 12.3.2009, FamRZ 2009, 1245 = R&P 2009, 159–160 **139**

LS 3: Der Genehmigung der Zwangsmedikation hat – auf der Grundlage der Einholung eines zweckmäßigerweise externen Sachverständigengutachtens – eine strenge Verhältnismäßigkeitsprüfung voranzugehen. Die von dem Betreuten zu duldende Behandlung ist so präzise wie möglich anzugeben; dazu gehören auch die möglichst genaue Angabe des Arzneimittels oder des Wirkstoffs und deren (Höchst-)Dosierung sowie die Verabreichungshäufigkeit (…).

LS: In der Genehmigung einer Unterbringung nach § 1906 Abs. 1 Nr. 2 BGB ist die vom Betreuten zu duldende Behandlung so präzise wie möglich anzugeben. Dem genügt in der Regel, wenn dem Beschluss die zu behandelnde Krankheit und die Art der Behandlung zu entnehmen ist. Eine Genehmigung der Unterbringung ist aber nicht deshalb rechtswidrig, weil der Beschluss keine Angaben über die einzusetzende Arzneimittel oder Wirkstoffe und deren Höchstdosierung sowie Verabreichungshäufigkeit enthält (entgegen *BGH* 1. Februar 2006, XII ZB 236/05, BGHZ 166, 141).

OLG Brandenburg Beschluss v. 1.3.2007, FamRZ 2007, 1127 **140**

OS 3: Art, Inhalt und Dauer der Heilbehandlung müssen in der Unterbringungsgenehmigung genau festgelegt werden, weil der Zweck der Unterbringung entfällt, wenn die Heilbehandlung beendet oder undurchführbar geworden ist.

XXII. Unterbringung und freiheitsentziehende Maßnahmen

AG Kiel Beschluss v. 2.2.2011, SchlHA 2011, 167 **141**

LS: Die Genehmigung einer Unterbringung nach § 1906 Abs. 1 BGB umfasst weitere freiheitsentziehende Maßnahmen im Rahmen der Unterbringung. Eine gesonderte Genehmigung gemäß § 1906 Abs. 4 BGB z. B. für die Anbringung eines seitlichen Schutzgitters am Bett bedarf es nicht.

LG Baden-Baden Beschluss v. 23.10.2009, FamRZ 2010, 1471 **142**

OS: Entgegen der überwiegenden Meinung in Rechtsprechung und Literatur ist eine betreuungsgerichtliche Genehmigung von unterbringungsähnlichen Maßnahmen nach § 1906 Abs. 4 BGB bei Personen, die bereits gemäß § 1906 Abs. 1 BGB untergebracht sind, nicht erforderlich.

143   *LG Freiburg* Beschluss v. 20.7.2010, FamRZ 2010, 1846

LS: Bei bereits nach § 1906 Abs. 1 BGB untergebrachten Betreuten ist entsprechend des eindeutigen Gesetzeswortlauts eine weitere betreuungsgerichtliche Genehmigung freiheitsentziehender oder -beschränkender Maßnahmen nach § 1906 Abs. 4 BGB nicht erforderlich. Auch eine dahingehende verfassungskonforme Auslegung des § 1906 Abs. 4 BGB ist nicht veranlasst.

144   *OLG München* Beschluss v. 30.3.2005, FamRZ 2005, 1196–1199

LS: Kann bei einer zum Wohl des einwilligungsunfähigen Betroffenen genehmigten Unterbringung nach § 1906 Abs. 1 Nr. 2 BGB eine notwendige Behandlung nur unter Einsatz von Zwangsmaßnahmen, z. B. einer jeweils kurzfristigen Fixierung, vorgenommen werden, sind diese genehmigungsbedürftig und unter Beachtung des Grundsatzes der Verhältnismäßigkeit auch genehmigungsfähig nach § 1906 Abs. 4 BGB.

XXIII. Verwahrlosung

145   *BGH* Beschluss v. 13.1.2010, FamRZ 2010, 365–367

LS: Die zivilrechtliche Unterbringung durch einen Betreuer nach § 1906 Abs. 1 Nr. 1 BGB setzt keine akute, unmittelbar bevorstehende Gefahr voraus; notwendig ist allerdings eine ernstliche und konkrete Gefahr für Leib oder Leben des Betreuten. Die Gefahr für Leib oder Leben setzt kein zielgerichtetes Verhalten des Betreuten voraus, so dass auch eine völlige Verwahrlosung ausreichen kann, wenn damit eine Gesundheitsgefahr durch körperliche Verelendung und Unterversorgung verbunden ist.

XXIV. Verwahrungsunterbringung

146   *BGH* Beschluss v. 21.9.2011, Az. XII 2B 263/11

LS: Eine Unterbringung nach § 1906 Abs. 1 Nr. 1 BGB ist unzulässig, wenn durch sie lediglich die regelmäßige Einnahme verordneter Medikamente sichergestellt werden soll, anstelle der Unterbringung jedoch auch einen Überwachung der Einnahme im häuslichen Umfeld durch einen ambulanten Pflegedienst möglich wäre.

147   *BGH* Beschluss v. 18.5.2011, MDR 2011, 788

LS: Die Genehmigung einer geschlossenen Unterbringung nach § 1906 Abs. 1 Nr. 1 BGB setzt eine ernstliche und konkrete Gefahr für Leib oder Lebens des Betreuten voraus.

148   *BGH* Beschluss v. 11.8.2010, BtPrax 2010, 279–280

OS 2: § 1906 Abs. 1 S. 1 BGB verlangt bei der Unterbringung eines Betreuten keine akute, unmittelbar bevorstehende Gefahr für den Betreuten. Notwendig ist allerdings eine ernstliche und konkrete Gefahr für dessen Leib oder Gesundheit, wobei jedoch die Anforderungen an die Voraussehbarkeit einer Selbsttötung oder einer erheblichen gesundheitlichen Eigenschädigung nicht überspannt werden dürfen.

149   OS 3:. Bei Vorliegen der konkreten Gefahr einer erheblichen Eigengefährdung auf Grund der vorangegangenen akuten Drohung der Betreuten, sich mit einem von ihr mitgeführten Messer in den Bauch zu stechen, ist eine sofortige Unterbringung in einer geschlossenen Einrichtung gerechtfertigt.

OLG München Beschluss v. 13.4.2006, BtPrax 2006, 105–107 **150**

LS: Steht fest, dass eine an fortschreitender Demenz leidende, aber noch verhältnismäßig mobile Bewohnerin sich bei einem unbeaufsichtigten Verlassen des Heimes erheblich an Leben oder Gesundheit gefährden würde und belegen wiederholte dokumentierte Vorfälle in der nahen Vergangenheit ihren Antrieb, die geschlossene Abteilung bei sich bietender Gelegenheit zu verlassen, kann dies grundsätzlich die weitere geschlossene Unterbringung durch den Betreuer rechtfertigen. Nicht erforderlich ist der Nachweis, dass die Betroffene aus der Einrichtung als solcher bereits weggelaufen ist oder gegebenenfalls weglaufen würde.

XXV. Vollmacht

BVerfG Beschluss v. 7.1.2009, FamRZ 2009, 945–947 = BtPrax 2009, 118–120 **151**

LS 2b. bb: Soweit das vorlegende Gericht davon ausgeht, dass eine vormundschaftsgerichtliche Genehmigung freiheitsentziehender Maßnahmen das Selbstbestimmungsrecht des Betroffenen missachte und folglich eine solche Genehmigung mit Art. 2 Abs. 1 GG unvereinbar sei, verkennt es, dass nicht die Genehmigung der freiheitsentziehenden Maßnahme als solche durch das Vormundschaftsgericht erfolgt, sondern die Einwilligung des Bevollmächtigten in die freiheitsentziehende Maßnahme Gegenstand der vormundschaftsgerichtlichen Genehmigung ist.

KG Beschluss v. 14.3.2006, BtPrax 2006, 117–118 **152**

LS 2: Eine Vorsorgevollmacht steht der Bestellung eines Betreuers nicht entgegen, wenn der Bevollmächtigte ungeeignet ist, die Angelegenheiten des Betroffenen zu besorgen, insbesondere weil zu befürchten ist, dass die Wahrnehmung der Interessen des Betroffenen durch ihn eine konkrete Gefahr für das Wohl des Betroffenen begründet.

Gründe: (…) Die Bestellung eines Betreuers trotz bestehender Vollmacht ist möglich, wenn **153** die Wahrnehmung der Interessen des Betroffenen durch den Bevollmächtigten dem Wohl des Betroffenen klar zuwiderläuft, so dass eine konkrete Gefahr für das Wohl des Betroffenen begründet wird (…). Das ist der Fall, wenn ein Bevollmächtigter, (…), den mit der Anordnung der Betreuung eventuell verbundenen Zwang gegen den – kranken – Betroffenen prinzipiell ablehnt, daher den Willen des Betroffenen unabhängig von seiner konkreten Hilfsbedürftigkeit in jedem Fall über die am Wohl des Betroffenen ausgerichteten Maßnahmen stellt und deswegen dann jegliche Zusammenarbeit mit Ärzten, Pflegepersonal, Behörden und Sachverständigen sabotiert.

KG Beschluss v. 20.12.2005, FamRZ 2006, 1481 **154**

LS: Eine Vollmacht im Sinne des § 1896 Abs. 2 S. 2 BGB steht der Erforderlichkeit einer Betreuerbestellung nicht entgegen, wenn die Vollmacht eine Heilbehandlung mit Psychopharmaka ausschließt, die medizinisch indiziert ist, um eine Verschlimmerung der Krankheit des Betroffenen zu verhindern. (…)

XXVI. Vorläufige Unterbringung, §§ 331 f. FamFG

155 *OLG Brandenburg* Beschluss v. 5.3.2009, BtPrax 2009, 124–125 = FamRZ 2009, 1351

LS: Im Betreuungsverfahren ist der Erlass einer einstweiligen Anordnung auch im Anschluss an eine bereits in einem Hauptsacheverfahren genehmigte Unterbringungszeit zulässig. Dabei setzt die Verlängerung einer Unterbringungsmaßnahme nicht ein neues Gutachten über die Erforderlichkeit der Fortsetzung der Maßnahme voraus.

156 *OLG München* Beschluss v. 30.1.2008, BtPrax 2008, 75–76

LS 1: Wird eine vorläufige Unterbringung durch Entweichen des Betroffenen unterbrochen, ist nach dessen Wiedereinlieferung der bereits abgelaufene Vollzugszeitraum bei Verlängerungsentscheidungen in die Höchstfrist der Maßnahme einzubeziehen. (…)

157 *KG* Beschluss v. 2.10.2007, BtPrax 2008, 38–42

LS 2: Bei den unverzüglich nachzuholenden Verfahrenshandlungen gemäß §§ 70h, 69f Abs. 1 S. 4 FGG kann es keine Rolle spielen, wann der nächste routinemäßige Anhörungstag des Richters in der Unterbringungseinrichtung stattfindet.

158 LS 3: (…) Soll der behandelnde Arzt als Sachverständiger das Gutachten erstatten, so muss der Betroffene bei der Befunderhebung wissen, dass dieser ihm als Sachverständiger gegenübertritt (…).

XXVII. Zwangsbehandlung, ambulant

159 *BGH* Beschluss v. 23.1.2008, BtPrax 2008, 115–118

LS: Das Vormundschaftsgericht darf die Unterbringung des Betroffenen in einer geschlossenen Einrichtung nicht genehmigen, wenn die Freiheitsentziehung als solche nicht notwendig ist und die Genehmigung letztlich nur eine Rechtsgrundlage abgeben soll, den Betroffenen in einer offenen Abteilung der Einrichtung einer erforderlichen – auch zwangsweisen – Behandlung mit Medikamenten zu unterziehen.

160 *OLG Bremen* Beschluss v. 25.10.2005, FamRZ 2006, 730

LS: Die kurzfristige, notfalls unter Anwendung von Zwang gegen den Willen des Betreuten durchzuführende stationäre Unterbringung in einer psychiatrischen Klinik allein zu dem Zweck, dem Betreuten zwangsweise eine Depotspritze mit einem Neuroleptikum zu verabreichen, ist nicht nach § 1906 Abs. 2 i. V. m. Abs. 1 Nrn. 1 und 2 oder 1904 BGB genehmigungsfähig (…).

161 *BGH* Beschluss v. 11.10.2000, BGHZ 145, 297–310 = FamRZ 2001, 149–152

LS: Die gegen den Willen eines Betreuten in regelmäßigen, hier zweiwöchentlichen, Zeitabständen durchzuführende Dauermedikation mit Neuroleptika und die zwangsweise Zuführung des Betreuten zu dieser – jeweils kurzfristigen – Behandlung stellen keine mit Freiheitsentziehung verbundene Unterbringung oder unterbringungsähnlichen Maßnahmen dar und sind nicht nach § 1906 Abs. 2 i. V. m. § 1906 Abs. 1 Nr. 2 oder § 1906 Abs. 4 BGB genehmigungsfähig.

162 S. 301: Entscheidendes Kriterium für eine zivilrechtliche freiheitsentziehende Unterbringung ist daher wie auch im öffentlichen Recht die nicht nur kurzfristige Beschränkung der persönlichen Bewegungsfreiheit auf einem bestimmten Lebensraum (vgl. *OLG Düsseldorf* a.a.O.,

S. 398). (...) Die Verabreichung der Depotspritze, die der Betreute zwar unter Protest, aber ohne körperlichen Widerstand in einem offenen Behandlungsraum der Klinik über sich ergehen lässt, dauert lediglich ca. 10 Minuten. Insoweit kann nicht von einer erheblichen Dauer der Maßnahme, auch bei der Berücksichtigung des notwendigen Transportes innerhalb derselben Stadt, gesprochen werden. (...) Im Übrigen wird der Betr. weder durch die Behandlung noch durch die Zuführung zum Krankenhaus in seiner gesamten Lebensführung auf einen bestimmten räumlichen Bereich begrenzt.

S. 301 f.: Die Voraussetzung für eine Genehmigung nach § 1906 Abs. 4 BGB liegen ebenfalls **163** nicht vor. § 1906 Abs. 4 BGB schützt (...) die körperliche Bewegungsfreiheit und Entschließungsfreiheit zur Fortbewegung i. S. der Aufenthaltsfreiheit. (...) (...) Hinzu kommt im Übrigen, dass nach dem insoweit eindeutigen Wortlaut des § 1906 Abs. 4 BGB der persönliche Anwendungsbereich der Vorschrift auf solche Betreute beschränkt ist, die sich in einer Anstalt, einem Heim oder einer sonstigen Einrichtung aufhalten.

S. 302: Eine – unmittelbare oder gegebenenfalls entsprechende – Anwendung des § 1906 Abs. 1 **164** Nr. 2 BGB kommt auch nicht im Hinblick darauf in Betracht, dass sich die beabsichtigte ambulante Behandlung gegenüber einer genehmigungsfähigen freiheitsentziehenden Unterbringung als „milderes Mittel" darstellen würde.

S. 305: Denn die beabsichtigten zwangsweisen Zuführungen zu den 14-tägig vorgesehenen **165** Medikationen stellen nicht einen lediglich in der Dauer der Unterbringung beschränkten Eingriff in das Freiheitsrecht des Betroffenen dar, sondern eine andersartige Maßnahme. Es geht bereits vom Zweck her nicht um eine Unterbringung, sondern darum, den Betroffenen einer ambulanten medizinischen Behandlung gegen seinen Willen zuzuführen.

S. 306 f.: Aus der Befugnis des Betreuers, für den einwilligungsfähigen Betreuten in ärztliche **166** Behandlungen mit Psychopharmaka einzuwilligen, folgt nicht, dass der Betreuer auch befugt wäre, körperlichen Widerstand des Betreuten mit Gewalt zu brechen. Insoweit verzichtet das Betreuungsrecht – wie auch im grundrechtsrelevanten Bereich des Betretens der Wohnung (Art. 13 Abs. 1, Abs. 7 GG) – auf Regelungen (BT-Drucks. 11/4528, S. 141).

aa) Ein Teil der Literatur und Rspr. hält es gleichwohl, zumeist aus Zweckmäßigkeitsgründen, **167** für zulässig, dass der Betreuer – gegebenenfalls mit Genehmigung des Vormundschaftsgericht – in seinem Aufgabenbereich zur Durchsetzung des Wohls des Betreuten notfalls auch Zwang anwenden kann. (...)

bb) Demgegenüber lehnen andere Autoren und Gerichte die Anwendung von Zwang durch **168** den Betreuer außerhalb des Unterbringungsrechts und der dort geregelten Grundlagen in § 1906 BGB und § 70g Abs. 5 FGG ab. (...)

cc) Der Senat schließt sich der letztgenannten Auffassung an. **169**

S. 308: Allerdings ist nach heutigem Verständnis die Einräumung einer Rechtsmacht nicht **170** zwingend mit der Macht zur Durchsetzung der getroffenen Entscheidung verbunden (...). (...) es bedarf zur Vornahme von Zwangshandlungen gegen den Widerstand des Betreuten einer Rechtsgrundlage durch ein formelles Gesetz.

XXVIII. Zwangsbehandlung, stationär

171 *OLG Schleswig* Beschluss v. 1.9.2009, Az. 2 W 100/09

LS 3: Mit dem Ziel einer (Zwangs-)Behandlung in einer geschlossenen Einrichtung kann eine Betreuung für die Aufgabenkreise der Gesundheitssorge und der Aufenthaltsbestimmung nur dann angeordnet werden, wenn die Behandlung bei einer vorläufigen Einschätzung Erfolg versprechend und nach dem Verhältnismäßigkeitsgrundsatz unumgänglich erscheint, um eine drohende gewichtige gesundheitliche Schädigung des Betroffenen abzuwenden.

172 *OLG Brandenburg* Beschluss v. 12.5.2009, Az. 11 Wx 36/09

OS 1: Eine Unterbringung eines Betroffenen zur Heilbehandlung gemäß § 1906 Abs. 1 Nr. 2 BGB ist unzulässig, wenn in der Unterbringungseinrichtung eine medizinische Behandlung tatsächlich (noch) nicht stattfindet. Allein eine Festigung des Vertrauensverhältnisses zwischen Patient und Arzt durch die Unterbringung stellt keine Heilbehandlung dar und rechtfertigt deshalb die Unterbringung nicht.

173 *OLG München* Beschluss v. 7.4.2009, FamRZ 2009, 1350–1351 = R&P 2009, 149–150

LS: Die Vorschrift des § 1906 Abs. 1 Nr. 2 BGB ermöglicht nicht die Zwangsbehandlung eines bereits auf anderer Rechtsgrundlage (hier: § 63 StGB) untergebrachten Betreuten. Die Zulässigkeit einer derartigen Behandlung ist allein nach den landesrechtlichen Unterbringungsvorschriften (…hier) zu beurteilen.

174 Gründe: Ob die Voraussetzungen für eine Zwangsbehandlung im Sinne des Art. 13 Abs. 2 UnterbrG vorliegen, entscheidet der behandelnde Arzt, eine gerichtliche Genehmigung ist nicht vorgesehen (…).

175 *BGH* Beschluss v. 1.2.2006, BGHZ 166, 141–154 = BtPrax 2006, 145–149

LS 2: Der Betreuer ist als gesetzlicher Vertreter des Betreuten grundsätzlich befugt, in ärztliche Maßnahmen auch gegen den natürlichen Willen eines im Rechtssinne einwilligungsunfähigen Betreuten einzuwilligen.

176 LS 3: Im Rahmen einer genehmigten Unterbringung nach § 1906 Abs. 1 Nr. 2 BGB umfasst diese Befugnis ausnahmsweise auch das Recht, erforderlichenfalls einen der ärztlichen Maßnahme entgegenstehenden Willen des Betreuten zu überwinden (…).

177 *OLG Celle* Beschluss v. 21.12.2005, BtPrax BtPrax 2006, 78–79

LS: Das Betreuungsrecht bietet keine ausreichende Grundlage für eine Zwangsbehandlung.

178 *OLG Thüringen* Beschluss v. 30.11.2005, FamRZ 2006, 576

LS: Die zum Zweck einer – gegen den Willen des Betroffenen vorzunehmenden – Zwangsmedikation angeordnete Unterbringung des Betroffenen kann nach Maßgabe des § 1906 Abs. 1 BGB vormundschaftsgerichtlich genehmigt werden, wenn sie dem Verhältnismäßigkeitsgrundsatz entspricht (…).

179 *OLG Celle* Beschluss v. 10.8.2005, BtPrax 2005, 235–236

LS: Auch für stationäre Zwangsbehandlungen bietet das Betreuungsrecht keine ausreichende gesetzliche Grundlage.

12. Kapitel
Materialien*

Übersicht

---

* Die Materialiensammlung ist dem Loseblattwerk „HK-BUR Heidelberger Kommentar zum Betreuungs- und Unterbringungsrecht" entnommen.

I. Betreuer/Bevollmächtige

1. Checkliste und Aufgaben des Betreuers/Bevollmächtigten bei Unterbringungsverfahren nach § 1906 I BGB

1. Sofern nach Einschätzung des Betreuers/Bevollmächtigten (ggf. nach Beratung mit Betreuungsbehörde/Betreuungsverein) eine Unterbringung des Betroffenen notwendig ist,
> Begründeter Antrag an das BetrG zwecks Genehmigung (§ 1906 II 1 BGB)
> ggf. Antrag auf Erlass einer einstweiligen Anordnung für eine vorläufige Unterbringungsmaßnahme stellen (§§ 331, 332 FamFG)
> Bei Gefahr des Aufschubs ggf. selbst Unterbringung vollziehen und Genehmigung **unverzüglich** nachholen (§ 1906 II 2 BGB)

2. Nach Vorliegen der Genehmigung durch das BetrG, entweder
> Unterbringung ohne Zwangsmittel selbst durchführen, oder
> um Unterstützung bei der Betreuungsbehörde bei der Zuführung zur Unterbringung bitten, sofern die gerichtliche Ermächtigung nach § 326 FamFG vorliegt und Zwangsmittel erforderlich sind
> auf die Unterbringung verzichten, wenn mittlerweile die Voraussetzungen weggefallen sind. Mitteilung an das BetrG zwecks Aufhebung der Genehmigung.

3. Weitere Aufgaben des Betreuers/Bevollmächtigten
> Terminabsprache mit allen Beteiligten
> Platz im Psychiatrischen Krankenhaus suchen und Aufnahme des Betroffenen ankündigen
> ggf. Ersatzschlüssel bei Hausmeister, Angehörigen organisieren, ansonsten
> Schlüsseldienst beauftragen (im Unterbringungsbeschluss muss die ausdrückliche Genehmigung zur Wohnungsöffnung benannt sein)
> sofern erforderlich: Krankentransport organisieren
> der Betreuer/Bevollmächtigte sollte auf jeden Fall bei dem Termin vor Ort anwesend sein, um auf den Betroffenen einwirken zu können, ggf. kann er je nach Situation die Maßnahme abbrechen.
> er sollte den Betroffenen in die Klinik begleiten, dem Aufnahmearzt für das Aufnahmegespräch zur Verfügung stehen
> Kopie des Unterbringungsbeschlusses der Klinik aushändigen

4. Aufgaben des Betreuers/Bevollmächtigten nach erfolgter Unterbringung
> ggf. Wohnung sichern, Gas abstellen, Fenster schließen, Tiere versorgen
> Mitteilung an das BetrG, wann die Unterbringung erfolgte und in welchem Krankenhaus der Betroffene untergebracht wurde
> sofern erforderlich und der Betroffene hierzu selbst nicht mehr in der Lage ist, Einwilligung (oder Ablehnung!) in ärztl. Heilbehandlung erteilen (ggf. Genehmigung des BetrG nach § 1904 BGB einholen)
> der Betreuer/Bevollmächtigte hat die Unterbringung zu beenden (nicht der Arzt oder die Klinik!), wenn ihre Voraussetzungen wegfallen (d.h. auch vor Ablauf der Genehmigungsfrist). Er hat die Beendigung dem BetrG mitzuteilen (§ 1906 III BGB)
> regelmäßige Kontrolle und Überprüfung der weiteren Erforderlichkeit der Unterbringung
> rechtzeitige Verlängerung der Genehmigung bei BetrG beantragen, wenn weitere Unterbringung erforderlich ist

2. Checkliste: Freiheitsentziehende Maßnahmen[1]

– Checkliste zur Hilfe bei der Entscheidungsfindung nach Prüfung aller möglichen
Alternativen zu freiheitsentziehenden Maßnahmen –

Welche freiheitsentziehende Maßnahme ist erforderlich?

☐ Bettgitter
☐ Fixiergurt
☐ Stecktisch
☐ Bauchgurt
☐ _____

Die Maßnahme bedarf keiner Genehmigung, wenn

☐ der Bewohner oder die Bewohnerin unzweifelhaft bewegungsunfähig ist
☐ sie zur bloßen Lagerung oder Lagerungshilfe dient (zB bei Pflegehandlungen)

Wenn die Maßnahme nicht freiheitsentziehend ist:

☐ soll sie dokumentiert werden (zB Pflegedokumentation)
☐ soll ein Gericht nicht eingeschaltet werden

**Wenn die Maßnahme freiheitsentziehend ist, muss geklärt werden:
Kann der Bewohner oder die Bewohnerin selbst einwilligen?**

☐ Nein   ☐ Ja

☐ Dokumentieren (Pflegedokumentation)
☐ Zustimmung d Bewohner/Bewohnerin einholen
☐ Keine Einschaltung des Gerichts erforderlich

Hat die Person Vollmachtnehmer oder Betreuer?

☐ Nein   ☐ Ja

☐ Abklärung mit Bevollmächtigten oder Betreuern die die
Genehmigung bei Gericht beantragen

---

1 Handreichung der LAG BtG Rheinland-Pfalz zu freiheitsentziehenden Maßnahmen gemäß § 1906 IV BGB, abgeänderte Fassung.

Anregung an das Gericht auf Errichtung einer rechtlichen Betreuung

Gibt es potentielle, geeignete Personen für die Betreuung?

☐ Nein   ☐ Ja

☐ Name, Adresse, Telefonnummer und Verwandtschaftsverhältnis mitteilen
☐ Namen, Adressen und Telefonnummern behandelnder Ärzte mitteilen

Bei der Anregung auf Betreuung erwähnen

Möglichst ärztliches Attest beifügen, aus dem sich die Grunderkrankung (Diagnose) für die Einwilligungsunfähigkeit und die Erforderlichkeit der freiheitsentziehenden Maßnahme ergibt

Der Betreuer oder der Bevollmächtigte muss die freiheitsentziehende Maßnahme anordnen und vom Betreuungsgericht genehmigen lassen, § 1906 IV, V, II BGB

3. Schreiben wegen Genehmigung der geschlossenen Unterbringung[2]

3

Amtsgericht

Abs.:

Name, Vorname

Straße

PLZ, Ort

Datum

Betreuung für: _____

Aktenzeichen: _____ XVII _____

Sehr geehrte Damen und Herren,

als Betreuer/in rege ich an und beantrage, gemäß § 1906 Abs. 1 BGB die Unterbringung für Herrn/Frau _____

☐ in der geschlossenen Abteilung des psychiatrischen Krankenhauses _____

☐ in der geschlossenen Abteilung des Alten-/Pflegeheimes _____

gerichtlich zu genehmigen.

☐ Begründung:
   a) Unterbringungsgrund:

   b) besondere Eignung des Krankenhauses/Heimes:

☐ Eine ärztliche Stellungnahme zur Notwendigkeit der Unterbringung aus medizinischer Sicht und zur vorliegenden psychischen Erkrankung
   ☐ liegt bei ☐ wird bis spätestens _____ nachgereicht.

☐ Zur weiteren Begründung beziehe ich mich auch auf das beiliegende/bereits vorliegende ärztliche
   Gutachten des/der Herrn/Frau Dr. _____ vom _____

---

2 Auszug mit Änderungen und Ergänzungen aus dem „Handbuch für Betreuer", herausgegeben vom Bayerischen Staatsministerium der Justiz, abgedruckt mit freundlicher Genehmigung der Autoren.

☐ Bei der Zuführung zur Unterbringung muss die zuständige Betreuungsbehörde möglicherweise Zwang anwenden. Der Zutritt zur Wohnung wird von der/vom Betreuten u.U. verweigert. Ich bitte dies bei der Entscheidung zu berücksichtigen.

☐ Ich werde bei der zuständigen Behörde um Unterstützung bei der Durchführung der Unterbringung nachsuchen. Zur Vorbereitung bitte ich Sie den Beschluß vorab – per Fax – an die Betreuungsbehörde zu übermitteln.

Mit freundlichen Grüßen

_____

Unterschrift Betreuer/in

4. Schreiben des Bevollmächtigten wegen Genehmigung der geschlossenen Unterbringung[3]

4

```
┌                    ┐   Abs.:
                         _____
   Amtsgericht           Name, Vorname
                         _____
   _____   Straße
                         _____
   _____   PLZ, Ort
                         _____
└                    ┘   Datum
```

Betreuung für: _____

Aktenzeichen: _____ XVII _____

Sehr geehrte Damen und Herren,

als Bevollmächtigte/r rege ich an und beantrage, gemäß § 1906 Abs. 1 und Abs. 5 BGB die Unterbringung für
Herrn/Frau _____

☐ in der geschlossenen Abteilung des psychiatrischen Krankenhauses _____
☐ in der geschlossenen Abteilung des Alten-/Pflegeheimes _____
gerichtlich zu genehmigen.

☐ Begründung:
   a) Unterbringungsgrund:

   b) besondere Eignung des Krankenhauses/Heimes:

☐ Eine ärztliche Stellungnahme zur Notwendigkeit der Unterbringung aus medizinischer Sicht und zur vorliegenden psychischen Erkrankung
   ☐ liegt bei ☐ wird bis spätestens _____ nachgereicht.

☐ Zur weiteren Begründung beziehe ich mich auch auf das beiliegende/bereits vorliegende ärztliche
Gutachten des/der Herrn/Frau Dr. _____ vom _____

Eine Kopie meiner Vollmacht habe ich beigefügt.

Mit freundlichen Grüßen

_____
Unterschrift Bevollmächtigte/r

---

3 Auszug mit Änderungen und Ergänzungen aus dem „Handbuch für Betreuer", herausgegeben vom Bayerischen Staatsministerium der Justiz, abgedruckt mit freundlicher Genehmigung der Autoren.

5. Schreiben des Betreuers wegen Genehmigung unterbringungsähnlicher Maßnahmen[4]

5

	Abs.:
Amtsgericht _____	Name, Vorname _____
_____	Straße _____
_____	PLZ, Ort _____
	Datum _____

Betreuung für: _____

Aktenzeichen: _____ XVII _____

Sehr geehrte Damen und Herren,
als Betreuer/in rege ich an und beantrage, gemäß § 1906 Abs. 4 BGB, folgende unterbringungsähnliche Maßnahme zu genehmigen:

☐ Bettgitter ☐ Bauchgurt im Bett ☐ Gurt am Stuhl ☐ Tisch/Brett am Stuhl (Therapiestuhl)

☐ Fixierung der Extremitäten ☐ _____

Die Maßnahme ist erforderlich

☐ täglich in der Zeit von _____ Uhr _____ bis _____ Uhr

☐ in folgenden Situationen

Gefährdung ohne Maßnahme: _____

Risiken durch Maßnahme: _____

fachliche Begründung (Ziele, Alternativen): _____

☐ eine Fallbesprechung mit folgenden Beteiligten _____

hat am _____ stattgefunden.

☐ eine Überprüfung der Entscheidung ist vorgesehen für _____

Begründung:

☐ Fortsetzung s. Rückseite

☐ Eine ärztliche Stellungnahme, aus der sich die Notwendigkeit der Maßnahme aus medizinischer Sicht und die vorliegende psychische Erkrankung ergibt,

☐ liegt bei ☐ wird bis spätestens _____ nachgereicht.

Mit freundlichen Grüßen

_____
Unterschrift Betreuer/in

---

4 Auszug mit Änderungen und Ergänzungen aus dem „Handbuch für Betreuer", herausgegeben vom Bayerischen Staatsministerium der Justiz, abgedruckt mit freundlicher Genehmigung der Autoren.

6. Schreiben des Bevollmächtigten wegen Genehmigung unterbringungsähnlicher Maßnahmen[5]

6

Abs.:

Amtsgericht _____

Name, Vorname
_____

Straße
_____

PLZ, Ort
_____

Datum
_____

Betreuung für: _____

Aktenzeichen: _____ XVII _____

Sehr geehrte Damen und Herren,
als Bevollmächtigte/r rege ich an und beantrage, gemäß § 1906 Abs. 4 und Abs. 5 BGB, folgende unterbringungsähnliche Maßnahme zu genehmigen:

☐ Bettgitter ☐ Bauchgurt im Bett ☐ Gurt am Stuhl ☐ Tisch/Brett am Stuhl (Therapiestuhl)
☐ Fixierung der Extremitäten ☐ _____

Die Maßnahme ist erforderlich
☐ täglich in der Zeit von _____ Uhr _____ bis _____ Uhr
☐ in folgenden Situationen
Gefährdung ohne Maßnahme: _____
Risiken durch Maßnahme: _____
fachliche Begründung (Ziele, Alternativen): _____
☐ eine Fallbesprechung mit folgenden Beteiligten _____
hat am _____ stattgefunden.
☐ eine Überprüfung der Entscheidung ist vorgesehen für _____

Begründung:

☐ Fortsetzung s. Rückseite
☐ Eine ärztliche Stellungnahme, aus der sich die Notwendigkeit der Maßnahme aus medizinischer Sicht und die vorliegende psychische Erkrankung ergibt,

☐ liegt bei ☐ wird bis spätestens _____ nachgereicht.

Eine Kopie meiner Vollmacht habe ich beigefügt.

Mit freundlichen Grüßen

_____
Unterschrift Bevollmächtigte/r

---

5 Auszug mit Änderungen und Ergänzungen aus dem „Handbuch für Betreuer", herausgegeben vom Bayerischen Staatsministerium der Justiz, abgedruckt mit freundlicher Genehmigung der Autoren.

7. Antrag auf nachträgliche Genehmigung der Unterbringung

7

	Name, Vorname
	Straße
Amtsgericht _____	PLZ, Ort
– Betreuungsgericht –	
_____	Datum

Betreuung für Herrn/Frau _____ ,

wohnhaft _____ , geb. _____

Az. des Amtsgerichts _____ _____ XVII _____

Sehr geehrte Damen und Herren,

mit Beschluss des Amtsgerichts _____ vom _____ wurde ich für den Betroffenen zum Betreuer unter anderem mit den Aufgabenkreisen Aufenthaltsbestimmung und Gesundheitssorge bestellt.

Ich beantrage hiermit, die von mir wegen Gefahr im Verzug zunächst ohne richterliche Genehmigung wegen Eigengefährdung durchgeführte Unterbringung gem. § 1906 Abs. 2 S. 2 BGB **nachträglich** zu genehmigen. Der Betroffene wurde am _____ von mir im Psychiatrischen Krankenhaus _____ freiheitsentziehend untergebracht.

Begründung:

☐ Eine ärztliche Stellungnahme zur Notwendigkeit der Unterbringung füge ich bei.

☐ Wegen besonderer Eilbedürftigkeit beantrage ich im Wege einer **einstweiligen Anordnung** nach § 331 FamFG eine vorläufige Unterbringungsmaßnahme zu treffen.

☐ Da der Betroffene sich nach meiner Auffassung nicht mehr selbst in dem anhängigen Verfahren vertreten kann, rege ich die Bestellung eines Verfahrenspflegers nach § 317 FamFG an.

Mit freundlichen Grüßen

_____
(Betreuer/in)

8. Mitteilung über die Beendigung der Unterbringung

8

_____
Name, Vorname

_____
Straße

Amtsgericht _____   _____
– Betreuungsgericht –   PLZ, Ort

_____   _____
                                               Datum

Betreuung für Herrn/Frau _____,

wohnhaft _____, geb. _____

Az. des Amtsgerichts _____ _____ XVII _____

Sehr geehrte Damen und Herren,

mit Beschluss des Amtsgerichts _____ vom _____ wurde die
gerichtliche Genehmigung zur Unterbringung des Betroffenen bis zum _____
erteilt.

Hiermit teile ich gem. § 1906 Abs. 3 S. 2 BGB mit, dass die Unterbringung beendet ist, da die
Unterbringungsvoraussetzungen weggefallen sind.

☐ Herr/Frau _____ wurde am _____ aus dem
Psychiatrischen Krankenhaus entlassen.

☐ Herr/Frau _____ befindet sich nach wie vor im Psychia-
trischen Krankenhaus. Er hat jedoch inzwischen Krankheits- und Behandlungseinsicht
erlangt und ist bereit, freiwillig in der Einrichtung zu bleiben.

Ich bitte deshalb, den Unterbringungsbeschluss vom _____ gem. § 330 FamFG
aufzuheben.

Mit freundlichen Grüßen

_____
(Betreuer/in)

9. Mitteilung über die Beendigung der freiheitsentziehenden Maßnahmen

9

_____
Name, Vorname

_____
Straße

Amtsgericht _____
– Betreuungsgericht –

_____
PLZ, Ort

_____

_____
Datum

Betreuung für Herrn/Frau _____,

wohnhaft _____, geb. _____

Az. des Amtsgerichts _____ _____ XVII _____

Sehr geehrte Damen und Herren,

mit Beschluss des Amtsgerichts _____ vom _____ wurde wegen Eigengefährdung die gerichtliche Genehmigung für eine freiheitsbeschränkende Maßnahme (_Bezeichnung der Maßnahme_: _____) nach § 1906 Abs. 4 BGB bis zum _____ erteilt.

Hiermit teile ich dem Gericht gem. § 1906 Abs. 3 BGB mit, dass diese Maßnahme am _____ beendet wurde, da ihre Voraussetzungen weggefallen sind.

Begründung:

Eine Verlängerung der Maßnahme ist, wie sich aus den obigen Ausführungen ergibt, nicht erforderlich. Ich bitte gem. § 330 FamFG um Aufhebung des Genehmigungsbeschlusses, da die Genehmigungsfrist noch nicht abgelaufen ist.

Mit freundlichen Grüßen

_____
(Betreuer/in)

II. Einrichtungen

1. Checkliste für Bettgitter und Fixierungen bei Sturz- und Verletzungsgefahr eines Bewohners im Pflegeheim

Besteht konkret eine Sturzgefahr?

☐ Ja, bedingt durch Gangunsicherheiten befürchten wir einen Sturz.
Sturzgefahr im Alter gehört zum allgemeinen Lebensrisiko. Die Entscheidung, keine Freiheit entziehende Maßnahmen anzuwenden, muss mit Gründen dokumentiert werden.

☐ Ja, es hat schon einen Sturz gegeben, eine Wiederholung ist voraussehbar. Der Fall ist dokumentiert. Weiter zur nächsten Frage:

Kann die Sturzgefahr – und Verletzungsfolgen – anders als durch Fixierung oder Bettgitter verhindert werden?

☐ Ja, mit Hüftprotektoren und anderen Hilfsmitteln können Verletzungen weitgehend vermieden werden.
Alternative Maßnahmen haben Vorrang und müssen angewendet werden (dokumentieren).

☐ Nein, der Sturz und Verletzungen sind nicht anders zu vermeiden. Konkrete Gefahr! Weiter zur nächsten Frage:

Kann die betroffene Person selbst über Bettgitter oder Fixierung entscheiden?

☐ Ja, sie ist einsichtig, wenn man es gut erklärt und wird dann einwilligen.
Der Vorgang mit der (wiederholbaren) Einwilligung der betroffenen Person muss genau dokumentiert werden. Dann kann die Maßnahme umgesetzt werden.

☐ Ja, sie ist einsichtig, vergisst es aber schnell wieder.
An eine Einwilligung sind keine überspannten Anforderungen zu stellen. Die betroffene Person muss aber aktuell verstehen, um was es geht. Dann kann mit genauer Dokumentation die Maßnahme durchgeführt werden.

☐ Nein, sie versteht die Situation und Gefahr nicht, bewegt sich eher unkontrolliert.

Sofern der Betroffene selbst entscheiden kann, ist eine (zusätzliche) Einwilligung durch den gesetzlichen Vertreter oder den Bevollmächtigten nicht erforderlich. Trotzdem empfehlen wir, diesen zu informieren.

Falls die betroffene Person nicht selbst entscheiden kann:

Ist der gesetzliche Vertreter oder Bevollmächtigte informiert und hat eingewilligt?

☐ Nein, es gibt keinen Vertreter.
Eine Kopie der Dokumentation über die Sturzgefahr und die beabsichtigten Maßnahmen (Bettgitter, Fixierung), wenn vorhanden auch mit ärztl. Attest dazu, an das Betreuungsgericht senden und die Bestellung eines Betreuers und die Genehmigung der Maßnahme anregen.
Sofern eine Entbindung von der Schweigepflicht vorliegt, sind auch Angehörige zu informieren.
Bei unaufschiebbaren Notfällen kann die Maßnahme schon durchgeführt werden (Vorgang aber dokumentieren).

☐ Ja, ist informiert und hat die Einwilligung gegeben.
Sicherheitshalber daran erinnern, sofort die Genehmigung des Gerichts zu beantragen. Kopie der Dokumentation und Empfehlung der Maßnahmen (ärztl. Attest, wenn schon vorhanden) mitgeben. Bei unaufschiebbaren Notfällen kann die Maßnahme schon durchgeführt werden (Vorgang aber dokumentieren).

☐ Nein, ist nicht erreichbar. Gericht unverzüglich informieren, Kopie der Dokumentation und die empfohlenen Maßnahmen, wenn vorhanden auch ärztl. Attest beifügen und um eine Entscheidung nach §§ 1846, 1908i I 1 BGB ersuchen, da der gesetzliche Vertreter nicht erreichbar ist.
Bei unaufschiebbaren Notfällen kann die Maßnahme schon durchgeführt werden (Vorgang aber dokumentieren).

2. Schreiben einer Einrichtung an Angehörige zur Information über die Anregung einer Betreuerbestellung wegen unterbringungsähnlicher Maßnahmen[6]

Name der Einrichtung   Datum

Anschrift des Angehörigen

Betrifft: Anregung auf Bestellung eines Betreuers wegen freiheitsentziehender Maßnahmen

Sehr geehrte(r) Frau/Herr

Ihnen ist bekannt, dass Ihr(e) Angehörige(r) an (Krankheit genau benennen) leidet. Eine Folge dieser Erkrankung ist (Unruhe, Sturzgefahr, beschreiben). Nach ausführlicher Besprechung im Pflegeteam und Rücksprache mit dem behandelnden Arzt sehen wir keine andere Möglichkeit, das Pflegeziel, eine sichere Umgebung und eine sichere Atmosphäre für Ihre(n) Angehörige(n) zu schaffen, als ihn (sie) regelmäßig/dauerhaft durch (Maßnahme beschreiben) vor den Gefahren (beschreiben) zu schützen.

Bei diesen von uns in Erwägung gezogenen/durchgeführten Maßnahmen handelt es sich um sog „unterbringungsähnliche Maßnahmen" iSd § 1906 IV BGB. Diese unterliegen nach dem seit 1992 geltenden Betreuungsrecht der betreuungsgerichtlichen Genehmigung. Um diese Maßnahmen zum Schutz Ihre(s)(r) Angehörigen weiter durchführen zu können, sehen wir uns daher dazu veranlasst, beim zuständigen Betreuungsgericht die Bestellung eines gesetzlichen Betreuers mit dem Aufgabenkreis „Entscheidung über freiheitsentziehende Maßnahmen" anzuregen. Es liegt in der Natur der Sache, daß Ihr(e) Angehörige(r) selbst Bedeutung und Tragweite der erforderlichen Maßnahmen ___ nicht mehr erkennen und sachgerecht beurteilen kann. Auch Sie als Angehörige haben nach geltender Rechtslage nicht die Möglichkeit, rechtsverbindlich in diese Maßnahme einzuwilligen. Daher müssen wir, da wir keine andere Betreuungsmöglichkeit für Ihre(n) Angehörige(n) sehen, das Betreuungsgericht einschalten. Dieses wird sich in dieser Angelegenheit bald mit Ihnen in Verbindung setzen. Es ist davon auszugehen, dass das Betreuungsgericht Sie anfragen wird, ob Sie bereit sind, die Betreuung zu übernehmen.

Wir möchten Sie auf diesem Weg über das eingeleitete Verfahren unterrichten, damit Sie nicht völlig unvorbereitet ein Schreiben des Betreuungsgericht erreicht. Für weitere Rückfragen steht Ihnen die Heimleitung oder die Pflegedienstleistung gern zur Verfügung.

Mit freundlichen Grüßen

_____

– Unterschrift –

Anlage: Allgemeine Informationen zum Betreuungsrecht

---

6 Hinweis: eine Information an die Angehörigen ist nur zulässig, wenn der Betroffene zuvor sein Einverständnis erklärt hat.

3. Schreiben an den Betreuer wegen freiheitsentziehender Maßnahmen

Name der Einrichtung   Datum

Anschrift des Angehörigen

Betrifft: Betreuung von Frau/Herrn _____

Sehr geehrte(r) Frau/Herr _____

Sie sind Betreuer(in) unserer/unseres Bewohner(in/s) _____

Nach ausführlicher Beratung im Pflegeteam und Rücksprache mit dem behandelnden Arzt halten wir es für erforderlich, regelmäßig folgende unterbringungsähnlichen Maßnahmen bei Ihrem/Ihrer Betreuten zu ergreifen:

Hintergründe für die aus unserer Sicht notwendige Ergreifung von unterbringungsähnlichen Maßnahmen sind folgende:

Wie Sie wissen, sind unterbringungsähnliche Maßnahmen der geschilderten Art nur mit betreuungsgerichtlicher Genehmigung zulässig. Wir möchten Sie daher dringend bitten, sich mit uns in Verbindung zu setzen, um die Angelegenheit zu besprechen. Sollten Sie ebenso wie wir das Erfordernis der bezeichneten Maßnahmen sehen, so bitten wir Sie, die Genehmigung beim Betreuungsgericht gemäß § 1906 IV BGB einzuholen.

Mit freundlichen Grüßen

_____

– Unterschrift –

4. Dokumentationsblatt freiheitsbeschränkender Maßnahmen

DOKUMENTATIONSBLATT
FREIHEITSBESCHRÄNKENDER MASSNAHMEN

Bewohnerin (Name) _____ Geb.: _____ Bew.-Blatt Nr.:_____

I.   Begründung für die beabsichtigte/erfolgte Maßnahme:
     (Kurzdiagnose, Sachverhalt, ggf. Benennung der akuten
     Gefahrensituation):

II. Notfallentscheidung durch PDL/Stationsleitung (Name) _____

     Benachrichtigung an Arzt (Name) _____ an: _____ um _____ Uhr

     Weitere Veranlassungen: _____

     Fallbesprechung (Reflexion/zgl. Beweismittel)   Termin   _____

     Teilnehmerinnen

     Ergebnis:

     Weiteres Vorgehen/Pflegeziel

III. MASSNAHMEN

A. PSYCHOPHARMAKA
    1. Ärztliche Verordnung (keine Bedarfsmed.)   Dosis: _____ für: _____ (Zeitdauer)
    2. Freiheitsbeschränkende Wirkungen der Medik.   Nein: ☐ Ja: ☐; wenn ja, welche? _____
    3. Ruhigstellung bezweckt:
        Therapeutische Indikation: _____
    4. Bei Einwilligungsfähigkeit, Einverständnis des Bew.   vom: _____
        ansonsten Einwillg. des gesetzl. Betreuers.   Name: _____ vom: _____
    5. Gesetzl. Betreuer informiert -> Einholung einer richterlichen
        Genehmigung   - nach § 1904 (gefährl. Heilbehandlung)   am: _____

B. BETTGITTER
    1. Veranlassung vom: _____ durch: _____ für: _____ (Zeitdauer) einmalig ☐ kurzfristig ☐ langfristig ☐
    2. Bei Einwilligungsfähigkeit, Einverständnis des Bew.   vom: _____
        ansonsten Einwilligung gesetzl. Betreuers,   Name: _____ vom: _____
    3. Gesetzl. Betreuer informiert -> Einholung einer richterlichen
        Genehmigung   - nach § 1904 (gefährl. Heilbehandlung)   am: _____
                      - nach § 1906 IV (unterbringungsähnliche Maßnahme)   am: _____
    4. Fehl. Fortbewegungsfähigkeit -> Schutz vor unwillkürl. Herausfallen: _____ (Kurzbeschreibung)
    5. Fehl. natürl. Wille z.B. komatöser Zustand _____ (Kurzbeschreibung)

C. FIXIERUNG   (Bett oder Stuhl)
    1. Veranlassung vom: _____ durch: _____ für: _____ (Zeitdauer) einmalig ☐ kurzfristig ☐ langfristig ☐
    2. Bei Einwilligungsfähigkeit, Einverständnis des Bew.   vom: _____
        ansonsten Einwilligung gesetzl. Betreuers,   Name: _____ vom: _____
    3. Gesetzl. Betreuer informiert -> Einholung einer richterlichen
        Genehmigung   - nach § 1904 (gefährl. Heilbehandlung)   am: _____
                      - nach § 1906 IV (unterbringungsähnliche Maßnahme)   am: _____
    4. Schutz vor unwillkürlicher Bewegung _____ (Kurzbeschreibung)
    5. Fehl. natürlicher Wille _____ (Kurzbeschreibung)

D. ZURÜCKHALTUNG/FESTHALTEN DES BEWOHNERS (beim Verlassen der Station, des Heimes)
    1. Veranlassung vom: _____ durch: _____ für: _____ (Zeitdauer) einmalig ☐ kurzfristig ☐ langfristig ☐

aus Klie, Recht auf Verwirrtheit?, 1993

DOKUMENTATION DER MASSNAHME					

IV. Bewohnerbeobachtung soll erfolgen mit
folgendem Focus:

Zwischenfälle (z.B. Sturz.) _____ am: _____

_____ am: _____

V. Nachweis der Maßnahme (A/B/C/D)

Datum	Art der Maßnahme	von .. Uhr	bis .. Uhr	Besoderes/Anmerk.	Handzeichen

VI. Fallbesprechung

Nächster Termin: am: _____ Ergebnis:

Teilnehmer:

Weiterer Termin: am: _____ Ergebnis:

Teilnehmer:

aus: Klie, Recht auf Verwirrtheit?, 1993

5. Sturzereignisprotokoll

14

Name: _____ Geburtsjahr: _____

1. **Ort des Sturzes**
   ☐ Flur ☐ Zimmer ☐ Tagesraum ☐ Bad ☐ Toilette ☐ Sitzecke sonstiger Ort _____

2. **Zeitpunkt des Sturzes**
   Uhrzeit: _____ Datum: _____ War jemand dabei? ☐ ja ☐ nein Welche Person/Personen: _____

3. **Kann sich der/die Patient/in über den Vorgang des Sturzes äußern?**
   ☐ Nein ☐ Ja Was sagt er/sie dazu: _____

4. **Sind aus der Vorgeschichte Stürze bekannt?**
   ☐ Nein ☐ Ja ☐ im Heim ☐ zu Hause ☐ im

5. **Wie kam es zu dem Sturz?**
   ☐ Nein   ☐ Ja Ursache:
   • ist der/die Patient/in gestolpert?   ☐ Nein ☐ Ja Ursache: _____
   • ist der/die Patient/in ausgerutscht?   ☐ Nein ☐ Ja Ursache: _____
   • ist der/die Patient/in zu Boden geglitten? ☐ Nein ☐ Ja Beschreiben Sie die Situation: _____
   • Wurde der/die Patient/in bedrängt?   ☐ Nein ☐ Ja Wodurch? _____
   • War ein Hindernis vorhanden?   ☐ Nein ☐ Ja • ist der/die Patient/in aus dem Bett gefallen? ☐ Nein ☐ Ja
   • Hatte der/die Patient/in ein Bettgitter? ☐ Nein ☐ Ja • War das Bettgitter hochgezogen? ☐ Nein ☐ Ja

6. **Könnte die innerliche Befindlichkeit des/der Patient/in den Sturz ausgelöst haben?** (z.B. war stark erregt)

7. **Umgebung des Körpers**
   Schuhe: ☐ feste ☐ offene ☐ keine ☐ barfuß ☐ Strümpfe
   Kleidung: ☐ zu locker ☐ zu eng ☐ Kleid/Rock ☐ Hose
   Bille: ☐ verschmutzt ☐ wird benötigt, aber nicht getragen **Inkontinenzversorgung:**
   Hörgerät: ☐ verschmutzt ☐ wird benötigt, aber nicht getragen ☐ selbständig ☐ benötigt Hilfe

8. **Benutzt der/die Patient/in eines der folgenden Hilfsmittel?**
   ☐ Gehbock ☐ Gehstützen ☐ Delta-Gehrad ☐ Rollstuhl ☐ Rollator ☐ Gehstock _____

9. **Kennt sich der/die Patient/in in seiner Umgebung aus? 10. Wie waren die Lichtverhältnisse während des Sturzes?**
   ☐ Nein ☐ Ja engeren Bereich: ☐ Zimmer ☐ Toilette

10. **Wie waren die Lichtverhältnisse während des Sturzes?**
    ☐ hell ☐ dunkel ☐ blendend ☐ dämmrig ☐ Schattenbildung
    Nachtleuchte: ☐ an ☐ aus ☐ defek t ☐ weiß nicht

11. **Sind Erkrankungen des/der Patient/in, die zu erhöhtem Sturzrisiko führen, bekannt?**
    ☐ Nein ☐ Ja, welche: _____

Herz-Kreislauf	☐ Hypotonie	☐ Hypertonie	☐ Synkopen
Bewegungsapparat	☐ Rheuma	☐ Gicht	☐ Osteoporose
Wahrnehmungsstörungen	☐ Sehstörungen	☐ Schwerhörigkeit	☐ Gehfähigkeit
Psychiatrisch	☐ Dementielle Erkrankung	☐ Depression	☐ Psychosen
Neurologisch	☐ Parkinson	☐ TIA/PRIND	☐ Apoplex
Weitere Beeinträchtigungen	☐ Chronische Schmerzen	☐ Inkontinenz (Stuhl/Urin)	
Fußprobleme:	☐ Hühnerauge	☐ Hornhaut	☐ Nagelverwachsungen
Andere Erkrankungen:			

12. **Medikamentenanamnese:**
    Wie verwaltet der/die Patient/in die Medikamente? ☐ selbst ☐ zugeteilt
    ☐ Diuretika/harntreibend ☐ Antihypertensive/Bluthochdruck
    ☐ Laxantien/Abführmittel ☐ Antiarrhythmie/Rhythmusstörungen
    ☐ Psychopharmaka ☐ Antidepressiva
    ☐ Benzodiazepine/Schlafmittel ☐ Antidiabetika

13. **Kurzer Verlaufsbericht über die Zeit nach dem Sturz:**

Verfasser: Siegfried Huhn, Krankenpfleger und Gesundheitspädagoge, Seißenschmidtstraße 5, 59821 Arnsberg.
Sonderdruck aus: Pflegen Ambulant, 3/97, 8. Jahrg., © Bibliomed, Melsungen.
Hier abgedruckt mit freundlicher Genehmigung von Bibliomed, Melsungen.

6. Schreiben an den Betreuer wegen der Beendigung unterbringungsähnlicher Maßnahmen gemäß § 1906 IV BGB[7]

15

Name der Einrichtung   Datum

Frau/Herrn
Betreuer

_____

Betreuung von Frau/Herrn _____

Sehr geehrte/r Frau/Herr Betreuer/in.
mit Beschluss vom _____ hat das zuständige Betreuungsgericht die Anwendung freiheitsentziehender Maßnahmen in Form von _____ bei unserem Bewohner _____ mit Wirksamkeit bis zum _____ genehmigt.

Diese Maßnahmen sind nach unseren Feststellungen nicht mehr erforderlich.

Wir regen daher an, dem zuständigen Betrreuungsgericht eine entsprechende Mitteilung zu machen. Zur Besprechung der Angelegenheit stehen wir jederzeit gerne zur Verfügung.
Mit freundlichen Grüßen

_____

(Unterschrift)

---

7   nach: Ev. Heimstiftung.

III. Betreuungsgerichte

1. Checkliste für das Unterbringungsverfahren

16

A. Regelverfahren bei Unterbringungs und freiheitsentziehenden Maßnahmen bei volljährigen Personen

   1. **Personaler Anwendungsbereich (§ 312 FamFG)**

      a) volljährige Betreute (§ 312 Nr 1 + Nr 2 FamFG iVm § 1906 I–IV BGB)

      b) volljährige Vollmachtgeber (§ 312 Nr 1 + Nr 2 FamFG iVm § 1906 V BGB)

      c) volljährige, psychisch Kranke oder Süchtige nach Landesgesetzen (§ 312 Nr 3 FamFG iVm Landesgesetzen)

      [*Anmerkung: die Unterbringung Minderjähriger ist nunmehr eine Kindschaftssache und unterfällt der Zuständigkeit des Amtsgerichts – Abteilung Familiengericht, vgl §§ 151 Nr 6 + Nr 7, 167 FamFG)*]

   2. **Zuständigkeit**

      a) Internationale Zuständigkeit der deutschen Gerichte

        – für **Unterbringungsverfahren nach § 1906 BGB** alternativ bei:

          – deutschen Staatsangehörigen, unabhängig vom Aufenthaltsort (§ 104 I Nr 1 FamFG)

          – Ausländern mit gewöhnlichem Aufenthalt in Deutschland (§ 104 I Nr 2 FamFG)

          – Ausländern ohne gewöhnlichen Aufenthalt in Deutschland, die der Fürsorge eines deutschen Gerichts bedürfen (§ 104 I 2 FamFG)

        – für **Unterbringungsverfahren nach Landesgesetzen** gemäß § 105 FamFG das **örtliche zuständige Gericht** (Gericht am Ort des Bedürfnisses der Unterbringungsmaßnahme oder am Unterbringungsort, unabhängig von der Staatsangehörigkeit und/oder dem gewöhnlichen Aufenthalt des Betroffenen, vgl § 313 III FamFG (siehe im Einzelnen unten)

        [*Anmerkung: § 104 III FamFG schließt in Fällen der Unterbringung nach den Landesgesetzen die Anwendung der I und II des § 104 FamFG ausdrücklich aus.*]

      b) Örtliche Zuständigkeit

        – für **Unterbringungsverfahren nach § 1906 BGB** in folgender Reihenfolge:

          – beim Betreuungsgericht, bei dem ein Verfahren zur Bestellung eines Betreuers eingeleitet oder ein Betreuungsverfahren anhängig ist (§ 313 I Nr 1 FamFG)

          – beim Betreuungsgericht am Ort des gewöhnlichen Aufenthalts des Betroffenen (§ 313 I Nr 2 FamFG)

          – beim Betreuungsgericht am Ort, an dem das Bedürfnis für die Unterbringungsmaßnahme vorvortritt (§ 313 I Nr 3 FamFG)

          – beim Amtsgericht Berlin-Schöneberg, wenn der Betroffene Deutscher ist und sonst keine örtliche Zuständigkeit besteht (§ 312 I Nr 4 FamFG)

        – für **Unterbringungsverfahren nach den Landesgesetzen**

          – ausschließlich das Betreuungsgericht, bei dem das Bedürfnis für die Unterbringungsmaßnahme hervortritt (§ 313 III 1 FamFG); oder

          – ausschließlich das Betreuungsgericht des Unterbringungsortes, wenn sich der Betroffenen schon in einer Einrichtung zur freiheitsentziehenden Unterbringung aufhält (§ 313 III 2 FamFG)

      c) Sachliche Zuständigkeit liegt immer beim Amtsgericht – Betreuungsgericht (§§ 23a I 1 Nr 2 GVG, 23c I GVG).

d) Funktionelle Zuständigkeit liegt für das gesamte Verfahren ausschließlich beim Richter (§ 3 Nr 2b RPflG sieht keine Übertragung auf Rechtspfleger vor)

3. **Einleitung des Verfahrens**
   a) bei **Unterbringung nach § 1906 BGB nur auf Antrag:**
   – **des Betreuers** mit (mindestens) dem Aufgabenkreis:
     – Aufenthaltsbestimmung bei Unterbringung nach § 1906 I Nr 1 und freiheitsentziehenden Maßnahmen nach § 1906 IV BGB)
     – Aufenthaltsbestimmung und Gesundheitssorge bei Unterbringung zur Heilbehandlung nach § 1906 I Nr 2 BGB
     – Gesundheitssorge und Aufenthaltsbestimmung bei Entscheidung über freiheitsentziehende Maßnahmen nach § 1906 IV BGB iVm § 1906 I Nr 2 BGB zur Zwangsbehandlung.
   – **des Vollmachtnehmers** mit dem ausdrücklichen Aufgabenkreis der „Entscheidung über die Unterbringung" oder „Entscheidung über freiheitsentziehende Maßnahmen" (vgl § 1906 V 1 BGB)
   b) bei **Unterbringungsverfahren nach den Landesgestzen:**
   – auf Antrag der zuständigen Behörde (zB Ordnungsamt); oder
   – von Amts wegen, wenn im Landesgesetz vorgesehen.

4. **Benachrichtigung** von der Einleitung des Verfahrens an **„Beteiligte"**
   a) an den **Betroffenen** als *„Mussbeteiligter"* (§ 315 I Nr 1 FamFG)
   b) an den **Betreuer** als *„Mussbeteiligter"* (§ 315 I Nr 2 FamFG)
   c) an den **Bevollmächtigten** als *„Mussbeteiligter"* (§ 315 I Nr 3 FamFG)
   [***Anmerkung:*** *Die Mussbeteiligung in b) und c) gilt unabhängig von den Aufgabenkreisen des Betreuers oder des Bevollmächtigten und auch bei Unterbringungsverfahren nach den Landesgesetzen!!*]
   d) an **weitere Personen**, deren Rechte durch das Verfahren **unmittelbar betroffen** sind als *„Mussbeteiligte"* iSd § 7 II Nr 1 FamFG
   e) an die **Betreuungsbehörde** mit Hinweis auf deren Antragsrecht nach §§ 315 III, 7 IV 2 FamFG
   f) an folgende **weitere Personen** als *„Kannbeteiligte"* nach pflichtgemäßem Ermessen **im Interesse** des Betroffenen (§§ 315 IV, 7 IV FamFG) mit Hinweis auf deren Antragsrecht:
   – Ehegatte oder Lebenspartner des Betroffenen, wenn nicht dauern getrennt lebend
   – Eltern, Pflegeeltern und Kinder, wenn der Betroffene mit diesen lebt
   – eine Person des Vertrauens, wenn vom Betroffenen benannt
   – der Leiter der Einrichtung, in der der Betroffene lebt
   – weitere Personen, wenn nach Landesrecht vorgesehen

5. **Unverzügliche Unterrichtungspflichten in jedem Stadium des Verfahrens** gegenüber anderen Gerichten, Behörden und sonstigen Stellen zur Abwendung einer erheblichen Gefahr für den Betroffenen, für Dritte oder für die öffentliche Sicherheit (§ 338 FamFG iVm § 308 II FamFG).

6. **Bestellung eines Verfahrenspfleger** (nicht anfechtbare Zwischenentscheidung, § 317 VI FamFG)
   a) wenn dies zur Wahrnehmung der Interessen des Betroffenen erforderlich ist (§ 317 I 1 FamFG; vgl aber **c.**)
   b) insbesondere, wenn von einer Anhörung abgesehen werden soll (§ 317 I 2 FamFG)
   c) bei Nichtbestellung eines Verfahrenspflegers und späterer Anordnung oder Genehmigung der Unterbringung ist dies im Beschluss zu begründen (§ 317 II FamFG)

d) Vorrang von ehrenamtlichen Verfahrenspflegern und Verfahrensbevollmächtigten (§ 317 III und IV FamFG)

e) Verfahrenspflegerbestellung gilt bis zur Rechtskraft der Endentscheidung (§ 317 V FamFG)

7. **Einholung eines ärztlichen Gutachtens vor der Unterbringung**

   a) mit förmlichem Beweisbeschluss (§ 321 I 1 FamFG)

   b) Inhalt des Gutachtens
   - bei **Unterbringungsverfahren nach § 1906 I–III BGB** mindestens:
     - Krankheitsbild (**Diagnose**)
     - nachvollziehbare Darstellung der Anhaltspunkte **für konkrete, aktuelle und erhebliche Selbstgefährdung** aufgrund der Krankheit
     - voraussichtliche **Dauer** der Selbstgefährdung (§ 321 I 3 FamFG)
   - bei **Verfahren zu freiheitsentziehenden Maßnahmen nach § 1906 IV BGB** mindestens:
     [***Anmerkung:*** *hier genügt ein ärztliches Zeugnis (§ 321 II FamFG)*]
     - Krankheitsbild (**Diagnose**)
     - nachvollziehbare Darstellung der Anhaltspunkte **für konkrete, aktuelle und erhebliche Selbstgefährdung** aufgrund der Krankheit
     - nachvollziehbare Darstellung, ob der Betroffene noch zu **willensgesteuerten Bewegungen** fähig ist
     - voraussichtliche **Dauer** der Selbstgefährdung (§ 321 I 3 FamFG)
   - bei **Verfahren nach den Landesgesetzen** mindestens:
     - Krankheitsbild (**Diagnose**)
     - nachvollziehbare Darstellung der Anhaltspunkte **für akute und erhebliche Fremd- und/oder Selbstgefährdung** aufgrund der Krankheit
     - voraussichtliche **Dauer** der Fremd- und/oder Selbstgefährdung (§ 321 I 3 FamFG)

   c) Qualifikation des Sachverständigen: er **soll** Arzt für Psychiatrie, er **muss** Arzt mit Erfahrung auf dem Gebiet der Psychiatrie sein (§ 321 I 4 FamFG)

   d) Erzwingung der Begutachtung durch Vorführung beim Sachverständigen oder äußerstenfalls Unterbringung zur Begutachtung und Beobachtung (§§ 322 iVm 283, 284 FamFG) – vgl oben **5101, A.8b**).

8. **Persönliche Anhörung und unmittelbarer Eindruck** vom Betroffenen (§ 319 I und II FamFG).

   a) unmittelbarer Eindruck vom Betroffenen immer notwendig; in dessen persönlichen Umgebung, soweit erforderlich

   b) keine persönliche Anhörung,
   - wenn von ihr erhebliche Nachteile für die Gesundheit des Betroffenen zu besorgen sind (§ 34 II FamFG), was nur auf Grundlage eines ärztlichen Gutachtens entschieden werden kann (§ 319 III FamFG); oder
   - er offensichtlich nicht in der Lage ist, seinen Willen kundzutun (§ 34 II FamFG); setzt persönlichen Eindruck voraus!

   c) Inhalt der Anhörung:
   - Unterrichtung über den möglichen Verlauf des Verfahrens (§ 319 II FamFG)
   - außerdem: Erörterung des Gutachtens und der vorgeschlagenen Dauer der Unterbringung.

   d) Anhörung und persönlicher Eindruck **sollen** nicht im Wege der Rechtshilfe erfolgen (§ 319 IV FamFG).

   e) notfalls Vorführung zur Anhörung durch zuständige Behörde (§ 319 V FamFG):
   - im Verfahren nach § 1906 I–III BGB durch die Betreuungsbehörde

–   im Verfahren nach den Landesgesetzen durch das Ordnungsamt

9. **Anhörungspflichten** (im Regelfall schriftlich oder bei Eilbedürftigkeit auch mündlich)
    –   der sonstigen Beteiligten, § 315 FamFG (§ 320 S 1 FamFG)
    –   der zuständigen Behörde (§ 320 S 2 FamFG)

10. **Inhalt des Beschlusses**
    a) Tenor:
    –   im Unterbringungsverfahren nach § 1906 BGB: **Genehmigung** des Handelns des Betreuers oder Bevollmächtigten:
    –   im Unterbringungsverfahren nach den Landesgesetzen: **Anordnung** der Unterbringung und Feststellung der Rechtmäßigkeit des Handelns der Ordnungbehörde
    b) weiterhin:
    –   Bezeichnung des Betroffenen, des Gerichts, der Beteiligten, etc (§ 38 II FamFG)
    –   nähere Bezeichnung der Unterbringungsmaßnahme (§ 323 Nr 1 FamFG)
    –   der Zeitpunkt des Endes der Unterbringungsmaßnahme (§ 323 Nr 2 FamFG iVm § 329 FamFG) – maximal **ein Jahr**, es sei denn dass ein langes Unterbringungsbedürfnis **offensichtlich** ist – dann **zwei Jahre** (§ 329 I FamFG)
    –   evtl Anordnung der sofortigen Wirksamkeit (§ 324 I FamFG)
    –   evtl Kostenentscheidung nach §§ 81 ff FamFG iVm § 337 FamFG
    c) Entscheidung muss **begründet** werden (§ 38 III 1 FamFG) und mit **Rechtsmittelbelehrung** versehen sein (§§ 39, 57 ff FamFG).

11. **Bekanntgabe der Entscheidung** (§ 41 FamFG iVm § 325 FamFG);
    a) mündlich (durch Verlesen der Beschlussformel, vgl § 41 II 1 FamFG) **und formlos schriftlich** an
    –   **sämtliche Beteiligte** (va an Betroffenen, Verfahrenspfleger, Bevollmächtigten, Kannbeteiligte, wenn beteiligt worden)
    –   zusätzlich an den **Leiter der Einrichtung**, in der der Betroffenen untergebracht werden soll (§ 325 II 1 FamFG) und der **Betreuungsbehörde/Ordnungsbehörde** (§ 325 II 2 FamFG) – unabhängig von deren Beteiligung
    b) Absehen von der Bekanntgabe der Gründe an den Betroffenen, um erhebliche Nachteile für dessen Gesundheit abzuwenden – was durch ärztliches Zeugnis nachzuweisen ist (§ 325 I FamFG)
    c) Zustellung an denjenigen Beteiligten, dessen erklärtem Willen er nicht entspricht (§ 41 I 2 FamFG)
    d) schriftliche Bekanntgabe per förmlicher Zustellung nach den Regeln der ZPO (Zustellungsurkunde oder Empfangsbestätigung) **oder mit der Aufgabe zur Post** (§ 15 II FamFG) – entscheidend für den Beginn der Beschwerefrist, s.u.

12. **Mitteilung der Entscheidung** an:
    a) das Gericht, bei dem ein die Unterbringung erfassendes Verfahren zur Bestellung eines Betreuers eingeleitet ist (§ 313 IV 2 FamFG)
    b) andere Gerichte, Behörden oder sonstige öffentliche Stellen, um eine erhebliche Gefahr für das Wohl des Betroffenen, für Dritte oder für die öffentliche Sicherheit abzuwenden (§ 338 FamFG iVm § 308 I FamFG)
    c) einen Angehörigen oder eine Person des Vertrauens (§ 339 FamFG)

13. **Wirksamkeit der Entscheidung**
    a) grundsätzlich erst mit Rechtskraft (§ 324 I FamFG; also nach Ablauf der Beschwerdefrist, s.u.)

b) in der Praxis allerdings regelmäßig Anordnung der sofortigen Wirksamkeit (§ 324 II FamFG) – dann wird die Entscheidung wirksam durch:
- Bekanntgabe an Betroffenen, Verfahrenspfleger, Betreuer oder Bevollmächtigten;
- einem Dritten zum Zwecke des Vollzugs; oder
- Übergabe an die Geschäftsstelle zum Zwecke der Bekanntgabe.

14. **Rechtsmittel**
   a) Beschwerde mit Beschwerdefrist von einem Monat (§ 61 I FamFG)
   b) Beschwerdefrist beginnt mit schriftlicher Bekanntgabe (§ 61 III FamFG)
   c) Beschwerdeberechtigung
   - der Betroffene (§ 59 I FamFG)
   - der Verfahrensbetreuer (§ 335 II FamFG)
   - der Betreuer oder Bevollmächtigte (§ 335 III FamFG) – aber nur, wenn die Entscheidung seinen Aufgabenkreis betrifft
   - die zuständige Behörde (§ 335 IV FamFG) – unabhängig von deren Beteiligung
   - die Kann-Beteiligten (§ 335 I FamFG) – aber nur, wenn:
      - sie in erster Instanz beteiligt worden sind, und
      - die Beschwerde *„im Interesse des Betroffenen"* eingelegt wird
   d) Einlegung der Beschwerde
   - **schriftlich** oder zur **Niederschrift der Geschäftsstelle** (§ 64 II FamFG)
   - **beim Betreuungsgericht** oder beim **Amtsgericht**,
      - dessen Entscheidung angefochten wird (§ 64 I FamFG)
      - in dessen Bezirk der Betroffene untergebracht ist (§ 336 FamFG)
   e) Beschwerdegericht ist das Landgericht (§ 72 I GVG)
   f) Rechtsbeschwerde zum BGH (§ 133 GVG)
   - beim BGH einzulegen (§ 71 I FamFG)
   - ohne Zulassung statthaft (§ 70 III 1 Nr 2 FamFG)
   - nur durch einen beim BGH zugelassenen Anwalt (§ 78 I 4 ZPO)

15. **Aufhebung der Unterbringung oder freiheitsentziehenden Maßnahme,** wenn die Voraussetzungen wegfallen (§ 330 1 FamFG, § 1906 III BGB) – bei Verfahren nach den Landesgesetzen ist die zuständige Behörde vorher anzuhören (§ 330 S 2 FamFG) es sein denn, dies würde zu nicht nur geringen Verzögerungen führen.

16. Das Verfahren zur **Verlängerung der Unterbringung** ist wie das Verfahren zur erstmaligen Unterbringung durchzuführen (§ 329 II 1 FamFG) – Abweichung nur bei Gesamtdauer von mehr als vier Jahren, wonach kein Sachverständiger bestellt werden soll, der den Betroffenen bisher behandelt oder begutachtet hat oder in der Unterbringungseinrichtung tätig ist (§ 329 II 2 FamFG).

17. **Kosten:**
   a) generell keine Kostenentscheidung notwendig, da sich die Kosten direkt aus der Kostenordnung ergeben (§ 128b KostO)
   a) bei Abweichung von der gesetzlichen Regelung (Auferlegung der Kosten an Beteiligte) explizite Entscheidung notwendig.

B. Unterbringung durch einstweilige Anordnung (§ 331, 333 iVm §§ 49 ff FamFG) wie oben A. mit folgenden Abweichungen:
- bei dringendem Bedürfnis für ein sofortiges Tätigwerden
- ärztliches Zeugnis genügt
- Anhörung im Wege der Rechtshilfe ist zulässig, § 331 S 2 FamFG

– Dauer höchstens sechs Wochen mit Verlängerung bis zu drei Monaten, wobei die Unterbringung zur Vorbereitung eines Gutachtens einzubeziehen ist, § 333 FamFG

C. Unterbringung durch dringende Anordnung bei gesteigerter Dringlichkeit (§§ 332, 333 FamFG)

wie oben **B.** mit folgenden Abweichungen:

– Feststellung einer gesteigerten Dringlichkeit („Gefahr im Verzuge")
– Verfahrenspflegerbestellung kann unterbleiben, was aber unverzüglich nachzuholen ist.
– persönliche Anhörung kann unterbleiben, was aber umgehend nachzuholen ist; dies widerspricht *BVerfG* NJW 1983, 691, wonach eine gleichwohl angeordnete Unterbringung mit dem Makel einer „rechtswidrigen Freiheitsentziehung" behaftet ist, welcher durch Nachholung der Maßnahme nicht rückwirkend zu tilgen ist.

D. Einstweilige Maßregeln nach § 1846 BGB (§§ 334 iVm §§ 331–333 FamFG)

Verfahrensablauf wie unter **B.** bzw **C.** beschrieben.

2. Gutachtenauftrag bei Unterbringung/freiheitsentziehenden und risikoreichen ärztlichen Maßnahmen

17

Amtsgericht
– Betreuungsgericht –

Aktenzeichen

_____ **XVII** _____

Datum

_____

Vfg

1. **Beschluss:**

In dem Unterbringungsverfahren für pp. (volles Rubrum)
wird Frau/Herr Dr _____ **[Adr Bl _____]**
gemäß § 321 I FamFG zur/zum Sachverständigen bestellt.

Das ärztliche Gutachten soll darüber Aufschluss geben, ob
☐ die geschlossene Unterbringung (§ 1906 BGB)   ☐ und/oder
☐ freiheitsentziehende Maßnahmen (§ 1906 IV BGB)
    ☐ anzuordnen oder zu genehmigen ist/sind.   ☐ weiterhin erforderlich ist/sind.
☐ eine ärztliche Maßnahme zu genehmigen ist (§ 1904 BGB).

2. Schreiben an die/den Sachverständigen – mit Beschlussausfertigung von 1.
☐ und Fk von Bl _____

Sehr geehrte Frau/Herr Dr (bitte Name einsetzen),

gemäß dem beiliegenden Beschluss sind Sie zur/m ärztlichen Sachverständigen bestellt worden.

Sie werden daher gebeten, die/den Betroffene/n möglichst an ihrem/seinem derzeitigen Aufenthaltsort zu untersuchen und ein schriftliches Gutachten zu folgenden Fragen zu erstatten:
   a) Liegt bei der/dem Betroffene(n) eine psychische Krankheit, geistige oder seelische Behinderung vor?
   b) Ist der/die Betroffene geschäftsfähig (§ 104 BGB)?
      Kann der/die Betroffene aufgrund der Erkrankung seinen/ihren Willen nicht frei bestimmen?
   c) Inwieweit besteht aufgrund der Krankheit bzw. Behinderung der/des Betroffenen die konkrete Gefahr, dass sie/er sich erhebliche gesundheitliche Schäden zufügt? Was würde voraussichtlich ohne die Unterbringung bzw. die freiheitsentziehenden Maßnahmen passieren?
☐ d) Besteht die Möglichkeit zur selbstständigen Fortbewegung (ohne fremde Hilfe)?
      Ist sie/er zu willensgesteuerten Bewegungen fähig?
   e) Wie lange wird die Selbstgefährdung voraussichtlich andauern?
☐ f) Ist zur Abwendung dieser Gefahr die
      ☐ geschlossene Unterbringung der/des Betroffenen
      ☐ Anbringung eines Bettgitters am Bett der/des Betroffenen

☐ Fixierung der/des Betroffenen im Bett durch Bauchgurt

☐ Fixierung der/des Betroffenen im Rollstuhl/Sessel durch Bauchgurt

☐ Verabreichung von Medikamenten (insbesondere Psychopharmaka) notwendig und geeignet? Gibt es mildere Maßnahmen, die denselben Zweck erfüllen, oder auf welche Weise kann die Selbstgefährdung sonst abgewandt werden?

☐ g) Aufgrund welcher genauen Indikationen werden die Medikamente verabreicht und welche Vor- bzw. Nachteile – insbesondere welche Nebenwirkungen – hat die Verabreichung für die/den Betroffenen? Gehört sie/er – insbesondere wegen ihren/ seines Alters – zu einer Risikogruppe?

☐ h) Welche Folgen hätte das Absetzen der Medikamente?

☐ i) Welchen Einfluss haben die verabreichten Medikamente auf die Fortbewegungsfreiheit und den Fortbewegungswillen der/des Betroffenen.

☐ j) Inwieweit besteht durch die ärztliche Maßnahme (Untersuchung des Gesundheitszustandes, Heilbehandlung – also auch die Medikamentation –, ärztlicher Eingriff) die begründete Gefahr, dass die/der Betroffene aufgrund der Maßnahme stirbt oder einen schweren und länger dauernden gesundheitlichen Schaden (mindestens 1 Jahr) erleidet? Welche speziellen Risiken hat die ärztliche Maßnahme und welche Folgen hätte die Verwirklichung dieser Gefahren?

☐ k) Ist die/der Betroffene nach ihrem/seinem natürlichen Willen in der Lage,

☐ die Selbstgefährdung und Tragweite der beabsichtigten freiheitsentziehenden Maßnahmen zu erkennen?

☐ die (freiheitsentziehende) Wirkung der Medikamente zu erkennen und gegenüber ihrem/seinem Zustand abzuwägen, der ohne die Verabreichung der Medikamente bestehen würde?

☐ die Gefahr und die Tragweite der beabsichtigten ärztlichen Maßnahme zu erkennen und ihre Vor- und Nachteile abzuwägen?

Im Interesse der/des Betroffenen werden Sie um umgehende Erstellung des Gutachtens gebeten.

(Hinweis wegen Kostenerstattung und Frist der Geltendmachung kommt automatisch)

3. Beschlussausfertigung von 1. und Schreiben an Betroffene/n, dass die/der Sachverständige mit der Erstattung des ärztlichen Gutachtens beauftragt wurde.

4. Beschlussausfertigung und beglaubigte Abschrift des Schreibens zu 2. an:
☐ Betreuer/in
☐ Verfahrenspfleger/in
☐ weitere Beteiligte: _____

5. Kontrollblatt anlegen

6. ☐ UH anlegen

7. Wv ☐ 1 Woche / ☐ _____ SD: SA an SV

8. Wv ☐ 2 Wochen / ☐ _____ Richter

_____
Richter/in

Eingang im Schreibdienst	am	EB	ZU
Gef zu	am		
Ab zu	am		

3. Beschluss über die Genehmigung zur Unterbringungsmaßnahme

18

Zur Geschäftsstelle gelangt am
Datum, Uhrzeit (§ 324 II FamFG)

Aktenzeichen	Nebenstelle Datum

Beschluss
über die Genehmigung zur Unterbringung

In dem Unterbringungsverfahren für Frau/Herrn

Vorname, Name, Geburtsdatum, Anschrift – Betroffene(r) –

Betreuer(in):
Verfahrenspfl/Verfahrensbevollm

wird auf Antrag des Betreuers die freiheitsentziehende Unterbringung der/des Betroffenen
☐ in einer geschlossenen Einrichtung
längstens bis zum _____ betreuungsgerichtlich genehmigt.
☐ Die Entscheidung ist sofort wirksam.
☐ Wirkt die zuständige Behörde bei der Zuführung zur Unterbringung mit, darf sie –
erforderlichenfalls mit Hilfe der polizeilichen Vollzugsorgane – Gewalt anwenden
(§ 326 II FamFG).
☐ Die zuständige Behörde wird ermächtigt, die Wohnung des Betroffenen auch ohne
dessen Einwilligung zu betreten. Sie wird insbesondere ermächtigt, Türen gewaltsam zu
öffnen, die Wohnung zu betreten und zu durchsuchen (§ 326 III FamFG).
☐ In der Einrichtung dürfen mit Einwilligung des der Betreuers/Betreuerin
☐ Untersuchungen   ☐ Heilbehandlungen   ☐ ärztl Eingriffe
☐ auch gegen den Willen des/der Betroffenen
vorgenommen werden:

☐ Gegebenenfalls Zusatz für Betreuer: Während der Unterbringungsdauer ist die offene
Unterbringung auszuprobieren und über das Ergebnis zur Akte zu berichten.

G r ü n d e :

Der/Die Betreuer/in hat am _____ die Genehmigung zur Unterbringung beantragt. Zu ihrem/seinem Wohl ist es erforderlich, die/den Betroffene(n) freiheitsentziehend unterzubringen (§ 1906 I BGB).

Die/Der Betroffene leidet an einer ☐ psychischen Krankheit ☐ geistigen Behinderung ☐ seelischen Behinderung, nämlich .

Es besteht die Gefahr, dass sie/er sich
☐ selbst tötet. ☐ erheblichen gesundheitlichen Schaden zufügt.

☐ Zu ihrem/seinen Wohl ist es notwendig,

Diese ärztliche Maßnahme kann ohne Unterbringung nicht durchgeführt werden (§ 1906 I Nr 2 BGB). Die/Der Betroffene kann die Notwendigkeit der Maßnahme nicht erkennen beziehungsweise nicht einsichtsgemäß handeln.

Dies folgt aus dem Ergebnis der gerichtlichen Ermittlungen, insbesondere aus
☐ dem Gutachten der/des _____ vom _____
☐ dem Bericht der Betreuungsbehörde vom _____
☐ der Anhörung der/des Betroffenen
☐ dem unmittelbaren Eindruck des Gerichts ☐ , den es sich in der üblichen Umgebung des/der Betroffenen verschafft hat.
☐ der Erörterung mit der/dem Pfleger(in) für das Verfahren.

Bei der Festsetzung der Dauer der Unterbringung ist das Gericht ☐ dem ärztlichen Gutachten gefolgt.

☐ Das lange Unterbringungsbedürfnis ist offensichtlich (§ 329 I FamFG).

☐ Von der persönlichen Anhörung der/des Betroffenen hat das Gericht abgesehen, weil
  ☐ Nach dem ärztlichen Gutachten hiervon erhebliche Nachteile für die Gesundheit der / des Betroffenen zu besorgen sind.
  ☐ sie/er nach dem unmittelbaren Eindruck offensichtlich nicht in der Lage ist, ihren seinen Willen kundzutun.

☐ Von der Bestellung eines Pflegers für das Verfahren wurde abgesehen, weil

☐ Die Entscheidung über die Gewaltanwendung beruht auf § 326 II, III FamFG.
☐ Die Entscheidung über die sofortige Wirksamkeit beruht auf § 324 II FamFG.

Rechtsmittelbelehrung: – befristete Beschwerde –

Vfg

1. Beschlussausfertigung mit EB/ZU an:
   a) Betroffene(n)
   b) ☐ Betroffene(n)   ☐ Ehegatten
      ☐ Betreuer(in)   ☐ weitere(n) Angehörigen Bl _____
      ☐ Betreuungsbehörde ☐ Pfleger(in) für das Verfahren Bl _____
                           ☐ Person des Vertrauens Bl _____
      ☐ Leiter(in) der Einrichtung, in der die/der Betroffene lebt:

2. Beschlussausfertigung **formlos** an   ☐ Betroffene(n)   ☐ ohne Gründe
   ☐ Leiter(in) der Einrichtung, in der die/der Betroffene untergebracht wird (§ 325 II
   FamFG).
   ☐ Amtsgericht _____ (§ 313 IV FamFG).

3. Geb.prüfen und anweisen.

4. _____SD: Anfrage bei Betreuer(in) und Einrichtung ob weitere Unterbringung
   erforderl.

5. 1 Monat danach SD: 4) erinnern

6. Wiedervorlage Richter _____ (genau).

_____
Richter(in)

Eingang im Schreibdienst	am	EB	ZU
Gef. zu	am		
Ab zu	am		

149

4. Beschluss über die einstweilige Anordnung einer vorläufigen Unterbringungsmaßnahme und Maßregel

19

Zur Geschäftsstelle gelangt am
Datum, Uhrzeit (§ 324 II FamFG)

Aktenzeichen   Nebenstelle   Datum

Beschluss

über die einstweilige Anordnung einer vorläufigen Unterbringungsmaßnahme and Maßregel

In dem Unterbringungsverfahren für Frau/Herrn

Vorname, Name, Geburtsdatum, Anschrift   – Betroffene(r) –

Betreuer(in):

Verfahrenspfl./Verfahrensbevollm.

wird auf Antrag des Betreuers durch einstweilige Anordnung

☐ wegen Gefahr im Verzug ohne vorherige Anhörung

die vorläufige Unterbringung der/des Betroffenen in einer geschlossenen Einrichtung bis längstens _____

☐ betreuungsgerichtlich genehmigt.   ☐ angeordnet.

☐ Die Entscheidung ist sofort wirksam.

☐ Wirkt die zuständige Behörde bei der Zuführung zur Unterbringung mit, darf sie – erforderlichenfalls mit Hilfe der polizeilichen Vollzugsorgane – Gewalt anwenden (§ 326 II FamFG).

☐ Die zuständige Behörde wird ermächtigt, die Wohnung des Betroffenen auch ohne dessen Einwilligung zu betreten. Sie wird insbesondere ermächtigt, Türen gewaltsam zu öffnen, die Wohnung zu betreten und zu durchsuchen (§ 326 III FamFG).

☐ In der Einrichtung dürfen bis zur Entscheidung der Betreuerin/des Betreuers folgende
☐ Untersuchungen   ☐ Heilbehandlungen   ☐ ärztl Eingriffe
☐ auch gegen den Willen des/der Betroffenen
vorgenommen werden (§ 1846 BGB).

G r ü n d e :

Der/Die Betreuer/Betreuerin hat am _____ die Genehmigung der Unterbringung beantragt. Die vorläufige Unterbringungsmaßnahme beruht auf

☐ §§ 331, 332, 333 FamFG   ☐ § 334 FamFG in Verbindung mit § 1846 BGB

Es bestehen dringende Gründe für die Annahme, dass die Voraussetzungen für eine Unterbringungsmaßnahme

☐ (§ 1906 I Nr 1, II BGB)   ☐ (§ 1906 I Nr 2, II BGB)

gegeben sind und mit einem Aufschub eine so erhebliche Gefahr für die/den Betroffene(n) verbunden wäre, dass sie/er sofort untergebracht werden muss.

☐ Nach dem ärztlichen Gutachten/Zeugnis der/des _____ vom _____ leidet die/der Betroffene an einer

☐ psychischen Krankheit,   ☐ geistigen Behinderung,   ☐ seelischen Behinderung, nämlich

Es besteht die Gefahr, dass sie/er sich

☐ selbst tötet.   ☐ erheblichen gesundheitlichen Schaden zufügt.

☐ Zu ihrem/seinen Wohl ist es notwendig,

☐ Die persönliche Anhörung unterblieb, weil

  ☐ der/die Betroffene nach Angaben des Arztes zZt bewusstlos ist.

  ☐ sie vor der ärztlichen Maßnahme nicht mehr rechtzeitig möglich war und Gefahr im Verzug bestand (§ 332 FamFG).

☐ Der /die Betroffene ist krankheitsbedingt nicht in der Lage, ☐ sich zu äußern

  ☐ seinen/ihren Willen frei zu bilden,

  ☐ insbesondere die ärztliche Aufklärung zu verstehen, bzw die Notwendigkeit der ärztlichen Maßnahme zu erkennen.

☐ Der /Die Betroffene verweigert die Einwilligung in die ärztliche Maßnahme. Er/Sie ist jedoch krankheitsbedingt nicht einwilligungsfähig.

Diese ärztliche Maßnahme kann ohne Unterbringung nicht durchgeführt werden (§ 1906 I BGB). Die/Der Betroffene kann die Notwendigkeit der Maßnahme nicht erkennen beziehungsweise nicht einsichtsgemäß handeln.

Das ergibt sich aus dem ärztlichen Zeugnis / Gutachten ☐ und auch aufgrund der persönlichen Anhörung vom _____

☐ Im Hinblick auf die Dauer der Unterbringung ist das Gericht dem ärztlichen Gutachten/ Zeugnis gefolgt.

☐ Das Gericht hält eine Dauer der Unterbringung von _____ Wochen für ausreichend.

☐ Die Anhörung der/des Betroffenen war wegen Gefahr im Verzug vor Erlass der Entscheidung nicht möglich.

☐ Im Hinblick auf die Dauer der Unterbringung ist das Gericht dem ärztlichen Gutachten/ Zeugnis gefolgt.

☐ Das Gericht hält eine Dauer der Unterbringung von _____ Wochen für ausreichend.

☐ Die Anhörung der/des Betroffenen war wegen Gefahr im Verzug vor Erlass der Entscheidung nicht möglich.

☐ Von der Bestellung einer Pflegerin / eines Pflegers für das Verfahren wurde abgesehen, weil

_____

Die Entscheidung über die sofortige Wirksamkeit beruht auf
☐ § 1846 BGB, § 334 FamFG, § 324 II FamFG.
Die Entscheidung über die Gewaltanwendung beruht auf
☐ § 1846 BGB, § 334 FamFG, § 326 II, III FamFG.

Rechtsmittelbelehrung – befristete Beschwerde –

Vfg

1. Beschlussausfertigung mit EB/ZU an:
   a) Betroffene(n)
   b) ☐ Betroffene(n)   ☐ Ehegatten
      ☐ Betreuer(in)   ☐ weitere(n) Angehörigen Bl _____
      ☐ Betreuungsbehörde ☐ Pfleger(in) für das Verfahren Bl _____
                              ☐ Person des Vertrauens Bl _____
      ☐ Leiter(in) der Einrichtung, in der die/der Betroffene lebt:

   _____

2. Beschlussausfertigung **formlos** an   ☐ Betroffene(n)   ☐ ohne Gründe
   ☐ Leiter(in) der Einrichtung, in der die/der Betroffene untergebracht wird (§ 325 II FamFG).
   ☐ Amtsgericht _____ (§ 313 II FamFG).

3. Folgende Frist in der Unterbringungssache notieren:
   2 Wochen SD: Anfrage an Betreuer und Einrichtung ob Unterbringung weiter erforderlich ist

4. Wiedervorlage

_____
Richter(in)

Eingang im Schreibdienst	am	EB	ZU
Gef. zu	am		
Ab zu	am		

5. **Beschluss über die Genehmigung freiheitsentziehender Maßnahmen**

20

Zur Geschäftsstelle gelangt am
Datum, Uhrzeit (§ 324 II FamFG)

Aktenzeichen | Nebenstelle | Datum

Beschluss
über die Genehmigung freiheitsentziehender Maßnahmen

In dem Unterbringungsverfahren für Frau / Herrn

Vorname, Name, Geburtsdatum, Anschrift — Betroffene(r) —

Betreuer(in):
Verfahrenspfl/Verfahrensbevollm:

wird auf Antrag des Betreuers die ☐ zeitweise ☐ regelmäßige
☐ von _____ Uhr bis _____Uhr dauernde Freiheitsentziehung der/des Betroffenen
durch
☐ mechanische Vorrichtungen, nämlich ☐ Anbringung von Bettgittern
  ☐ Anbinden im Bett ☐ Anbinden auf dem Stuhl
  ☐
☐ Medikamente ☐ als Nebenwirkung der Behandlung mit

☐ zur Ermöglichung folgender Heilbehandlung

nach ausdrücklicher Anordnung des behandelnden Arztes bis zum _____ unter
ständiger fachpflegerischer Beobachtung betreuungsgerichtlich genehmigt.
Die Freiheitsentziehung darf sich immer nur auf das unbedingt erforderliche Maß
erstrecken und muss stets unbedenklich sein. Sie ist nachvollziehbar zur Einsicht des/der
Betreuers/Betreuerin/Verfahrenspfl/Heimaufsicht und des Gerichts sowie des/der
Sachverständigen zu dokumentieren.
☐ Die Entscheidung ist sofort wirksam.

G r ü n d e :
Der/Die Betreuer/in hat am _____ die Genehmigung der freiheitsentziehenden
Einzelmaßnahme beantragt.
Zum Wohl der/des Betroffenen sind freiheitsentziehende Einzelmaßnahmen notwendig
(§ 1906 IV iVm I BGB).
☐ Die/Der Betroffene leidet an einer ☐ psychischen Krankheit
  ☐ geistigen Behinderung ☐ seelischen Behinderung, nämlich

Es besteht die Gefahr, dass sie/er sich ☐ selbst tötet.
☐ erheblichen gesundheitlichen Schaden zufügt.

☐ Zu ihrem/seinen Wohl ist es notwendig,

☐ Diese ärztliche Behandlung kann ohne die freiheitsentziehende Einzelmaßnahme nicht durchgeführt werden. § 1906 II Nr 2 BGB).
   ☐ Die/Der Betroffene kann die Notwendigkeit der Maßnahme nicht erkennen beziehungsweise nicht einsichtsgemäß handeln.

Dies erfolgt aus dem Ergebnis der gerichtlichen Ermittlungen, insbesondere aus
☐ dem Gutachten der/des _____ vom

☐ dem ärztlichen Zeugnis der/des _____ vom

☐ dem Bericht der Betreuungsbehörde vom _____
☐ der Anhörung der/des Betroffenen
☐ dem unmittelbaren Eindruck des Gerichts
   ☐ , den es sich in der üblichen Umgebung der/des Betroffenen verschafft hat.
☐ der Stellungnahme des/der Verfahrenspflegers/Verfahrenspflegerin.

☐ Bei der Festsetzung der Dauer der Maßnahme ist das Gericht dem ärztlichen Gutachten/ Zeugnis gefolgt.
☐ Das Bedürfnis für die lange Dauer der freiheitsentziehenden Maßnahme ist offensichtlich (§ 329 I FamFG).
☐ Von der persönlichen Anhörung der/des Betroffenen hat das Gericht abgesehen, weil
   ☐ nach dem ärztlichen Gutachten hiervon erhebliche Nachteile für die Gesundheit der/ des Betroffenen zu besorgen sind.
   ☐ sie/er nach dem unmittelbaren Eindruck offensichtlich nicht in der Lage ist, ihren/ seinen Willen kundzutun.

☐ Von der Bestellung eines Pflegers für das Verfahren wurde abgesehen, weil

☐ Die Entscheidung über die sofortige Wirksamkeit beruht auf § 324 II FamFG.

Rechtsmittelbelehrung – befristete Beschwerde –

<u>Vfg</u>

1. Beschlussausfertigung mit EB/ZU an:
   a) Betroffene(n)
   b) ☐ Ehegatten   ☐ Betroffene(n)
      ☐ Betreuer(in)   ☐ weitere(n) Angehörigen Bl _____
      ☐ Betreuungsbehörde ☐ Pfleger(in) für das Verfahren Bl _____
                          ☐ Person des Vertrauens Bl _____
      ☐ Leiter(in) der Einrichtung, in der die/der Betroffene lebt:

      _____

2. Beschlussausfertigung **formlos** an   ☐ Betroffene(n)   ☐ ohne Gründe
   ☐ Leiter(in) der Einrichtung, in der die/der Betroffene untergebracht wird (§ 325 II
      FamFG).
   ☐ _____

3. Gebühren prüfen und anweisen.

4. Folgende Frist in der Unterbringungssache notieren
   a) _____ SD: Anfrage bei Betreuer/in und Heim ob freiheitsentz. Maßnahme
                       noch erforderlich ist.
   b) _____ SD: erinnern

5. Wvl Richter _____ (genau).

_____
Richter(in)

Eingang im Schreibdienst	am	EB	ZU
Gef zu	am		
Ab zu	am		

155

6. Beschluss über die einstweilige Anordnung freiheitsentziehender Maßnahmen

21

Aktenzeichen   Nebenstelle   Datum

Beschluss
über die einstweilige Anordnung freiheitsentziehender Maßnahmen

In dem Unterbringungsverfahren für Frau/Herrn

Vorname, Name, Geburtsdatum, Anschrift   — Betroffene(r) —

Betreuer(in): _____

Verfahrenspfl/Verfahrensbevollm: _____

wird auf Antrag des Betreuers durch einstweilige Anordnung

☐ wegen Gefahr im Verzug ohne vorherige Anhörung
folgende Maßnahme(n) ☐ bis zum _____ ☐ für die Dauer von 6 Wochen
nach ausdrücklicher Anordnung des behandelnden Arztes
☐ vormundschaftsgerichtlich genehmigt.☐ angeordnet.
Die ☐ zeitweise ☐ regelmäßige Freiheitsentziehung der/des Betreuten
durch
☐ mechanische Vorrichtungen, nämlich ☐ Anbringen von Bettgittern.
   ☐ Anbinden im Bett ☐ Anbinden auf dem Stuhl.
   ☐ _____

☐ Medikamente ☐ als Nebenwirkung der Behandlung mit
_____

☐ zur Ermöglichung folgender Heilbehandlung

☐ _____

Die Freiheitsentziehung darf sich nur auf das unbedingt erforderliche Maß erstrecken und muss stets unbedenklich sein.
Sie ist nachvollziehbar zur Einsicht des/der Betreuers/Betreuerin/Verfahrenspfleger/in/ Heimaufsicht und des Gerichts sowie des/der Sachverständigen zu dokumentieren.
☐ Die Entscheidung ist sofort wirksam.

G r ü n d e :

Der/Die Betreuer/in hat am _____ die Genehmigung der freiheitsentziehenden Einzelmaßnahme beantragt.

Frau/Herr _____ hat eine Krankheit bzw. Behinderung im Sinne von
§ 1896 I 1 BGB.

☐ Die/der Betroffene leidet an einer ☐ psychischen Krankheit
    ☐ geistigen Behinderung ☐ seelischen Behinderung, nämlich

Es besteht die Gefahr, dass er/sie sich ☐ sich selbst tötet.
☐ erheblichen gesundheitlichen Schaden zufügt.
☐
☐ Zu ihrem / seinen Wohl ist es notwendig,

☐ Diese ärztliche Behandlung kann ohne die freiheitsentziehende Einzelmaßnahme nicht
    durchgeführt werden. § 1906 I Nr 2 BGB.
    ☐ Die/Der Betreute kann die Notwendigkeit der Maßnahme(n) nicht erkennen
    beziehungsweise nicht einsichtsgemäß handeln.

Das ergibt sich aus
☐ aus dem ärztlichen Zeugnis/Gutachten der/des _____
☐ der Stellungnahme der/des Verfahrenspfl/Verfahrensbevollm.
☐ der Stellungnahme der Betreuungsbehörde.
☐ der Stellungnahme der Betreuerin/des Betreuers.
☐ der persönlichen Anhörung der/des Betreuten.

☐ Die persönliche Anhörung der/des Betreuten konnte nicht erfolgen, weil
    ☐ nach dem ärztlichen Gutachten hiervon erhebliche Nachteile für ihre/seine
    Gesundheit zu besorgen sind.
    ☐ sie/er nach dem unmittelbaren Eindruck des Gerichts offenbar nicht in der Lage ist,
    ihren/seinen Willen kundzutun.

☐ Die Entscheidung über die sofortige Wirksamkeit beruht auf § 324 II FamFG.

Rechtsmittelbelehrung: – befristete Beschwerde –

Vfg

1. Beschlussausfertigung mit EB/ZU an:
    a) Betroffene(n)
    b) ☐ Ehegatten   ☐ weitere(n) Angehörigen Bl _____
       ☒ Betreuer(in)
       ☐ Betreuungsbehörde   ☒ Verfahrenspfl/Verfahrensbevollm Bl _____
                              ☐ Person des Vertrauens Bl _____
       ☒ Leiter(in) der Einrichtung, in der die/der Betroffene lebt:

    _____

2. Beschlussausferigung formlos an   ☐ Betreute(n)   ☐ ohne Gründe

3. Gebühren prüfen und anweisen

4. Folgende Frist in der Unterbringungssache notieren
    a) _____ SD: Anfrage bei Betreuer/in und Heim ob freiheitsentz. Maßnahme
                       noch erforderlich ist.
    b) _____ SD: erinnern

5) Wvl Richter _____ genau

_____
Richter(in)

Eingang im Schreibdienst	am	EB	ZU
Gef zu	am		
Ab zu	am		

7. **Beschluss über die Genehmigung zur Unterbringung durch den Vollmachtnehmer**

Aktenzeichen   Nebenstelle   Datum

Beschluss
über die Genehmigung zur Unterbringung durch den Vollmachtnehmer

In dem Unterbringungsverfahren für Frau/Herrn

Vorname, Name, Geburtsdatum, Anschrift   – Betroffene(r) –

Vollmachtnehmer(in): _____
Verfahrenspfl/Verfahrensbevollm _____

wird auf Antrag des Vollmachtnehmers/der Vollmachtnehmerin die freiheitsentziehende Unterbringung der/des Betroffenen
☐ in einer geschlossenen Einrichtung
längstens bis zum _____ betreuungsgerichtlich genehmigt.
☐ Die Entscheidung ist sofort wirksam.
☐ In der Einrichtung dürfen mit Einwilligung des/der Vollmachtnehmers/Vollmacht-
nehmerin
☐ Untersuchungen   ☐ Heilbehandlungen   ☐ ärztl. Eingriffe
☐ auch gegen den Willen des/der Betroffenen
vorgenommen werden:

G r ü n d e :

Der/Die Vollmachtnehmer/in hat am _____ unter Bezugnahme auf die ihn/ihr am _____ erteilte schriftliche Vollmacht, die ausdrücklich auch die genehmigte freiheitsentziehende Maßnahme umfasst, die Genehmigung zur Unterbringung beantragt.

Zu ihrem/seinem Wohl ist es erforderlich, die/den Betroffene(n) freiheitsentziehend unterzubringen (§ 1906 I und V BGB).
Die/Der Betroffene leidet an einer ☐ psychischen Krankheit ☐ geistigen Behinderung
☐ seelischen Behinderung, nämlich   .

Es besteht die Gefahr, dass sie/er sich
☐ selbst tötet. ☐ erheblichen gesundheitlichen Schaden zufügt.

☐ Zu ihrem/seinen Wohl ist es notwendig,

Diese ärztliche Maßnahme kann ohne Unterbringung nicht durchgeführt werden
(§ 1906 I Nr 2 BGB). Die/Der Betroffene kann die Notwendigkeit der Maßnahme nicht
erkennen beziehungsweise nicht einsichtsgemäß handeln.
Dies folgt aus dem Ergebnis der gerichtlichen Ermittlungen, insbesondere aus
☐ dem Gutachten der/des _____ vom
_____
☐ dem Bericht der Betreuungsbehörde vom _____
☐ der Anhörung der/des Betroffenen
☐ dem unmittelbaren Eindruck des Gerichts ☐ , den es sich in der üblichen Umgebung
des/der Betroffenen verschafft hat.
☐ der Erörterung mit der/dem Pfleger(in) für das Verfahren.

Bei der Festsetzung der Dauer der Unterbringung ist das Gericht ☐ dem ärztlichen
Gutachten gefolgt.
☐ Das lange Unterbringungsbedürfnis ist offensichtlich (§ 329 I FamFG).

☐ Von der persönlichen Anhörung der/des Betroffenen hat das Gericht abgesehen, weil
☐ Nach dem ärztlichen Gutachten hiervon erhebliche Nachteile für die Gesundheit
der/des Betroffenen zu besorgen sind.
☐ sie/er nach dem unmittelbaren Eindruck offensichtlich nicht in der Lage ist, ihren
seinen Willen kundzutun.

☐ Von der Bestellung eines Pflegers für das Verfahren wurde abgesehen, weil

☐ Die Entscheidung über die sofortige Wirksamkeit beruht auf § 324 II FGG.

Rechtsmittelbelehrung: – befristete Beschwerde –

Vfg

1. Beschlussausfertigung mit EB/ZU an:
    a) Betroffene(n)
    b) ☐ Betroffene(n)   ☐ Ehegatten
       ☐ Vollmachtnehmer/in ☐ weitere(n) Angehörigen Bl _____
       ☐ Betreuungsbehörde   ☐ Pfleger(in) für das Verfahren Bl _____
                             ☐ Person des Vertrauens Bl _____
       ☐ Leiter(in) der Einrichtung, in der die/der Betroffene lebt:

    _____

2. Beschlussausfertigung **formlos** an   ☐ Betroffene(n)   ☐ ohne Gründe
    ☐ Leiter(in) der Einrichtung, in der die/der Betroffene untergebracht wird.
    ☐ Amtsgericht _____ (§ 313 IV FamFG).

3. Geb prüfen und anweisen.

4. _____ SD: Anfrage bei Vollmachtnehmer(in) und Einrichtung, ob weitere Unterbringung erforderlich ist.

5. 1 Monat danach SD: 4) erinnern

6. Wiedervorlage Richter _____ (genau).

_____
Richter(in)

Eingang im Schreibdienst	am	EB	ZU
Gef zu	am		
Ab zu	am		

8. **Beschluss über die Genehmigung freiheitsentziehender Maßnahmen des Vollmachtnehmers**

23

<table>
<tr><td></td><td>Zur Geschäftsstelle gelangt am
Datum, Uhrzeit (§ 324 II FamFG)</td></tr>
<tr><td>Aktenzeichen</td><td>Nebenstelle   Datum</td></tr>
</table>

Beschluss
über die Genehmigung freiheitsentziehender Maßnahmen des Vollmachtnehmers

In dem Unterbringungsverfahren für Frau/Herrn

Vorname, Name, Geburtsdatum, Anschrift   – Betroffene(r) –

Vollmachtnehmer(in): _____

Verfahrenspfl/Verfahrensbevollm: _____

wird auf Antrag des/der Bevollmächtigten

die   ☐ zeitweise   ☐ regelmäßige

☐ von _____ Uhr bis _____ Uhr dauernde Freiheitsentziehung der/des Betroffenen durch

☐ mechanische Vorrichtungen, nämlich ☐ Anbringung von Bettgittern
    ☐ Anbinden im Bett ☐ Anbinden auf dem Stuhl
    ☐

☐ Medikamente ☐ als Nebenwirkung der Behandlung mit
_____

☐ zur Ermöglichung folgender Heilbehandlung
_____

nachausdrücklicher Anordnung des behandelnden Arztes bis zum _____ unter ständiger fachpflegerischer Beobachtung betreuungsgerichtlich genehmigt.
Die Freiheitsentziehung darf sich immer nur auf das unbedingt erforderliche Maß erstrecken und muß stets unbedenklich sein. Sie ist nachvollziehbar zur Einsicht des/der Vollmachtnehmers/Vollmachtnehmerin/Verfahrenspfl/Heimaufsicht und des Gerichts sowie des/der Sachverständigen zu dokumentieren.
☐ Die Entscheidung ist sofort wirksam.

G r ü n d e :
Der/die Bevollmächtigte hat am _____ unter Bezugnahme auf die ihm/ihr am _____ erteilte schriftliche Vollmacht, die die freiheitsentziehende Maßnahme ausdrücklich umfasst, die Genehmigung der freiheitsentziehenden Einzelmaßnahme beantragt (§ 1906 V BGB). Zum Wohl der/des Betroffenen sind freiheitsentziehende Einzelmaßnahmen notwendig (§ 1906 IV iVm I BGB).
☐ Die/Der Betroffene leidet an einer   ☐ psychischen Krankheit
☐ geistigen Behinderung ☐ seelischen Behinderung, nämlich _____

☐ Zu ihrem/seinen Wohl ist es notwendig,

☐ Diese ärzliche Behandlung kann ohne die freiheitsentziehende Einzelmaßnahme nicht durchgeführt werden. § 1906 I Nr 2 BGB).

 ☐ Die/Der Betroffene kann die Notwendigkeit der Maßnahme nicht erkennen beziehungsweise nicht einsichtgemäß handeln.

Dies erfolgt aus dem Ergebnis der gerichtlichen Ermittlungen, insbesondere aus

☐ dem Gutachten der/des _____ vom

_____

☐ dem ärztlichen Zeugnis der/des _____ vom

_____

☐ dem Bericht der Betreuungsbehörde vom _____

☐ der Anhörung der/des Betroffenen

☐ dem unmittelbaren Eindruck des Gerichts

 ☐ , den es sich in der üblichen Umgebung der/des Betroffenen verschafft hat,

☐ der Stellungnahme des/der Verfahrenspflegers/Verfahrenspflegerin.

☐ Bei der Festsetzung der Dauer der Maßnahme ist das Gericht dem ärztlichen Gutachten/Zeugnis gefolgt.

☐ Das Bedürfnis für die lange Dauer der freiheitsentziehenden Maßnahme ist offensichtlich (§ 329 I FamFG).

☐ Von der persönlichen Anhörung der/des Betroffenen hat das Gericht abgesehen, weil

 ☐ nach dem ärztlichen Gutachten hiervon erhebliche Nachteile für die Gesundheit der/des Betroffenen zu besorgen sind.

 ☐ sie/er nach dem unmittelbaren Eindruck offensichtlich nicht in der Lage ist, ihren/seinen Willen kundzutun.

☐ Von der Bestellung eines Pflegers für das Verfahren wurde abgesehen, weil,

☐ Die Entscheidung über die sofortige Wirksamkeit beruht auf § 324 II FamFG.

Rechtsmittelbelehrung: – befristete Beschwerde –

<u>Vfg</u>

1. Beschlussausfertigung mit EB/ZU an:
   a) Betroffene(n)
   b) ☐ Ehegatten   ☐ Betroffene(n)
      ☐ Vollmachtnehmer(in) ☐ weitere(n) Angehörigen Bl._____
      ☐ Betreuungsbehörde ☐ Pfleger(in) für das Verfahren Bl._____
                           ☐ Person des Vertrauens Bl._____
      ☐ Leiter(in) der Einrichtung, in der die/der Betroffene lebt:
      _____

2. Beschlussausfertigung **formlos** an   ☐ Betroffene(n)   ☐ ohne Gründe
   ☐ Leiter(in) der Einrichtung, in der die/der Betroffene untergebracht wird (§ 325 II
   FamFG).
   ☐ _____

3. Gebühren prüfen und anweisen.

4. Folgende Frist in der Unterbringungssache notieren
   a) _____SD: Anfrage bei Vollmachternehmer(in) und Heim ob freiheitsentz.
                        Maßnahme noch erforderlich ist.
   b) _____SD: erinnern

5. Wvl Richter _____ (genau).

_____
Richter(in)

Eingang im Schreibdienst	am	EB	ZU
Gef. zu	am		
Ab zu	am		

9. Anfrage an Betreuer wegen Fortdauer der unterbringungsähnlichen Maßnahmen

Vfg

Geschäftsnummer		Nebenstelle	Datum

1. Schreiben an Betreuer(in):

   Unterbringungsverfahren für _____

   hier: Überprüfung, ob weiterhin eine mechanische Beschränkung bzw sonstige freiheitsentziehende Maßnahme notwendig ist

   Sehr geehrte Dame! Sehr geehrter Herr!

   Die Genehmigung des Betrreuungsgerichts zu unterbringungsähnlichen Maßnahmen ist befristet bis

   _____.

   Falls eine Verlängerung notwendig erscheint, müssen Sie rechtzeitig einen neuen Antrag stellen.

   Um hierüber entscheiden zu können, benötigt das Gericht eine kurze gutachterliche Äußerung des behandelnden Arztes zur Notwendigkeit der Beschränkung, wobei ausdrücklich auf Art, Ausmaß und Dauer der Maßnahme eingegangen werden soll.

   Bitte legen Sie dieses Attest zusammen mit Ihrem Antrag spätestens einen Monat vor Ablauf der Frist vor und teilen Sie mit, wo die richterliche Anhörung stattfinden kann.

   Mit freundlichen Grüßen

2. Wiedervorlage _____.

_____
Richter(in)

Eingang im Schreibdienst	am	EB	ZU
Gef zu	am		
Ab zu	am		

IV. Behörden

1. Checkliste für Betreuungsbehörden bei Vor- und Zuführungen

25

A. Eingang der Entscheidung des BetrG als:

1. Vorführung zur persönlichen Anhörung des Betroffenen vor Bestellung eines Betreuers oder der Anordnung eines Einwilligungsvorbehaltes (§ 278 V FamFG);

2. Vorführung des Betroffenen zur Untersuchung zur Vorbereitung eines Gutachtens (§ 283 I FamFG);

3. Vorführung des Betroffenen zur Unterbringung und Beobachtung, soweit dies zur Vorbereitung eines Gutachtens erforderlich ist (§ 284 III FamFG);

4. Vorführung zur persönlichen Anhörung des Betroffenen vor einer Unterbringungsmaßnahme (§ 319 V FamFG);

5. Vorführung des Betroffenen zu einer Untersuchung zum Zwecke der Begutachtung vor einer Unterbringungsmaßnahme (§ 322 FamFG);

6. Vorführung des Betroffenen zur Unterbringung und Beobachtung zwecks Vorbereitung eines Gutachtens vor einer Unterbringungsmaßnahme (§ 322 FamFG);

7. Vorführung des Betroffenen zur Anhörung oder Begutachtung in Betreuungsverfahren nach Maßgabe des § 293 FamFG, insbesondere: bei wesentlicher Erweiterung des Aufgabenkreises des Betreuers (§ 293 II Nr. 2), bei Anordnung eines Einwilligungsvorbehaltes (§ 294 I), bei Bestellung eines weiteren Betreuers (§ 293 III), bei Verlängerung der Bestellung eines Betreuers (§ 295);

8. Vorführung zur Anhörung oder Begutachtung im Beschwerdeverfahren (§ 68 III FamFG);

9. Unterstützung des Betreuers/Bevollmächtigten bei der **Zuführung** zur zivilrechtlichen Unterbringung des Betroffenen (§ 326 FamFG).

B. Nach Eingang des Beschlusses des BetrG:

1. Prüfen der **sachlichen Zuständigkeit**: Die Betreuungsbehörde ist zuständige Behörde für Betreuungsverfahren und für die zivilrechtliche Unterbringung durch den Betreuer/Bevollmächtigten nach § 1906 Abs. 1 BGB. Keine Unterstützungspflicht der Behörde bei ambulanter Zwangsbehandlung, da diese grundsätzlich unzulässig ist (vgl. *BGH*, BtPrax 2001, 32)

2. Prüfen der **örtlichen Zuständigkeit**: Die Zuständigkeit der örtlichen Betreuungsbehörde richtet sich ausschließlich nach § 3 BtBG. Grundsätzlich ist die Behörde örtlich zuständig, in deren Bezirk der Betroffene seinen gewöhnlichen Aufenthalt hat. Klinikaufenthalte begründen regelhaft keinen gewöhnlichen Aufenthalt am jeweiligen Klinikort (vgl. *BayObLG*, FamRZ 1993, 89; *OLG Karlsruhe*, BtPrax 1996, 72)

3. Prüfen der **Zulässigkeit** der vorliegenden Entscheidung vor allem unter dem Grundsatz der Verhältnismäßigkeit der angewandten Mittel.

4. Ggf. **Rechtsmittel** gegen die Entscheidung des Gerichtes einlegen (Beschwerde/ sofortige Beschwerde § 59 FamFG; vgl. *5621*): Das Beschwerderecht der Betreuungsbehörde besteht dabei unabhängig davon, ob sie selbst beschwert ist (vgl. *BayObLG*, BtPrax 1995, 181; ebenso *OLG Brandenburg*, BtMan 2009, 100 [LS]).

5. Ggf. die **Aussetzung des Vollzugs** der gerichtlichen Anordnung nach § 64 III FamFG beantragen, wenn die Anordnung der Vor- oder Zuführung mit unmittelbarem Zwang und der gewaltsamen Wohnungsöffnung verbunden ist.

C. Ermittlung des Sachverhaltes

1. Hinweise auf **besondere Eilbedürftigkeit**

2. Hinweise auf **besondere Gefährdungsmomente**

3. Ggf. erst **erfolgloser Versuch** der Betreuungsbehörde ohne gewaltsame Wohnungsöffnung und ohne die Anwendung unmittelbaren Zwangs.

4. Nach einem erfolglosen Versuch ggf. die **Erweiterung des Beschlusses** um die o.a. Befugnisse beantragen (vgl. **5626**)

D. Durchführung der Anordnung

1. **Terminabsprache** mit den am Verfahren beteiligten Personen:
   – Richter
   – Sachverständiger
   – Betreuer, Bevollmächtigter, Person des Vertrauens
   – Verfahrenspfleger
   – Polizei- und Ordnungsbehörde
   – Sozialpsychiatrischer Dienst
   – ggf. sonstiger Dritter: Angehörige, Schlüsseldienst, Hausverwalter

2. Nach Möglichkeit: Vorführung „**vor Ort**" in der üblichen Umgebung/in der Wohnung des Betroffenen (§ 278 I FamFG) (vgl. *LG Berlin*, BtPrax 1999, 112 f.).

3. Soweit möglich: Absprache mit dem VormG wegen eines **gemeinsamen Termins** zur Anhörung und Begutachtung.

4. **Gewaltsame Wohnungsöffnung:** nur zulässig, wenn ausdrücklich durch das Gericht angeordnet (vgl. *BVerfG*, NJW 1979, 1539 vgl. auch §§ 283 III, 326 III FamFG) Gilt auch, wenn mit einem Ersatzschlüssel von Angehörigen oder Vermieter die Wohnungstür geöffnet werden kann. Ggf. Schlüsseldienst mit der Wohnungsöffnung beauftragen. Die Kosten für die Inanspruchnahme des Schlüsseldienstes sind insoweit Verfahrenskosten nach § 137 Nr. 12b KostO und durch das BetrG zu tragen.(vgl. *LG Aschaffenburg*, Betreuung Aktuell 3/2000, 30; vgl. OLG Köln, BtMan 2005, 105). Bei der Unterbringung durch den Betreuer/Bevollmächtigten hat dieser den Schlüsseldienst zu beauftragen.

5. **Anwendung unmittelbaren Zwangs:** nur zulässig, wenn ausdrückliche Ermächtigung des Gerichtes vorliegt (vgl. §§ 283 III, 326 II FamFG). Die Mitarbeiter der Betreuungsbehörde sind selbst zur Ausübung von Gewalt und unmittelbarem Zwang **nicht befugt**. Die Anwendung unmittelbaren Zwangs obliegt ausschließlich den Polizeibehörden bzw. den nach den anzuwendenden landesrechtlichen Vorschriften ausdrücklich weiter beauftragten Stellen und Personen. Mitarbeiter von Betreuungsbehörden sind hier nicht genannt. Ist die Anwendung unmittelbaren Zwangs erforderlich oder wahrscheinlich, so ist regelmäßig im Rahmen der **Vollzugs- oder Amtshilfe** um Unterstützung der Polizeibehörden nachzusuchen (vgl. *5620*).

E. Nach erfolgter Vorführung/Zuführung:

1. Ggf. **Wohnungssicherungsmaßnahmen** einleiten (Betreuer/Bevollmächtigter/Vermieter)

2. **Bericht an das BetrG** mit Hinweis über besondere Vorkommnisse (z.B. Inanspruchnahme eines Schlüsseldienstes, Anwendung von Gewalt – vgl. *5622*)

3. Bei erfolglosem Versuch (z.B. weil Betroffener nicht anzutreffen war): Mitteilung an das BetrG.

4. Antrag auf Kostenübernahme für die Kosten der Vorführung (z.B. Schlüsseldienst – vgl. *OLG Köln*, BtMan 2005, 105 – vgl. Muster 5628).

2. Mitteilung an das Betreuungsgericht nach erfolgter Vor- und Zuführung

26

Amtsgericht _____

_____

_____

Abs. Betreuungsbehörde _____

_____

Az.: _____

Betreuungssache für Herrn/Frau _____
(Name, Vorname)   (Geb.Datum)

Aktenzeichen des AG _____ XVII _____

Sehr geehrte Damen und Herren,

mit Beschluss des Amtsgerichtes vom _____ sollte die Betreuungsbehörde

☐ den Betroffenen nach § 278 V FamFG zur Anhörung vorführen
☐ den Betroffenen nach § 283 FamFG zur Begutachtung vorführen
☐ den Betroffenen nach § 284 FamFG zur Unterbringung zwecks Begutachtung vorführen
☐ den Betreuer/Bevollmächtigten nach § 326 FamFG bei der Zuführung zur Unterbringung
    nach § 1906 Abs. 1 BGB zu unterstützen
☐ _____

1. Der Beschluss konnte nicht ausgeführt werden, da
    ☐ der Betroffene trotz mehrerer Versuche nicht anzutreffen war
    ☐ _____

2. ☐ Die Vorführung zur Begutachtung erfolgte am _____
    ☐ Der Betroffene wurde mit unserer Unterstützung am _____ durch den Betreuer
    in _____ untergebracht.
    (Name u. Anschrift des Krankenhauses/der Einrichtung)

3. Hinweise auf die erforderliche Anwendung von Gewalt/besondere Vorkommnisse:

4. ☐ Die Inanspruchnahme eines Schlüsseldienstes zur Wohnungsöffnung war erforderlich. Die Ermächtigung zur gewaltsamen Wohnungsöffnung durch einen Schlüsseldienst lag mit Beschluss des Amtsgerichtes ausdrücklich vor. Der Schlüsseldienst _____ wird in Kürze dem Gericht eine Rechnung einreichen. Um Erstattung der Kosten nach § 137 Ziff. 12b KostO wird gebeten (vgl. *LG Aschaffenburg*, Betreuung Aktuell 3/2000, S. 30 f.; ebenso OLG Köln, BtMan 2005, 105).

5. Weitere Anmerkungen:

Mit freundlichen Grüßen
Im Auftrag:

_____
(Unterschrift)

Anhänge
Rechtsquellen

Anhang 1
Grundgesetz

Grundgesetz für die Bundesrepublik Deutschland

vom 23.5.1949 (BGBl. I S. 1),
zuletzt geändert durch G vom 21.7.2010 (BGBl. I S. 944)
– Auszug –

Art. 1

(1) Die Würde des Menschen ist unantastbar. Sie zu achten und zu schützen ist Verpflichtung aller staatlichen Gewalt.

(2) Das Deutsche Volk bekennt sich darum zu unverletzlichen und unveräußerlichen Menschenrechten als Grundlage jeder menschlichen Gemeinschaft, des Friedens und der Gerechtigkeit in der Welt.

(3) Die nachfolgenden Grundrechte binden Gesetzgebung, vollziehende Gewalt und Rechtsprechung als unmittelbar geltendes Recht.

Art. 2

(1) Jeder hat das Recht auf die freie Entfaltung seiner Persönlichkeit, soweit er nicht die Rechte anderer verletzt und nicht gegen die verfassungsmäßige Ordnung oder das Sittengesetz verstößt.

(2) Jeder hat das Recht auf Leben und körperliche Unversehrtheit. Die Freiheit der Person ist unverletzlich. In diese Rechte darf nur auf Grund eines Gesetzes eingegriffen werden.

Art. 104

(1) Die Freiheit der Person kann nur auf Grund eines förmlichen Gesetzes und nur unter Beachtung der darin vorgeschriebenen Formen beschränkt werden. Festgehaltene Personen dürfen weder seelisch noch körperlich misshandelt werden.

(2) Über die Zulässigkeit und Fortdauer einer Freiheitsentziehung hat nur der Richter zu entscheiden. Bei jeder nicht auf richterlicher Anordnung beruhenden Freiheitsentziehung ist unverzüglich eine richterliche Entscheidung herbeizuführen. Die Polizei darf aus eigener Machtvollkommenheit niemanden länger als bis zum Ende des Tages nach dem Ergreifen in eigenem Gewahrsam halten. Das Nähere ist gesetzlich zu regeln.

(3) Jeder wegen des Verdachtes einer strafbaren Handlung vorläufig Festgenommene ist spätestens am Tage nach der Festnahme dem Richter vorzuführen, der ihm die Gründe der Festnahme mitzuteilen, ihn zu vernehmen und ihm Gelegenheit zu Einwendungen zu geben hat. Der Richter hat unverzüglich entweder einen mit Gründen versehenen schriftlichen Haftbefehl zu erlassen oder die Freilassung anzuordnen.

(4) Von jeder richterlichen Entscheidung über die Anordnung oder Fortdauer einer Freiheitsentziehung ist unverzüglich ein Angehöriger des Festgehaltenen oder eine Person seines Vertrauens zu benachrichtigen.

Anhang 2
BGB

Bürgerliches Gesetzbuch (BGB)

i.d.F. der Bek. vom 2.1.2002 (BGBl. I S. 42, ber. S. 2909,
ber. 2003 S. 738),
zuletzt geändert durch Art. 1 G vom 27.7.2011 (BGBl. I S. 1600)
– Auszug –

§ 1846
Einstweilige Maßregeln des Familiengerichts

Ist ein Vormund noch nicht bestellt oder ist der Vormund an der Erfüllung seiner Pflichten verhindert, so hat das Familiengericht die im Interesse des Betroffenen erforderlichen Maßregeln zu treffen.

§ 1896
Voraussetzungen

(1) Kann ein Volljähriger auf Grund einer psychischen Krankheit oder einer körperlichen, geistigen oder seelischen Behinderung seine Angelegenheiten ganz oder teilweise nicht besorgen, so bestellt das Betreuungsgericht auf seinen Antrag oder von Amts wegen für ihn einen Betreuer. Den Antrag kann auch ein Geschäftsunfähiger stellen. Soweit der Volljährige auf Grund einer körperlichen Behinderung seine Angelegenheiten nicht besorgen kann, darf der Betreuer nur auf Antrag des Volljährigen bestellt werden, es sei denn, dass dieser seinen Willen nicht kundtun kann.

(1a) Gegen den freien Willen des Volljährigen darf ein Betreuer nicht bestellt werden.

(2) Ein Betreuer darf nur für Aufgabenkreise bestellt werden, in denen die Betreuung erforderlich ist. Die Betreuung ist nicht erforderlich, soweit die Angelegenheiten des Volljährigen durch einen Bevollmächtigten, der nicht zu den in § 1897 Abs. 3 bezeichneten Personen gehört, oder durch andere Hilfen, bei denen kein gesetzlicher Vertreter bestellt wird, ebenso gut wie durch einen Betreuer besorgt werden können.

(3) Als Aufgabenkreis kann auch die Geltendmachung von Rechten des Betreuten gegenüber seinem Bevollmächtigten bestimmt werden.

(4) Die Entscheidung über den Fernmeldeverkehr des Betreuten und über die Entgegennahme, das Öffnen und das Anhalten seiner Post werden vom Aufgabenkreis des Betreuers nur dann erfasst, wenn das Gericht dies ausdrücklich angeordnet hat.

§ 1897
Bestellung einer natürlichen Person

(1) Zum Betreuer bestellt das Betreuungsgericht eine natürliche Person, die geeignet ist, in dem gerichtlich bestimmten Aufgabenkreis die Angelegenheiten des Betreuten rechtlich zu besorgen und ihn in dem hierfür erforderlichen Umfang persönlich zu betreuen.

(2) Der Mitarbeiter eines nach § 1908f anerkannten Betreuungsvereins, der dort ausschließlich oder teilweise als Betreuer tätig ist (Vereinsbetreuer), darf nur mit Einwilligung des Vereins bestellt werden. Entsprechendes gilt für den Mitarbeiter einer in Betreuungsangelegenheiten zuständigen Behörde, der dort ausschließlich oder teilweise als Betreuer tätig ist (Behördenbetreuer).

(3) Wer zu einer Anstalt, einem Heim oder einer sonstigen Einrichtung, in welcher der Volljährige unterge-bracht ist oder wohnt, in einem Abhängigkeitsverhältnis oder in einer anderen engen Beziehung steht, darf nicht zum Betreuer bestellt werden.

(4) Schlägt der Volljährige eine Person vor, die zum Betreuer bestellt werden kann, so ist diesem Vorschlag zu entsprechen, wenn es dem Wohl des Volljährigen nicht zuwiderläuft. Schlägt er vor, eine bestimmte Person nicht zu bestellen, so soll hierauf Rücksicht genommen werden. Die Sätze 1 und 2 gelten auch für Vorschläge, die der Volljährige vor dem Betreuungsverfahren gemacht hat, es sei denn, dass er an diesen Vorschlägen erkennbar nicht festhalten will.

(5) Schlägt der Volljährige niemanden vor, der zum Betreuer bestellt werden kann, so ist bei der Auswahl des Betreuers auf die verwandtschaftlichen und sonstigen persönlichen Bindungen des Volljährigen, insbesondere auf die Bindungen zu Eltern, zu Kindern, zum Ehegatten und zum Lebenspartner, sowie auf die Gefahr von Interessenkonflikten Rücksicht zu nehmen.

(6) Wer Betreuungen im Rahmen seiner Berufsausübung führt, soll nur dann zum Betreuer bestellt werden, wenn keine andere geeignete Person zur Verfügung steht, die zur ehrenamtlichen Führung der Betreuung bereit ist. Werden dem Betreuer Umstände bekannt, aus denen sich ergibt, dass der Volljährige durch eine oder meh-rere andere geeignete Personen außerhalb einer Berufsausübung betreut werden kann, so hat er dies dem Gericht mitzuteilen.

(7) Wird eine Person unter den Voraussetzungen des Absatzes 6 Satz 1 erstmals in dem Bezirk des Betreuungs-gerichts zum Betreuer bestellt, soll das Gericht zuvor die zuständige Behörde zur Eignung des ausgewählten Betreuers und zu den nach § 1 Abs. 1 Satz 1 zweite Alternative des Vormünder- und Betreuervergütungsgesetzes zu treffenden Feststellungen anhören. Die zuständige Behörde soll die Person auffordern, ein Führungszeugnis und eine Auskunft aus dem Schuldnerverzeichnis vorzulegen.

(8) Wird eine Person unter den Voraussetzungen des Absatzes 6 Satz 1 bestellt, hat sie sich über Zahl und Umfang der von ihr berufsmäßig geführten Betreuungen zu erklären.

§ 1901
Umfang der Betreuung, Pflichten des Betreuers

(1) Die Betreuung umfasst alle Tätigkeiten, die erforderlich sind, um die Angelegenheiten des Betreuten nach Maßgabe der folgenden Vorschriften rechtlich zu besorgen.

(2) Der Betreuer hat die Angelegenheiten des Betreuten so zu besorgen, wie es dessen Wohl entspricht. Zum Wohl des Betreuten gehört auch die Möglichkeit, im Rahmen seiner Fähigkeiten sein Leben nach seinen eigenen Wünschen und Vorstellungen zu gestalten.

(3) Der Betreuer hat Wünschen des Betreuten zu entsprechen, soweit dies dessen Wohl nicht zuwiderläuft und dem Betreuer zuzumuten ist. Dies gilt auch für Wünsche, die der Betreute vor der Bestellung des Betreuers geäußert hat, es sei denn, dass er an diesen Wünschen erkennbar nicht festhalten will. Ehe der Betreuer wichtige Angelegenheiten erledigt, bespricht er sie mit dem Betreuten, sofern dies dessen Wohl nicht zuwiderläuft.

(4) Innerhalb seines Aufgabenkreises hat der Betreuer dazu beizutragen, dass Möglichkeiten genutzt werden, die Krankheit oder Behinderung des Betreuten zu beseitigen, zu bessern, ihre Verschlimmerung zu verhüten oder ihre Folgen zu mildern. Wird die Betreuung berufsmäßig geführt, hat der Betreuer in geeigneten Fällen auf Anordnung des Gerichts zu Beginn der Betreuung einen Betreuungsplan zu erstellen. In dem Betreuungsplan sind die Ziele der Betreuung und die zu ihrer Erreichung zu ergreifenden Maßnahmen darzustellen.

(5) Werden dem Betreuer Umstände bekannt, die eine Aufhebung der Betreuung ermöglichen, so hat er dies dem Betreuungsgericht mitzuteilen. Gleiches gilt für Umstände, die eine Einschränkung des Aufgabenkreises ermöglichen oder dessen Erweiterung, die Bestellung eines weiteren Betreuers oder die Anordnung eines Einwil-ligungsvorbehalts (§ 1903) erfordern.

§ 1901a
Patientenverfügung

(1) Hat ein einwilligungsfähiger Volljähriger für den Fall seiner Einwilligungsunfähigkeit schriftlich festgelegt, ob er in bestimmte, zum Zeitpunkt der Festlegung noch nicht unmittelbar bevorstehende Untersuchungen seines Gesundheitszustands, Heilbehandlungen oder ärztliche Eingriffe einwilligt oder sie untersagt (Patientenverfügung), prüft der Betreuer, ob diese Festlegungen auf die aktuelle Lebens- und Behandlungssituation zutreffen. Ist dies der Fall, hat der Betreuer dem Willen des Betreuten Ausdruck und Geltung zu verschaffen. Eine Patientenverfügung kann jederzeit formlos widerrufen werden.

(2) Liegt keine Patientenverfügung vor oder treffen die Festlegungen einer Patientenverfügung nicht auf die aktuelle Lebens- und Behandlungssituation zu, hat der Betreuer die Behandlungswünsche oder den mutmaßlichen Willen des Betreuten festzustellen und auf dieser Grundlage zu entscheiden, ob er in eine ärztliche Maßnahme nach Absatz 1 einwilligt oder sie untersagt. Der mutmaßliche Wille ist aufgrund konkreter Anhaltspunkte zu ermitteln. Zu berücksichtigen sind insbesondere frühere mündliche oder schriftliche Äußerungen, ethische oder religiöse Überzeugungen und sonstige persönliche Wertvorstellungen des Betreuten.

(3) Die Absätze 1 und 2 gelten unabhängig von Art und Stadium einer Erkrankung des Betreuten.

(4) Niemand kann zur Errichtung einer Patientenverfügung verpflichtet werden. Die Errichtung oder Vorlage einer Patientenverfügung darf nicht zur Bedingung eines Vertragsschlusses gemacht werden.

(5) Die Absätze 1 bis 3 gelten für Bevollmächtigte entsprechend.

§ 1901b
Gespräch zur Feststellung des Patientenwillens

(1) Der behandelnde Arzt prüft, welche ärztliche Maßnahme im Hinblick auf den Gesamtzustand und die Prognose des Patienten indiziert ist. Er und der Betreuer erörtern diese Maßnahme unter Berücksichtigung des Patientenwillens als Grundlage für die nach § 1901a zu treffende Entscheidung

(2) Bei der Feststellung des Patientenwillens nach § 1901a Absatz 1 oder der Behandlungswünsche oder des mutmaßlichen Willens nach § 1901a Absatz 2 soll nahen Angehörigen und sonstigen Vertrauenspersonen des Betreuten Gelegenheit zur Äußerung gegeben werden, sofern dies ohne erhebliche Verzögerung möglich ist.

(3) Die Absätze 1 und 2 gelten für Bevollmächtigte entsprechend.

§ 1904
Genehmigung des Betreuungsgerichts bei ärztlichen Maßnahmen

(1) Die Einwilligung des Betreuers in eine Untersuchung des Gesundheitszustands, eine Heilbehandlung oder einen ärztlichen Eingriff bedarf der Genehmigung des Betreuungsgerichts, wenn die begründete Gefahr besteht, dass der Betreute auf Grund der Maßnahme stirbt oder einen schweren und länger dauernden gesundheitlichen Schaden erleidet. Ohne die Genehmigung darf die Maßnahme nur durchgeführt werden, wenn mit dem Aufschub Gefahr verbunden ist.

(2) Die Nichteinwilligung oder der Widerruf der Einwilligung des Betreuers in eine Untersuchung des Gesundheitszustands, eine Heilbehandlung oder einen ärztlichen Eingriff bedarf der Genehmigung des Betreuungsgerichts, wenn die Maßnahme medizinisch angezeigt ist und die begründete Gefahr besteht, dass der Betreute auf Grund des Unterbleibens oder des Abbruchs der Maßnahme stirbt oder einen schweren und länger dauernden gesundheitlichen Schaden erleidet.

(3) Die Genehmigung nach den Absätzen 1 und 2 ist zu erteilen, wenn die Einwilligung, die Nichteinwilligung oder der Widerruf der Einwilligung dem Willen des Betreuten entspricht.

(4) Eine Genehmigung nach den Absätzen 1 und 2 ist nicht erforderlich, wenn zwischen Betreuer und behandelndem Arzt Einvernehmen darüber besteht, dass die Erteilung, die Nichterteilung oder der Widerruf der Einwilligung dem nach § 1901a festgestellten Willen des Betreuten entspricht.

(5) Die Absätze 1 bis 4 gelten auch für einen Bevollmächtigten. Er kann in eine der in Absatz 1 Satz 1 oder Absatz 2 genannten Maßnahmen nur einwilligen, nicht einwilligen oder die Einwilligung widerrufen, wenn die Vollmacht diese Maßnahmen ausdrücklich umfasst und schriftlich erteilt ist.

§ 1906

Genehmigung des Betreuungsgerichts bei der Unterbringung

(1) Eine Unterbringung des Betreuten durch den Betreuer, die mit Freiheitsentziehung verbunden ist, ist nur zulässig, solange sie zum Wohl des Betreuten erforderlich ist, weil

1. auf Grund einer psychischen Krankheit oder geistigen oder seelischen Behinderung des Betreuten die Gefahr besteht, dass er sich selbst tötet oder erheblichen gesundheitlichen Schaden zufügt, oder

2. eine Untersuchung des Gesundheitszustands, eine Heilbehandlung oder ein ärztlicher Eingriff notwendig ist, ohne die Unterbringung des Betreuten nicht durchgeführt werden kann und der Betreute auf Grund einer psychischen Krankheit oder geistigen oder seelischen Behinderung die Notwendigkeit der Unterbringung nicht erkennen oder nicht nach dieser Einsicht handeln kann.

(2) Die Unterbringung ist nur mit Genehmigung des Betreuungsgerichts zulässig. Ohne die Genehmigung ist die Unterbringung nur zulässig, wenn mit dem Aufschub Gefahr verbunden ist; die Genehmigung ist unverzüglich nachzuholen.

(3) Der Betreuer hat die Unterbringung zu beenden, wenn ihre Voraussetzungen wegfallen. Er hat die Beendigung der Unterbringung dem Betreuungsgericht anzuzeigen.

(4) Die Absätze 1 bis 3 gelten entsprechend, wenn dem Betreuten, der sich in einer Anstalt, einem Heim oder einer sonstigen Einrichtung aufhält, ohne untergebracht zu sein, durch mechanische Vorrichtungen, Medikamente oder auf andere Weise über einen längeren Zeitraum oder regelmäßig die Freiheit entzogen werden soll.

(5) Die Unterbringung durch einen Bevollmächtigten und die Einwilligung eines Bevollmächtigten in Maßnahmen nach Absatz 4 setzt voraus, dass die Vollmacht schriftlich erteilt ist und die in den Absätzen 1 und 4 genannten Maßnahmen ausdrücklich umfasst. Im Übrigen gelten die Absätze 1 bis 4 entsprechend.

§ 1908i

Entsprechend anwendbare Vorschriften

(1) Im Übrigen sind auf die Betreuung § 1632 Abs. 1 bis 3, §§ 1784, 1787 Abs. 1, § 1791a Abs. 3 Satz 1 zweiter Halbsatz und Satz 2, §§ 1792, 1795 bis 1797 Abs. 1 Satz 2, §§ 1798, 1799, 1802, 1803, 1805 bis 1821, 1822 Nr. 1 bis 4, 6 bis 13, §§ 1823 bis 1826, 1828 bis 1836, 1836 c bis 1836 e, 1837 Abs. 1 bis 3, §§ 1839 bis 1843, 1846, 1857 a, 1888, 1890 bis 1895 sinngemäß anzuwenden. Durch Landesrecht kann bestimmt werden, dass Vorschriften, welche die Aufsicht des Betreuungsgerichts in vermögensrechtlicher Hinsicht sowie beim Abschluss von Lehr- und Arbeitsverträgen betreffen, gegenüber der zuständigen Behörde außer Anwendung bleiben.

(2) § 1804 ist sinngemäß anzuwenden, jedoch kann der Betreuer in Vertretung des Betreuten Gelegenheitsgeschenke auch dann machen, wenn dies dem Wunsch des Betreuten entspricht und nach seinen Lebensverhältnissen üblich ist. § 1857a ist auf die Betreuung durch den Vater, die Mutter, den Ehegatten, den Lebenspartner oder einen Abkömmling des Betreuten sowie auf den Vereinsbetreuer und den Behördenbetreuer sinngemäß anzuwenden, soweit das Betreuungsgericht nichts anderes anordnet.

Anhang 3
FamFG

Gesetz über das Verfahren in Familiensachen und in den Angelegenheiten der freiwilligen Gerichtsbarkeit (FamFG)

vom 17.12.2008 (BGBl. I S. 2586),
zuletzt geändert durch Art. 3 G vom 22.12.2010 (BGBl. I S. 2255)

– Auszug –

§ 7
Beteiligte

(1) In Antragsverfahren ist der Antragsteller Beteiligter.

(2) Als Beteiligte sind hinzuzuziehen:

1. diejenigen, deren Recht durch das Verfahren unmittelbar betroffen wird,

2. diejenigen, die aufgrund dieses oder eines anderen Gesetzes von Amts wegen oder auf Antrag zu beteiligen sind.

(3) Das Gericht kann von Amts wegen oder auf Antrag weitere Personen als Beteiligte hinzuziehen, soweit dies in diesem oder einem anderen Gesetz vorgesehen ist.

(4) Diejenigen, die auf ihren Antrag als Beteiligte zu dem Verfahren hinzuzuziehen sind oder hinzugezogen werden können, sind von der Einleitung des Verfahrens zu benachrichtigen, soweit sie dem Gericht bekannt sind. Sie sind über ihr Antragsrecht zu belehren.

(5) Das Gericht entscheidet durch Beschluss, wenn es einem Antrag auf Hinzuziehung gemäß Absatz 2 oder Absatz 3 nicht entspricht. Der Beschluss ist mit der sofortigen Beschwerde in entsprechender Anwendung der §§ 567 bis 572 der Zivilprozessordnung anfechtbar.

(6) Wer anzuhören ist oder eine Auskunft zu erteilen hat, ohne dass die Voraussetzungen des Absatzes 2 oder Absatzes 3 vorliegen, wird dadurch nicht Beteiligter.

§ 9
Verfahrensfähigkeit

(1) Verfahrensfähig sind

1. die nach bürgerlichem Recht Geschäftsfähigen,

2. die nach bürgerlichem Recht beschränkt Geschäftsfähigen, soweit sie für den Gegenstand des Verfahrens nach bürgerlichem Recht als geschäftsfähig anerkannt sind,

3. die nach bürgerlichem Recht beschränkt Geschäftsfähigen, soweit sie das 14. Lebensjahr vollendet haben und sie in einem Verfahren, das ihre Person betrifft, ein ihnen nach bürgerlichem Recht zustehendes Recht geltend machen,

4. diejenigen, die aufgrund dieses oder eines anderen Gesetzes dazu bestimmt werden.

(2) Soweit ein Geschäftsunfähiger oder in der Geschäftsfähigkeit Beschränkter nicht verfahrensfähig ist, handeln für ihn die nach bürgerlichem Recht dazu befugten Personen.

(3) Für Vereinigungen sowie für Behörden handeln ihre gesetzlichen Vertreter und Vorstände.

(4) Das Verschulden eines gesetzlichen Vertreters steht dem Verschulden eines Beteiligten gleich.

(5) Die §§ 53 bis 58 der Zivilprozessordnung gelten entsprechend.

§ 13
Akteneinsicht

(1) Die Beteiligten können die Gerichtsakten auf der Geschäftsstelle einsehen, soweit nicht schwerwiegende Interessen eines Beteiligten oder eines Dritten entgegenstehen.

(2) Personen, die an dem Verfahren nicht beteiligt sind, kann Einsicht nur gestattet werden, soweit sie ein berechtigtes Interesse glaubhaft machen und schutzwürdige Interessen eines Beteiligten oder eines Dritten nicht entgegenstehen. Die Einsicht ist zu versagen, wenn ein Fall des § 1758 des Bürgerlichen Gesetzbuchs vorliegt.

(3) Soweit Akteneinsicht gewährt wird, können die Berechtigten sich auf ihre Kosten durch die Geschäftsstelle Ausfertigungen, Auszüge und Abschriften erteilen lassen. Die Abschrift ist auf Verlangen zu beglaubigen.

(4) Einem Rechtsanwalt, einem Notar oder einer beteiligten Behörde kann das Gericht die Akten in die Amts- oder Geschäftsräume überlassen. Ein Recht auf Überlassung von Beweisstücken in die Amts- oder Geschäftsräume besteht nicht. Die Entscheidung nach Satz 1 ist nicht anfechtbar.

(5) Werden die Gerichtsakten elektronisch geführt, gilt § 299 Abs. 3 der Zivilprozessordnung entsprechend. Der elektronische Zugriff nach § 299 Abs. 3 Satz 2 und 3 der Zivilprozessordnung kann auch dem Notar oder der beteiligten Behörde gestattet werden.

(6) Die Entwürfe zu Beschlüssen und Verfügungen, die zu ihrer Vorbereitung gelieferten Arbeiten sowie die Dokumente, die Abstimmungen betreffen, werden weder vorgelegt noch abschriftlich mitgeteilt.

(7) Über die Akteneinsicht entscheidet das Gericht, bei Kollegialgerichten der Vorsitzende.

§ 15
Bekanntgabe; formlose Mitteilung

(1) Dokumente, deren Inhalt eine Termins- oder Fristbestimmung enthalten oder den Lauf einer Frist auslösen, sind den Beteiligten bekannt zu geben.

(2) Die Bekanntgabe kann durch Zustellung nach den §§ 166 bis 195 der Zivilprozessordnung oder dadurch bewirkt werden, dass das Schriftstück unter der Anschrift des Adressaten zur Post gegeben wird. Soll die Bekanntgabe im Inland bewirkt werden, gilt das Schriftstück drei Tage nach Aufgabe zur Post als bekannt gegeben, wenn nicht der Beteiligte glaubhaft macht, dass ihm das Schriftstück nicht oder erst zu einem späteren Zeitpunkt zugegangen ist.

(3) Ist eine Bekanntgabe nicht geboten, können Dokumente den Beteiligten formlos mitgeteilt werden.

§ 24
Anregung des Verfahrens

(1) Soweit Verfahren von Amts wegen eingeleitet werden können, kann die Einleitung eines Verfahrens angeregt werden.

(2) Folgt das Gericht der Anregung nach Absatz 1 nicht, hat es denjenigen, der die Einleitung angeregt hat, darüber zu unterrichten, soweit ein berechtigtes Interesse an der Unterrichtung ersichtlich ist.

§ 26
Ermittlung von Amts wegen

Das Gericht hat von Amts wegen die zur Feststellung der entscheidungserheblichen Tatsachen erforderlichen Ermittlungen durchzuführen.

§ 33
Persönliches Erscheinen der Beteiligten

(1) Das Gericht kann das persönliche Erscheinen eines Beteiligten zu einem Termin anordnen und ihn anhören, wenn dies zur Aufklärung des Sachverhalts sachdienlich erscheint. Sind in einem Verfahren mehrere Beteiligte persönlich anzuhören, hat die Anhörung eines Beteiligten in Abwesenheit der anderen Beteiligten stattzufinden, falls dies zum Schutz des anzuhörenden Beteiligten oder aus anderen Gründen erforderlich ist.

(2) Der verfahrensfähige Beteiligte ist selbst zu laden, auch wenn er einen Bevollmächtigten hat; dieser ist von der Ladung zu benachrichtigen. Das Gericht soll die Zustellung der Ladung anordnen, wenn das Erscheinen eines Beteiligten ungewiss ist.

(3) Bleibt der ordnungsgemäß geladene Beteiligte unentschuldigt im Termin aus, kann gegen ihn durch Beschluss ein Ordnungsgeld verhängt werden. Die Festsetzung des Ordnungsgeldes kann wiederholt werden. Im Falle des wiederholten, unentschuldigten Ausbleibens kann die Vorführung des Beteiligten angeordnet werden. Erfolgt eine genügende Entschuldigung nachträglich und macht der Beteiligte glaubhaft, dass ihn an der Verspätung der Entschuldigung kein Verschulden trifft, werden die nach den Sätzen 1 bis 3 getroffenen Anordnungen aufgehoben. Der Beschluss, durch den ein Ordnungsmittel verhängt wird, ist mit der sofortigen Beschwerde in entsprechender Anwendung der §§ 567 bis 572 der Zivilprozessordnung anfechtbar.

(4) Der Beteiligte ist auf die Folgen seines Ausbleibens in der Ladung hinzuweisen.

§ 38
Entscheidung durch Beschluss

(1) Das Gericht entscheidet durch Beschluss, soweit durch die Entscheidung der Verfahrensgegenstand ganz oder teilweise erledigt wird (Endentscheidung). Für Registersachen kann durch Gesetz Abweichendes bestimmt werden.

(2) Der Beschluss enthält

1. die Bezeichnung der Beteiligten, ihrer gesetzlichen Vertreter und der Bevollmächtigten;
2. die Bezeichnung des Gerichts und die Namen der Gerichtspersonen, die bei der Entscheidung mitgewirkt haben;
3. die Beschlussformel.

(3) Der Beschluss ist zu begründen. Er ist zu unterschreiben. Das Datum der Übergabe des Beschlusses an die Geschäftsstelle oder der Bekanntgabe durch Verlesen der Beschlussformel (Erlass) ist auf dem Beschluss zu vermerken.

(4) Einer Begründung bedarf es nicht, soweit

1. die Entscheidung aufgrund eines Anerkenntnisses oder Verzichts oder als Versäumnisentscheidung ergeht und entsprechend bezeichnet ist,
2. gleichgerichteten Anträgen der Beteiligten stattgegeben wird oder der Beschluss nicht dem erklärten Willen eines Beteiligten widerspricht oder
3. der Beschluss in Gegenwart aller Beteiligten mündlich bekannt gegeben wurde und alle Beteiligten auf Rechtsmittel verzichtet haben.

(5) Absatz 4 ist nicht anzuwenden:

1. in Ehesachen, mit Ausnahme der eine Scheidung aussprechenden Entscheidung,
2. in Abstammungssachen,
3. in Betreuungssachen,
4. wenn zu erwarten ist, dass der Beschluss im Ausland geltend gemacht werden wird.

(6) Soll ein ohne Begründung hergestellter Beschluss im Ausland geltend gemacht werden, gelten die Vorschriften über die Vervollständigung von Versäumnis- und Anerkenntnisentscheidungen entsprechend.

§ 39

Rechtsbehelfsbelehrung

Jeder Beschluss hat eine Belehrung über das statthafte Rechtsmittel, den Einspruch, den Widerspruch oder die Erinnerung sowie das Gericht, bei dem diese Rechtsbehelfe einzulegen sind, dessen Sitz und die einzuhaltende Form und Frist zu enthalten.

§ 40

Wirksamwerden

(1) Der Beschluss wird wirksam mit Bekanntgabe an den Beteiligten, für den er seinem wesentlichen Inhalt nach bestimmt ist.

(2) Ein Beschluss, der die Genehmigung eines Rechtsgeschäfts zum Gegenstand hat, wird erst mit Rechtskraft wirksam. Dies ist mit der Entscheidung auszusprechen.

(3) Ein Beschluss, durch den auf Antrag die Ermächtigung oder die Zustimmung eines anderen zu einem Rechtsgeschäft ersetzt oder die Beschränkung oder Ausschließung der Berechtigung des Ehegatten oder Lebenspartners, Geschäfte mit Wirkung für den anderen Ehegatten oder Lebenspartner zu besorgen (§ 1357 Abs. 2 Satz 1 des Bürgerlichen Gesetzbuchs, auch in Verbindung mit § 8 Abs. 2 des Lebenspartnerschaftsgesetzes), aufgehoben wird, wird erst mit Rechtskraft wirksam. Bei Gefahr im Verzug kann das Gericht die sofortige Wirksamkeit des Beschlusses anordnen. Der Beschluss wird mit Bekanntgabe an den Antragsteller wirksam.

§ 41

Bekanntgabe des Beschlusses

(1) Der Beschluss ist den Beteiligten bekannt zu geben. Ein anfechtbarer Beschluss ist demjenigen zuzustellen, dessen erklärtem Willen er nicht entspricht.

(2) Anwesenden kann der Beschluss auch durch Verlesen der Beschlussformel bekannt gegeben werden. Dies ist in den Akten zu vermerken. In diesem Fall ist die Begründung des Beschlusses unverzüglich nachzuholen. Der Beschluss ist im Fall des Satzes 1 auch schriftlich bekannt zu geben.

(3) Ein Beschluss, der die Genehmigung eines Rechtsgeschäfts zum Gegenstand hat, ist auch demjenigen, für den das Rechtsgeschäft genehmigt wird, bekannt zu geben.

§ 42

Berichtigung des Beschlusses

(1) Schreibfehler, Rechenfehler und ähnliche offenbare Unrichtigkeiten im Beschluss sind jederzeit vom Gericht auch von Amts wegen zu berichtigen.

(2) Der Beschluss, der die Berichtigung ausspricht, wird auf dem berichtigten Beschluss und auf den Ausfertigungen vermerkt. Erfolgt der Berichtigungsbeschluss in der Form des § 14 Abs. 3, ist er in einem gesonderten elektronischen Dokument festzuhalten. Das Dokument ist mit dem Beschluss untrennbar zu verbinden.

(3) Der Beschluss, durch den der Antrag auf Berichtigung zurückgewiesen wird, ist nicht anfechtbar. Der Beschluss, der eine Berichtigung ausspricht, ist mit der sofortigen Beschwerde in entsprechender Anwendung der §§ 567 bis 572 der Zivilprozessordnung anfechtbar.

§ 43

Ergänzung des Beschlusses

(1) Wenn ein Antrag, der nach den Verfahrensakten von einem Beteiligten gestellt wurde, ganz oder teilweise übergangen oder die Kostenentscheidung unterblieben ist, ist auf Antrag der Beschluss nachträglich zu ergänzen.

(2) Die nachträgliche Entscheidung muss binnen einer zweiwöchigen Frist, die mit der schriftlichen Bekanntgabe des Beschlusses beginnt, beantragt werden.

§ 45

Formelle Rechtskraft

Die Rechtskraft eines Beschlusses tritt nicht ein, bevor die Frist für die Einlegung des zulässigen Rechtsmittels oder des zulässigen Einspruchs, des Widerspruchs oder der Erinnerung abgelaufen ist. Der Eintritt der Rechtskraft wird dadurch gehemmt, dass das Rechtsmittel, der Einspruch, der Widerspruch oder der Erinnerung rechtzeitig eingelegt wird.

§ 58

Statthaftigkeit der Beschwerde

(1) Die Beschwerde findet gegen die im ersten Rechtszug ergangenen Endentscheidungen der Amtsgerichte und Landgerichte in Angelegenheiten nach diesem Gesetz statt, sofern durch Gesetz nichts anderes bestimmt ist.

(2) Der Beurteilung des Beschwerdegerichts unterliegen auch die nicht selbstständig anfechtbaren Entscheidungen, die der Endentscheidung vorausgegangen sind.

§ 59

Beschwerdeberechtigte

(1) Die Beschwerde steht demjenigen zu, der durch den Beschluss in seinen Rechten beeinträchtigt ist.

(2) Wenn ein Beschluss nur auf Antrag erlassen werden kann und der Antrag zurückgewiesen worden ist, steht die Beschwerde nur dem Antragsteller zu.

(3) Die Beschwerdeberechtigung von Behörden bestimmt sich nach den besonderen Vorschriften dieses oder eines anderen Gesetzes.

§ 63

Beschwerdefrist

(1) Die Beschwerde ist, soweit gesetzlich keine andere Frist bestimmt ist, binnen einer Frist von einem Monat einzulegen.

(2) Die Beschwerde ist binnen einer Frist von zwei Wochen einzulegen, wenn sie sich gegen

1. eine einstweilige Anordnung oder
2. einen Beschluss, der die Genehmigung eines Rechtsgeschäfts zum Gegenstand hat,

richtet.

(3) Die Frist beginnt jeweils mit der schriftlichen Bekanntgabe des Beschlusses an die Beteiligten. Kann die schriftliche Bekanntgabe an einen Beteiligten nicht bewirkt werden, beginnt die Frist spätestens mit Ablauf von fünf Monaten nach Erlass des Beschlusses.

§ 64

Einlegung der Beschwerde

(1) Die Beschwerde ist bei dem Gericht einzulegen, dessen Beschluss angefochten wird.

(2) Die Beschwerde wird durch Einreichung einer Beschwerdeschrift oder zur Niederschrift der Geschäftsstelle eingelegt. Die Einlegung der Beschwerde zur Niederschrift der Geschäftsstelle ist in Ehesachen und in Familienstreitsachen ausgeschlossen. Die Beschwerde muss die Bezeichnung des angefochtenen Beschlusses sowie die Erklärung enthalten, dass Beschwerde gegen diesen Beschluss eingelegt wird. Sie ist von dem Beschwerdeführer oder seinem Bevollmächtigten zu unterzeichnen.

(3) Das Beschwerdegericht kann vor der Entscheidung eine einstweilige Anordnung erlassen; es kann insbesondere anordnen, dass die Vollziehung des angefochtenen Beschlusses auszusetzen ist.

§ 65

Beschwerdebegründung

(1) Die Beschwerde soll begründet werden.

(2) Das Gericht kann dem Beschwerdeführer eine Frist zur Begründung der Beschwerde einräumen.

(3) Die Beschwerde kann auf neue Tatsachen und Beweismittel gestützt werden.

(4) Die Beschwerde kann nicht darauf gestützt werden, dass das Gericht des ersten Rechtszugs seine Zuständigkeit zu Unrecht angenommen hat.

§ 68

Gang des Beschwerdeverfahrens

(1) Hält das Gericht, dessen Beschluss angefochten wird, die Beschwerde für begründet, hat es ihr abzuhelfen; anderenfalls ist die Beschwerde unverzüglich dem Beschwerdegericht vorzulegen. Das Gericht ist zur Abhilfe nicht befugt, wenn die Beschwerde sich gegen eine Endentscheidung in einer Familiensache richtet.

(2) Das Beschwerdegericht hat zu prüfen, ob die Beschwerde an sich statthaft und ob sie in der gesetzlichen Form und Frist eingelegt ist. Mangelt es an einem dieser Erfordernisse, ist die Beschwerde als unzulässig zu verwerfen.

(3) Das Beschwerdeverfahren bestimmt sich im Übrigen nach den Vorschriften über das Verfahren im ersten Rechtszug. Das Beschwerdegericht kann von der Durchführung eines Termins, einer mündlichen Verhandlung oder einzelner Verfahrenshandlungen absehen, wenn diese bereits im ersten Rechtszug vorgenommen wurden und von einer erneuten Vornahme keine zusätzlichen Erkenntnisse zu erwarten sind.

(4) Das Beschwerdegericht kann die Beschwerde durch Beschluss einem seiner Mitglieder zur Entscheidung als Einzelrichter übertragen; § 526 der Zivilprozessordnung gilt mit der Maßgabe entsprechend, dass eine Übertragung auf einen Richter auf Probe ausgeschlossen ist.

§ 69

Beschwerdeentscheidung

(1) Das Beschwerdegericht hat in der Sache selbst zu entscheiden. Es darf die Sache unter Aufhebung des angefochtenen Beschlusses und des Verfahrens nur dann an das Gericht des ersten Rechtszugs zurückverweisen, wenn dieses in der Sache noch nicht entschieden hat. Das Gleiche gilt, soweit das Verfahren an einem wesentlichen Mangel leidet und zur Entscheidung eine umfangreiche oder aufwändige Beweiserhebung notwendig wäre und ein Beteiligter die Zurückverweisung beantragt. Das Gericht des ersten Rechtszugs hat die rechtliche Beurteilung, die das Beschwerdegericht der Aufhebung zugrunde gelegt hat, auch seiner Entscheidung zugrunde zu legen.

(2) Der Beschluss des Beschwerdegerichts ist zu begründen.

(3) Für die Beschwerdeentscheidung gelten im Übrigen die Vorschriften über den Beschluss im ersten Rechtszug entsprechend.

§ 70

Statthaftigkeit der Rechtsbeschwerde

(1) Die Rechtsbeschwerde eines Beteiligten ist statthaft, wenn sie das Beschwerdegericht oder das Oberlandesgericht im ersten Rechtszug in dem Beschluss zugelassen hat.

(2) Die Rechtsbeschwerde ist zuzulassen, wenn

1. die Rechtssache grundsätzliche Bedeutung hat oder

2. die Fortbildung des Rechts oder die Sicherung einer einheitlichen Rechtsprechung eine Entscheidung des Rechtsbeschwerdegerichts erfordert.

Das Rechtsbeschwerdegericht ist an die Zulassung gebunden.

(3) Die Rechtsbeschwerde gegen einen Beschluss des Beschwerdegerichts ist ohne Zulassung statthaft in

1. Betreuungssachen zur Bestellung eines Betreuers, zur Aufhebung einer Betreuung, zur Anordnung oder Aufhebung eines Einwilligungsvorbehaltes,

2. Unterbringungssachen und Verfahren nach § 151 Nr. 6 und 7 sowie

3. Freiheitsentziehungssachen.

In den Fällen des Satzes 1 Nr. 2 und 3 gilt dies nur, wenn sich die Rechtsbeschwerde gegen den Beschluss richtet, der die Unterbringung oder die freiheitsentziehende Maßnahme anordnet.

(4) Gegen einen Beschluss im Verfahren über die Anordnung, Abänderung oder Aufhebung einer einstweiligen Anordnung oder eines Arrests findet die Rechtsbeschwerde nicht statt.

§ 71

Frist und Form der Rechtsbeschwerde

(1) Die Rechtsbeschwerde ist binnen einer Frist von einem Monat nach der schriftlichen Bekanntgabe des Beschlusses durch Einreichen einer Beschwerdeschrift bei dem Rechtsbeschwerdegericht einzulegen. Die Rechtsbeschwerdeschrift muss enthalten:

1. die Bezeichnung des Beschlusses, gegen den die Rechtsbeschwerde gerichtet wird und

2. die Erklärung, dass gegen diesen Beschluss Rechtsbeschwerde eingelegt werde.

Die Rechtsbeschwerdeschrift ist zu unterschreiben. Mit der Rechtsbeschwerdeschrift soll eine Ausfertigung oder beglaubigte Abschrift des angefochtenen Beschlusses vorgelegt werden.

(2) Die Rechtsbeschwerde ist, sofern die Beschwerdeschrift keine Begründung enthält, binnen einer Frist von einem Monat zu begründen. Die Frist beginnt mit der schriftlichen Bekanntgabe des angefochtenen Beschlusses. § 551 Abs. 2 Satz 5 und 6 der Zivilprozessordnung gilt entsprechend.

(3) Die Begründung der Rechtsbeschwerde muss enthalten:

1. die Erklärung, inwieweit der Beschluss angefochten und dessen Aufhebung beantragt werde (Rechtsbeschwerdeanträge);

2. die Angabe der Rechtsbeschwerdegründe, und zwar
   a) die bestimmte Bezeichnung der Umstände, aus denen sich die Rechtsverletzung ergibt;
   b) soweit die Rechtsbeschwerde darauf gestützt wird, dass das Gesetz in Bezug auf das Verfahren verletzt sei, die Bezeichnung der Tatsachen, die den Mangel ergeben.

(4) Die Rechtsbeschwerde- und die Begründungsschrift sind den anderen Beteiligten bekannt zu geben.

§ 72

Gründe der Rechtsbeschwerde

(1) Die Rechtsbeschwerde kann nur darauf gestützt werden, dass die angefochtene Entscheidung auf einer Verletzung des Rechts beruht. Das Recht ist verletzt, wenn eine Rechtsnorm nicht oder nicht richtig angewendet worden ist.

(2) Die Rechtsbeschwerde kann nicht darauf gestützt werden, dass das Gericht des ersten Rechtszugs seine Zuständigkeit zu Unrecht angenommen hat.

(3) Die §§ 547, 556 und 560 der Zivilprozessordnung gelten entsprechend.

§ 73

Anschlussrechtsbeschwerde

Ein Beteiligter kann sich bis zum Ablauf einer Frist von einem Monat nach der Bekanntgabe der Begründungsschrift der Rechtsbeschwerde durch Einreichen einer Anschlussschrift beim Rechtsbeschwerdegericht anschließen, auch wenn er auf die Rechtsbeschwerde verzichtet hat, die Rechtsbeschwerdefrist verstrichen oder die Rechtsbeschwerde nicht zugelassen worden ist. Die Anschlussrechtsbeschwerde ist in der Anschlussschrift zu begründen und zu unterschreiben. Die Anschließung verliert ihre Wirkung, wenn die Rechtsbeschwerde zurückgenommen, als unzulässig verworfen oder nach § 74 Abs. 1 zurückgewiesen wird.

§ 74

Entscheidung über die Rechtsbeschwerde

(1) Das Rechtsbeschwerdegericht hat zu prüfen, ob die Rechtsbeschwerde an sich statthaft ist und ob sie in der gesetzlichen Form und Frist eingelegt und begründet ist. Mangelt es an einem dieser Erfordernisse, ist die Rechtsbeschwerde als unzulässig zu verwerfen.

(2) Ergibt die Begründung des angefochtenen Beschlusses zwar eine Rechtsverletzung, stellt sich die Entscheidung aber aus anderen Gründen als richtig dar, ist die Rechtsbeschwerde zurückzuweisen.

(3) Der Prüfung des Rechtsbeschwerdegerichts unterliegen nur die von den Beteiligten gestellten Anträge. Das Rechtsbeschwerdegericht ist an die geltend gemachten Rechtsbeschwerdegründe nicht gebunden. Auf Verfahrensmängel, die nicht von Amts wegen zu berücksichtigen sind, darf die angefochtene Entscheidung nur geprüft werden, wenn die Mängel nach § 71 Abs. 3 und § 73 Satz 2 gerügt worden sind. Die §§ 559, 564 der Zivilprozessordnung gelten entsprechend.

(4) Auf das weitere Verfahren sind, soweit sich nicht Abweichungen aus den Vorschriften dieses Unterabschnitts ergeben, die im ersten Rechtszug geltenden Vorschriften entsprechend anzuwenden.

(5) Soweit die Rechtsbeschwerde begründet ist, ist der angefochtene Beschluss aufzuheben.

(6) Das Rechtsbeschwerdegericht entscheidet in der Sache selbst, wenn diese zur Endentscheidung reif ist. Andernfalls verweist es die Sache unter Aufhebung des angefochtenen Beschlusses und des Verfahrens zur anderweitigen Behandlung und Entscheidung an das Beschwerdegericht, oder, wenn dies aus besonderen Gründen geboten erscheint, an das Gericht des ersten Rechtszugs zurück. Die Zurückverweisung kann an einen anderen Spruchkörper des Gerichts erfolgen, das die angefochtene Entscheidung erlassen hat. Das Gericht, an das die Sache zurückverwiesen ist, hat die rechtliche Beurteilung, die der Aufhebung zugrunde liegt, auch seiner Entscheidung zugrunde zu legen.

(7) Von einer Begründung der Entscheidung kann abgesehen werden, wenn sie nicht geeignet wäre, zur Klärung von Rechtsfragen grundsätzlicher Bedeutung, zur Fortbildung des Rechts oder zur Sicherung einer einheitlichen Rechtsprechung beizutragen.

§ 75

Sprungrechtsbeschwerde

(1) Gegen die im ersten Rechtszug erlassenen Beschlüsse, die ohne Zulassung der Beschwerde unterliegen, findet auf Antrag unter Übergehung der Beschwerdeinstanz unmittelbar die Rechtsbeschwerde (Sprungrechtsbeschwerde) statt, wenn

1. die Beteiligten in die Übergehung der Beschwerdeinstanz einwilligen und
2. das Rechtsbeschwerdegericht die Sprungrechtsbeschwerde zulässt.

Der Antrag auf Zulassung der Sprungrechtsbeschwerde und die Erklärung der Einwilligung gelten als Verzicht auf das Rechtsmittel der Beschwerde.

(2) Für das weitere Verfahren gilt § 566 Abs. 2 bis 8 der Zivilprozessordnung entsprechend.

§ 76

Voraussetzungen

(1) Auf die Bewilligung von Verfahrenskostenhilfe finden die Vorschriften der Zivilprozessordnung über die Prozesskostenhilfe entsprechende Anwendung, soweit nachfolgend nichts Abweichendes bestimmt ist.

(2) Ein Beschluss, der im Verfahrenskostenhilfeverfahren ergeht, ist mit der sofortigen Beschwerde in entsprechender Anwendung der §§ 567 bis 572, 127 Abs. 2 bis 4 der Zivilprozessordnung anfechtbar.

§ 77

Bewilligung

(1) Vor der Bewilligung der Verfahrenskostenhilfe kann das Gericht den übrigen Beteiligten Gelegenheit zur Stellungnahme geben. In Antragsverfahren ist dem Antragsgegner vor der Bewilligung Gelegenheit zur Stellungnahme zu geben, wenn dies nicht aus besonderen Gründen unzweckmäßig erscheint.

(2) Die Bewilligung von Verfahrenskostenhilfe für die Vollstreckung in das bewegliche Vermögen umfasst alle Vollstreckungshandlungen im Bezirk des Vollstreckungsgerichts einschließlich des Verfahrens auf Abgabe der Versicherung an Eides statt.

§ 78

Beiordnung eines Rechtsanwalts

(1) Ist eine Vertretung durch einen Rechtsanwalt vorgeschrieben, wird dem Beteiligten ein zur Vertretung bereiter Rechtsanwalt seiner Wahl beigeordnet.

(2) Ist eine Vertretung durch einen Rechtsanwalt nicht vorgeschrieben, wird dem Beteiligten auf seinen Antrag ein zur Vertretung bereiter Rechtsanwalt seiner Wahl beigeordnet, wenn wegen der Schwierigkeit der Sach- und Rechtslage die Vertretung durch einen Rechtsanwalt erforderlich erscheint.

(3) Ein nicht in dem Bezirk des Verfahrensgerichts niedergelassener Rechtsanwalt kann nur beigeordnet werden, wenn hierdurch besondere Kosten nicht entstehen.

(4) Wenn besondere Umstände dies erfordern, kann dem Beteiligten auf seinen Antrag ein zur Vertretung bereiter Rechtsanwalt seiner Wahl zur Wahrnehmung eines Termins zur Beweisaufnahme vor dem ersuchten Richter oder zur Vermittlung des Verkehrs mit dem Verfahrensbevollmächtigten beigeordnet werden.

(5) Findet der Beteiligte keinen zur Vertretung bereiten Anwalt, ordnet der Vorsitzende ihm auf Antrag einen Rechtsanwalt bei.

§ 79

(entfallen)

§ 80

Umfang der Kostenpflicht

Kosten sind die Gerichtskosten (Gebühren und Auslagen) und die zur Durchführung des Verfahrens notwendigen Aufwendungen der Beteiligten. § 91 Abs. 1 Satz 2 der Zivilprozessordnung gilt entsprechend.

§ 81

Grundsatz der Kostenpflicht

(1) Das Gericht kann die Kosten des Verfahrens nach billigem Ermessen den Beteiligten ganz oder zum Teil auferlegen. Es kann auch anordnen, dass von der Erhebung der Kosten abzusehen ist. In Familiensachen ist stets über die Kosten zu entscheiden.

(2) Das Gericht soll die Kosten des Verfahrens ganz oder teilweise einem Beteiligten auferlegen, wenn

1. der Beteiligte durch grobes Verschulden Anlass für das Verfahren gegeben hat;
2. der Antrag des Beteiligten von vornherein keine Aussicht auf Erfolg hatte und der Beteiligte dies erkennen musste;
3. der Beteiligte zu einer wesentlichen Tatsache schuldhaft unwahre Angaben gemacht hat;
4. der Beteiligte durch schuldhaftes Verletzen seiner Mitwirkungspflichten das Verfahren erheblich verzögert hat;
5. der Beteiligte einer richterlichen Anordnung zur Teilnahme an einer Beratung nach § 156 Abs. 1 Satz 4 nicht nachgekommen ist, sofern der Beteiligte dies nicht genügend entschuldigt hat.

(3) Einem minderjährigen Beteiligten können Kosten in Verfahren, die seine Person betreffen, nicht auferlegt werden.

(4) Einem Dritten können Kosten des Verfahrens nur auferlegt werden, soweit die Tätigkeit des Gerichts durch ihn veranlasst wurde und ihn ein grobes Verschulden trifft.

(5) Bundesrechtliche Vorschriften, die die Kostenpflicht abweichend regeln, bleiben unberührt.

§ 151

Kindschaftssachen

Kindschaftssachen sind die dem Familiengericht zugewiesenen Verfahren, die

1. die elterliche Sorge,
2. das Umgangsrecht,
3. die Kindesherausgabe,
4. die Vormundschaft,
5. die Pflegschaft oder die gerichtliche Bestellung eines sonstigen Vertreters für einen Minderjährigen oder für eine Leibesfrucht,
6. die Genehmigung der freiheitsentziehenden Unterbringung eines Minderjährigen (§§ 1631b, 1800 und 1915 des Bürgerlichen Gesetzbuchs),
7. die Anordnung der freiheitsentziehenden Unterbringung eines Minderjährigen nach den Landesgesetzen über die Unterbringung psychisch Kranker oder
8. die Aufgaben nach dem Jugendgerichtsgesetz

betreffen.

§ 158

Verfahrensbeistand

(1) Das Gericht hat dem minderjährigen Kind in Kindschaftssachen, die seine Person betreffen, einen geeigneten Verfahrensbeistand zu bestellen, soweit dies zur Wahrnehmung seiner Interessen erforderlich ist.

(2) Die Bestellung ist in der Regel erforderlich,

1. wenn das Interesse des Kindes zu dem seiner gesetzlichen Vertreter in erheblichem Gegensatz steht,
2. in Verfahren nach den §§ 1666 und 1666a des Bürgerlichen Gesetzbuchs, wenn die teilweise oder vollständige Entziehung der Personensorge in Betracht kommt,
3. wenn eine Trennung des Kindes von der Person erfolgen soll, in deren Obhut es sich befindet,
4. in Verfahren, die die Herausgabe des Kindes oder eine Verbleibensanordnung zum Gegenstand haben oder
5. wenn der Ausschluss oder eine wesentliche Beschränkung des Umgangsrechts in Betracht kommt.

(3) Der Verfahrensbeistand ist so früh wie möglich zu bestellen. Er wird durch seine Bestellung als Beteiligter zum Verfahren hinzugezogen. Sieht das Gericht in den Fällen des Absatzes 2 von der Bestellung eines Verfahrensbeistands ab, ist dies in der Endentscheidung zu begründen. Die Bestellung eines Verfahrensbeistands oder deren Aufhebung sowie die Ablehnung einer derartigen Maßnahme sind nicht selbstständig anfechtbar.

(4) Der Verfahrensbeistand hat das Interesse des Kindes festzustellen und im gerichtlichen Verfahren zur Geltung zu bringen. Er hat das Kind über Gegenstand, Ablauf und möglichen Ausgang des Verfahrens in geeigneter Weise zu informieren. Soweit nach den Umständen des Einzelfalls ein Erfordernis besteht, kann das Gericht dem Verfahrensbeistand die zusätzliche Aufgabe übertragen, Gespräche mit den Eltern und weiteren Bezugspersonen des Kindes zu führen sowie am Zustandekommen einer einvernehmlichen Regelung über den Verfahrensgegenstand mitzuwirken. Das Gericht hat Art und Umfang der Beauftragung konkret festzulegen und die Beauftragung zu begründen. Der Verfahrensbeistand kann im Interesse des Kindes Rechtsmittel einlegen. Er ist nicht gesetzlicher Vertreter des Kindes.

(5) Die Bestellung soll unterbleiben oder aufgehoben werden, wenn die Interessen des Kindes von einem Rechtsanwalt oder einem anderen geeigneten Verfahrensbevollmächtigten angemessen vertreten werden.

(6) Die Bestellung endet, sofern sie nicht vorher aufgehoben wird,

1. mit der Rechtskraft der das Verfahren abschließenden Entscheidung oder

2. mit dem sonstigen Abschluss des Verfahrens.

(7) Für den Ersatz von Aufwendungen des nicht berufsmäßigen Verfahrensbeistands gilt § 277 Abs. 1 entsprechend. Wird die Verfahrensbeistandschaft berufsmäßig geführt, erhält der Verfahrensbeistand für die Wahrnehmung seiner Aufgaben nach Absatz 4 in jedem Rechtszug jeweils eine einmalige Vergütung in Höhe von 350 Euro. Im Falle der Übertragung von Aufgaben nach Absatz 4 Satz 3 erhöht sich die Vergütung auf 550 Euro. Die Vergütung gilt auch Ansprüche auf Ersatz anlässlich der Verfahrensbeistandschaft entstandener Aufwendungen sowie die auf die Vergütung anfallende Umsatzsteuer ab. Der Aufwendungsersatz und die Vergütung sind stets aus der Staatskasse zu zahlen. Im Übrigen gilt § 168 Abs. 1 entsprechend.

(8) Dem Verfahrensbeistand sind keine Kosten aufzuerlegen.

§ 167
Anwendbare Vorschriften bei Unterbringung Minderjähriger

(1) In Verfahren nach § 151 Nr. 6 sind die für Unterbringungssachen nach § 312 Nr. 1, in Verfahren nach § 151 Nr. 7 die für Unterbringungssachen nach § 312 Nr. 3 geltenden Vorschriften anzuwenden. An die Stelle des Verfahrenspflegers tritt der Verfahrensbeistand.

(2) Ist für eine Kindschaftssache nach Absatz 1 ein anderes Gericht zuständig als dasjenige, bei dem eine Vormundschaft oder eine die Unterbringung erfassende Pflegschaft für den Minderjährigen eingeleitet ist, teilt dieses Gericht dem für das Verfahren nach Absatz 1 zuständigen Gericht die Anordnung und Aufhebung der Vormundschaft oder Pflegschaft, den Wegfall des Aufgabenbereiches Unterbringung und einen Wechsel in der Person des Vormunds oder Pflegers mit; das für das Verfahren nach Absatz 1 zuständige Gericht teilt dem anderen Gericht die Unterbringungsmaßnahme, ihre Änderung, Verlängerung und Aufhebung mit.

(3) Der Betroffene ist ohne Rücksicht auf seine Geschäftsfähigkeit verfahrensfähig, wenn er das 14. Lebensjahr vollendet hat.

(4) In den in Absatz 1 Satz 1 genannten Verfahren sind die Elternteile, denen die Personensorge zusteht, der gesetzliche Vertreter in persönlichen Angelegenheiten sowie die Pflegeeltern persönlich anzuhören.

(5) Das Jugendamt hat die Eltern, den Vormund oder den Pfleger auf deren Wunsch bei der Zuführung zur Unterbringung zu unterstützen.

(6) In Verfahren nach § 151 Nr. 6 und 7 soll der Sachverständige Arzt für Kinder- und Jugendpsychiatrie und -psychotherapie sein. In Verfahren nach § 151 Nr. 6 kann das Gutachten auch durch einen in Fragen der Heimerziehung ausgewiesenen Psychotherapeuten, Psychologen, Pädagogen oder Sozialpädagogen erstattet werden.

§ 271
Betreuungssachen

Betreuungssachen sind

1. Verfahren zur Bestellung eines Betreuers und zur Aufhebung der Betreuung,

2. Verfahren zur Anordnung eines Einwilligungsvorbehaltes sowie

3. sonstige Verfahren, die die rechtliche Betreuung eines Volljährigen (§§ 1896 bis 1908i des Bürgerlichen Gesetzbuchs) betreffen, soweit es sich nicht um eine Unterbringungssache handelt.

§ 272
Örtliche Zuständigkeit

(1) Ausschließlich zuständig ist in dieser Rangfolge:

1. das Gericht, bei dem die Betreuung anhängig ist, wenn bereits ein Betreuer bestellt ist;

2. das Gericht, in dessen Bezirk der Betroffene seinen gewöhnlichen Aufenthalt hat;

3. das Gericht, in dessen Bezirk das Bedürfnis der Fürsorge hervortritt;

4. das Amtsgericht Schöneberg in Berlin, wenn der Betroffene Deutscher ist.

(2) Für einstweilige Anordnungen nach § 300 oder vorläufige Maßregeln ist auch das Gericht zuständig, in dessen Bezirk das Bedürfnis der Fürsorge bekannt wird. Es soll die angeordneten Maßregeln dem nach Absatz 1 Nr. 1, 2 oder Nr. 4 zuständigen Gericht mitteilen.

§ 273
Abgabe bei Änderung des gewöhnlichen Aufenthalts

Als wichtiger Grund für eine Abgabe im Sinne des § 4 Satz 1 ist es in der Regel anzusehen, wenn sich der gewöhnliche Aufenthalt des Betroffenen geändert hat und die Aufgaben des Betreuers im Wesentlichen am neuen Aufenthaltsort des Betroffenen zu erfüllen sind. Der Änderung des gewöhnlichen Aufenthalts steht ein tatsächlicher Aufenthalt von mehr als einem Jahr an einem anderen Ort gleich.

§ 274
Beteiligte

(1) Zu beteiligen sind

1. der Betroffene,

2. der Betreuer, sofern sein Aufgabenkreis betroffen ist,

3. der Bevollmächtigte im Sinne des § 1896 Abs. 2 Satz 2 des Bürgerlichen Gesetzbuchs, sofern sein Aufgabenkreis betroffen ist.

(2) Der Verfahrenspfleger wird durch seine Bestellung als Beteiligter zum Verfahren hinzugezogen.

(3) Die zuständige Behörde ist auf ihren Antrag als Beteiligte in Verfahren über

1. die Bestellung eines Betreuers oder die Anordnung eines Einwilligungsvorbehalts,

2. Umfang, Inhalt oder Bestand von Entscheidungen der in Nummer 1 genannten Art

hinzuzuziehen.

(4) Beteiligt werden können

1. in den in Absatz 3 genannten Verfahren im Interesse des Betroffenen dessen Ehegatte oder Lebenspartner, wenn die Ehegatten oder Lebenspartner nicht dauernd getrennt leben, sowie dessen Eltern, Pflegeeltern, Großeltern, Abkömmlinge, Geschwister und eine Person seines Vertrauens,

2. der Vertreter der Staatskasse, soweit das Interesse der Staatskasse durch den Ausgang des Verfahrens betroffen sein kann.

§ 275
Verfahrensfähigkeit

In Betreuungssachen ist der Betroffene ohne Rücksicht auf seine Geschäftsfähigkeit verfahrensfähig.

§ 276
Verfahrenspfleger

(1) Das Gericht hat dem Betroffenen einen Verfahrenspfleger zu bestellen, wenn dies zur Wahrnehmung der Interessen des Betroffenen erforderlich ist. Die Bestellung ist in der Regel erforderlich, wenn

1. von der persönlichen Anhörung des Betroffenen nach § 278 Abs. 4 in Verbindung mit § 34 Abs. 2 abgesehen werden soll oder

2. Gegenstand des Verfahrens die Bestellung eines Betreuers zur Besorgung aller Angelegenheiten des Betroffenen oder die Erweiterung des Aufgabenkreises hierauf ist; dies gilt auch, wenn der Gegenstand des Verfahrens die in § 1896 Abs. 4 und § 1905 des Bürgerlichen Gesetzbuchs bezeichneten Angelegenheiten nicht erfasst.

(2) Von der Bestellung kann in den Fällen des Absatzes 1 Satz 2 abgesehen werden, wenn ein Interesse des Betroffenen an der Bestellung des Verfahrenspflegers offensichtlich nicht besteht. Die Nichtbestellung ist zu begründen.

(3) Wer Verfahrenspflegschaften im Rahmen seiner Berufsausübung führt, soll nur dann zum Verfahrenspfleger bestellt werden, wenn keine andere geeignete Person zur Verfügung steht, die zur ehrenamtlichen Führung der Verfahrenspflegschaft bereit ist.

(4) Die Bestellung eines Verfahrenspflegers soll unterbleiben oder aufgehoben werden, wenn die Interessen des Betroffenen von einem Rechtsanwalt oder einem anderen geeigneten Verfahrensbevollmächtigten vertreten werden.

(5) Die Bestellung endet, sofern sie nicht vorher aufgehoben wird, mit der Rechtskraft der Endentscheidung oder mit dem sonstigen Abschluss des Verfahrens.

(6) Die Bestellung eines Verfahrenspflegers oder deren Aufhebung sowie die Ablehnung einer derartigen Maßnahme sind nicht selbstständig anfechtbar.

(7) Dem Verfahrenspfleger sind keine Kosten aufzuerlegen.

§ 277
Vergütung und Aufwendungsersatz des Verfahrenspflegers

(1) Der Verfahrenspfleger erhält Ersatz seiner Aufwendungen nach § 1835 Abs. 1 bis 2 des Bürgerlichen Gesetzbuchs. Vorschuss kann nicht verlangt werden. Eine Behörde oder ein Verein erhalten als Verfahrenspfleger keinen Aufwendungsersatz.

(2) § 1836 Abs. 1 und 3 des Bürgerlichen Gesetzbuchs gilt entsprechend. Wird die Verfahrenspflegschaft ausnahmsweise berufsmäßig geführt, erhält der Verfahrenspfleger neben den Aufwendungen nach Absatz 1 eine Vergütung in entsprechender Anwendung der §§ 1, 2 und 3 Abs. 1 und 2 des Vormünder- und Betreuervergütungsgesetzes.

(3) Anstelle des Aufwendungsersatzes und der Vergütung nach den Absätzen 1 und 2 kann das Gericht dem Verfahrenspfleger einen festen Geldbetrag zubilligen, wenn die für die Führung der Pflegschaftsgeschäfte erforderliche Zeit vorhersehbar und ihre Ausschöpfung durch den Verfahrenspfleger gewährleistet ist. Bei der Bemessung des Geldbetrags ist die voraussichtlich erforderliche Zeit mit den in § 3 Abs. 1 des Vormünder- und Betreuervergütungsgesetzes bestimmten Stundensätzen zuzüglich einer Aufwandspauschale von drei Euro je veranschlagter Stunde zu vergüten. In diesem Fall braucht der Verfahrenspfleger die von ihm aufgewandte Zeit und eingesetzten Mittel nicht nachzuweisen; weitergehende Aufwendungsersatz- und Vergütungsansprüche stehen ihm nicht zu.

(4) Ist ein Mitarbeiter eines anerkannten Betreuungsvereins als Verfahrenspfleger bestellt, stehen der Aufwendungsersatz und die Vergütung nach den Absätzen 1 bis 3 dem Verein zu. § 7 Abs. 1 Satz 2 und Abs. 3 des Vormünder- und Betreuervergütungsgesetzes sowie § 1835 Abs. 5 Satz 2 des Bürgerlichen Gesetzbuchs gelten entsprechend. Ist ein Bediensteter der Betreuungsbehörde als Verfahrenspfleger für das Verfahren bestellt, erhält die Betreuungsbehörde keinen Aufwendungsersatz und keine Vergütung.

(5) Der Aufwendungsersatz und die Vergütung des Verfahrenspflegers sind stets aus der Staatskasse zu zahlen. Im Übrigen gilt § 168 Abs. 1 entsprechend.

§ 278
Anhörung des Betroffenen

(1) Das Gericht hat den Betroffenen vor der Bestellung eines Betreuers oder der Anordnung eines Einwilligungsvorbehaltes persönlich anzuhören. Es hat sich einen persönlichen Eindruck von dem Betroffenen zu verschaffen. Diesen persönlichen Eindruck soll sich das Gericht in dessen üblicher Umgebung verschaffen, wenn es der Betroffene verlangt oder wenn es der Sachaufklärung dient und der Betroffene nicht widerspricht.

(2) Das Gericht unterrichtet den Betroffenen über den möglichen Verlauf des Verfahrens. In geeigneten Fällen hat es den Betroffenen auf die Möglichkeit der Vorsorgevollmacht, deren Inhalt sowie auf die Möglichkeit ihrer

Registrierung bei dem zentralen Vorsorgeregister nach § 78a Abs. 1 der Bundesnotarordnung hinzuweisen. Das Gericht hat den Umfang des Aufgabenkreises und die Frage, welche Person oder Stelle als Betreuer in Betracht kommt, mit dem Betroffenen zu erörtern.

(3) Verfahrenshandlungen nach Absatz 1 dürfen nur dann im Wege der Rechtshilfe erfolgen, wenn anzunehmen ist, dass die Entscheidung ohne eigenen Eindruck von dem Betroffenen getroffen werden kann.

(4) Soll eine persönliche Anhörung nach § 34 Abs. 2 unterbleiben, weil hiervon erhebliche Nachteile für die Gesundheit des Betroffenen zu besorgen sind, darf diese Entscheidung nur auf Grundlage eines ärztlichen Gutachtens getroffen werden.

(5) Das Gericht kann den Betroffenen durch die zuständige Behörde vorführen lassen, wenn er sich weigert, an Verfahrenshandlungen nach Absatz 1 mitzuwirken.

§ 279
Anhörung der sonstigen Beteiligten, der Betreuungsbehörde und des gesetzlichen Vertreters

(1) Das Gericht hat die sonstigen Beteiligten vor der Bestellung eines Betreuers oder der Anordnung eines Einwilligungsvorbehaltes anzuhören.

(2) Das Gericht hat die zuständige Behörde vor der Bestellung eines Betreuers oder der Anordnung eines Einwilligungsvorbehaltes anzuhören, wenn es der Betroffene verlangt oder es der Sachaufklärung dient.

(3) Auf Verlangen des Betroffenen hat das Gericht eine ihm nahestehende Person anzuhören, wenn dies ohne erhebliche Verzögerung möglich ist.

(4) Das Gericht hat im Falle einer Betreuerbestellung oder der Anordnung eines Einwilligungsvorbehaltes für einen Minderjährigen (§ 1908a des Bürgerlichen Gesetzbuchs) den gesetzlichen Vertreter des Betroffenen anzuhören.

§ 280
Einholung eines Gutachtens

(1) Vor der Bestellung eines Betreuers oder der Anordnung eines Einwilligungsvorbehaltes hat eine förmliche Beweisaufnahme durch Einholung eines Gutachtens über die Notwendigkeit der Maßnahme stattzufinden. Der Sachverständige soll Arzt für Psychiatrie oder Arzt mit Erfahrung auf dem Gebiet der Psychiatrie sein.

(2) Der Sachverständige hat den Betroffenen vor der Erstattung des Gutachtens persönlich zu untersuchen oder zu befragen.

(3) Das Gutachten hat sich auf folgende Bereiche zu erstrecken:

1. das Krankheitsbild einschließlich der Krankheitsentwicklung,
2. die durchgeführten Untersuchungen und die diesen zugrunde gelegten Forschungserkenntnisse,
3. den körperlichen und psychiatrischen Zustand des Betroffenen,
4. den Umfang des Aufgabenkreises und
5. die voraussichtliche Dauer der Maßnahme.

§ 281
Ärztliches Zeugnis; Entbehrlichkeit eines Gutachtens

(1) Anstelle der Einholung eines Sachverständigengutachtens nach § 280 genügt ein ärztliches Zeugnis, wenn

1. der Betroffene die Bestellung eines Betreuers beantragt und auf die Begutachtung verzichtet hat und die Einholung des Gutachtens insbesondere im Hinblick auf den Umfang des Aufgabenkreises des Betreuers unverhältnismäßig wäre oder
2. ein Betreuer nur zur Geltendmachung von Rechten des Betroffenen gegenüber seinem Bevollmächtigten bestellt wird.

(2) § 280 Abs. 2 gilt entsprechend.

§ 282

Vorhandene Gutachten des Medizinischen Dienstes der Krankenversicherung

(1) Das Gericht kann im Verfahren zur Bestellung eines Betreuers von der Einholung eines Gutachtens nach § 280 Abs. 1 absehen, soweit durch die Verwendung eines bestehenden ärztlichen Gutachtens des Medizinischen Dienstes der Krankenversicherung nach § 18 des Elften Buches Sozialgesetzbuch festgestellt werden kann, inwieweit bei dem Betroffenen infolge einer psychischen Krankheit oder einer geistigen oder seelischen Behinderung die Voraussetzungen für die Bestellung eines Betreuers vorliegen.

(2) Das Gericht darf dieses Gutachten einschließlich dazu vorhandener Befunde zur Vermeidung weiterer Gutachten bei der Pflegekasse anfordern. Das Gericht hat in seiner Anforderung anzugeben, für welchen Zweck das Gutachten und die Befunde verwendet werden sollen. Das Gericht hat übermittelte Daten unverzüglich zu löschen, wenn es feststellt, dass diese für den Verwendungszweck nicht geeignet sind.

(3) Kommt das Gericht zu der Überzeugung, dass das eingeholte Gutachten und die Befunde im Verfahren zur Bestellung eines Betreuers geeignet sind, eine weitere Begutachtung ganz oder teilweise zu ersetzen, hat es vor einer weiteren Verwendung die Einwilligung des Betroffenen oder des Pflegers für das Verfahren einzuholen. Wird die Einwilligung nicht erteilt, hat das Gericht die übermittelten Daten unverzüglich zu löschen.

(4) Das Gericht kann unter den Voraussetzungen der Absätze 1 bis 3 von der Einholung eines Gutachtens nach § 280 insgesamt absehen, wenn die sonstigen Voraussetzungen für die Bestellung eines Betreuers zur Überzeugung des Gerichts feststehen.

§ 283

Vorführung zur Untersuchung

(1) Das Gericht kann anordnen, dass der Betroffene zur Vorbereitung eines Gutachtens untersucht und durch die zuständige Behörde zu einer Untersuchung vorgeführt wird. Der Betroffene soll vorher persönlich angehört werden.

(2) Gewalt darf die Behörde nur anwenden, wenn das Gericht dies aufgrund einer ausdrücklichen Entscheidung angeordnet hat. Die zuständige Behörde ist befugt, erforderlichenfalls die Unterstützung der polizeilichen Vollzugsorgane nachzusuchen.

(3) Die Wohnung des Betroffenen darf ohne dessen Einwilligung nur betreten werden, wenn das Gericht dies aufgrund einer ausdrücklichen Entscheidung angeordnet hat. Bei Gefahr im Verzug findet Satz 1 keine Anwendung.

§ 284

Unterbringung zur Begutachtung

(1) Das Gericht kann nach Anhörung eines Sachverständigen beschließen, dass der Betroffene auf bestimmte Dauer untergebracht und beobachtet wird, soweit dies zur Vorbereitung des Gutachtens erforderlich ist. Der Betroffene ist vorher persönlich anzuhören.

(2) Die Unterbringung darf die Dauer von sechs Wochen nicht überschreiten. Reicht dieser Zeitraum nicht aus, um die erforderlichen Erkenntnisse für das Gutachten zu erlangen, kann die Unterbringung durch gerichtlichen Beschluss bis zu einer Gesamtdauer von drei Monaten verlängert werden.

(3) § 283 Abs. 2 und 3 gilt entsprechend. Gegen Beschlüsse nach den Absätzen 1 und 2 findet die sofortige Beschwerde nach den §§ 567 bis 572 der Zivilprozessordnung statt.

§ 285

Herausgabe einer Betreuungsverfügung oder der Abschrift einer Vorsorgevollmacht

In den Fällen des § 1901a des Bürgerlichen Gesetzbuchs erfolgt die Anordnung der Ablieferung oder Vorlage der dort genannten Schriftstücke durch Beschluss.

§ 286
Inhalt der Beschlussformel

(1) Die Beschlussformel enthält im Fall der Bestellung eines Betreuers auch

1. die Bezeichnung des Aufgabenkreises des Betreuers;
2. bei Bestellung eines Vereinsbetreuers die Bezeichnung als Vereinsbetreuer und die des Vereins;
3. bei Bestellung eines Behördenbetreuers die Bezeichnung als Behördenbetreuer und die der Behörde;
4. bei Bestellung eines Berufsbetreuers die Bezeichnung als Berufsbetreuer.

(2) Die Beschlussformel enthält im Fall der Anordnung eines Einwilligungsvorbehalts die Bezeichnung des Kreises der einwilligungsbedürftigen Willenserklärungen.

(3) Der Zeitpunkt, bis zu dem das Gericht über die Aufhebung oder Verlängerung einer Maßnahme nach Absatz 1 oder Absatz 2 zu entscheiden hat, ist in der Beschlussformel zu bezeichnen.

§ 287
Wirksamwerden von Beschlüssen

(1) Beschlüsse über Umfang, Inhalt oder Bestand der Bestellung eines Betreuers, über die Anordnung eines Einwilligungsvorbehalts oder über den Erlass einer einstweiligen Anordnung nach § 300 werden mit der Bekanntgabe an den Betreuer wirksam.

(2) Ist die Bekanntgabe an den Betreuer nicht möglich oder ist Gefahr im Verzug, kann das Gericht die sofortige Wirksamkeit des Beschlusses anordnen. In diesem Fall wird er wirksam, wenn der Beschluss und die Anordnung seiner sofortigen Wirksamkeit

1. dem Betroffenen oder dem Verfahrenspfleger bekannt gegeben werden oder
2. der Geschäftsstelle zum Zweck der Bekanntgabe nach Nummer 1 übergeben werden.

Der Zeitpunkt der sofortigen Wirksamkeit ist auf dem Beschluss zu vermerken.

(3) Ein Beschluss, der die Genehmigung nach § 1904 Absatz 2 des Bürgerlichen Gesetzbuchs zum Gegenstand hat, wird erst zwei Wochen nach Bekanntgabe an den Betreuer oder Bevollmächtigten sowie an den Verfahrenspfleger wirksam.

§ 288
Bekanntgabe

(1) Von der Bekanntgabe der Gründe eines Beschlusses an den Betroffenen kann abgesehen werden, wenn dies nach ärztlichem Zeugnis erforderlich ist, um erhebliche Nachteile für seine Gesundheit zu vermeiden.

(2) Das Gericht hat der zuständigen Behörde den Beschluss über die Bestellung eines Betreuers oder die Anordnung eines Einwilligungsvorbehaltes oder Beschlüsse über Umfang, Inhalt oder Bestand einer solchen Maßnahme stets bekannt zu geben. Andere Beschlüsse sind der zuständigen Behörde bekannt zu geben, wenn sie vor deren Erlass angehört wurde.

§ 289
Verpflichtung des Betreuers

(1) Der Betreuer wird mündlich verpflichtet und über seine Aufgaben unterrichtet. Das gilt nicht für Vereinsbetreuer, Behördenbetreuer, Vereine, die zuständige Behörde und Personen, die die Betreuung im Rahmen ihrer Berufsausübung führen, sowie nicht für ehrenamtliche Betreuer, die mehr als eine Betreuung führen oder in den letzten zwei Jahren geführt haben.

(2) In geeigneten Fällen führt das Gericht mit dem Betreuer und dem Betroffenen ein Einführungsgespräch.

§ 290

Bestellungsurkunde

Der Betreuer erhält eine Urkunde über seine Bestellung. Die Urkunde soll enthalten:

1. die Bezeichnung des Betroffenen und des Betreuers;

2. bei Bestellung eines Vereinsbetreuers oder Behördenbetreuers diese Bezeichnung und die Bezeichnung des Vereins oder der Behörde;

3. den Aufgabenkreis des Betreuers;

4. bei Anordnung eines Einwilligungsvorbehalts die Bezeichnung des Kreises der einwilligungsbedürftigen Willenserklärungen;

5. bei der Bestellung eines vorläufigen Betreuers durch einstweilige Anordnung das Ende der einstweiligen Maßnahme.

§ 291

Überprüfung der Betreuerauswahl

Der Betroffene kann verlangen, dass die Auswahl der Person, der ein Verein oder eine Behörde die Wahrnehmung der Betreuung übertragen hat, durch gerichtliche Entscheidung überprüft wird. Das Gericht kann dem Verein oder der Behörde aufgeben, eine andere Person auszuwählen, wenn einem Vorschlag des Betroffenen, dem keine wichtigen Gründe entgegenstehen, nicht entsprochen wurde oder die bisherige Auswahl dem Wohl des Betroffenen zuwiderläuft. § 35 ist nicht anzuwenden.

§ 292

Zahlungen an den Betreuer

(1) In Betreuungsverfahren gilt § 168 entsprechend.

(2) Die Landesregierungen werden ermächtigt, durch Rechtsverordnung für Anträge und Erklärungen auf Ersatz von Aufwendungen und Bewilligung von Vergütung Formulare einzuführen. Soweit Formulare eingeführt sind, müssen sich Personen, die die Betreuung im Rahmen der Berufsausübung führen, ihrer bedienen und sie als elektronisches Dokument einreichen, wenn dieses für die automatische Bearbeitung durch das Gericht geeignet ist. Andernfalls liegt keine ordnungsgemäße Geltendmachung im Sinne von § 1836 Abs. 1 Satz 2 des Bürgerlichen Gesetzbuchs in Verbindung mit § 1 des Vormünder- und Betreuungsvergütungsgesetzes vor. Die Landesregierungen können die Ermächtigung nach Satz 1 durch Rechtsverordnung auf die Landesjustizverwaltungen übertragen.

§ 293

Erweiterung der Betreuung oder des Einwilligungsvorbehalts

(1) Für die Erweiterung des Aufgabenkreises des Betreuers und die Erweiterung des Kreises der einwilligungsbedürftigen Willenserklärungen gelten die Vorschriften über die Anordnung dieser Maßnahmen entsprechend.

(2) Einer persönlichen Anhörung nach § 278 Abs. 1 sowie der Einholung eines Gutachtens oder ärztlichen Zeugnisses (§§ 280 und 281) bedarf es nicht,

1. wenn diese Verfahrenshandlungen nicht länger als sechs Monate zurückliegen oder

2. die beabsichtigte Erweiterung nach Absatz 1 nicht wesentlich ist.

Eine wesentliche Erweiterung des Aufgabenkreises des Betreuers liegt insbesondere vor, wenn erstmals ganz oder teilweise die Personensorge oder eine der in § 1896 Abs. 4 oder den §§ 1904 bis 1906 des Bürgerlichen Gesetzbuchs genannten Aufgaben einbezogen wird.

(3) Ist mit der Bestellung eines weiteren Betreuers nach § 1899 des Bürgerlichen Gesetzbuchs eine Erweiterung des Aufgabenkreises verbunden, gelten die Absätze 1 und 2 entsprechend.

§ 294
Aufhebung und Einschränkung der Betreuung oder des Einwilligungsvorbehalts

(1) Für die Aufhebung der Betreuung oder der Anordnung eines Einwilligungsvorbehalts und für die Einschränkung des Aufgabenkreises des Betreuers oder des Kreises der einwilligungsbedürftigen Willenserklärungen gelten die §§ 279 und 288 Abs. 2 Satz 1 entsprechend.

(2) Hat das Gericht nach § 281 Abs. 1 Nr. 1 von der Einholung eines Gutachtens abgesehen, ist dies nachzuholen, wenn ein Antrag des Betroffenen auf Aufhebung der Betreuung oder Einschränkung des Aufgabenkreises erstmals abgelehnt werden soll.

(3) Über die Aufhebung der Betreuung oder des Einwilligungsvorbehalts hat das Gericht spätestens sieben Jahre nach der Anordnung dieser Maßnahmen zu entscheiden.

§ 295
Verlängerung der Betreuung oder des Einwilligungsvorbehalts

(1) Für die Verlängerung der Bestellung eines Betreuers oder der Anordnung eines Einwilligungsvorbehalts gelten die Vorschriften über die erstmalige Anordnung dieser Maßnahmen entsprechend. Von der erneuten Einholung eines Gutachtens kann abgesehen werden, wenn sich aus der persönlichen Anhörung des Betroffenen und einem ärztlichen Zeugnis ergibt, dass sich der Umfang der Betreuungsbedürftigkeit offensichtlich nicht verringert hat.

(2) Über die Verlängerung der Betreuung oder des Einwilligungsvorbehalts hat das Gericht spätestens sieben Jahre nach der Anordnung dieser Maßnahmen zu entscheiden.

§ 296
Entlassung des Betreuers und Bestellung eines neuen Betreuers

(1) Das Gericht hat den Betroffenen und den Betreuer persönlich anzuhören, wenn der Betroffene einer Entlassung des Betreuers (§ 1908b des Bürgerlichen Gesetzbuchs) widerspricht.

(2) Vor der Bestellung eines neuen Betreuers (§ 1908c des Bürgerlichen Gesetzbuchs) hat das Gericht den Betroffenen persönlich anzuhören. Das gilt nicht, wenn der Betroffene sein Einverständnis mit dem Betreuerwechsel erklärt hat. § 279 gilt entsprechend.

§ 297
Sterilisation

(1) Das Gericht hat den Betroffenen vor der Genehmigung einer Einwilligung des Betreuers in eine Sterilisation (§ 1905 Abs. 2 des Bürgerlichen Gesetzbuchs) persönlich anzuhören und sich einen persönlichen Eindruck von ihm zu verschaffen. Es hat den Betroffenen über den möglichen Verlauf des Verfahrens zu unterrichten.

(2) Das Gericht hat die zuständige Behörde anzuhören, wenn es der Betroffene verlangt oder es der Sachaufklärung dient.

(3) Das Gericht hat die sonstigen Beteiligten anzuhören. Auf Verlangen des Betroffenen hat das Gericht eine ihm nahestehende Person anzuhören, wenn dies ohne erhebliche Verzögerung möglich ist.

(4) Verfahrenshandlungen nach den Absätzen 1 bis 3 können nicht durch den ersuchten Richter vorgenommen werden.

(5) Die Bestellung eines Verfahrenspflegers ist stets erforderlich, sofern sich der Betroffene nicht von einem Rechtsanwalt oder einem anderen geeigneten Verfahrensbevollmächtigten vertreten lässt.

(6) Die Genehmigung darf erst erteilt werden, nachdem durch förmliche Beweisaufnahme Gutachten von Sachverständigen eingeholt sind, die sich auf die medizinischen, psychologischen, sozialen, sonderpädagogischen und sexualpädagogischen Gesichtspunkte erstrecken. Die Sachverständigen haben den Betroffenen vor Erstattung des Gutachtens persönlich zu untersuchen oder zu befragen. Sachverständiger und ausführender Arzt dürfen nicht personengleich sein.

(7) Die Genehmigung wird wirksam mit der Bekanntgabe an den für die Entscheidung über die Einwilligung in die Sterilisation bestellten Betreuer und

1. an den Verfahrenspfleger oder

2. den Verfahrensbevollmächtigten, wenn ein Verfahrenspfleger nicht bestellt wurde.

(8) Die Entscheidung über die Genehmigung ist dem Betroffenen stets selbst bekannt zu machen. Von der Bekanntgabe der Gründe an den Betroffenen kann nicht abgesehen werden. Der zuständigen Behörde ist die Entscheidung stets bekannt zu geben.

§ 298
Verfahren in Fällen des § 1904 des Bürgerlichen Gesetzbuchs

(1) Das Gericht darf die Einwilligung eines Betreuers oder eines Bevollmächtigten in eine Untersuchung des Gesundheitszustandes, eine Heilbehandlung oder einen ärztlichen Eingriff (§ 1904 Absatz 1 des Bürgerlichen Gesetzbuchs) nur genehmigen, wenn es den Betroffenen zuvor persönlich angehört hat. Das Gericht soll die sonstigen Beteiligten anhören. Auf Verlangen des Betroffenen hat das Gericht eine ihm nahestehende Person anzuhören, wenn dies ohne erhebliche Verzögerung möglich ist.

(2) Das Gericht soll vor der Genehmigung nach § 1904 Absatz 2 des Bürgerlichen Gesetzbuchs die sonstigen Beteiligten anhören.

(3) Die Bestellung eines Verfahrenspflegers ist stets erforderlich, wenn Gegenstand des Verfahrens eine Genehmigung nach § 1904 Absatz 2 des Bürgerlichen Gesetzbuchs ist.

(4) Vor der Genehmigung ist ein Sachverständigengutachten einzuholen. Der Sachverständige soll nicht auch der behandelnde Arzt sein.

§ 299
Verfahren in anderen Entscheidungen

Das Gericht soll den Betroffenen vor einer Entscheidung nach § 1908i Abs. 1 Satz 1 in Verbindung mit den §§ 1821, 1822 Nr. 1 bis 4, 6 bis 13 sowie den §§ 1823 und 1825 des Bürgerlichen Gesetzbuchs persönlich anhören. Vor einer Entscheidung nach § 1907 Abs. 1 und 3 des Bürgerlichen Gesetzbuchs hat das Gericht den Betroffenen persönlich anzuhören.

§ 300
Einstweilige Anordnung

(1) Das Gericht kann durch einstweilige Anordnung einen vorläufigen Betreuer bestellen oder einen vorläufigen Einwilligungsvorbehalt anordnen, wenn

1. dringende Gründe für die Annahme bestehen, dass die Voraussetzungen für die Bestellung eines Betreuers oder die Anordnung eines Einwilligungsvorbehalts gegeben sind und ein dringendes Bedürfnis für ein sofortiges Tätigwerden besteht,

2. ein ärztliches Zeugnis über den Zustand des Betroffenen vorliegt,

3. im Fall des § 276 ein Verfahrenspfleger bestellt und angehört worden ist und

4. der Betroffene persönlich angehört worden ist.

Eine Anhörung des Betroffenen im Wege der Rechtshilfe ist abweichend von § 278 Abs. 3 zulässig.

(2) Das Gericht kann durch einstweilige Anordnung einen Betreuer entlassen, wenn dringende Gründe für die Annahme bestehen, dass die Voraussetzungen für die Entlassung vorliegen und ein dringendes Bedürfnis für ein sofortiges Tätigwerden besteht.

§ 301

Einstweilige Anordnung bei gesteigerter Dringlichkeit

(1) Bei Gefahr im Verzug kann das Gericht eine einstweilige Anordnung nach § 300 bereits vor Anhörung des Betroffenen sowie vor Anhörung und Bestellung des Verfahrenspflegers erlassen. Diese Verfahrenshandlungen sind unverzüglich nachzuholen.

(2) Das Gericht ist bei Gefahr im Verzug bei der Auswahl des Betreuers nicht an § 1897 Abs. 4 und 5 des Bürgerlichen Gesetzbuchs gebunden.

§ 302

Dauer der einstweiligen Anordnung

Eine einstweilige Anordnung tritt, sofern das Gericht keinen früheren Zeitpunkt bestimmt, nach sechs Monaten außer Kraft. Sie kann jeweils nach Anhörung eines Sachverständigen durch weitere einstweilige Anordnungen bis zu einer Gesamtdauer von einem Jahr verlängert werden.

§ 303

Ergänzende Vorschriften über die Beschwerde

(1) Das Recht der Beschwerde steht der zuständigen Behörde gegen Entscheidungen über

1. die Bestellung eines Betreuers oder die Anordnung eines Einwilligungsvorbehalts,

2. Umfang, Inhalt oder Bestand einer in Nummer 1 genannten Maßnahme

zu.

(2) Das Recht der Beschwerde gegen eine von Amts wegen ergangene Entscheidung steht im Interesse des Betroffenen

1. dessen Ehegatten oder Lebenspartner, wenn die Ehegatten oder Lebenspartner nicht dauernd getrennt leben, sowie den Eltern, Großeltern, Pflegeeltern, Abkömmlingen und Geschwistern des Betroffenen sowie

2. einer Person seines Vertrauens

zu, wenn sie im ersten Rechtszug beteiligt worden sind.

(3) Das Recht der Beschwerde steht dem Verfahrenspfleger zu.

(4) Der Betreuer oder der Vorsorgebevollmächtigte kann gegen eine Entscheidung, die seinen Aufgabenkreis betrifft, auch im Namen des Betroffenen Beschwerde einlegen. Führen mehrere Betreuer oder Vorsorgebevollmächtigte ihr Amt gemeinschaftlich, kann jeder von ihnen für den Betroffenen selbstständig Beschwerde einlegen.

§ 304

Beschwerde der Staatskasse

(1) Das Recht der Beschwerde steht dem Vertreter der Staatskasse zu, soweit die Interessen der Staatskasse durch den Beschluss betroffen sind. Hat der Vertreter der Staatskasse geltend gemacht, der Betreuer habe eine Abrechnung falsch erteilt oder der Betreute könne anstelle eines nach § 1897 Abs. 6 des Bürgerlichen Gesetzbuchs bestellten Betreuers durch eine oder mehrere andere geeignete Personen außerhalb einer Berufsausübung betreut werden, steht ihm gegen einen die Entlassung des Betreuers ablehnenden Beschluss die Beschwerde zu.

(2) Die Frist zur Einlegung der Beschwerde durch den Vertreter der Staatskasse beträgt drei Monate und beginnt mit der formlosen Mitteilung (§ 15 Abs. 3) an ihn.

§ 305

Beschwerde des Untergebrachten

Ist der Betroffene untergebracht, kann er Beschwerde auch bei dem Amtsgericht einlegen, in dessen Bezirk er untergebracht ist.

§ 306
Aufhebung des Einwilligungsvorbehalts

Wird ein Beschluss, durch den ein Einwilligungsvorbehalt angeordnet worden ist, als ungerechtfertigt aufgehoben, bleibt die Wirksamkeit der von oder gegenüber dem Betroffenen vorgenommenen Rechtsgeschäfte unberührt.

§ 307
Kosten in Betreuungssachen

In Betreuungssachen kann das Gericht die Auslagen des Betroffenen, soweit sie zur zweckentsprechenden Rechtsverfolgung notwendig waren, ganz oder teilweise der Staatskasse auferlegen, wenn eine Betreuungsmaßnahme nach den §§ 1896 bis 1908i des Bürgerlichen Gesetzbuchs abgelehnt, als ungerechtfertigt aufgehoben, eingeschränkt oder das Verfahren ohne Entscheidung über eine solche Maßnahme beendet wird.

§ 308
Mitteilung von Entscheidungen

(1) Entscheidungen teilt das Gericht anderen Gerichten, Behörden oder sonstigen öffentlichen Stellen mit, soweit dies unter Beachtung berechtigter Interessen des Betroffenen erforderlich ist, um eine erhebliche Gefahr für das Wohl des Betroffenen, für Dritte oder für die öffentliche Sicherheit abzuwenden.

(2) Ergeben sich im Verlauf eines gerichtlichen Verfahrens Erkenntnisse, die eine Mitteilung nach Absatz 1 vor Abschluss des Verfahrens erfordern, hat diese Mitteilung über die bereits gewonnenen Erkenntnisse unverzüglich zu erfolgen.

(3) Das Gericht unterrichtet zugleich mit der Mitteilung den Betroffenen, seinen Verfahrenspfleger und seinen Betreuer über Inhalt und Empfänger der Mitteilung. Die Unterrichtung des Betroffenen unterbleibt, wenn

1. der Zweck des Verfahrens oder der Zweck der Mitteilung durch die Unterrichtung gefährdet würde,

2. nach ärztlichem Zeugnis hiervon erhebliche Nachteile für die Gesundheit des Betroffenen zu besorgen sind oder

3. der Betroffene nach dem unmittelbaren Eindruck des Gerichts offensichtlich nicht in der Lage ist, den Inhalt der Unterrichtung zu verstehen.

Sobald die Gründe nach Satz 2 entfallen, ist die Unterrichtung nachzuholen.

(4) Der Inhalt der Mitteilung, die Art und Weise ihrer Übermittlung, ihr Empfänger, die Unterrichtung des Betroffenen oder im Fall ihres Unterbleibens deren Gründe sowie die Unterrichtung des Verfahrenspflegers und des Betreuers sind aktenkundig zu machen.

§ 309
Besondere Mitteilungen

(1) Wird beschlossen, einem Betroffenen zur Besorgung aller seiner Angelegenheiten einen Betreuer zu bestellen oder den Aufgabenkreis hierauf zu erweitern, so hat das Gericht dies der für die Führung des Wählerverzeichnisses zuständigen Behörde mitzuteilen. Das gilt auch, wenn die Entscheidung die in § 1896 Abs. 4 und § 1905 des Bürgerlichen Gesetzbuchs bezeichneten Angelegenheiten nicht erfasst. Eine Mitteilung hat auch dann zu erfolgen, wenn eine Betreuung nach den Sätzen 1 und 2 auf andere Weise als durch den Tod des Betroffenen endet oder wenn sie eingeschränkt wird.

(2) Wird ein Einwilligungsvorbehalt angeordnet, der sich auf die Aufenthaltsbestimmung des Betroffenen erstreckt, so hat das Gericht dies der Meldebehörde unter Angabe des Betreuers mitzuteilen. Eine Mitteilung hat auch zu erfolgen, wenn der Einwilligungsvorbehalt nach Satz 1 aufgehoben wird oder ein Wechsel in der Person des Betreuers eintritt.

§ 310

Mitteilungen während einer Unterbringung

Während der Dauer einer Unterbringungsmaßnahme hat das Gericht dem Leiter der Einrichtung, in der der Betroffene untergebracht ist, die Bestellung eines Betreuers, die sich auf die Aufenthaltsbestimmung des Betroffenen erstreckt, die Aufhebung einer solchen Betreuung und jeden Wechsel in der Person des Betreuers mitzuteilen.

§ 311

Mitteilungen zur Strafverfolgung

Außer in den sonst in diesem Gesetz, in § 16 des Einführungsgesetzes zum Gerichtsverfassungsgesetz sowie in § 70 Satz 2 und 3 des Jugendgerichtsgesetzes genannten Fällen darf das Gericht Entscheidungen oder Erkenntnisse aus dem Verfahren, aus denen die Person des Betroffenen erkennbar ist, von Amts wegen nur zur Verfolgung von Straftaten oder Ordnungswidrigkeiten anderen Gerichten oder Behörden mitteilen, soweit nicht schutzwürdige Interessen des Betroffenen an dem Ausschluss der Übermittlung überwiegen. § 308 Abs. 3 und 4 gilt entsprechend.

§ 312

Unterbringungssachen

Unterbringungssachen sind Verfahren, die

1. die Genehmigung einer freiheitsentziehenden Unterbringung eines Betreuten (§ 1906 Abs. 1 bis 3 des Bürgerlichen Gesetzbuchs) oder einer Person, die einen Dritten zu ihrer freiheitsentziehenden Unterbringung bevollmächtigt hat (§ 1906 Abs. 5 des Bürgerlichen Gesetzbuchs),

2. die Genehmigung einer freiheitsentziehenden Maßnahme nach § 1906 Abs. 4 des Bürgerlichen Gesetzbuchs oder

3. eine freiheitsentziehende Unterbringung eines Volljährigen nach den Landesgesetzen über die Unterbringung psychisch Kranker

betreffen.

§ 313

Örtliche Zuständigkeit

(1) Ausschließlich zuständig für Unterbringungssachen nach § 312 Nr. 1 und 2 ist in dieser Rangfolge:

1. das Gericht, bei dem ein Verfahren zur Bestellung eines Betreuers eingeleitet oder das Betreuungsverfahren anhängig ist;

2. das Gericht, in dessen Bezirk der Betroffene seinen gewöhnlichen Aufenthalt hat;

3. das Gericht, in dessen Bezirk das Bedürfnis für die Unterbringungsmaßnahme hervortritt;

4. das Amtsgericht Schöneberg in Berlin, wenn der Betroffene Deutscher ist.

(2) Für einstweilige Anordnungen oder einstweilige Maßregeln ist auch das Gericht zuständig, in dessen Bezirk das Bedürfnis für die Unterbringungsmaßnahme bekannt wird. In den Fällen einer einstweiligen Anordnung oder einstweiligen Maßregel soll es dem nach Absatz 1 Nr. 1 oder Nr. 2 zuständigen Gericht davon Mitteilung machen.

(3) Ausschließlich zuständig für Unterbringungen nach § 312 Nr. 3 ist das Gericht, in dessen Bezirk das Bedürfnis für die Unterbringungsmaßnahme hervortritt. Befindet sich der Betroffene bereits in einer Einrichtung zur freiheitsentziehenden Unterbringung, ist das Gericht ausschließlich zuständig, in dessen Bezirk die Einrichtung liegt.

(4) Ist für die Unterbringungssache ein anderes Gericht zuständig als dasjenige, bei dem ein die Unterbringung erfassendes Verfahren zur Bestellung eines Betreuers eingeleitet ist, teilt dieses Gericht dem für die Unterbringungssache zuständigen Gericht die Aufhebung der Betreuung, den Wegfall des Aufgabenbereiches Unterbringung und einen Wechsel in der Person des Betreuers mit. Das für die Unterbringungssache zuständige Gericht teilt dem anderen Gericht die Unterbringungsmaßnahme, ihre Änderung, Verlängerung und Aufhebung mit.

§ 314

Abgabe der Unterbringungssache

Das Gericht kann die Unterbringungssache abgeben, wenn der Betroffene sich im Bezirk des anderen Gerichts aufhält und die Unterbringungsmaßnahme dort vollzogen werden soll, sofern sich dieses zur Übernahme des Verfahrens bereit erklärt hat.

§ 315

Beteiligte

(1) Zu beteiligen sind

1. der Betroffene,

2. der Betreuer,

3. der Bevollmächtigte im Sinne des § 1896 Abs. 2 Satz 2 des Bürgerlichen Gesetzbuchs.

(2) Der Verfahrenspfleger wird durch seine Bestellung als Beteiligter zum Verfahren hinzugezogen.

(3) Die zuständige Behörde ist auf ihren Antrag als Beteiligte hinzuzuziehen.

(4) Beteiligt werden können im Interesse des Betroffenen

1. dessen Ehegatte oder Lebenspartner, wenn die Ehegatten oder Lebenspartner nicht dauernd getrennt leben, sowie dessen Eltern und Kinder, wenn der Betroffene bei diesen lebt oder bei Einleitung des Verfahrens gelebt hat, sowie die Pflegeeltern,

2. eine von ihm benannte Person seines Vertrauens,

3. der Leiter der Einrichtung, in der der Betroffene lebt.

Das Landesrecht kann vorsehen, dass weitere Personen und Stellen beteiligt werden können.

§ 316

Verfahrensfähigkeit

In Unterbringungssachen ist der Betroffene ohne Rücksicht auf seine Geschäftsfähigkeit verfahrensfähig.

§ 317

Verfahrenspfleger

(1) Das Gericht hat dem Betroffenen einen Verfahrenspfleger zu bestellen, wenn dies zur Wahrnehmung der Interessen des Betroffenen erforderlich ist. Die Bestellung ist insbesondere erforderlich, wenn von einer Anhörung des Betroffenen abgesehen werden soll.

(2) Bestellt das Gericht dem Betroffenen keinen Verfahrenspfleger, ist dies in der Entscheidung, durch die eine Unterbringungsmaßnahme genehmigt oder angeordnet wird, zu begründen.

(3) Wer Verfahrenspflegschaften im Rahmen seiner Berufsausübung führt, soll nur dann zum Verfahrenspfleger bestellt werden, wenn keine andere geeignete Person zur Verfügung steht, die zur ehrenamtlichen Führung der Verfahrenspflegschaft bereit ist.

(4) Die Bestellung eines Verfahrenspflegers soll unterbleiben oder aufgehoben werden, wenn die Interessen des Betroffenen von einem Rechtsanwalt oder einem anderen geeigneten Verfahrensbevollmächtigten vertreten werden.

(5) Die Bestellung endet, sofern sie nicht vorher aufgehoben wird, mit der Rechtskraft der Endentscheidung oder mit dem sonstigen Abschluss des Verfahrens.

(6) Die Bestellung eines Verfahrenspflegers oder deren Aufhebung sowie die Ablehnung einer derartigen Maßnahme sind nicht selbstständig anfechtbar.

(7) Dem Verfahrenspfleger sind keine Kosten aufzuerlegen.

§ 318

Vergütung und Aufwendungsersatz des Verfahrenspflegers

Für die Vergütung und den Aufwendungsersatz des Verfahrenspflegers gilt § 277 entsprechend.

§ 319

Anhörung des Betroffenen

(1) Das Gericht hat den Betroffenen vor einer Unterbringungsmaßnahme persönlich anzuhören und sich einen persönlichen Eindruck von ihm zu verschaffen. Den persönlichen Eindruck verschafft sich das Gericht, soweit dies erforderlich ist, in der üblichen Umgebung des Betroffenen.

(2) Das Gericht unterrichtet den Betroffenen über den möglichen Verlauf des Verfahrens.

(3) Soll eine persönliche Anhörung nach § 34 Abs. 2 unterbleiben, weil hiervon erhebliche Nachteile für die Gesundheit des Betroffenen zu besorgen sind, darf diese Entscheidung nur auf Grundlage eines ärztlichen Gutachtens getroffen werden.

(4) Verfahrenshandlungen nach Absatz 1 sollen nicht im Wege der Rechtshilfe erfolgen.

(5) Das Gericht kann den Betroffenen durch die zuständige Behörde vorführen lassen, wenn er sich weigert, an Verfahrenshandlungen nach Absatz 1 mitzuwirken.

§ 320

Anhörung der sonstigen Beteiligten und der zuständigen Behörde

Das Gericht hat die sonstigen Beteiligten anzuhören. Es soll die zuständige Behörde anhören.

§ 321

Einholung eines Gutachtens

(1) Vor einer Unterbringungsmaßnahme hat eine förmliche Beweisaufnahme durch Einholung eines Gutachtens über die Notwendigkeit der Maßnahme stattzufinden. Der Sachverständige hat den Betroffenen vor der Erstattung des Gutachtens persönlich zu untersuchen oder zu befragen. Das Gutachten soll sich auch auf die voraussichtliche Dauer der Unterbringung erstrecken. Der Sachverständige soll Arzt für Psychiatrie sein; er muss Arzt mit Erfahrung auf dem Gebiet der Psychiatrie sein.

(2) Für eine Maßnahme nach § 312 Nr. 2 genügt ein ärztliches Zeugnis.

§ 322

Vorführung zur Untersuchung; Unterbringung zur Begutachtung

Für die Vorführung zur Untersuchung und die Unterbringung zur Begutachtung gelten die §§ 283 und 284 entsprechend.

§ 323

Inhalt der Beschlussformel

Die Beschlussformel enthält im Fall der Genehmigung oder Anordnung einer Unterbringungsmaßnahme auch

1. die nähere Bezeichnung der Unterbringungsmaßnahme sowie
2. den Zeitpunkt, zu dem die Unterbringungsmaßnahme endet.

§ 324

Wirksamwerden von Beschlüssen

(1) Beschlüsse über die Genehmigung oder die Anordnung einer Unterbringungsmaßnahme werden mit Rechtskraft wirksam.

(2) Das Gericht kann die sofortige Wirksamkeit des Beschlusses anordnen. In diesem Fall wird er wirksam, wenn der Beschluss und die Anordnung seiner sofortigen Wirksamkeit

1. dem Betroffenen, dem Verfahrenspfleger, dem Betreuer oder dem Bevollmächtigten im Sinne des § 1896 Abs. 2 Satz 2 des Bürgerlichen Gesetzbuchs bekannt gegeben werden,

2. einem Dritten zum Zweck des Vollzugs des Beschlusses mitgeteilt werden oder

3. der Geschäftsstelle des Gerichts zum Zweck der Bekanntgabe übergeben werden.

Der Zeitpunkt der sofortigen Wirksamkeit ist auf dem Beschluss zu vermerken.

§ 325
Bekanntgabe

(1) Von der Bekanntgabe der Gründe eines Beschlusses an den Betroffenen kann abgesehen werden, wenn dies nach ärztlichem Zeugnis erforderlich ist, um erhebliche Nachteile für seine Gesundheit zu vermeiden.

(2) Der Beschluss, durch den eine Unterbringungsmaßnahme genehmigt oder angeordnet wird, ist auch dem Leiter der Einrichtung, in der der Betroffene untergebracht werden soll, bekannt zu geben. Das Gericht hat der zuständigen Behörde die Entscheidung, durch die eine Unterbringungsmaßnahme genehmigt, angeordnet oder aufgehoben wird, bekannt zu geben.

§ 326
Zuführung zur Unterbringung

(1) Die zuständige Behörde hat den Betreuer oder den Bevollmächtigten im Sinne des § 1896 Abs. 2 Satz 2 des Bürgerlichen Gesetzbuchs auf deren Wunsch bei der Zuführung zur Unterbringung nach § 312 Nr. 1 zu unterstützen.

(2) Gewalt darf die zuständige Behörde nur anwenden, wenn das Gericht dies aufgrund einer ausdrücklichen Entscheidung angeordnet hat. Die zuständige Behörde ist befugt, erforderlichenfalls die Unterstützung der polizeilichen Vollzugsorgane nachzusuchen.

(3) Die Wohnung des Betroffenen darf ohne dessen Einwilligung nur betreten werden, wenn das Gericht dies aufgrund einer ausdrücklichen Entscheidung angeordnet hat. Bei Gefahr im Verzug findet Satz 1 keine Anwendung.

§ 327
Vollzugsangelegenheiten

(1) Gegen eine Maßnahme zur Regelung einzelner Angelegenheiten im Vollzug der Unterbringung nach § 312 Nr. 3 kann der Betroffene eine Entscheidung des Gerichts beantragen. Mit dem Antrag kann auch die Verpflichtung zum Erlass einer abgelehnten oder unterlassenen Maßnahme begehrt werden.

(2) Der Antrag ist nur zulässig, wenn der Betroffene geltend macht, durch die Maßnahme, ihre Ablehnung oder Unterlassung in seinen Rechten verletzt zu sein.

(3) Der Antrag hat keine aufschiebende Wirkung. Das Gericht kann die aufschiebende Wirkung anordnen.

(4) Der Beschluss ist nicht anfechtbar.

§ 328
Aussetzung des Vollzugs

(1) Das Gericht kann die Vollziehung einer Unterbringung nach § 312 Nr. 3 aussetzen. Die Aussetzung kann mit Auflagen versehen werden. Die Aussetzung soll sechs Monate nicht überschreiten; sie kann bis zu einem Jahr verlängert werden.

(2) Das Gericht kann die Aussetzung widerrufen, wenn der Betroffene eine Auflage nicht erfüllt oder sein Zustand dies erfordert.

§ 329

Dauer und Verlängerung der Unterbringung

(1) Die Unterbringung endet spätestens mit Ablauf eines Jahres, bei offensichtlich langer Unterbringungsbedürftigkeit spätestens mit Ablauf von zwei Jahren, wenn sie nicht vorher verlängert wird.

(2) Für die Verlängerung der Genehmigung oder Anordnung einer Unterbringungsmaßnahme gelten die Vorschriften für die erstmalige Anordnung oder Genehmigung entsprechend. Bei Unterbringungen mit einer Gesamtdauer von mehr als vier Jahren soll das Gericht keinen Sachverständigen bestellen, der den Betroffenen bisher behandelt oder begutachtet hat oder in der Einrichtung tätig ist, in der der Betroffene untergebracht ist.

§ 330

Aufhebung der Unterbringung

Die Genehmigung oder Anordnung der Unterbringungsmaßnahme ist aufzuheben, wenn ihre Voraussetzungen wegfallen. Vor der Aufhebung einer Unterbringungsmaßnahme nach § 312 Nr. 3 soll das Gericht die zuständige Behörde anhören, es sei denn, dass dies zu einer nicht nur geringen Verzögerung des Verfahrens führen würde.

§ 331

Einstweilige Anordnung

Das Gericht kann durch einstweilige Anordnung eine vorläufige Unterbringungsmaßnahme anordnen oder genehmigen, wenn

1. dringende Gründe für die Annahme bestehen, dass die Voraussetzungen für die Genehmigung oder Anordnung einer Unterbringungsmaßnahme gegeben sind und ein dringendes Bedürfnis für ein sofortiges Tätigwerden besteht,

2. ein ärztliches Zeugnis über den Zustand des Betroffenen vorliegt,

3. im Fall des § 317 ein Verfahrenspfleger bestellt und angehört worden ist und

4. der Betroffene persönlich angehört worden ist.

Eine Anhörung des Betroffenen im Wege der Rechtshilfe ist abweichend von § 319 Abs. 4 zulässig.

§ 332

Einstweilige Anordnung bei gesteigerter Dringlichkeit

Bei Gefahr im Verzug kann das Gericht eine einstweilige Anordnung nach § 331 bereits vor Anhörung des Betroffenen sowie vor Anhörung und Bestellung des Verfahrenspflegers erlassen. Diese Verfahrenshandlungen sind unverzüglich nachzuholen.

§ 333

Dauer der einstweiligen Anordnung

Die einstweilige Anordnung darf die Dauer von sechs Wochen nicht überschreiten. Reicht dieser Zeitraum nicht aus, kann sie nach Anhörung eines Sachverständigen durch eine weitere einstweilige Anordnung verlängert werden. Die mehrfache Verlängerung ist unter den Voraussetzungen der Sätze 1 und 2 zulässig. Sie darf die Gesamtdauer von drei Monaten nicht überschreiten. Eine Unterbringung zur Vorbereitung eines Gutachtens (§ 322) ist in diese Gesamtdauer einzubeziehen.

§ 334

Einstweilige Maßregeln

Die §§ 331, 332 und 333 gelten entsprechend, wenn nach § 1846 des Bürgerlichen Gesetzbuchs eine Unterbringungsmaßnahme getroffen werden soll.

§ 335
Ergänzende Vorschriften über die Beschwerde

(1) Das Recht der Beschwerde steht im Interesse des Betroffenen

1. dessen Ehegatten oder Lebenspartner, wenn die Ehegatten oder Lebenspartner nicht dauernd getrennt leben, sowie dessen Eltern und Kindern, wenn der Betroffene bei diesen lebt oder bei Einleitung des Verfahrens gelebt hat, den Pflegeeltern,

2. einer von dem Betroffenen benannten Person seines Vertrauens sowie

3. dem Leiter der Einrichtung, in der der Betroffene lebt,

zu, wenn sie im ersten Rechtszug beteiligt worden sind.

(2) Das Recht der Beschwerde steht dem Verfahrenspfleger zu.

(3) Der Betreuer oder der Vorsorgebevollmächtigte kann gegen eine Entscheidung, die seinen Aufgabenkreis betrifft, auch im Namen des Betroffenen Beschwerde einlegen.

(4) Das Recht der Beschwerde steht der zuständigen Behörde zu.

§ 336
Einlegung der Beschwerde durch den Betroffenen

Der Betroffene kann die Beschwerde auch bei dem Amtsgericht einlegen, in dessen Bezirk er untergebracht ist.

§ 337
Kosten in Unterbringungssachen

(1) In Unterbringungssachen kann das Gericht die Auslagen des Betroffenen, soweit sie zur zweckentsprechenden Rechtsverfolgung notwendig waren, ganz oder teilweise der Staatskasse auferlegen, wenn eine Unterbringungsmaßnahme nach § 312 Nr. 1 und 2 abgelehnt, als ungerechtfertigt aufgehoben, eingeschränkt oder das Verfahren ohne Entscheidung über eine Maßnahme beendet wird.

(2) Wird ein Antrag auf eine Unterbringungsmaßnahme nach den Landesgesetzen über die Unterbringung psychisch Kranker nach § 312 Nr. 3 abgelehnt oder zurückgenommen und hat das Verfahren ergeben, dass für die zuständige Verwaltungsbehörde ein begründeter Anlass, den Unterbringungsantrag zu stellen, nicht vorgelegen hat, hat das Gericht die Auslagen des Betroffenen der Körperschaft aufzuerlegen, der die Verwaltungsbehörde angehört.

§ 338
Mitteilung von Entscheidungen

Für Mitteilungen gelten die §§ 308 und 311 entsprechend. Die Aufhebung einer Unterbringungsmaßnahme nach § 330 Satz 1 und die Aussetzung der Unterbringung nach § 328 Abs. 1 Satz 1 sind dem Leiter der Einrichtung, in der der Betroffene lebt, mitzuteilen.

§ 339
Benachrichtigung von Angehörigen

Von der Anordnung oder Genehmigung der Unterbringung und deren Verlängerung hat das Gericht einen Angehörigen des Betroffenen oder eine Person seines Vertrauens unverzüglich zu benachrichtigen.

Stichwortverzeichnis

Die fetten Zahlen bezeichnen die Kapitel und die mageren Zahlen die jeweiligen Randnummern.

DAS
ENTSCHEIDENDE
WISSEN

DER WILLE DES PATIENTEN ENTSCHEIDET

Patientenverfügung, Vorsorgevollmacht und Behandlungsabbruch

Von RA Franz Otto Kierig und RA Wolfgang Behlau

Muss die Wirksamkeit einer Patientenverfügung immer wieder bestätigt werden? Spielt das Stadium der Erkrankung eine Rolle? Mache ich mich strafbar, wenn ich die Behandlung abbreche oder einen Patienten bei der Durchsetzung seines Willens unterstütze? Wie kann dieser Wille überhaupt festgestellt werden, um strafrechtliche Konsequenzen zu vermeiden?

Die Autoren, beide Rechtsanwälte und Berufsbetreuer, geben auf sicherer juristischer Basis Antwort auf diese Fragen. Sie erläutern die Auswirkungen der Entscheidung des BGH zum Behandlungsabbruch und der Durchsetzbarkeit des Patientenwillens.

Das Buch enthält praktische Hinweise für das Abfassen einer Patientenverfügung und der Klärung der Kernfrage, welche Vorgehensweise dem Willen des Betroffenen entspricht. Wichtige Hinweise, Beispiele und Formulierungsmuster sind optisch hervorgehoben.

2011. 88 Seiten. € 24,95. ISBN 978-3-8114-3701-2

Verlagsgruppe Hüthig Jehle Rehm GmbH
Kundenservice, Im Weiher 10, 69121 Heidelberg
Bestell-Tel. 06221/489-555, Bestell-Fax 06221/489-410
kundenservice@hjr-verlag.de, www.cfmueller.de/betreuungsrecht